Corporate Group Management and Director's Liability

企業グループの経営と取締役の法的責任

畠田公明 [著]

中央経済社

はしがき

現代の企業社会において，企業グループ（企業集団）が形成され，大会社のみならず中小会社においてもグループ経営が普及してきている。しかし，1つのグループ会社が不祥事等を引き起こした場合に，親会社や企業グループ全体の信用の低下などによって，大きな損失を被ることが多い。したがって，企業グループの親会社およびその株主にとって，そのグループ会社である子会社等の経営の効率性および適法性が極めて重要なものとなっている。企業グループの上位の親会社は，親会社のみならず企業グループ全体の企業価値の維持・向上を図るために，子会社・グループ会社の管理をする責務があり，これにより企業グループ全体として統一性のある最適な経営をすることができることになる。このような観点から，本書は，とくに親会社取締役の義務・責任および多重代表訴訟の諸問題について論究する。

本章の第1章は，企業グループにおける企業価値向上に対して親会社がどのような義務・責任を負うかについて，裁判例および会社法制の見直しに関する改正試案（以下「改正試案」という）を検討した後に，立法論として親会社取締役会の監督職務・権限の明文化を提言するものである。第2章は，親会社・取締役の子会社少数株主・子会社債権者に対する責任に関する裁判例および改正試案を検討した後に，子会社少数株主・子会社債権者を保護するための親会社および親会社取締役の責任規定の在り方について，解釈論および立法論に言及する。第3章は，企業グループの内部統制システムに関して，従来の主な裁判例，平成26年改正会社法における企業グループの内部統制システムの整備に関する規定，さらに，内部統制システムの整備に関する義務と不正行為等の発生への対応に関する責任を検討する。第4章は，企業グループにおいて取締役が競業関係にある他のグループ会社のために競業取引を行う場合における取締役の競業避止義務と責任を検討する。第5章は，会社間の取引における取締役の利益相反に関する裁判例，利益相反関係にある取締役の範囲を中心に検討した後，取締役の利益相反取引に対する責任に論及する。第6章は，総株主の同意による役員等の会社に対する責任免除の規定の沿革，責任免除の要件などに関する諸論点について，完全親子会社関係における子会社の役員等の責任の免除の問題を含めて検討し，また，会社債権者の利益を害するような総株主による

責任免除は認められないことを論ずる。第7章は，企業グループにおける企業の健全性の確保・維持のための多重代表訴訟が必要であるという認識のもとで，特定責任追及の訴え，旧株主による責任追及等の訴え，株主でなくなった者の訴訟追行について，立案担当者の解説を踏まえた上で概括的な検討を行い，その解釈論に言及し，将来の立法的課題として，特定責任追及の訴えの単独株主権化，完全親子会社関係がなくても実質的支配関係が存在する場合も，多重代表訴訟が認められるようにすべきであることなどを提言する。第8章は，特定責任追及の訴えにおける最終完全親会社等の損害要件について，どのような場合に最終完全親会社等の損害が生じないかについて類型的な検討を試み，さらに，その損害が発生していない場合であっても，子会社取締役の判断が著しく不当な場合には，特定責任追及の訴えの対象となりうると考え，当該子会社の債権者その他の利害関係者を保護するために，損害賠償責任が負わされるべきであることを論ずる。なお，本書の各章の内容は，親会社取締役の義務・責任および多重代表訴訟に関して福岡大学法学論叢で公表した一連の論文を大幅に修正し，加筆したうえでまとめ直したものである。

　本書の刊行の機会に，米寿が間近の髙田桂一先生（福岡大学名誉教授），卒寿を迎えられた後も矍鑠とされておられる蓮井良憲先生（九州大学産業法研究会元会長）には，これまでの学恩に心よりお礼を申し上げたい。

　最後に，本書の刊行を快くお引き受けいただいた中央経済社関係者の皆様方，企画・校正その他さまざまなご尽力をいただいた同社編集部の露本敦氏には厚くお礼を申し上げる。

2019年5月3日

畠田　公明

目　　次

| 第1章 | 企業価値向上に対する親会社取締役の責任 | 1 |

1　はじめに 1

2　子会社その他のグループ企業への金融支援・経営関与等に対する親会社取締役の責任と裁判例 6

　⑴　親会社取締役の責任に関する裁判例の整理・6

　⑵　裁判例の多面的な考察・7

3　会社法制の見直しに関する改正試案 34

　⑴　会社法制の見直しの経緯・34

　⑵　中間試案・35

　⑶　会社法制の見直しに関する要綱案・37

　⑷　親会社取締役会による子会社への監督の職務に関する改正試案の検討・41

4　結　び 44

| 第2章 | 子会社の少数株主・債権者保護と親会社・取締役の責任 | 47 |

1　はじめに 47

2　子会社およびその少数株主に対する親会社・子会社の取締役の責任 49

　⑴　裁判例・49

　⑵　裁判例の考察・50

3　子会社債権者に対する親会社・取締役の責任 53

　⑴　親会社ないし親会社取締役の子会社債権者に対する責任・53

　⑵　裁判例の検討・54

4　会社法制の見直しに関する改正試案 55

(1) 子会社の少数株主・債権者の保護に関する会社法制の見直し・55

(2) 中間試案・56

(3) 会社法制の見直しに関する要綱案の作成・60

(4) 子会社少数株主保護のための親会社等の責任に関する改正試案の検討・64

5 親会社・親会社取締役の責任に関する法律構成についての解釈論・立法論……70

(1) 解釈論・70

(2) 立法論・72

6 結 び……74

第3章 内部統制システムに関する親会社取締役の責任……77

1 はじめに……77

2 企業グループにおける親会社の内部統制システムに関する裁判例の検討……79

(1) わが国における内部統制に関する認識の形成・79

(2) 企業グループにおける内部統制システムに関する裁判例の検討・81

3 企業グループにおける内部統制システムの整備に関する義務……87

(1) 親会社取締役の善管注意義務・監視義務・87

(2) 内部統制システムの合理性・89

4 企業グループにおける内部統制システムの整備に関する責任……93

(1) 企業グループにおける内部統制システムの構築に関する責任・93

(2) 不正行為等の発生への対応に関する責任・95

5 結 び……98

目　次　◆　iii

第4章　企業グループにおける取締役の競業避止義務と責任 …… 101

1　はじめに ……………………………………………………………………… 101

2　競業取引規制の対象となる競業取引の範囲 ……………………………… 104
　⑴　「自己または第三者のために」の意味・104
　⑵　兼任取締役関係にある会社における競業取引の場合・106
　⑶　取締役が株式を有する他の会社の競業取引の場合・110
　⑷　取締役が事実上の主宰者である他の会社の競業取引・112
　⑸　親会社・完全子会社の関係における取締役兼任の場合・112

3　競業取引の範囲 …………………………………………………………… 114
　⑴　会社の事業の部類に属する取引・114
　⑵　定款所定の会社の目的とされる事業・114
　⑶　定款所定の付帯事業・115
　⑷　取引段階が異なる事業・116
　⑸　取引の地域が異なる事業・116
　⑹　営利的性格を有しない取引・116

4　取締役会の承認 …………………………………………………………… 117
　⑴　包括的承認・117
　⑵　事後の承認・119
　⑶　特別利害関係取締役・119
　⑷　取締役会への報告義務・125

5　競業取引に関する取締役の責任 ………………………………………… 126
　⑴　取締役会の承認を得ない競業取引の場合・126
　⑵　取締役会の承認を得た競業取引の場合・134

6　結　び ……………………………………………………………………… 138

第5章　会社間の取引における取締役の利益相反取引と責任 …… 141

1　はじめに ……………………………………………………………………… 141

2　会社間の取引における利益相反取引規制の適用範囲 …………………… 143

- (1) 会社間の取引における取締役の利益相反に関する責任が問われた裁判例の整理・143
- (2) 「自己または第三者のために」の意味・146
- (3) 兼任取締役関係のある会社間の取引・147
- (4) 取締役が株式を有する他の会社との取引・153
- (5) 取締役が事実上の主宰者である他の会社との取引・156
- (6) 親会社・完全子会社の関係の場合・157
- (7) 利益相反取引規制の適用範囲の明確化の必要性・158

3 取締役の利益相反取引に対する責任━━━━━━━━━ 163
- (1) 利益相反取引規制の適用範囲と取締役の責任・163
- (2) 任務懈怠の推定・164
- (3) 自己のために直接取引をした責任の特則・167
- (4) 利益相反取引違反による損害・170

5 結　び━━━━━━━━━━━━━━━━━━━━━━━ 172

第6章　完全子会社の役員等の責任の免除 ━━━━━ 175

1 はじめに━━━━━━━━━━━━━━━━━━━━━━ 175

2 総株主の同意による役員等の会社に対する責任の免除規定の沿革━━ 176
- (1) 昭和25年商法改正前・176
- (2) 昭和25年商法改正以後・177
- (3) 会社法・180

3 責任免除の要件とその対象となる責任の範囲━━━━━ 182
- (1) 総株主の同意・182
- (2) 役員等に対する責任免除の意思表示・185
- (3) 将来発生する取締役の会社に対する責任の総株主同意による事前の包括的免除・192
- (4) 総株主の同意による役員等の一般的義務の免除・194
- (5) 会社債権者の利益を害する総株主の同意による役員等の責任の免除・201

目　次　◆　v

(6)　不当な利得等をした一人株主による責任免除・204

(7)　一部の取締役等の会社に対する責任の免除と他の取締役等からの求償・206

4　結　び ………………………………………………………………………… 209

第7章　企業グループにおける多重代表訴訟の概括的検討 ………………………………………………………………… 211

1　はじめに ………………………………………………………………… 211

(1)　多重代表訴訟の意義・211

(2)　特定責任追及の訴えの制度の導入理由と反対意見・212

(3)　広義の多重代表訴訟・214

2　最終完全親会社等の株主による特定責任追及の訴え ……………… 215

(1)　特定責任追及の訴えの対象・215

(2)　最終完全親会社等・216

(3)　重要な完全子会社・221

(4)　特定完全子会社に関する情報の開示・225

(5)　特定責任追及の訴えの対象子会社となることの回避・226

(6)　原告適格・227

(7)　提訴請求の制限・233

(8)　特定責任追及の訴えの手続等・234

3　旧株主による責任追及等の訴え ……………………………………… 243

(1)　制度趣旨・243

(2)　原告適格・244

(3)　対象となる責任または義務・247

(4)　旧株主による責任追及等の訴えの手続・247

(5)　旧株主による責任追及等の訴えの対象となる責任または義務の免除・249

(6)　その他の訴訟手続等・250

4　株主でなくなった者の訴訟追行 ……………………………………… 250

(1)　訴訟追行を認める規定の趣旨・250

(2)　追行が認められる場合・251

(3) 株式交換等が繰り返し行われた場合・252

(4) 訴訟追行の妨害・253

5 結 び ———————————————————————————— 253

第8章 多重代表訴訟における最終完全親会社等の損害要件 ———————————————————— 257

1 はじめに ———————————————————————————— 257

2 最終完全親会社等の損害を提訴要件とする理由 ———————— 259

3 最終完全親会社等の損害の範囲 ————————————————— 262

(1) 最終完全親会社等の損害要件の意味・262

(2) 最終完全親会社等の損害の範囲・264

4 最終完全親会社等に損害が生じていない場合の類型別検討 ——— 265

(1) 親会社・子会社間または子会社相互間の取引の場合・265

(2) 親子会社間または子会社相互間の取引以外の場合・273

(3) 類型別検討により最終完全親会社等に損害が発生していないと認められる場合・279

5 結 び ———————————————————————————— 281

事項索引・283

判例索引・289

凡　例

〔法令名〕

会社：会社法

会社則：会社法施行規則

会社計算：会社計算規則

商：商法

商旧：平成17年改正前商法

有限：有限会社法

　　　　＊

一般法人：一般社団法人及び一般財団法人に関する法律

会更：会社更生法

金商：金融商品取引法

財務規：財務諸表等の用語，様式及び作成方法に関する規則

破：破産法

振替：社債，株式等の振替に関する法律

振替令：社債，株式等の振替に関する法律施行令

民：民法

民再：民事再生法

民訴：民事訴訟法

〔判例集〕

民（刑）集：最高裁判所（大審院）民（刑）事判例集

民録：大審院民事判決録

高民集：高等裁判所民事判例集

　　　　　＊

金判：金融・商事判例

金法：金融法務事情

ジュリ：ジュリスト

商事：旬刊商事法務

判時：判例時報

判タ：判例タイムズ

別冊商事：別冊商事法務

　　　　＊

百選：岩原紳作＝神作裕之＝藤田友敬編『会社法判例百選〔第3版〕』（有斐閣，
　　2016年）

第1章

企業価値向上に対する
親会社取締役の責任

1　はじめに

　近時，株式会社とその子会社から成る企業グループによる経営（グループ経営）が進展し，株式交換・株式移転などの組織再編制度の整備により持株会社形態が普及している。持株会社には，親会社が他の会社の事業活動の支配のほかに自ら固有の事業活動をも併せ行う事業持株会社と，株式を所有することにより国内の会社の事業活動を支配することを主たる事業とする純粋持株会社[1]とがある。

　このような持株会社である親会社およびその株主にとって，その子会社の経営の効率性および適法性が極めて重要となる。事業持株会社の場合は，当該持株会社（親会社）の株主は，親会社の事業活動のコントロールを介して，ある程度その子会社のコントロールも可能となる。これに対し，純粋持株会社（親会社）の場合は，その主たる業務は子会社の支配・統括管理であり，その利益の源泉は子会社の事業活動に依存する。したがって，純粋持株会社の株主は，事業持株会社の場合のように親会社の事業活動のコントロールを介して子会社の管理に関与することはできず，子会社の支配・管理を行う親会社の取締役を選任する以外には子会社の管理に関与する途はないことになる[2]。もっとも，程度の差はあるが，事業持株会社の株主であっても，企業グループに属する子会社の事業活動に関する意思決定に直接関与することは困難である。

---

(1)　純粋持株会社の概念について，平成9年改正前独占禁止法9条3項，江頭憲治郎『結合企業法の立法と解釈』6頁・198頁（有斐閣，1995）参照。

〔図1　純粋持株会社の一形態〕

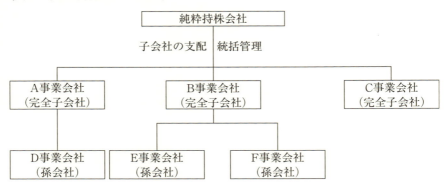

　このような現状認識の下で，平成26年会社法改正前において「会社法制の見直しに関する中間試案」（以下「中間試案」という）が公表され，とくに親会社株主の保護として，多重代表訴訟制度の創設（【A案】），この制度を創設しない場合に「取締役会は，その職務として，株式会社の子会社の取締役の職務の執行の監督を行う旨の明文の規定を設けるものとする（会社362条2項等参照）」（【B案】注ア）ことなどが提案されていた(3)。最終的には，平成26年改正法で多重代表訴訟制度の導入がなされ，親会社取締役会による子会社の監督の職務に関する明文の規定は設けるには至らなかった。

　親会社株主の保護を目的とする法規整の仕方として，親会社の株主が直接に子会社に関する事項について株主権を行使するという方法と，親会社の取締役等の役員に一定の義務を負わせてその違反について責任を追及する方法とが考えられるが，多重代表訴訟はどちらかといえば前者の方法により親会社株主を保護するものであるといえる(4)。しかし，両者の方法は補完関係にあると考えるべきであり，多重代表訴訟制度の代替案的なものとして提案されていた親会

---

(2) 大隅健一郎『新版株式会社法変遷論』181頁以下（有斐閣，1987），森本滋「純粋持株会社と会社法」法曹時報47巻12号3046頁以下（1995），川浜昇「持株会社の機関」資本市場法制研究会編『持株会社の法的諸問題』66頁以下（資本市場研究会，1995），前田雅弘「持株会社」商事1466号25頁以下（1997），拙著『コーポレート・ガバナンスにおける取締役の責任制度』231頁以下（法律文化社，2002）など。
(3) 法務省民事参事官室「会社法制の見直しに関する中間試案」12頁（2011），http://www.moj.go.jp/content/000084699.pdf，法務省民事参事官室「会社法制の見直しに関する中間試案の補足説明」33頁（2011），http://www.moj.go.jp/content/000082648.pdf。

社取締役会の監督職務に関する規定案が明文化されなかったとはいえ，このような監督職務の問題は解決しているというわけではない。この点について何らかの監督の職務についての明確な基準ないし範囲の検討は，残された課題となっている。

　ところで，現行の会社法の規整の多くは，単体の会社を前提とするものである。しかし，近年，グループ単位での企業を対象するもの（企業集団の内部統制・開示・連結計算書類・多重代表訴訟等）が整備されてきているが，必ずしも十分な整備がなされているとはいえないであろう。従来，企業グループの上位会社である親会社とそのグループ内の個々の子会社とは別個独立の法人であり，親会社や子会社の取締役は，各々の就任する会社の利益のために行動することが前提とされ，原則として，親会社の取締役は企業グループ全体の利益に拘束されず，他方，子会社の取締役も親会社の指揮や企業グループ全体の利益に拘束されないし，親会社ないし企業グループ全体の利益のために自社の利益を犠牲にして業務執行をした取締役は自社に損害が生じるときその賠償責任を免れることはできないと考えられてきた[5]。しかしながら，現代の企業経営において，子会社などメンバー企業から構成されるグループ経営が広く浸透してきている[6]。このような現状において，企業グループ全体の企業価値を考慮した経

---

(4)　舩津浩司『「グループ経営」の義務と責任』11頁−17頁（商事法務，2010）は，株主権アプローチによる保護と責任アプローチによる保護が競合する領域と，両者のアプローチが競合せず補完関係にあると考えられる領域もあるとし，多重代表訴訟は株主権アプローチによる親会社株主保護の一方策とする。

(5)　大隅・前掲注(2)133頁（ただし，個別的に観察すれば，ある会社にとって不利益に見える場合でも，大局的・総合的に見れば結局その会社にとっても利益である場合には，その会社の取締役は大局的・総合的な見地に立って，会社の業務を執行すべきものであるとする），森本滋「企業結合」竹内昭夫＝龍田節編『現代企業法講座 (2) 企業組織』126頁（東京大学出版会，1985），川浜昇「企業結合と法」岩村正彦ほか編『岩波講座　現代の法 (7) 企業と法』96頁（岩波書店，1998），江頭憲治郎『株式会社法〔第7版〕』449頁（有斐閣，2017），江崎滋恒「親子会社と取締役の責任」弥永真生＝山田剛志＝大杉謙一編『現代企業法・金融法の課題』66頁（弘文堂，2004），清水円香「グループ内取引におけるグループ利益の追求と取締役の義務・責任−フランス法を中心に−」川濱昇ほか編『森本滋先生還暦記念・企業法の課題と展望』253頁以下（商事法務，2009），同「グループ利益の追求と取締役の義務・責任（二・完）」法政研究78巻1号50頁（2011）など。

(6)　神作裕之「親子会社とグループ経営」江頭憲治郎編『株式会社法体系』58頁（有斐閣，2013）（2011年度現在で，子会社を保有する企業は12,613社であり，子会社保有企業比率は43.2％である）。

営が求められる場合が多くなるものと思われる。

　そこで，本章は，上記のような企業グループ経営が行われる現在において，企業グループにおける企業価値向上に対して親会社取締役がどのような義務・責任を負うのかという観点から検討するものである。まず，親会社取締役の親会社に対する義務・責任に関する裁判例について，①子会社その他のグループ企業に対する金融支援，②親会社取締役による子会社その他のグループ企業の経営への関与，③子会社その他のグループ企業の業務の管理ないし監視・監督という3つの類型に大別して整理・検討する[7]。その後で，平成26年改正法で実現されなかった会社法制の見直しに関する改正試案・要綱案を再検討したい。

　なお，企業グループという用語は，企業グループが多様な目的のために様々な手段によって形成・運営されているから，画一的に定義することは困難である[8]。会社法では，企業グループを「企業集団」として，その定義を「当該株式会社並びにその親会社及び子会社から成る」ものとする（会社則98条1項5号・100条1項5号・112条2項5号）[9]。子会社（会社2条3号・3号の2〔子会社等〕）および親会社（会社2条4号・4号の2〔親会社等〕）の定義もされているが，50パーセント超の議決権所有がされていなくても実質的に経営を支配（「財務及び事業の方針の決定を支配」）されている場合にも子会社に含まれる（会社則3条，財務規8条3項）。また，議決権保有比率が決定的要素ではなく，「会社が他の会社等の財務及び事業の方針の決定に対して重要な影響を与えることができる場合における当該会社等（子会社を除く。）」は，関連会社と定義され（会社則2条3項20号，会社計算2条3項18号），さらに，当該株式会社の親会社・子

---

(7)　親会社取締役の親会社に対する責任に関する裁判例の類型の仕方については，志谷匡史「親子会社と取締役の責任」小林秀之＝近藤光男編『新版・株主代表訴訟大系』123頁以下（弘文堂，2002），山下友信「持株システムにおける取締役の民事責任」『金融持株会社グループにおけるコーポレート・ガバナンス』（金融法務研究会報告書（13））24頁以下（金融法務研究会事務局，2006），齊藤真紀「企業集団内部統制」商事2063号19頁以下（2015），中村直人「代表訴訟とグループ会社救済」JCPAジャーナル448号46頁（1992），手塚裕之「子会社・グループ会社救済と取締役の責任」別冊商事172号16頁（1995），大塚和成「子会社救済と親会社取締役の責任」取締役の法務102号43頁以下（2002），江崎・前掲注(5)69頁以下，清水・前掲注(5)法政研究65頁以下等参照。

(8)　神作・前掲注(6)64頁以下。

(9)　金融商品取引法は，企業集団を「当該会社及び当該会社が他の会社の議決権の過半数を所有していることその他当該会社と密接な関係を有する者として内閣府令で定める要件に該当する者（内閣府令で定める会社その他の団体に限る。）の集団をいう。」と定義する（金商5条1項2号）。

会社および関連会社並びに当該株式会社が他の会社等の関連会社である場合における当該他の会社等[10]は関係会社と定義される（会社計算2条3項22号）。これらの会社に付与される法的効果は、法規制の目的により様々であるといえる[11]。

〔図2　企業集団（企業グループ）〕

本章において検討する企業グループにおける親会社取締役の義務・責任に関する問題については、とくに親会社取締役の善管注意義務違反による責任に関する事案についての裁判例を対象として検討する。もっとも、このような裁判例がとる立場をできる限り網羅的に整理し検討するために、企業グループに所属する会社の範囲をできるだけ広くとらえる必要があると考える。すなわち、上記のような諸定義にある親会社・子会社・関連会社および関係会社のすべてを包含して、一定の議決権保有比率を要件とせず、実質的に経営を支配しているかあるいはそれに対して重要な影響を与えているような関係にある会社を、企業グループに属する会社とする。この場合に、親会社という用語は、必ずしも会社法上の親会社（会社2条4号）の意味ではなく、もっと広い意味で、企業グループの頂点に立つ上位会社を意味するものとする。

---

(10) このような「当該他の会社等」は、「その他の関係会社」といわれることがある（会社計算112条4項4号、財務規8条8項参照）。
(11) 神作・前掲注(6)67頁以下、弥永真生「子会社と関連会社」前田重行＝神田秀樹＝神作裕之編『前田庸先生喜寿記念　企業法の変遷』453頁以下（有斐閣、2009）、高橋均『グループ会社リスク管理の法務〔第3版〕』16頁以下（中央経済社、2018）。

2　子会社その他のグループ企業への金融支援・経営関与等に対する親会社取締役の責任と裁判例

〔図3　親会社取締役の責任に関する事例の類型〕

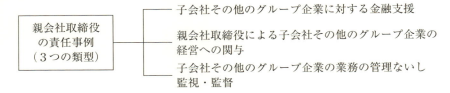

(1)　親会社取締役の責任に関する裁判例の整理

　金融支援，経営関与，業務の管理・監督等ごとに類別して，親会社取締役の責任を肯定する裁判例と否定する裁判例を整理すると，次のとおりである。

(ア)　**グループ企業である子会社に対する金融支援によって親会社に損失が生じた事例**　責任を肯定した裁判例として，次のようなものがある。〔1〕東京地判平成7年10月26日判時1549号125頁（東京都観光汽船株主代表訴訟事件），〔2〕東京高判平成8年12月11日金判1105号23頁（裁判例〔1〕の控訴審），〔3〕東京地判平成16年3月25日判時1851号21頁（長銀ノンバンク支援事件第1審），〔4〕さいたま地判平成22年3月26日金判1344号47頁（日本精密損害賠償等請求事件），〔5〕福岡地判平成23年1月26日金判1367号41頁（福岡魚市場株主代表訴訟事件），〔6〕福岡高判平成24年4月13日金判1399号24頁（裁判例〔5〕の控訴審）。

　これに対し，責任を否定した裁判例として，次のようなものがある。〔7〕福岡高判昭和55年10月8日高民集33巻4号341頁（福岡魚市場損害賠償請求事件），〔8〕東京地判昭和61年10月30日判タ654号231頁（太陽投資顧問株主代表訴訟事件），〔9〕長野地佐久支決平成7年9月20日資料版商事法務139号196頁（ミネベア株主代表訴訟担保提供命令申立事件），〔10〕名古屋地決平成7年9月22日金法1437号47頁（東海銀行株主代表訴訟担保提供命令申立事件），〔11〕東京地判平成8年2月8日資料版商事法務144号111頁（セメダイン・セメダイン通商株主代表訴訟事件），〔12〕東京地判平成13年9月27日判時1780号141頁（京浜急行株主代表訴訟事件），〔13〕大阪地判平成14年1月30日判タ1108号248頁（ロイヤルホテル株主代表訴訟事件），〔14〕大阪地判平成14年2月20日判タ1109号226頁（コスモ証

券株主代表訴訟事件），〔15〕東京地決平成16年6月23日金判1213号61頁（三菱重工業新株引受差止請求事件），〔16〕東京地判平成17年3月3日判時1934号121頁（日本信販株主代表訴訟事件）。

（イ）親会社取締役が子会社その他のグループ企業の経営への関与に関する裁判例　責任を肯定する裁判例として，次のようなものがある。〔17〕最判平成5年9月9日民集47巻7号4814頁（三井鉱山株主代表訴訟事件），〔18〕東京地判平成3年4月18日判時1395号144頁（片倉工業事件第1審），〔19〕東京高判平成6年8月29日金判954号14頁（片倉工業株主代表訴訟事件控訴審）。

　これに対し，責任を否定する裁判例として，次のようなものがある。〔20〕東京地判平成23年11月24日判時2153号109頁（ユーシン損害賠償請求事件），〔21〕東京高判平成25年3月14日資料版商事法務349号32頁（ビューティー花壇元取締役らに対する損害賠償等請求事件）。

（ウ）子会社その他のグループ企業の業務の管理ないし監視・監督に関する裁判例　親会社取締役は子会社の業務の管理ないし監視・監督を怠ったことに関して，責任を否定する裁判例として，次のようなものがある。〔22〕東京地判平成13年1月25日判時1760号144頁（野村證券株主代表訴訟事件），〔23〕大阪地判平成15年9月24日判時1848号134頁（りそなホールディングス株主代表訴訟事件），〔24〕東京地判平成16年5月20日判時1871号125頁（三菱商事株主代表訴訟事件）。

（2）　裁判例の多面的な考察

　親会社の子会社その他のグループ企業への金融支援・経営関与等に対する親会社取締役の責任に関する裁判例について，上記のように3つの類型に大別して整理することができる[12]。そこで，これらの裁判例について，企業グループを構成する資本関係その他の関係，親会社・支援会社の利益，親会社・支援会社の取締役の経営判断，支援ないし経営関与の合理性，グループ企業の業務の管理ないし監視・監督，親会社の損害，グループ企業の清算・整理などの面から，それぞれ個別的に考察する。

---

[12]　各裁判例ごとの事案の内容および意義・位置づけの検討については，拙稿「企業グループにおける企業価値向上に対する親会社取締役の責任（1）」福岡大学法学論叢60巻4号574頁以下（2016）参照。

(ア) 企業グループを構成する資本関係等

〔図4　企業グループを構成する関係等〕

① 子会社その他のグループ企業に対する金融支援に関する裁判例

㋐ 完全親会社の場合　被支援会社が支援会社の100パーセント子会社の関係である場合について、責任を肯定した裁判例〔4〕〔5〕および〔6〕と、責任を否定した裁判例〔12〕がある。

㋑ 資本関係のほかに人事・融資・取引関係がある場合　株式の所有関係（資本関係）が100パーセント未満である場合には、企業グループを構成する関係があると考えられるためには、一定割合の株式の所有関係のほかに、次のような人事面、融資面、取引面などの関係が認められていることが一般的である。

裁判例〔3〕は、支援銀行が、リース業等を営む被支援会社、総合不動産業務を営む被支援会社およびベンチャーキャピタル等を業とする被支援会社と、人的（役員のほとんどが支援銀行出身者）、資本的関係（支援銀行が主要株主）、さらに借入関係（支援銀行の融資シェアの高い比率）が密接であって、これらの被支援会社との連携により業務を展開してきた関係があった。裁判例〔7〕は、支援会社が被支援会社の株式の過半数を持ち、資金、人事面を通じて被支援会社の実権を掌握していた関係が認められる。裁判例〔9〕は、系列グループ内のノンバンク等への支援・救済を迫られ事案で、親会社と子会社の取締役が兼務している関係が認められる。裁判例〔10〕は、支援銀行が被支援会社株の4・89パーセントの所有、被支援会社の取締役の過半数が支援銀行関係者であること、沿革、呼称等から、社会においてその系列ノンバンクであるという認識が定着していた関係がある。裁判例〔11〕は、A会社が他社との間で合弁事業を行うためB会社（出資比率50対50）を設立し、A会社とB会社との間に役員の兼任関係はなかった関係が認められている（その後、B会社の持株比率はA会社が5パーセントとなった）。裁判例〔13〕は、支援会社が被支援会社の発行済株式の36.6パーセントを保有し、同一人が両

会社の代表取締役を兼任していた関係が認められている。裁判例〔14〕は，支援会社が被支援会社の株式の5パーセントを保有し，残りの95パーセントは支援会社の元役員・現従業員または元従業員が保有していたことが認められる。裁判例〔15〕は，A会社・B会社間で取引関係があり，A会社がB会社の2億4,000万株余りを保有していた関係があった。裁判例〔16〕は，支援会社が被支援会社の筆頭株主（持株比率8.88パーセント）という関係があった。ちなみに，裁判例〔3〕は責任を肯定するが，裁判例〔7〕〔9〕〔10〕〔11〕〔13〕〔14〕〔15〕および〔16〕は責任を否定している。

　　⑰　資本関係以外の密接な関係がある場合　　支援会社と被支援会社との間に，資本関係がなくても，それ以外の関係で企業グループを構成する関係があるとされる裁判例がある。裁判例〔1〕〔2〕は，支援会社と被支援会社との間には資本関係はなかったが，支援会社の代表取締役らが被支援会社の発行済株式総数の過半数を有し，役員および株主の人的構成の面において密接な関係があり，さらに，事業運営の面でも密接な関係があったことから，対外的にはグループ企業とみられる状態にあったことが認められている。裁判例〔8〕は，Xが代表取締役であったA会社はその傘下にある10数社の各会社との間で顧問契約を締結し，その企業群の総帥であるXが各会社の業務を統括し，人事権の掌握のほか，各会社と社主契約の締結を通じてその各社の実権を握っていたことから，A会社グループと称する企業群を構成して運営されている関係があった（なお，本件はA会社グループの傘下にある支援会社〔Xが大株主〕が同傘下にある被支援会社に支援した事案である）。裁判例〔1〕〔2〕は，支援会社の代表取締役らの責任を肯定するが，裁判例〔8〕は支援会社の代表取締役らの忠実義務違反を否定する。

②　**親会社取締役による子会社その他のグループ企業の経営への関与に関する裁判例**　　被支援会社が支援会社の100パーセント子会社の関係である場合について，責任を肯定した裁判例〔17〕〔18〕および〔19〕と，責任を否定した裁判例〔20〕および〔21〕がある。

③　**子会社その他のグループ企業の業務の管理ないし監視・監督に関する裁判例**　被支援会社が支援会社の100パーセント子会社の関係である場合について，責任を否定した裁判例〔22〕〔23〕がある。また，総合商社の会社がメーカーの会社の株式を50パーセントを買い受けて，従業員をそのメーカーの会社に出向させたが，当該従業員が違法なカルテルに関与した場合に責任を否定した裁判

例〔24〕がある。

　④　**裁判例の立場**　上記の裁判例によれば，企業グループを構成する関係はどのような要素があれば認められるかについて，要約すると，100パーセント親子会社関係でなくても，一定割合の株式の所有関係のほかに，人事面，融資面，取引面などについて密接な関係が認められている場合に，企業グループを構成するものと認められる。また，資本関係のない企業群の場合に，同一の代表取締役らの役員が複数の会社の役員を兼ね，またそれらの会社の株主が共通しているような密接な関係があり，さらに，事業運営の面でも密接な関係がある場合（裁判例〔1〕〔2〕〔8〕参照）にも，企業グループを構成する関係が認められるものと考えるべきである[13]。

　しかしながら，企業グループにおける企業価値向上に対する親会社取締役の責任が問われた場合において，上記のような要素は形式的なものにすぎず，当該企業グループを構成する関係が認められる本質的な要素は，実質的に経営を支配しているかあるいはそれに対して重要な影響を与えているような関係にあるべきものと考えられる。したがって，対外的にはグループ企業とみられる状態にあったこと（裁判例〔1〕〔2〕〔8〕）や同一の名称を冠する会社（裁判例〔9〕）などは，上記の形式的・実質的要素の外観的なものにすぎず，本質的・実質的企業グループを構成する関係が事実上推定されるにすぎないと考えられるべきである。

（イ）親会社・支援会社の利益

　〔図5　親会社等の利益〕

　企業グループを構成する各メンバー会社間の関係については，裁判例におい

---

[13]　清水・前掲注(5)法政研究89頁，佐藤誠「判批」産大法学35巻3＝4号192頁（企業グループ運営における経営判断に裁量を認めるか否かの判断に際して，資本関係を必須の条件とはすべきではないとする）(2002)。ちなみに，債権放棄等に関する寄附金認定の例外措置を認める法人税基本通達9－4－1（後掲注(71)参照）は，同通達（注）において「子会社等には，当該法人と資本関係を有する者のほか，取引関係，人的関係，資金関係等において事業関連性を有する者が含まれる」と定め，必ずしも資本関係を必須としていないものと考えられる。

第1章　企業価値向上に対する親会社取締役の責任　◆　11

て，「親会社と子会社（孫会社も含む）は別個独立の法人であって，子会社（孫会社）について法人格否認の法理を適用すべき場合の他は，財産の帰属関係も別異に観念され，それぞれ独自の業務執行機関と監査機関も存することから，子会社の経営についての決定，業務執行は子会社の取締役（親会社の取締役が子会社の取締役を兼ねている場合はもちろんその者も含めて）が行うものであり，親会社の取締役は，特段の事情のない限り，子会社の取締役の業務執行の結果子会社に損害が生じ，さらに親会社に損害を与えた場合であっても，直ちに親会社に対し任務懈怠の責任を負うものではない。」（裁判例〔22〕）と判示されている[14]。したがって，親会社ないし支援会社の取締役は，当然，自己の所属する会社の利益のために業務執行を行う義務を負うものと考えられている。

　これに対し，親会社ないし支援会社のグループ全体の信用維持や利害関係を考慮する裁判例もある[15]。しかし，このような裁判例は，親会社ないし支援会社の取締役がグループ全体の信用維持や利害関係を考慮する義務を負うということまでを意味しているものとはいえない。親会社と子会社が別個独立の法人であることを前提とする会社法の伝統的な考え方によれば，親会社ないし支援会社の取締役は自己の所属する会社の利益に合理的な関連をするものとしてグループ全体の信用維持その他の利益を考慮することが求められ，その裁量の範囲を逸脱した場合には善管注意義務・忠実義務違反として責任を問われるものと解するべきである。その場合に，グループを構成する個々のメンバー企業相互間の関係やグループ企業に属していることによる利益（メリット）・不利益（デメリット）の検討が求められることになる[16]。

　実際の裁判例において，親会社ないし支援会社（以下「支援会社」とする）の

---

(14)　ただし，裁判例〔22〕は，さらに，「親会社の取締役が子会社に指図をするなど，実質的に子会社の意思決定を支配したと評価しうる場合であって，かつ，親会社の取締役の右指図が親会社に対する善管注意義務や法令に違反するような場合には，右特段の事情があるとして，親会社について生じた損害について，親会社の取締役に損害賠償責任が肯定されると解される。」と判示する。

(15)　裁判例〔3〕〔20〕参照。なお，神作・前掲注(6)64頁・99頁は，結合企業法制に対するアプローチについて，企業グループを構成する個々のメンバー企業の法人格に着目する「メンバー企業」アプローチと，グループ全体を企業としてとらえる「企業グループ」アプローチとに分けて考え，完全子会社が騒音規制のある工場兼倉庫用の不動産を取得することがグループ全体に大きな利害関係があると認められるとして，親会社取締役の善管注意義務が問題となりうるとする裁判例〔20〕について，「企業グループ」アプローチの発想に立つものと理解する。

メリット・デメリットについて，示唆するものとして，次のようなものが判示されている。

　被支援会社の倒産等によって支援会社の対外的信用が損なわれる事態を避けること（裁判例〔1〕），グループ企業とみられる関係にある他の営利企業の経営を維持し，倒産を防止し，ひいては自己の会社の信用を維持し，その利益にもなること（裁判例〔2〕），母体行責任を果たさないことにより想定される影響は，グループ企業全体さらには親銀行の信用不安に直結し極めて甚大であること（裁判例〔3〕），親会社の荷揚を増大させるために設立された子会社が経営不振に陥っている場合に，親会社の利益を計るためにその子会社に新たな融資を継続して好転を期待できること（裁判例〔7〕），支援会社自体の信用の失墜を招来すること（裁判例〔9〕），支援銀行が支援策を講じなければ，被支援会社は資金繰りに窮して経営は破綻し支援銀行自身にも多大な損害を及ぼすこと（裁判例〔10〕），手を拱いて被支援会社の倒産の事態に至れば，それまで注ぎ込んだ資金の回収不能，企業としての信用失墜，重要な取引相手や取引銀行との関係悪化を始めとして，支援会社の事業全体に著しい悪影響を及ぼすこと（裁判例〔11〕），被支援会社への融資を拒絶した場合には同社が破綻すること（裁判例〔12〕），密接な関係を有するグループホテルを開業後間もなく倒産させたということで支援会社の信用が失墜し，金融機関から融資を引き揚げられるなどの大きな損失を被るおそれがあること（裁判例〔13〕），支援会社の連結決算の対象となる連結子会社に含まれ，連結決算上多額の繰越損失が発生すれば市場における支援会社の信用が著しく低下し会社の存続自体が危うくなる可能性もあること（裁判例〔14〕），被支援会社に相次ぐリコール隠しの発覚により，市場の信頼が急速に失われつつあることが明らかであり，可能な限り早い時期に具体的な支援を行うことが，企業価値の劣化をくい止めるために必要であること（裁判例〔15〕），清算段階にある被支援会社に対し整理支援金を支出したことにより支援会社が金融機関の融資により倒産を回避できたこと（裁判例〔16〕），以上のようなメリットまたはデメリットが挙げられている。

　以上のような裁判例の立場をまとめると，支援会社の利益ないしメリットとしては，(i)被支援会社の倒産等によりそれまで注ぎ込んだ資金の回収不能とな

---

(16)　神作・前掲注(6)66頁−67頁は，「企業グループ」アプローチが独禁法・租税法あるいは銀行法などの監督法の分野では会社法の分野よりも広く採用されているが，会社法が「企業グループ」アプローチを採用することはより困難であると思われるとする。

ることの防止，(ii)支援会社の対外的信用の維持，(iii)重要な取引相手や取引銀行
との関係悪化の防止，(iv)市場の信頼の失墜による企業価値の劣化の防止などが
考えられる。しかし，対外的信用の維持などのようなメリットは，多くの場合
に，数量的に評価することは困難な性質のものである[17]。

　これに対し，支援会社による債権放棄，無償の資金供与，低金利融資などの
ような支援・救済は，支援会社の損益にマイナスの影響を与えるものであり，
これらの場合に支援会社の受ける損失額（デメリット）は，債権放棄額，無償
資金供与額，あるいは市場金利額等と低利融資の利息収入額との差額といった
形で，比較的容易に算定可能な性質のものである[18]。

　後述するように，支援会社の取締役は，支援する場合にメリット，デメリッ
トを比較考慮して経営判断することになり，上述のような算定困難なメリット
をどのように評価するのかが問題となる。

（ウ）　親会社・支援会社の取締役の善管注意義務と経営判断の原則

　①　**取締役の善管注意義務と経営判断の原則**　　親会社ないし支援会社の取締
役は，被支援会社への支援の判断をする際に，支援会社に対して善管注意義務
ないし忠実義務を負っている。しかし，最近の裁判例において，取締役の経営
判断が許容される裁量の範囲内であれば善管注意義務違反とならないとする，
いわゆる経営判断の原則をとるものが多い。例えば，下級審裁判例の東京地判
平成16年9月28日判時1886号111頁（そごう旧取締役損害賠償査定異議事件）は，
「企業の経営に関する判断は……総合的判断であり，また，一定のリスクが伴
う……企業活動の中で取締役が萎縮することなく経営に専念するためには，そ
の権限の範囲で裁量権が認められるべきである。したがって，取締役の業務に
ついての善管注意義務違反又は忠実義務違反の有無の判断に当たっては，……
当該会社の属する業界における通常の経営者の有すべき知見及び経験を基準と
して，前提としての事実の認識に不注意な誤りがなかったか否か及びその事実
に基づく行為の選択決定に不合理がなかったか否かという観点から，当該行為

---

(17)　中村・前掲注(7)47頁，手塚・前掲注(7)17頁・28頁，志谷・前掲注(7)148頁（子会社
　　救済による親会社のメリットの明確性欠如，メリットが救済行為の実施段階における予
　　測の対象事項にすぎないこと，親会社の信用維持は間接的利益あるいは数量的に評価困
　　難な利益であることから，親会社のメリットは必ずしも客観的評価が容易ではないとす
　　る），川口恭弘「系列会社の救済と取締役の責任－バブル経済崩壊の後遺症」神戸学院法
　　学25巻1号175頁－176頁（1995）。
(18)　手塚・前掲注(7)17頁。

をすることが著しく不合理と評価されるか否かによるべきである。」と判示していた。そして，最判平成22年7月15日判時2091号90頁（アパマンショップHD株主代表訴訟事件）は，「事業再編計画の策定は，完全子会社とすることのメリットの評価を含め，将来予測にわたる経営上の専門的判断にゆだねられ……その決定の過程，内容に著しく不合理な点がない限り，取締役としての善管注意義務に違反するものではないと解すべきである。」と判示して，最高裁判所も経営判断の原則を明確に認めている。

支援会社の取締役の善管注意義務が問われた裁判例〔15〕〔16〕も，上記の裁判例と同様の立場で，支援会社の取締役が判断した支援決定の適法性を判断するに当たって「取締役の判断に許容された裁量の範囲を超えた善管注意義務違反があるか否か，すなわち，意思決定が行われた当時の状況下において，当該判断をする前提となった事実の認識の過程（情報収集とその分析・検討）に不注意な誤りがあり合理性を欠いているか否か，その事実認識に基づく判断の推論過程及び内容が明らかに不合理なものであったか否かという観点から検討がなされるべきである。」とし，(i)支援の必要性，(ii)支援の時期の相当性，(iii)支援の規模・内容の相当性について判断を行う際に，企業の経営者である取締役としては，諸般の状況を踏まえたうえで，企業の経営者としての専門的，予測的，政策的な総合判断を行うことが要求されるというべきであると判示する。

もっとも，子会社等への支援については再建型と清算型に分かれるが，学説では，再建型の子会社等の救済について親会社取締役の善管注意義務・忠実義務違反が問題とされる場合に，経営判断の原則を適用することについては異論はない(19)。これに対し，清算型の場合には，経営判断の原則の適用について疑問であるとする見解がある(20)。しかし，近時では，清算型の場合にも経営判断の原則の適用を認める見解が多い(21)。親会社取締役が，親会社の長期的な利益のために救済を行うという経営判断の合理性に関するものを対象とする限りにおいて，再建型の場合と同様に経営判断の原則の適用が認められるべき

---

(19)　手塚・前掲注(7)24頁，志谷・前掲注(7)142頁，伊藤靖史「判批」私法判例リマークス28号100頁（2004），高橋英治「判批」商事1747号57頁（2005）など。

(20)　中村・前掲注(7)48頁（一方的に子会社の債権者・株主に利益を供与するだけであって，直接的には会社に損害を与えるだけであり，通常の経営上の問題とは性質を異にするとする），新山雄三「判批」判タ1153号94頁（2004）。

(21)　手塚・前掲注(7)28頁，志谷・前掲注(7)151頁，伊藤・前掲注(19)100頁，高橋・前掲注(19)57頁など。

ものと解される。裁判例〔14〕〔16〕も，清算型の事例で経営判断の原則の適用を認めている。

なお，子会社・関連会社への支援・救済について事後的な取締役の責任が追及されたのではなくて，グループ会社を支援するため同会社の優先株の引受けの決定について違法行為差止仮処分の申立てがなされた事例で，裁判例〔15〕は，経営判断の原則を適用し，A会社取締役としての善管注意義務に違反するとはいえないとして，本件優先株引受けの差止めを求める仮処分の申立てを却下した。取締役の違法行為差止めの事案に経営判断の原則を適用すること自体については，経営判断の原則により評価される対象が取締役の行った当該経営判断の合理性に関するものである点では，責任の場合と差止めの場合のいずれであっても，差異がないといえるから，学説でも異論はないと思われる[22]。

〔図6 親会社・支援会社の取締役の経営判断〕

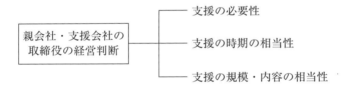

② **支援の必要性**　支援を必要とする会社に対して支援を行うか否かについて判断を行う際に，支援会社の取締役としては，支援会社と被支援会社との関係，支援会社が支援を必要とするに至った原因，被支援会社が置かれている状況などの諸般の状況を踏まえたうえで，総合的に判断を行うことが要求される（裁判例〔15〕〔16〕）。一般に，企業グループを構成する関係が認められる場合[23]に，支援会社の取締役は，支援会社の利益のために，支援を必要とする会社に対する支援を行うか否かについて判断を行う義務を負い，それを怠る場合には善管注意義務違反を問われる可能性があるものと考えられる。

③ **支援の時期の相当性**　支援の時期の判断については，被支援会社が経営

---

[22]　近藤光男『経営判断と取締役の責任－「経営判断の法則」適用の検討』120頁（中央経済社，1994），落合誠一編『会社法コンメンタール (8)』134頁〔岩原紳作〕（商事法務，2009），丸山秀平「判批」中央ロージャーナル1巻2号143頁－144頁（2005），小柿徳武「判批」百選125頁，水島治「判批」金判1226号63頁（2005），田邊宏康「判批」判タ1224号70頁（2007），土田亮「判批」ジュリ1342号184頁（2007）。

不振の状態に陥っていることについての事実関係の徹底解明と支援の緊急性という相反する2つの要請のバランスをとりつつ，支援決定を行う取締役に許容される一定の範囲の裁量が認められるものというべきである（裁判例〔15〕）(24)。企業価値の低下により被支援会社の破綻を防ぐために支援を緊急に行うことが必要であると認められる場合に，この段階で支援会社の取締役が支援を決定したとき，その時点での被支援会社の状況や客観的な情勢についての分析・検討に不注意や不合理性がない限り，支援会社の取締役は善管注意義務違反とはならないものと解される。

④　**支援会社の支援の規模・内容の相当性**　支援会社がグループ内の被支援会社に支援する場合，支援の規模・内容の相当性について，支援会社が自らの経営上特段の負担とならない限度において金融的な支援をすること（裁判例〔1〕〔2〕〔16〕）(25)，信用維持のためにグループ内の会社の株式買取価額の妥当性（裁判例〔11〕），支援により負担する損失を上回るメリットが得られる場合にのみ支援が許されるが，支援により銀行が負担する損失が余りにも大きく支援を行うこと自体が銀行の経営の安定性を揺るがす場合には，支援を行うことが許されず，また支援の方法も銀行業務の公共性に照らし社会的相当性を備えたものであること（裁判例〔3〕），積極案と消極案の比較検討（裁判例〔7〕〔11〕〔16〕）(26)，支援をしない場合のデメリットと，本件支援をする場合のデメリットを比較衡量したうえで支援の規模と内容を決定すること（裁判例〔15〕），な

(23)　支援の対象となる会社が，100パーセント親子会社関係でなくても，一定割合の株式の所有関係のほかに，人事面，融資面，取引面などについて密接な関係が認められている場合や，資本関係のない企業群の場合に，同一の代表取締役ら役員が複数の会社の役員を兼ね，またそれらの会社の株主が共通しているような密接な関係があり，さらに，事業運営の面でも密接な関係がある場合にも，企業グループを構成する関係が認められるものと解される。本章2(2)(ア)参照。

(24)　裁判例〔15〕は，リコール隠しの発覚により，市場の信頼が急速に失われつつあるグループ会社に支援することについて，「リコール隠しに関する全貌が明らかになった後でなければ支援を決定できないとすれば，最も有効な支援の機会を逃し，被支援企業の再建が困難となる可能性も否定できないというべきである。」と判示する。

(25)　裁判例〔16〕は，本件支援金の負担は支援会社の体力を超える（債務超過に至らせる）ものとまでいうことはできないと判示する。

(26)　裁判例〔16〕は，支援会社の取締役Yらが経営不振に陥った関連会社に対して代替案を慎重に比較検討せず支援金の支出を決定したことについて，「本件支援金支出案により初めて本件手形決済資金の融資の実行及び本件融資枠の設定が実現し，倒産を回避することができたことを考慮すると，Yらの判断が不合理であったということはできない」と判示する。

第1章 企業価値向上に対する親会社取締役の責任 ◆ 17

どの点を判示する裁判例がある[27]。しかし，親会社の信用維持などの事由は前述したように数量的に算定困難であることから，メリットとデメリットの比較衡量することは難しい場合があるであろうことは容易に想定されうる。もっとも，支援会社の取締役は，支援会社が多額の支援額によって債務超過となったり，破綻するおそれを生じさせるような行為をすることは許されるべきではなく，このような場合には支援会社に対して責任を負うことになる[28]。

⑤ **被支援会社の再建の可能性**　被支援会社の再建の可能性がないにもかかわらず，被支援会社に対して支援をした結果，支援会社の損害を拡大させた場合には，支援会社の取締役は善管注意義務違反による責任を問われる可能性がある。それを免れるためには，十分な情報を収集し，合理的な根拠に基づき判断する必要がある[29]。また，被支援会社への支援は支援会社の損失の危険性を増大させる可能性を有することから，支援会社の取締役は担保の取得などの債権保全措置を講ずることにより，支援会社の損失を可能な限り最小化すべき善管注意義務を負うものと考えられる[30]。裁判例〔1〕〔2〕は，倒産に至ることも十分予見可能な状況にあった被支援会社に対し，被支援会社が倒産する事態に備えて確実な担保を取得するなどの十分な債権保全措置を講ずることなく，金銭貸付・連帯保証をした支援会社の取締役は，善管注意義務・忠実義務に違反すると判示する。

⑥ **支援会社の取締役の責任**　裁判例において，支援会社が企業グループを構成する関係が認められる被支援会社に支援をする場合に，その支援の判断をした取締役は，当該判断をする前提となった事実の認識の過程（情報収集とその分析・検討）に不注意な誤りや不合理な点がなく，その事実認識に基づく判断の推論過程および内容が明らかに不合理なものでない限り，取締役としての善管注意義務に違反するものではないと解されている（例えば裁判例〔15〕〔16〕）。

---

(27)　手塚・前掲注(7)24頁は，判断過程合理性を確保する観点から，対案・代替案との比較検討や各案の利害得失の検討，救済案等の審議過程を立証できるよう，証拠化が肝要とする。同旨，中村・前掲注(7)47頁－48頁。

(28)　田代有嗣「親会社取締役の子会社経営責任」清水湛＝稲葉威雄ほか編『商法と商業登記－法曹生活五十周年を顧みて－』111頁（商事法務研究会，1998），清水・前掲注(5)法政研究89頁－90頁。

(29)　中村・前掲注(7)47頁－48頁，志谷・前掲(7)149頁。

(30)　神崎克郎「銀行取締役の融資上の注意義務－大光相銀事件判決の検討－」商事1138号17頁（1988），志谷・前掲(7)149頁。

したがって，支援会社が，被支援会社に対して一定の資金の支出などの支援策を行うことにより危険を負担するとき，その取締役の判断が直ちに善管注意義務違反とされることになるわけではなく，また，被支援会社への支援の失敗により支援会社が損失を被った場合に，善管注意義務違反と判断されてしまうことにはならないと解されている[31]。これに対し，支援を行わない場合に，その判断をした取締役は，資金の支出などを行っていないから支援を行わないことについて直ちに責任を負わされるというわけではない。しかしながら，一定の状況においては，支援会社の利益のために，企業グループ全体の利益を考慮して，グループ内の会社に支援しなければ，善管注意義務違反による責任を負わされる可能性もあるものと考えられる。

　支援会社が被支援会社に支援をすることに関して取締役の責任を考える場合において，支援を行う場合と支援を行わない場合に見込まれる損失の比較がとくに問題となる。前述したように，支援会社の取締役は，支援会社が多額の支援額によって債務超過となったり，破綻するおそれを生じさせるような行為をする場合には，端的に支援会社に対して責任を問われる可能性が高いものと考えられる。これと比較して，親会社の信用維持などの事由は数量的に算定困難であることから，メリットとデメリットの比較衡量することは難しい場合が多いであろう。メリットとデメリットを具体的に算定できる場合には，デメリットのほうがメリットより小さい場合には，支援行為は許容されるであろうが，メリットが数量的に計算できない場合において支援行為をするときは，取締役の義務違反となるのかが問題となる。そこで，数値化できないことのみを理由に直ちに取締役の義務違反と認めるべきではないとする見解も少なくない[32]。これに対し，抽象的なメリットによる正当化を安易に認めると，グループ全体の利益を口実として，個別会社の利益が不当に犠牲にされることを許容してしまう可能性があり，これを許容する限界が問題となるとの指摘がなされている[33]。

　しかしながら，このようなメリット・デメリットの比較衡量の問題は，具体的に厳密な数量的算定のみにより決めるべき性質のものではないと考えられる。

---

(31)　志谷・前掲(7)148頁。
(32)　志谷・前掲(7)148頁－149頁，齊藤毅「関連会社の救済・整理と取締役の善管注意義務・忠実義務」判タ1176号79頁－80頁（2005），手塚・前掲注掲(7)18頁－19頁・26頁。
(33)　清水・前掲注(5)法政研究87頁。

第1章　企業価値向上に対する親会社取締役の責任　◆　19

支援する親会社取締役が，親会社の利益のために，企業グループ全体の利益を
考慮して，支援の必要性，支援の時期の相当性，支援の規模・内容の相当性に
ついて判断を行う際に，企業の経営者である取締役としては，諸般の状況を踏
まえたうえで，企業の経営者としての専門的，予測的，政策的な総合判断を行
う場合，その決定の過程・内容に著しく不合理な点がない限り，許容される裁
量の範囲を超えず，経営判断の原則により，善管注意義務違反とはならないも
のと解される。

（エ）経営関与の相当性　　親会社取締役による子会社その他のグループ企業
の経営への関与に関する裁判例については，親会社取締役の責任を肯定するも
のとして裁判例〔17〕〔18〕および〔19〕，その責任を否定するものとして裁判
例〔20〕〔21〕がある。いずれの場合も，完全子会社の経営への関与に関する
事案である。

　① 責任を肯定する裁判例　　裁判例〔17〕は，親会社が，その完全子会社に
対し，合併に反対する株主の有する親会社株式（本件株式）を同人の要求する
価格で買い取ったうえ，親会社の関連会社にその反対株主からの買入価格より
も低い価格で売り渡すことを指示し，当該子会社はその指示に従い本件株式を
買い取り，本件株式を複数の親会社の関連会社に対して売り渡した事案で，完
全子会社が親会社の株式を取得するのは当時の自己株式取得禁止規定に違反す
るとし，その違法な自己株式取得に関与した親会社の取締役はその損害を賠償
する責任を負うと判示した。本判決は，子会社による本件株式取得は親会社自
身による自己株式の取得と同視しうる事実認定[34]を踏まえて，本件では子会
社が独自に判断する余地がまったくなく，いわば従業員と同じように命令を受
けて本件株式を取得している事実が重要視されて，親会社取締役が責任を負わ
されるものと考えられたと解することができる[35]。

　裁判例〔18〕および〔19〕は，同一の事案で，親会社が取得した自己株式
（本件株式）をその取得価額で完全子会社に譲渡し，それを完全子会社が第三
者にさらに譲渡して売却損を出したことから，親会社の株主が，これに関与し
た親会社の取締役に対して，当時の自己株式取得禁止規定違反により親会社が

---

(34)　第1審（東京地判昭和61年5月29日民集47巻7号4893頁）および原審（東京高判平成
　　　元年7月3日民集47巻7号4925頁）の認定事実参照。
(35)　河本一郎ほか「〈座談会〉三井鉱山事件判決が提起した諸問題」商事1085号12頁
　　　（1986）〔龍田節発言〕，志谷・前掲注(7)127頁。

被った損害の賠償を求めて，株主代表訴訟を提起した事案で，親会社の取締役がその損害について親会社に対する賠償責任を認めたものである。また，本件では，親会社による本件株式の取得から完全子会社による第三者への売却処分までの行為は，全体としてみれば，一個の計画に基づく一連の行為としてとらえることができることが事実認定されている。したがって，本件における親会社と完全子会社とは形式的にも実質的にも別個独立の法人格を有する会社であり，その法人格を否認すべき事情があるということもできない場合でも，上記の事実により，子会社が当初から親会社の方針に従って，いわば親会社の手足として使われ，問題の本件株式の取得行為について子会社独自の判断が否定されるときは，親会社取締役は責任を負うべきものと考えられたと解することができる[36]。

　② **責任を否定する裁判例**　　裁判例〔20〕は，親会社の完全子会社が他の会社から工場兼倉庫用の不動産（本件不動産）を取得したが，騒音規制により子会社が本件不動産において工場を稼働させることはできなかったので，親会社は，その代表取締役らに対し，本件不動産の取得について取締役としての調査等に関する善管注意義務または忠実義務違反があったとして，会社法423条1項に基づき損害賠償金の支払などを求める訴えを提起した事案である。本件判決は，本件不動産の取得の是非が親会社の取締役会に付議されていたこと，親会社代表取締役自身が現地視察を行ったり，取締役会において自ら作成した資料を用いて本件不動産を取得する必要性や財務上の負担について説明するなどして積極的に本件不動産の取得に係る意思形成に関与していたことを事実認定したうえで，親会社の代表取締役は完全子会社が契約主体となった本件不動産の購入に先立つ調査について善管注意義務違反が問題となりうるというべきであるとしたが，親会社の取締役としての善管注意義務違反はないと判示する。親会社の取締役が完全子会社の経営判断に事実上の影響力を及ぼすときは，親会社の取締役としての善管注意義務を負うべきものという考えをとっているものと解される[37]。

　裁判例〔21〕は，親会社がその代表取締役および取締役（完全子会社の取締役を兼ねる）は，完全子会社が親会社の取引先へ行った融資につき，善管注意

---

(36)　近藤光男「子会社の損害と親会社取締役の責任」商事1370号8頁－9頁（1994），志谷・前掲注(7)127頁。

(37)　飯田秀総「判批」ジュリ1468号101頁（2014）。

義務に違反して誤った経営判断のもとに上記完全子会社に取引先に対する運転資金の融資を実行させ，取引先の倒産により融資金の回収ができなくなって子会社に損害を生じさせたことについて，親会社取締役の親会社に対する責任が問題とされた事案で，本件判決は代表取締役らの責任を認めなかった。本判決は，代表取締役らは親会社の定時役員会で取引先に対する融資の承認が得られるまで，子会社に対し取引先に対する融資を一時的に行ってくれるよう働きかけることにした事実を認定しているが，子会社の法人格を否認すべき場合に当たることを認めるに足りる的確な証拠はなく，代表取締役らが子会社の意思決定を支配し，子会社の代表取締役の意思を抑圧して本件貸付をさせたことを認めるに足りる的確な証拠もなく，子会社代表取締役は，自らの判断で本件貸付を行ったことを認めることができるとして，直ちには親会社が子会社の未回収分相当額の損害を受けたものということはできないと判示した[38]。

③　**裁判例のとる立場**　　上記の裁判例から，親会社取締役による子会社その他のグループ企業の経営への関与について親会社取締役が責任を負うべきと判断される場合の要素を抽出してみると，次のようなものを挙げることができる。

（i）完全子会社の経営への関与（裁判例〔17〕〔18〕〔19〕），（ii）完全子会社がその営業方針については事前に親会社の承認を受ける関係にあったこと（裁判例〔17〕），（iii）実質的には親会社の一部門にすぎないこと（裁判例〔17〕），（iv）本件株式の買い取り，代金額・支払方法・時期等の契約内容および契約書の作成などのすべてを取り決めていたこと（裁判例〔17〕），（v）自己株式の取得から子会社による第三者への売却処分までの行為が全体としてみれば事実上一個の計画に基づく一連の行為としてとらえることができること（裁判例〔18〕〔19〕），（vi）本件不動産の取得の是非が親会社の取締役会に付議されていたこと（裁判例〔20〕），（vii）積極的に本件不動産の取得に係る意思形成に関与（取締役自身による現地視察や，取締役会における取引の必要性や財務上の負担の説明資料作成・説明。裁判例〔20〕），（viii）子会社の法人格を否認すべき場合に当たることを認めるに足りる的確な証拠（裁判例〔21〕〔22〕）[39]，（ix）代表取締役らが子会社の意思決定を支配し，子会社の代表取締役の意思を抑圧して本件貸付をさせたことを認め

---

(38)　なお，事実認定の問題ではあるが，本件貸付は親会社の取引先に対する融資の一環としてとらえられ，親会社の代表取締役らが子会社の意思決定を実質的に支配していたのではないかとの問題は残る。三浦治「判批」金判1450号5頁－6頁（2014）。

るに足りる的確な証拠（裁判例〔21〕），(x)子会社代表取締役は自らの判断で本件貸付を行ったことを認めることができないこと（裁判例〔21〕），(xi)親会社の取締役が子会社に指図をするなど，実質的に子会社の意思決定を支配したと評価しうる場合（裁判例〔22〕）などの要素が挙げられている。

これらの具体的要素を包括できるような，一般的な文言に置き換えるならば，ⓐ子会社の法人格を否認すべき事情がある場合，ⓑそのような事情がない場合でも，子会社の行為に係る意思形成に積極的に関与する場合，ⓒ子会社に指図をするなど，実質的に子会社の意思決定を支配したと評価しうる場合，あるいはⓓ親会社の手足として使われて子会社独自の判断は否定される場合，以上のような場合に整理することができる。

これらの場合に，親会社取締役は，親会社の利益（ひいては子会社その他のグループ企業の利益）のために子会社・グループ企業の経営に関与することについて善管注意義務違反があれば，それについて親会社に対して責任を負うべきものと考えられる。ただし，親会社取締役が，子会社・グループ企業への経営に関与することを判断するに当たって，諸般の状況を踏まえたうえで，企業経営者としての総合的判断を行う場合，具体的な法令違反がなく，その経営判断が取締役の判断に許容される裁量の範囲を超えない限り，経営判断の原則により，親会社に対する善管注意義務違反とはならないものと解される(40)。

(オ) 子会社その他のグループ企業の業務の管理ないし監視・監督に関する責任　　親会社取締役は子会社の業務の管理ないし監視・監督を怠ったことに関して，責任を肯定する裁判例として，前掲裁判例〔1〕〔2〕〔5〕および〔6〕がある。これに対し，責任を否定する裁判例として，前掲裁判例〔22〕〔23〕および〔24〕がある。

　① **責任を肯定する裁判例**　　裁判例〔1〕および〔2〕は，資本関係はなかっ

---

(39)　本章では，裁判例〔22〕は，子会社その他のグループ会社の業務の管理ないし監視・監督の項目に分類しているが，裁判例〔21〕の判断基準が裁判例〔22〕に依拠していると考えられるので（三浦・前掲注(38) 5頁），便宜的にここでも取り上げる。

(40)　志谷・前掲注(7)128頁－129頁は，親会社取締役の親会社本体における経営判断の誤りが経営判断の法則により保護される余地があるならば，子会社に行為させた場合にも，同様の考え方を取り入れるべきだとする。なお，具体的な法令違反行為の経営判断について経営判断原則による保護が与えられないことについて異論はない。近藤・前掲注(22)124頁－126頁，吉原和志「取締役の経営判断と株主代表訴訟」小林秀之＝近藤光男編『新版・株主代表訴訟大系』79頁－80頁（弘文堂，2002）など参照。

たが，Ａ会社の代表取締役らが発行済株式総数の過半数を有して実質的にグループ企業とみられる状態にあったＢ会社に対して融資したことについて，Ａ会社の株主Ｘが，Ａ会社の代表取締役は善管注意義務に違反し，また他の取締役らは監視義務を怠ったと主張して取締役らに対して損害賠償を求めて株主代表訴訟を提起した事案で，本判決は，倒産に至ることも十分予見可能な状況にあったグループ会社に対し新たに多額の金銭の貸付や保証を行うことは，十分な債権保全措置を講じない限り，取締役の善管注意義務・忠実義務および監視義務に違反すると判示する。ここでは，代表取締役の善管注意義務・忠実義務に対する他の取締役の監視義務違反が問題とされている。

裁判例〔5〕および〔6〕は，親会社の取締役らがその完全子会社の非常勤役員でもあったことを指摘したうえで，子会社の非正常な取引について調査義務を怠った点に取締役としての忠実義務ないし善管注意義務違反があった旨を判示することから，親会社の取締役が子会社の非常勤の取締役ないし監査役を兼務していたことが，親会社の取締役らの監視義務違反を認定したものと考えられている(41)。

②　責任を否定する裁判例　　裁判例〔22〕は，本件では，Ａ会社の完全子会社であるＢ会社の完全子会社であるＣ会社が支払った課徴金が，Ａ会社の損害に当たるかどうか争われた事案で，特段の事情のない限り，子会社の取締役の業務執行の結果，子会社に損害が生じ，さらに親会社に損害を与えた場合であっても，親会社の取締役は直ちに親会社に対し任務懈怠の責任を負わないと判示した。本件判決は，特段の事情として，親会社取締役による子会社への指図が親会社に対する善管注意義務や法令に違反するような事情は認められないこと，親会社取締役には子会社の経営を監視するための内規を制定すべき義務を怠った旨の原告らの主張はそのような内規を制定すべき義務が親会社取締役らに存することの法律上あるいは条理上の根拠について具体的な主張を行わないので失当であるとして，取締役の親会社に対する損害賠償責任を否定している。本判決については，親会社取締役の任務を限定的にとらえて親会社取締役

───────────────
(41)　三浦治「判批」金判1414号5頁（2013），清水真「判批」金判1411号92頁（2013），李春女「判批」法学新報（中央大学）120巻5＝6号272頁（2013），李芝妍「判批」ジュリ1456号139頁（2013），伊藤靖史「判批」商事2034号17頁注(20)(2014)，小塚荘一郎・ビジネス法務14巻9号66頁（2014），中川秀宣＝植野公介「判批」金法2009号95頁（2015），重田麻紀子「判批」法学研究85巻10号132頁（2012）参照。

は子会社の経営について監督責任を負わないと判示するものと考えられている[42]。

　裁判例〔23〕は，銀行持株会社の取締役・監査役らがその完全子会社の取締役・監査役らの責任を追及する株主代表訴訟を提起する義務があることを前提としたうえで，完全子会社は当該子会社の取締役らの任務懈怠による当該取締役らに対する損害賠償請求権を有しないことを理由として，当該持株会社の取締役らは当該会社を代表してその完全子会社の取締役らに対する株主代表訴訟を提起しなかったことについて善管注意義務違反・忠実義務違反がないと判示する。本判決は，持株会社である親会社の取締役らがその完全子会社の取締役・監査役らの責任を追及する株主代表訴訟を提起する義務があることを前提していることから，親会社の取締役らの子会社の管理職務として子会社の取締役らの責任を追及する株主代表訴訟を提起する義務があることを理論構成として認めている。

　裁判例〔24〕は，A会社が株式の50パーセントを有するB会社にA会社の従業員を出向させたが，当該従業員による違法なカルテルへの関与について，A会社の取締役・監査役の監督義務違反などが問われた事案で，裁判所は，取締役らの善管注意義務違反の内容を，その根拠となる違法行為の予見可能性・回避可能性を具体的に特定して主張するよう釈明したにもかかわらず，これに応じようとしないことから，A会社の株主による善管注意義務違反の主張自体は失当であるとして，A会社の取締役らの責任を否定した。本判決は，親会社の取締役らの子会社の管理職務に関する責任を直接問題としているわけではない。

　③　**裁判例のとる立場**　　上記の裁判例は，親会社の取締役が一般的に子会社について監視する義務を負うということを積極的に認める見解をとっていないものと考えられる[43]。学説においても，従来の伝統的な見解は，親会社の取締役が子会社を監視する義務を負うことを否定するものが多かった[44]。しかし，近年では，親会社の取締役は，親会社の有する子会社の株式は親会社に

---

(42)　山下・前掲注(7)41頁（本判決は，原告の主張立証が不十分であったこともあり，親会社取締役の任務について必要以上に限定的な考え方を示したもので，これを先例として重視するのは適切ではないとする），神作・前掲注(6)99頁。

(43)　伊藤・前掲(41)13頁−14頁・16頁注(16)，大杉謙一「判批」ジュリ1471号106頁（2014），重田・前掲(41)132頁−133頁参照。

(44)　江頭・前掲注(1)197頁−198頁注(1)，柴田和史「子会社管理における親会社の責任（上）（下）」商事1464号3頁・1465号70頁（1997），志谷・前掲注(7)126頁など。

第1章　企業価値向上に対する親会社取締役の責任　◆　25

とっては財産であり，そのような株式の価値を維持・向上させるために，相当
の範囲で子会社についても監視する義務を負うことを認める見解が一般的に
なっている[45]。

　これに対し，裁判例の傾向として，親会社の取締役らの子会社の管理職務と
して子会社の取締役らの責任を追及する株主代表訴訟を提起する義務があるこ
と（裁判例〔23〕参照），親会社の代表取締役が十分な債権保全措置を講じない
で善管注意義務違反となるような金融支援や（裁判例〔1〕〔2〕参照），親会社
に対する善管注意義務や法令に違反するような親会社取締役による子会社への
指図（裁判例〔22〕参照）について，親会社の他の取締役は監視義務を負うも
のと考えられる。

　裁判例〔5〕〔6〕については，子会社管理に関する親会社取締役の義務を比
較的に広くとらえている点で大きな意義を有するものと評価する見解もあ
る[46]。しかし，親子会社の役員兼任の場合に，親会社の取締役と子会社の役
員の立場により異なる義務を区別して考えるべきである。すなわち，子会社の
役員を兼任する親会社の取締役は，子会社役員の立場でもって，子会社の最善
の利益のために，子会社の最善の利益を図る義務を負うと同時に，親会社取締
役の立場としても，問題となる子会社の非正常な取引について調査し一定の情
報を収集して是正等の対処をすべき義務を，親会社に対して負っているものと
解される[47]。これに対し，子会社の役員を兼任していない親会社の取締役は，
子会社における不正ないしその兆候を知った場合には適切な調査義務を負い，
その結果必要であれば適切な是正措置をとる義務を負うことになる[48]。もっ
とも，子会社の役員を兼任していない親会社の取締役がどのような方法・程度
の調査・是正措置をする義務を負うのかについては，当該取締役がその役職と

---

(45)　森本滋「親会社法制をめぐる諸問題」商事1500号52頁（1998）（純粋持株会社の定款
　　　の目的の記載〔子会社支配目的の明示〕と関連して，子会社の適切な管理・支配が親会
　　　社取締役の親会社に対する重要な職務となるとする），山下・前掲注(7)33頁，舩津・前
　　　掲注(4)206頁・230頁以下・294頁以下，神吉正三「判批」龍谷法学45巻4号499頁－501
　　　頁（2013），神作・前掲注(6)101頁，岩原紳作「『会社法制の見直しに関する要綱案』の
　　　解説〔Ⅲ〕」商事1977号8頁（2012），久保田安彦「判批」月刊監査役599号87頁（2012），
　　　大杉・前掲注(43)106頁，伊藤・前掲注(41)13頁など。
(46)　久保田・前掲注(45)89頁。
(47)　三浦・前掲注(41)5頁，李（春女）・前掲注(41)272頁。
(48)　笠原武朗「監視・監督義務違反に基づく取締役の会社に対する責任について（7・
　　　完）」法政研究72巻1号44頁（2005）。

して当然に子会社に対する直接の調査を行うことは認められず，子会社の株主であるという親会社の地位に基づく権限を用いて，子会社の情報収集や子会社の違法・不当な業務執行の是正措置をとりうるにすぎないと解される[49]。

ところで，裁判例〔22〕は，親会社取締役には子会社の経営を監視するための内規を制定すべき義務を怠った旨の原告らの主張はそのような内規を制定すべき義務が親会社取締役らに存することの法律上あるいは条理上の根拠について具体的な主張を行わないので失当であるとして，取締役の親会社に対する損害賠償責任を否定している。本判決は，一般論として，親会社取締役には子会社の経営を監視するための内規を制定すべき義務，言い換えれば子会社の経営を監視するための内部統制システムを構築する義務はないと判断しているのか，あるいは，本件事案における親会社の規模・業種などの事情から当該親会社の場合に限り親会社取締役の善管注意義務の内容としてそのような内部統制システムを構築する義務はないといっているのか，明らかではない。

純粋持株会社の場合，その傘下に当該会社の利益の源泉となる対外的な営利事業活動を行う子会社等からなる企業グループが形成され，その企業グループの上位の親会社である純粋持株会社の主たる業務は子会社の支配・統括管理であり，親会社の取締役は当該親会社の利益のために子会社の支配・管理を行う職務を負うことになる。このような純粋持株会社にとって，当該持株会社の利益ひいては企業グループ全体の利益の維持・向上のために，傘下のグループ会社の経営の効率性および適法性が極めて重要となる。そのために，純粋持株会社の取締役は，必然的に，その善管注意義務の内容として，企業グループ内の内部統制システムの構築・整備を行う義務を負うことになるものと解される[50]。これに対して，事業持株会社の場合には，当該持株会社（親会社）の取締役は，親会社の事業活動のコントロールを介して，その子会社等の支配・管理をすることが可能な場合もあるであろうが，事業持株会社の取締役であっても，その善管注意義務の内容として，程度の差はあっても，企業グループ内の内部統制システムの構築・整備をしていなければその不備により責任を負わされる場合がありうるものと考えられる[51]。現行の会社法は，取締役会の決議

---

(49)　情報収集・是正措置の具体的方法については，舩津・前掲注(4)253頁以下参照。大杉・前掲注(43)106頁は，どのような調査・是正措置が期待されうるかは事案ごとに慎重に判断されることを要するとする。

(50)　小菅成一「判批」東海法学31号130頁－131頁（2004）。

事項として「当該株式会社及びその子会社から成る企業集団の業務の適正を確保するために必要なものとして法務省令で定める体制の整備」を規定し，大会社ではその事項の決定を義務づけられている（会社362条4項6号・5項。なお，同法348条3項4号・4項（取締役会設置会社でない場合），416条2項（指名委員会等設置会社の場合））。取締役会の職務として企業グループ内の内部統制システムの構築・整備をした場合に，この内部統制システムのもとで，企業グループ内の子会社等の管理を担当する代表取締役等に任務懈怠があれば，当該代表取締役等は監督責任を問われることになるであろう。この場合に，取締役会の構成員である他の取締役は，代表取締役等の任務懈怠についてだけでなく，内部統制システムの整備の不適正などについて監視義務違反による責任を負わされるものと解される。

(カ) 親会社の損害

〔図7　親会社の損害〕

① **直接損害・間接損害**　親会社が子会社に金融支援を行う場合に，例えば当該子会社の倒産に至ることが具体的に予見可能な状況にあり，当該金融支援によって経営の建直しが見込める状況にはなかったのに貸付を行い，結局，その貸付金が回収不能となったとき，親会社取締役は，当該親会社に対して善管注意義務違反により，原則として貸付金相当額の損害を賠償する責任を負うことになる（例えば裁判例〔1〕〔2〕参照）。この場合に，親会社の損害は，親会社取締役の任務懈怠により直接に親会社が被る損害である。

これに対し，親会社取締役が不当な指図などにより子会社の経営に関与する場合に，例えば，親会社の指図により子会社が親会社の株式を取得し，子会社に親会社株式取得代金と売却代金との差額に相当する金額の損害が生じたとき（例えば裁判例〔17〕〔18〕〔19〕参照），第一次的には子会社自体に損害が生じ，それとともに第二次的に親会社に損害（間接損害）が生じることになる。

---

(51)　志谷匡史「判批」私法判例リマークス26号101頁（2003）は，事業持株会社の取締役は株主の利益のためにより積極的に子会社の経営に関与することが職責であるとまで評価しうるか，なお疑問が残るとする。

28 ◆

　上記の裁判例〔17〕〔18〕および〔19〕において，完全子会社が親会社株式を取得・売却することによって損害を被る場合，子会社の損害の算定については見解が分かれる。大別すると，(i)親会社株式の取得価額から売却価額を差し引いた額を損害とする売却差額説[52]，(ii)取得価額そのものを損害とする取得価額説[53]，(iii)取得価額と取得時の時価との差額および売却時の時価と売却価額との差額との和を損害とする時価差額説[54]がある。売買差額説が，多数説および上記裁判例であり，妥当なものと考える[55]。

　もっとも，親会社の間接損害の場合に，一般的に，子会社の損害が塡補されれば，親会社の損害は消滅する関係にあることがいえる[56]。したがって，まず子会社の損害の塡補を考えることになるが，とくに親会社取締役の影響力が強い100パーセント子会社の場合には子会社取締役の子会社への損害賠償によって子会社の損害が塡補される可能性が低いことから[57]，親会社取締役にその任務懈怠により親会社に生じた損害の賠償責任を負わせる必要がある[58]。

②　**親会社の間接損害額の算定**　　裁判例においては，親会社の指図により子

---

(52)　近藤光男「自己株式所得と取締役の責任－三井鉱山事件控訴審判決をめぐって－」商事1190号56頁（1989），森本滋「判批」商事1210号50頁（1990）（買取資金の借入の利息も含むとする），志村治美「判批」私法判例リマークス1号179頁（1990），藤原俊雄「子会社による親会社株式の取得－損害の問題を中心に－」静岡大学法経研究42巻1号12頁（1993），吉本健一「判批」商事1500号77頁（1998），矢﨑淳司「判批」法学雑誌41巻3号457頁（1995），元木伸「判批」判時1488号211頁（1994），並木和夫「判批」法学研究65巻10号154頁（1992）など多数説である。

(53)　大塚龍児「判批」判時1427号202頁（付随費用も加える）（1992），川島いづみ「判批」法律のひろば46巻1号79頁（付随費用も加える）（1993），高橋英治「判批」判タ975号11頁（1998），杉田貴洋「判批」法学研究77巻8号145頁（2004）。

(54)　関俊彦「子会社による親会社株式の取得・売却から生じた損害と親会社の取締役に対する代表訴訟」ジュリ869号90頁（1986），吉原和志「判批」法学教室74号131頁（1986），宮島司「判批」昭和61年度重要判例解説（ジュリ887号）94頁（1987），河本ほか・前掲注(35)18頁〔河本一郎発言〕。

(55)　なお，自己株式の取得後，処分されず保有されたままである場合に，その損害の算定が争われた大阪地判平成15年3月5日判時1183号146頁は，「本件自己株式の取得価額から取得時点における本件自己株式の時価を減算した額であると解するのが相当である」と判示している。

(56)　龍田節「三井鉱山事件の最高裁判決」商事1334号37頁（1993），志谷・前掲注(7)129頁。

(57)　平成26年改正で多重代表訴訟（会社847条の3）が創設されたが，多重代表訴訟の対象となる特定責任，完全親会社等，少数株主権などの形式的要件から，多重代表訴訟の規定の適用範囲は非常に限定的なものとなっている。本書第7章参照。

(58)　龍田・前掲注(56)37頁，志谷・前掲注(7)130頁。

会社が親会社の株式を取得し，子会社に親会社株式取得代金と売却代金との差額に相当する金額の損害が生じた場合，親会社の間接損害の額について，子会社の損害と親会社の損害とを同一視する考え方をとるものと（裁判例〔17〕），親会社の有する子会社株式の評価損と考えるもの（裁判例〔18〕〔19〕）がある。

　学説では，親会社の間接損害の額について，理論的には，子会社株式の評価損が親会社の損害であると考える見解が多数説である[59]。これに対し，子会社の損害を親会社の損害と同視することは疑問であるとして，第一次的には子会社が賠償されるべきであって，親会社取締役に親会社に対して損害を賠償させても子会社の損害は塡補されず，子会社債権者は保護されないとする見解がある[60]。しかしながら，子会社債権者が子会社に生じた損害について子会社取締役の責任を追及しうることと，子会社の損害を通じて親会社に生じた損害について親会社取締役が親会社に対して損害賠償責任を負うこととは両立しうるものと考えられる[61]。

　多数説の見解によれば，100パーセント子会社の場合には親会社の子会社株式の評価損が子会社の損害額と同額であると考えられており[62]，100パーセン

---

(59)　河本一郎「判批」平成元年重要判例解説（ジュリ957号）99頁（1990），大塚・前掲注(53)203頁（ただし，子会社の損害を親会社に帰属させることを否定する），川島・前掲(53)80頁，同「判批」専修法学論集63号204頁（ただし，子会社による親会社株式の取得等が親会社の計算による場合と，法人格を否認しうる場合に限り，例外的に子会社の損害を親会社の損害とする）(1995)，尾崎安央「判批」平成5年度重要判例解説（ジュリ臨時増刊1046号）108頁（1994），吉原和志「完全子会社による親会社株式の高価買取り－三井鉱山事件最高裁判決－」法学教室159号35頁（1993），藤原・前掲注(52)15頁，高橋・前掲(53)12頁，吉本・前掲注(52)77頁（親子会社間に経済的一体性が認められない場合に限る），近藤光男「判批」商事1370号8頁－9頁（子会社の独立性が認められる場合に限る）(1994)，杉田貴洋「判批」法学研究73巻9号167頁（2000）（子会社と親会社との法人格の独立性を前提とする），神田秀樹「判批」百選47頁など。

(60)　春田博「株式相互保有規制と子会社法人格－三井鉱山事件と現行法制〔上〕〔下〕」商事1205号7頁以下・1206号14頁以下（1990），同「判批」法律のひろば47巻11号78頁（1994），大塚・前掲注(53)203頁以下。

(61)　龍田・前掲注(56)37頁（子会社を道具に使って違法行為をした親会社取締役に責任がないとする論理は見出せないとする），吉原・前掲注(59)35頁，神田・前掲注(59)47頁。

(62)　河本・前掲注(59)99頁，森本・前掲注(52)51頁，志村・前掲注(52)179頁，西川昭「判批」金判889号55頁（1992），吉原・前掲注(59)36頁，川浜・前掲注(2)77頁，葦沢康幸「判批」亜細亜法学27巻2号216頁（1992），高橋衛「判批」一橋論叢108巻1号182頁（1992），今井潔「判批」私法判例リマークス11号104頁（1995），吉本・前掲注(52)77頁，近藤・前掲注(59)8頁（完全子会社で経営の独立性がまったく認められないときに限る）など。これに対し，大塚・前掲注(53)204頁は，親会社には投資価値としての子会社株式

ト未満の場合には親会社の子会社株式の評価損は子会社の損害額に持株比率を乗じた額が子会社株式の評価損となると解されている[63]。親会社の間接損害については，多数説が考えるように，親会社と子会社が別個独立の法人であると認められる限り，原則として，親会社の有する子会社の株式の評価損と解すべきものと考える。100パーセント子会社の場合にも，同様に子会社の株式の評価損と解されるが（裁判例〔18〕〔19〕），三井鉱山事件の最高裁判決（裁判例〔17〕）の事案のように子会社の損害と親会社の損害との間に直接の明白な相当因果関係があり，子会社の損害額に相当する金額だけ親会社の資産が減少したものとみることができる特段の事情があれば，子会社の株式の評価損によらなくてよいと解されるべきものと考える。

　③　**損益相殺**　　親会社の利益のために，親会社が，子会社その他のグループ企業への不当な指図などによりその子会社等の取引行為などに関与して，当該子会社等に損害が発生した場合，親会社の損害の算定の際に，当該親会社は当該株式の評価損に相当する額の損害を被るが，他方，その取引により利益を得ていることがある。このような場合，親会社の損害の算定の際にその利益と損害を相殺することは，当然可能であると解することができる[64]。しかし，このような問題について，三井鉱山事件の最高裁判決（裁判例〔17〕）は損益相殺を認めない。

　裁判例〔17〕の原審である東京高判平成元年7月3日民集47巻7号4925頁において，親会社であるＡ会社の取締役Ｙらは，抗弁として，子会社に本件自己株式を取得させた結果親会社に資産の減少が生じたとしても，反面，親会社は，本件株式取得の結果，合併の達成や株式安定化率の飛躍的な向上などにより多様かつ多大の利益を挙げることができて，その資産の減少を上回る利益ないし成果を挙げているから，本件における損害額の算定に当ってはこれらの利益ないし成果を斟酌して損益相殺すべきであると主張した。この点について，東京

　　について損害が生じうるだけで，子会社の損害額と同額の評価損が常に生じうるとは必ずしもいえないとする。
(63)　河本ほか前掲注(35)19頁〔河本一郎発言〕(1986)，龍田・前掲注(56)37頁，吉原・前掲注(59)36頁，川浜・前掲注(2)77頁，高橋・前掲注(62)182頁−183頁。これに対し，宮島・前掲注(54)94頁は，親会社の損害は間接損害であるし，子会社による親会社株式の取得（商旧211条ノ2）に関する規定を設けて親子関係を取り上げた意義から，持株比率とは無関係に，子会社の損害はすなわち親会社の損害であるとする。
(64)　川浜・前掲注(2)77頁，志谷・前掲注(7)131頁。

第1章　企業価値向上に対する親会社取締役の責任　◆　31

高裁は，「商法266条1項5号（会社423条1項）所定の違法行為による損害額の算定に当り損益相殺の対象となるべき利益は，当該違法行為と相当因果関係のある利益であるとともに，商法の右規定の趣旨及び当事者間の衡平の観念に照らし，当該違法行為による会社の損害を直接に塡補する目的ないし機能を有する利益であることを要するものと解するのが相当である。」，「これらの利益ないし成果は，その性質上本件違法行為であるＹらによる本件自己株式の取得とそれに随伴する同株式の転売自体を直接の原因として実現され，取得されたものではない。」，「これらの利益ないし成果を本件違法行為自体と相当因果関係のある利益と評価するのは相当でないとともに，商法の前記規定の趣旨及び当事者間の衡平の観念に照らしても，これらの利益ないし成果が本件違法行為によるＡ会社の損害を直接に塡補する目的ないし機能を有する利益であると解することは困難である。」と判示して，損益相殺を認めなかった。最高裁判決（裁判例〔17〕）も，「原審の事実認定は，原判決挙示の証拠関係に照らして首肯するに足り，右事実関係の下においては，Ｙらの主張する利益は本件株式の取得との間に相当因果関係がないからＡ会社の損害から控除すべきでないとした原審の判断は，正当として是認することができる。」と判示した。

裁判例〔17〕（その原審判決を含む）の上記のような立場について，自己株式の取得をしなければ所期の合併ができず合併による利益を失ったであろうことが立証できれば，そのような利益（あるいは損失の防止）は損害額算定の際に当然考慮されるべきであるとする見解[65]や，取締役の違法行為に基づく損害賠償責任に限って損失と相殺すべき利益を狭く解すべしとの理由が果してあるのか，その特別の考慮をすべき理由は何か，不可解である，と疑問を呈する見解がある[66]。これに対し，どちらかといえば損益相殺を認めなかった上記の裁判例〔17〕の立場に賛成する見解が多い[67]。損益相殺の問題については，親会社による指図等による子会社の行為が刑罰規定や公序良俗に反しない限り，

---

(65)　神田秀樹「三井鉱山事件に関する理論的問題」商事1082号8頁（1986），同・前掲注(59)47頁。

(66)　河本・前掲注(59)99頁。

(67)　近藤・前掲注(52)56頁，吉原・前掲注(59)36頁（具体的な自己株式取得禁止規定違反の責任が問われ，また罰則（商旧489条2号）まで科している同規定の立法趣旨を考えれば，原審の判決に理由があるとする），元木・前掲注(52)211頁，尾崎・前掲注(59)108頁，矢﨑・前掲注(52)458頁など。

当該行為による親会社の損害とその行為により得た利益について損失相殺が認められるものと解する[68]。

(キ) 子会社その他のグループ企業の清算・整理

〔図8 親会社の支援〕

　子会社その他のグループ企業の再建を意図する「再建型」とは異なり，子会社・関連会社の清算・整理の際に資金提供・債権放棄等を行う「清算型」の支援・救済は，子会社等を立ち直らせるためではなく，親会社の負担のもとに，取引先等の第三者を救済することにより，親会社ないしグループ企業の信用維持や早期・円滑な整理の実行をすることが目的とされている[69]。親会社取締役がこのような「清算型」の支援・救済を行った場合に，親会社の損失のみが生じると考えられるならば，親会社取締役は責任を問われることになるであろう。したがって，「清算型」では子会社が再生して親会社の利益をもたらす可能性はないのであるから，支援金供与は原則として取締役の忠実義務に違反することになると考える厳格な見解もある[70]。しかし，例えば親会社の信用に依拠して子会社等と取引を行った者は，子会社等の倒産の際に親会社による支援がなければ，それを裏切られることになり，親会社の信用の低下を招き，親会社の事業活動に悪影響を及ぼすことになる。したがって，子会社等の倒産の際に相当な範囲内で子会社等に支援することは合理性があると考えられる[71]。

---

(68) 志谷・前掲注(7)131頁。
(69) 中村・前掲注(7)48頁，手塚・前掲注(7)28頁。子会社等の整理の局面での救済の類型として，グループ外の債権者や小口債権者への優先弁済，子会社等の債務の肩代わり，子会社等に対する貸付金・売掛金等の債務の減免，当該子会社等の株式の買取り等が挙げられる。手塚・前掲注(7)28頁。
(70) 新山・前掲注(20)92頁以下。
(71) 中村・前掲注(7)48頁。なお，法人税基本通達9－4－1（子会社等を整理する場合の損失負担等），9－4－2（子会社等を再建する場合の無利息貸付け等）は，債権放棄等や低利融資に関する寄附金認定の例外措置を認める。とくに法人税基本通達9－4－1は，「法人がその子会社等の解散，経営権の譲渡等に伴い当該子会社等のために債務の引受けその他の損失負担又は債権放棄等（以下9－4－1において「損失負担等」という。）をした場合において，その損失負担等をしなければ今後より大きな損失を蒙ること

第1章　企業価値向上に対する親会社取締役の責任 ◆ 33

　子会社等の清算・整理の場合，子会社等への支援行為が親会社取締役の善管
注意義務違反とならないとされるためには，その支援・救済の必要性，合理性
および相当性が必要とされる。これらの判断要素として，ⓐ親会社等の出資比
率の資本関係，ⓑ役員・従業員の出向者の有無・程度等の人的関係，ⓒ子会社
等の事業内容と親会社の事業内容との関連性の有無・程度等の取引関係，ⓓ商
号使用等の有無等の信用維持目的との関連性，ⓔ子会社等の倒産による親会社
の信用低下が親会社の事業に及ぼす影響の有無・程度等の親会社の損失などが
挙げられうる(72)。

　子会社等の清算・整理の場合に関する裁判例として，裁判例〔1〕〔2〕〔14〕
〔16〕があるが，いずれも支援会社の取締役の責任を否定している。これらの
裁判例において，支援会社の取締役が善管注意義務違反とならない重要な要素
として，(i)破産手続という法的倒産手続に入っている中で，破産管財人が被支
援会社の一般の債権者の配当率を上げるために，同社の最大の債権者でありグ
ループ企業の支援会社に対して破産債権の届出の取下げを求めるという，一般
の企業意識に適合した合理的な要請に応じて破産債権の届出を取下げること
（裁判例〔1〕〔2〕），(ii)市場における支援会社の信用が著しく低下し会社の存続
自体が危うくなる可能性があり，支援会社としては被支援会社の任意整理のた
めにある程度の支援金を提供する方法は被支援会社の唯一の債権者である銀行
の協力を得ることができ，被支援会社の迅速かつ円滑な清算に資するものであ
ること（裁判例〔14〕），(iii)支援会社がその黒字倒産という最悪の事態を回避す
るため特別清算手続の開始決定に先だってやむなく整理支援金を支出する決定
をしたこと（裁判例〔16〕）が挙げられている。

　これらの判断要素により，上記裁判例が親会社・支援会社の取締役の善管注
意義務違反による責任を認めないことについては，とくに異論はないと考えら

──────────

になることが社会通念上明らかであると認められるためやむを得ずその損失負担等をす
るに至った等そのことについて相当な理由があると認められるときは，その損失負担等
により供与する経済的利益の額は，寄附金の額に該当しないものとする」（平成30年4月
1日現在）と規定する。これは，整理型手続における親会社の損失負担が社会通念上認
められる場合があることを前提としているものと考えられる。手塚・前掲注(7)28頁。ま
た，このような基本通達のもとで，グループ内関連企業に対する支援の方法として一定
限度において無担保の貸付・債務保証が経営上合理的な裁量の範囲内であることを認め
る裁判例があることは，企業実務上意義が大きいものと考えられている。河和哲男「判
批」判タ975号170頁（1998）。

(72)　中村・前掲注(7)48頁，手塚・前掲注(7)29頁。

れる。しかし，一般的には，子会社等の取引先・債権者または少数株主から要請されたという理由，あるいは金融機関等の第三者や関係省庁等の意見に従って行動したという理由だけで，当然に善管注意義務違反とはならないというわけではなく，親会社の最善の利益のために経営判断をしたかという事実が重要になっているものと解される[73]。関連会社の清算に当たって，経営判断の原則を隠れ蓑にして，親会社取締役が個人的利益や大株主・金融機関などの利益を追求するおそれもある[74]。そこで，親会社の負担する金額が大きければ大きいほど，それに見合うだけのメリットがなければならないが，親会社の信用維持という金銭的評価の困難な利益や抽象的な社会的責任という名目のメリットとの比較評価は困難であることから，適正な手続過程を経て慎重に経営判断することが求められる[75]。

3　会社法制の見直しに関する改正試案

(1)　会社法制の見直しの経緯

　法務省法制審議会に設置された会社法制部会において，平成22年4月より，法務大臣から諮問された会社法制の見直しに関する事項について，その調査・審議が開始された[76]。会社法制部会における審議を経て，平成23年12月「会社法制の見直しに関する中間試案」（以下「中間試案」という）がまとめられた。それらの中で，親会社株主の保護として，①多重代表訴訟の創設（【A案】）が提案され，また，これが創設されない場合に，②親会社株主の保護の観点から親子会社に関する規律の見直しについての具体例（【B案】）が挙げられた[77]。

---

(73)　手塚・前掲注(7)29頁（なお，一流の上場企業が別法人の整理対象子会社の退職金支給に必要な限度での救済をすることは，社会通念上必要性・相当性の認められる範囲内の行為であるといえるとする），佐藤・前掲注(13)195頁。

(74)　高橋・前掲注(19)57頁。

(75)　中村・前掲注(7)48頁，手塚・前掲注(7)28頁，志谷・前掲注(7)151頁，高橋・前掲注(19)57頁以下。

(76)　法務省法制審議会会社法制部会（以下，会社法制部会）第1回会議（平成22年4月28日開催）議事録1頁，http://www.moj.go.jp/content/000048184.pdf。会社法制部会第1回会議資料1「会社法の見直しについて」1頁-2頁，http://www.moj.go.jp/content/000046834.pdf，会社法制部会第1回会議参考資料2「親子会社に関する規律についての主な指摘」1頁-2頁，http://www.moj.go.jp/content/000046836.pdf参照。

第1章　企業価値向上に対する親会社取締役の責任　◆　35

その後，中間試案に関するパブリック・コメントの手続を経た後，会社法制部会で審議された結果，多重代表訴訟のみが立法化されている。本章では，企業グループにおける親会社取締役の責任の観点から，中間試案における親会社株主の保護に関する【B案】を検討する。

(2)　中間試案

　中間試案は，多重代表訴訟の制度を創設しない場合に，親会社株主の保護という観点から親子会社に関する規律を見直すことについて，具体例の一つとして，「取締役会は，その職務として，株式会社の子会社の取締役の職務の執行の監督を行う旨の明文の規定を設けるものとする（会社法第362条第2項等参照）」（【B案】(注)ア）こと，また「株式会社の子会社の取締役等の責任の原因である事実によって当該株式会社に損害が生じた場合において，当該株式会社が当該責任を追及するための必要な措置をとらないときは，当該株式会社の取締役は，その任務を怠ったものと推定するものとする」（【B案】(注)イ）という規律を設けることを提案・検討するとしていた[78]。

　会社法制の見直しの際に多重代表訴訟制度の創設に反対する立場から，子会社の任務懈怠等により子会社に損害が生じた場合には，子会社の管理・監視に

---

(77)　法務省民事参事官室・前掲注(3)中間試案10頁－13頁。
(78)　法務省民事参事官室・前掲注(3)中間試案12頁。【B案】の原文は，次のとおりである。
　「【B案】多重代表訴訟の制度は，創設しないものとする。
　(注)　B案によることとする場合，親会社株主の保護という観点から親子会社に関する規律を見直すことについて，例えば，次のような規律を設けることを含めて，なお検討する。
　ア　取締役会は，その職務として，株式会社の子会社の取締役の職務の執行の監督を行う旨の明文の規定を設けるものとする（会社法第362条第2項等参照）。
　イ　株式会社の子会社の取締役等の責任の原因である事実によって当該株式会社に損害が生じた場合において，当該株式会社が当該責任を追及するための必要な措置をとらないときは，当該株式会社の取締役は，その任務を怠ったものと推定するものとする。
　ウ　株主は，株式会社の子会社の取締役等の責任の原因である事実があることを疑うに足りる事由があるときは，当該株式会社に対して，当該責任の追及に係る対応及びその理由等を，自己に通知することを請求することができるものとする。
　エ　総株主の議決権の100分の3以上の議決権を有する株主等は，株式会社の子会社の業務の執行に関し，不正の行為等があることを疑うに足りる事由があるときは，当該子会社の業務及び財産の状況を調査させるため，裁判所に対し，検査役の選任の申立てをすることができるものとする。」

関する親会社の取締役の責任を問えば足り，多重代表訴訟の制度を創設する必要はないという指摘がなされていた[79]。これに対して，親会社の取締役が一般的に子会社またはその取締役を管理・監視する責任を負っているかどうかは現行法上明確であるとは必ずしもいえないとの指摘もあった[80]。そこで，上記【B案】（注）アの規定の提案は，取締役の職務執行に関する取締役会の監督職務を規定する会社法362条2項2号等を参考として，上記のような明文の規定を設けるものである[81]。このような監督義務の内容としては，例えば，親会社の取締役が，内部統制システム等を通じて子会社の取締役の不正行為や違法行為等を発見した場合に，これを是正するための必要な措置をとる義務が考えられている[82]。

　上記【B案】（注）イの規定の提案理由については，子会社の取締役等の責任の原因である事実によって当該子会社に損害が生じ，その結果，親会社が有する当該子会社の株式の価値が下落するなど，親会社に損害が生じている場合においては，当該親会社が当該責任を追及するための必要な措置をとれば，当該子会社の損害が回復され，その結果，当該親会社の損害も回復されるという関係にあるにもかかわらず，そのような措置をあえてとらない場合は，親会社の取締役はその任務を怠ったものと推定するものとし，親会社の取締役の責任を追及する親会社株主の立証の負担を軽減することを例として挙げているものであるとされる[83]。

　なお，中間試案は，親会社株主が親会社の取締役等の責任を追及するに当たっての情報収集の充実という観点からの新たな規律として[84]，次のような2つの具体例[85]を挙げる。まず，親会社株主は，子会社の取締役等の責任の原因である事実があることを疑うに足りる事由があるときは，当該親会社に対して当該責任の追及に係る対応およびその理由等を，親会社株主に通知するこ

---

(79)　多重代表訴訟制度の導入理由と反対意見の内容について，本書第7章参照。

(80)　会社法制部会第15回会議（平成23年11月16日開催）議事録17頁－18頁〔塚本英臣関係官発言〕，http://www.moj.go.jp/content/000082984.pdf。

(81)　法務省民事参事官室・前掲注(3)補足説明33頁－34頁（もっとも，このような明文の規定を設けることとする場合であっても，子会社の監督の在り方は，企業集団ごとに様々なものがあり得るため，親会社の取締役会に一定程度の裁量が認められるとする）。

(82)　法務省民事参事官室・前掲注(3)補足説明34頁。

(83)　法務省民事参事官室・前掲注(3)補足説明34頁。

(84)　法務省民事参事官室・前掲注(3)補足説明34頁。

(85)　法務省民事参事官室・前掲注(3)中間試案12頁－13頁。

とを請求することができるものとする（【B案】（注）ウ）。次に，株式会社の業務の執行に関する検査役の選任申立権について定める会社法358条を参考にして，総株主の議決権の100分の3以上の議決権を有する親会社株主は，子会社の業務の執行に関し，不正の行為等があることを疑うに足りる事由があるときは，当該子会社の業務および財産の状況を調査させるため，裁判所に対し，検査役の選任の申立てをすることができるものとする（【B案】（注）エ）。

(3) 会社法制の見直しに関する要綱案

（ア）要綱案の作成に向けた検討　　会社法制部会では，中間試案についてパブリック・コメントの手続の結果[86]を受けて，パブリック・コメントで出された賛否両論の意見を踏まえ，親子会社に関する規律に関する個別論点の検討，および親子会社に関する規律に関する残された論点の検討において[87]，基本的には前述した中間試案の内容に添った形で，慎重な審議が重ねられていった。

　親会社取締役の子会社監督責任の具体的な規律の内容の議論の過程においてとくに重視されたのは，明文化に伴って親会社取締役の子会社監督責任・権限の範囲が過度に広範なものにならないようにするという観点により，2つの方向性からの配慮が検討された[88]。1つの方向性は，親会社取締役の職務・義務として，親会社取締役が子会社における日常的な経営判断上の意思決定に積極的に介入することまで求められないように，親会社取締役は子会社の業務を監督するに際し，企業集団内における当該子会社の位置づけなどに応じた一定の裁量権を，当該親会社の利益のためにその裁量権を行使するということが条文上も分かるようにすることであった[89]。もう1つの方向性は，子会社側の視点からの要請として，親会社が子会社に対する監督権限に藉口して，子会社

---

(86)　会社法制部会第17回会議（平成24年2月22日開催）議事録，http://www.moj.go.jp/content/000097367.pdf，会社法制部会第17回会議資料19「『会社法制の見直しに関する中間試案』に対して寄せられた意見の概要」，http://www.moj.go.jp/content/000095492.pdf。

(87)　会社法制部会第17回会議資料18「親子会社に関する規律に関する個別論点の検討(1)」第1の1（http://www.moj.go.jp/content/000095491.pdf），会社法制部会第20回会議（平成24年5月16日開催）議事録，http://www.moj.go.jp/content/000099708.pdf。会社法制部会第20回会議資料23「親子会社に関する規律に関する残された論点の検討」第1の1（http://www.moj.go.jp/content/000098296.pdf）参照。

(88)　塚本英巨「平成26年改正会社法と親会社取締役の子会社監督責任」商事2054号25頁（2014）。

(89)　会社法制部会第17回会議資料18・前掲注(87)第1の1(1)参照。

の経営に必要以上に干渉し，子会社の自律性を損なうことがないようにするために，親会社取締役による子会社監督は，当該親会社および子会社から成る企業集団の業務の適正の確保に「必要な範囲内」で行う旨を明らかにすることであった[90]。

　その後，会社法制部会の「会社法制の見直しに関する要綱案の作成に向けた検討」[91]において，第2部の「第1　親会社株主の保護」の「1　多重代表訴訟等」の中で，【B案】として「①　取締役会は，その職務として，『株式会社及びその子会社から成る企業集団の業務の適正の確保』」を行うものとする。」，「②　①の職務は，次に掲げる事情その他の事情に応じて，これを行うものとする。」とし，上記②の事情として，上記①の企業集団における各子会社の重要性（②ア），当該株式会社によるその子会社の株式の所有の目的および態様（②イ）を提案する。この【B案】と，多重代表訴訟の制度を創設するものとする【A案】のいずれかの案とする形で掲げられている[92]。

　【B案】は，従前は，「子会社の業務の監督を取締役会の職務とする」としていたものに関するものであり，会社法制部会資料25では，会社法制部会における議論を踏まえ，これを，「株式会社及びその子会社から成る企業集団の業務

---

(90)　会社法制部会第20回会議資料23・前掲注(87)第1の1②参照。

(91)　会社法制部会第22回会議資料25「会社法制の見直しに関する要綱案の作成に向けた検討(2)」1頁（http://www.moj.go.jp/content/000099848.pdf）において，第2部（親子会社に関する規律）第1（多重代表訴訟等）3頁は，親会社株主の保護に関して，「多重代表訴訟を創設するものとする。」という【A案】のほかに，【B案】として次のような規定を提案している。

「【B案】　次のような規律を設けるものとする。
　①　取締役会は，その職務として，「株式会社及びその子会社から成る企業集団の業務の適正の確保」を行うものとする。
　②　①の職務は，次に掲げる事情その他の事情に応じて，これを行うものとする。
　　ア　①の企業集団における各子会社の重要性
　　イ　当該株式会社によるその子会社の株式の所有の目的及び態様
　　（注）　B案によることとする場合には，上記のほか，総株主の議決権の100分の1以上の議決権を有する株主等は，株式会社の子会社の取締役等の責任の原因となる事実があることを疑うに足りる事由があるときは，当該株式会社に対して，当該責任の追及に係る対応及びその理由等を通知することを請求することができる旨の規律を設けるものとする（会社法制部会資料23第1の2参照）。」

(92)　会社法制部会第22回会議（平成24年7月4日開催）議事録1頁〔塚本英臣関係官発言〕，http://www.moj.go.jp/content/000101173.pdf。

第1章　企業価値向上に対する親会社取締役の責任　◆　39

の適正の確保」に変更されている（②で掲げている事情は従前と同じある）。このように，【B案】の①では，「企業集団の業務の適正の確保」を取締役会の職務としているのは，確保することができなかった場合における結果責任を課す趣旨のものではなく，このような取締役会の職務を前提として，個々の取締役が企業集団の業務の適正の確保に向けて善管注意義務を果たすことが求められるという趣旨のものと考えられている[93]。しかし，このような規律によって，直ちに，親会社について，企業集団における内部統制システムの構築が一律に義務づけられたり，子会社に内部統制システムを構築させることが義務づけられることになるわけでもないと考えている[94]。これに対しても，「企業集団の業務の適正の確保」という規定の意味が不明確であるなどの反対意見や慎重論が出された[95]。

（イ）　要綱案　会社法制部会資料25における親会社株主の保護に関する【B案】については，このような明文の規定を設けることについて，「業務の監督」という言葉または「業務の適正の確保」という文言のいずれにしても，職務の範囲が明確でなく，親会社取締役会が現行法の解釈で認められている以上の職務を負うことになるおそれがあるとの意見があったことから，「会社法制の見直しに関する要綱案（第1次案）」（会社法制部会資料26）[96]において，多重代表

---

(93)　会社法制部会第22回会議議事録・前掲注(92) 1頁（企業集団の業務の適正の確保の具体的な在り方については，②に掲げている事情に応じて，企業集団における業務の適正を確保するため，内部統制システムの構築や子会社の取締役等の任務懈怠の場合に，その是正のための措置やその責任の追及に係る対応を取ることなどが考えられる）〔塚本英臣関係官発言〕。

(94)　会社法制部会第22回会議議事録・前掲注(92) 1頁－2頁（なお，【A案】および【B案】のいずれの案による場合でも，会社法施行規則100条1項5号等に掲げられている企業集団における内部統制システムが会社法362条4項6号等に掲げられている当該株式会社の内部統制システムの内容に含まれることを，会社法上明らかにする予定であるとされる）〔塚本英臣関係官発言〕。

(95)　会社法制部会第22回会議議事録・前掲注(92) 2頁以下〔杉村豊誠委員・伊藤雅人委員・安達俊久委員等発言〕，岩原紳作「『会社法制の見直しに関する要綱案』の解説〔Ⅲ〕」商事1977号8頁（2012）。

(96)　会社法制部会第23回会議資料26「会社法制の見直しに関する要綱案（第1次案）」11頁－13頁（http://www.moj.go.jp/content/000100364.pdf）において，「第2部　親子会社に関する規律」の「第1　親会社株主の保護」の中の「1　多重代表訴訟」において，その本文に多重代表訴訟に関する規定のみがなされており，その末尾に後注として，次のような規定をしている。

「（後注）株式会社の業務の適正を確保するために必要なものとして法務省令で定める体

訴訟の制度を創設するものとするという【A案】を採用することを提案する[97]。

　会社法制部会では，親子会社に関する規律に関しては，親会社株主の保護について大きく意見が分かれたが，最終的には，多重代表訴訟の制度が導入されることで意見がまとまった。他方で，親会社取締役会による子会社の監督の職務についても，活発に議論がされてきたが，監督の職務の範囲の不明確性に対する懸念などから，「会社法制の見直しに関する要綱案（案）（会社法制部会資料27）」[98]に新たな明文の規定を設けることには至らなかった。しかしながら，多重代表訴訟の創設と，親会社取締役の子会社監督義務に関する明文の規定を設けることとはまったく相反しないものであって[99]，親会社株主の保護のためには両者の規定は補完関係にあるものと考えられる。

　また，会社法制部会での審議において，親会社取締役会による子会社の監督職務に関する明文の規定を設けることを議論するに際し，このような規定を設けることに反対する見解も含めて，そのような監督義務を一般的に存在するという解釈そのものを否定する意見はとくになかったことは注目されるとの指摘もなされている[100]。子会社の監督職務に関する明文の規定に反対する見解か

制（第362条第4項第6号等）の内容に，当該株式会社及びその子会社から成る企業集団における業務の適正を確保するための体制が含まれる旨を会社法に定めるものとする。」

(97)　会社法制部会第23回会議（平成24年7月18日開催）議事録13頁〔塚本英臣関係官発言〕，http://www.moj.go.jp/content/000101603.pdf.

(98)　会社法制部会第24回会議資料27「会社法制の見直しに関する要綱案（案）」11頁−13頁（http://www.moj.go.jp/content/000100819.pdf）は，多重代表訴訟の本文の規定の末尾に，後注として，次のような規定をしている。
「（1の後注）株式会社の業務の適正を確保するために必要なものとして法務省令で定める体制（第362条第4項第6号等）の内容に，当該株式会社及びその子会社から成る企業集団における業務の適正を確保するための体制が含まれる旨を会社法に定めるものとする。」

(99)　会社法制部会第17回会議議事録・前掲注(86)24頁〔本渡章委員発言〕，塚本・前掲注(88)26頁（論理的に二者択一の関係にあるわけではなく，併存しうるとする）。また，会社法制部会第17回会議議事録・前掲注(86)15頁−16頁〔前田雅弘委員発言〕は，子会社監督義務の明文の規定を置けば多重代表訴訟制度無しとするのは子会社取締役に対する規律づけが弱すぎるとする。

(100)　塚本・前掲注(88)27頁，会社法制部会第20回会議議事録・前掲注(87)20頁−21頁〔杉村豊誠委員発言〕。会社法制部会第20回会議議事録・前掲注(87)25頁−26頁〔藤田友敬幹事発言〕も，会社が子会社の重要性等を考慮したうえで，必要に応じて，業務の適正を図る体制を構築し適切に運用しなければならないことそれ自体を否定する方は恐らくいなくて，規定を置くのに反対している人も含めて，そこは反対していないと思うと

らも，例えば，親会社の取締役会について現行の規定においても，自社の取締役の職務の執行の監督の一内容とて，会社資産の１つである子会社株式の管理に関する職務を監督しており，親会社の取締役は，善管注意義務の範囲内で，子会社株式を含む親会社資産の管理を行っているのは当然だと思うこと[101]，現行法上も，親会社の取締役会は適切な内部統制システムの構築等を通じて子会社の管理義務を負っていることは間違いなく，親会社による子会社の監督に関する規定はそうした現行法上の義務を明文化するだけという指摘があったことも理解していること[102]などの発言がなされている。

　したがって，明文化されなかった結果については，会社法制部会における議論を通じ，親会社取締役会による子会社への監督の職務があることについての解釈上の疑義は，相当程度払拭されたのではないかという一定の評価もなされている[103]。

(4)　親会社取締役会による子会社への監督の職務に関する改正試案の検討

　法制審議会の会社法制部会において審議された会社法制の見直しに関する改正試案については，最終的には，会社法制の見直しに関する要綱案の作成に向けて検討された【B案】は採用されなかった。会社法制部会の審議において反対する見解の理由の１つとして，現行の会社法の下での取締役会の監督職務ないし親会社取締役の善管注意義務を大きく超える責任を課すことになることが挙げられている。それでは，現行法の下での裁判実務では，この問題について裁判所はどのように考えているのかについては，次のようなことがいえる。

　前述したように，裁判例の傾向として，(i)親会社の取締役が一般的に子会社について監視する義務を負うということを積極的に認める見解をとっていないものと考えられること，(ii)親会社の取締役らの子会社の管理職務として子会社の取締役らの責任を追及する株主代表訴訟を提起する義務があること（前掲裁判例〔23〕参照），(iii)親会社の代表取締役が十分な債権保全措置を講じないで善

　　する。
(101)　会社法制部会第20回会議議事録・前掲注(87)20頁－21頁〔杉村豊誠委員発言〕。
(102)　会社法制部会第20回会議議事録・前掲注(87)21頁－22頁〔伊藤雅人委員発言〕。
(103)　会社法制部会第24回会議（平成24年８月１日開催）議事録９頁〔岩原紳作部会長発言〕，http://www.moj.go.jp/content/000102042.pdf。

管注意義務違反となるような金融支援や（前掲裁判例〔1〕〔2〕参照），親会社に対する善管注意義務や法令に違反するような親会社取締役による子会社への指図（前掲裁判例〔22〕参照）について，親会社の他の取締役は監視義務を負うものと考えられること，(iv)親会社の取締役が子会社の非常勤の取締役ないし監査役を兼務していたことが，親会社の取締役らの監視義務違反を認定したものと考えられること（前掲裁判例〔5〕〔6〕参照），などが指摘されうるであろう。

　したがって，従来の裁判例では，親会社取締役会による子会社に対する直接的・能動的な監督の職務を一般的に認めるものは見当たらない。このことは，たとえ親子会社関係にあったとしても，各法人の別異性から，当然のことであろう。もっとも，親子会社の場合に役員兼任をすることが多いが，このような場合に，親会社の取締役と子会社の役員の立場により異なる義務を区別して考えるべきである。他方，子会社の役員を兼任していない親会社の取締役は，子会社における不正ないしその兆候を知った場合に，当該子会社の親会社の株主としての権利により，適切な調査義務を負い，その結果必要であれば適切な是正措置をとる義務を負うことになるものと考えられる。

　また，親会社が純粋持株会社の場合，親会社の取締役はもっぱら当該親会社の利益のために子会社の支配・管理を行う職務を負うことになるが，事業持株会社の場合も程度の差はあっても同様に考えられる。このような親会社の取締役は，必然的に，その善管注意義務の内容として，企業グループ内の内部統制システムの構築・整備を行う義務を負うことになるものと解される。現行の会社法は，取締役会の決議事項として「当該株式会社及びその子会社から成る企業集団の業務の適正を確保するために必要なものとして法務省令で定める体制の整備」を規定し，大会社ではその事項の決定を義務づけられている（会社362条4項6号・5項。なお，同法348条3項4号・4項，416条2項参照）(104)。取締役会の職務として，企業グループの諸事情に応じた企業グループ内の内部統制システムの構築・整備をした場合に，この内部統制システムのもとで，企業グループ内の子会社等の管理を担当する代表取締役等に任務懈怠があれば，当該

---

(104)　この決定の義務は，内部統制システムの整備自体が義務づけられるわけではなく，内部統制システムを整備しないという決定をしても会社法348条4項等の違反とはならず，また，その決定は当該株式会社についてのものであり，当該株式会社がその子会社における内部統制システムを整備する義務や当該子会社を監督する義務までを定めるものではないと解されている。坂本三郎編著『一問一答　平成26年改正会社法〔第2版〕』236頁（商事法務，2015）。

第1章　企業価値向上に対する親会社取締役の責任　◆　43

代表取締役等は管理責任を問われることになるであろう。この場合に，取締役会の構成員である他の取締役は，代表取締役等の任務懈怠についてだけでなく，内部統制システムの整備の不適正などについて監視義務違反による責任を負わされるものと考えられる。

　以上のような裁判例の考え方，現行法の下での監視義務や内部統制システムの整備の義務からすれば，改正試案の最終案の【B案】が取締役会の職務として「株式会社及びその子会社から成る企業集団の業務の適正の確保」を規定することは，従来の裁判例や現行法の解釈と大きくかけ離れたものとはいえないということができる。親会社取締役の善管注意義務違反とならないために企業グループ内の内部統制の適正な構築・整備が求められるであろうし，子会社の取締役等の任務懈怠の場合にその是正のために解任その他の人事異動や報酬の削減といった措置をとったり，親会社取締役が子会社の取締役らの責任を追及する株主代表訴訟を提起する義務があることなどは，まさしく企業集団の業務の適正の確保の具体的な在り方に係るものであると考えられる[105]。

　したがって，最終案の【B案】が「子会社の業務の監督」という漠然とした曖昧な文言でなく[106]，「企業集団の業務の適正の確保」を「職務」とすることを提案していることについては，親会社の取締役会が子会社における日常的な経営判断上の意思決定への積極的介入や，直接的・能動的な監督の職務を認めるものでない限り，それなりの合理性が認められるものであると考える[107]。ちなみに，昭和56年改正前の商法の下では，取締役会の監督職務・権限について明文の規定がなかったが，解釈上当然この職務・権限を有するものと認められていた。しかし，実務の運営上，取締役会の監督職務・権限は明示の規定のないことから等閑視されがちであったため，この権限が適切に行使されることを促すために，昭和56年商法改正で取締役会の監督権限を明示する規定（商旧

───────────

(105)　会社法制部会第22回会議議事録・前掲注(92) 1頁〔塚本英臣関係官発言〕。

(106)　なお，神作・前掲注(6)102頁は，ここでいう「監督」とは，基本的には企業グループのレベルにおける内部統制体制・リスク管理体制を通じたコントロールがその中心的な方法となると解する。

(107)　このような監督義務を認めることについて，高橋英治「企業集団における内部統制」ジュリ1452号31頁−32頁（2013）は，現行法の解釈論のみならずその立法にも反対する。しかし，本文で述べているように，親会社の取締役会の積極的介入や直接的・能動的な監督を認めるものでない限り，企業グループにおける親会社の企業価値の維持・向上ひいては企業グループの利益のために親会社の取締役会の監督義務を認めるべきであると考える。

260条）が設けられた経緯がある[108]。同様に，近い将来，上記のような親会社取締役会の監督職務・権限が会社法改正で明文化されることが望ましいと思われる。

4　結　び

複数の会社の間において，資本関係や，資本関係のない場合でも役員の兼任・融資・取引面などによる密接な関係により，実質的に経営を支配しているか，あるいは，それに対して重要な影響を与えているような関係にあるものを，本章では企業グループと考えて，グループ企業への金融支援・経営関与，グループ企業の業務の管理・監督に対する親会社取締役の責任に関する裁判例を整理・考察した後，会社法制の見直しに関する改正試案を検討した。

企業グループの頂点にある上位会社である親会社の取締役は，親会社の利益（ひいては子会社その他のグループ企業の利益）のために子会社その他のグループ企業へ金融支援・経営関与をする場合に，諸般の状況を踏まえたうえで，企業経営者としての総合的判断を行う場合，具体的な法令違反がなく，その経営判断が取締役の判断に許容される裁量の範囲を超えない限り，経営判断の原則により，親会社に対する善管注意義務違反とはならないものと解される。とりわけグループ企業への金融支援の場合，親会社のメリットとして，資金の回収不能や取引先との関係悪化の防止，対外的信用の維持などが考えられるが，対外的信用の維持などのようなメリットは，数量的に評価することは困難な性質のものである。しかしながら，メリット・デメリットの比較衡量の問題は，具体的に厳密な数量的算定により決めるべき性質のものではなく，支援の必要性，支援の時期の相当性，支援の規模・内容の相当性について判断を行う場合に，その決定の過程・内容に著しく不合理な点がない限り，許容される裁量の範囲を超えず善管注意義務違反とはならないものと解される。

親会社取締役が子会社その他のグループ企業の業務の管理ないし監視・監督を怠ったことに関する責任については，従来の裁判例では，親会社の取締役が子会社の役員を兼任する場合を除いて，親会社取締役会による子会社に対する直接的・能動的な監督の職務を一般的に認めるものはないといってよい。しか

---

〔108〕　元木伸『改正商法逐条解説〔改訂増補版〕』122頁（商事法務研究会，1983）参照。

しながら、親会社の取締役は、その善管注意義務の内容として、企業グループ内の内部統制システムの構築・整備を行う義務を負うことになるものと解される。取締役会の職務として、企業グループの諸事情に応じた企業グループ内の内部統制システムの構築・整備をした場合に、この内部統制システムのもとで、その管理・不適正な整備などについて、親会社取締役が責任を負わされるものと考えられる。

　平成26年会社法改正の際に、取締役会の職務として「株式会社及びその子会社から成る企業集団の業務の適正の確保」を規定することを提案する改正試案の最終案の【B案】は採用されなかったが、従来の裁判例の考え方や現行法の解釈と大きくかけ離れたものとはいえないと思われる。今後、親会社取締役は、当該親会社の企業価値の維持・向上のために、善管注意義務の一環として子会社に対する一定の監視・監督義務を負うという解釈について裁判実務においても明確にされていくものと考えられる[109]。

---

(109)　藤田友敬「親会社株主の保護」ジュリ1472号37頁（2014)、坂本三郎「会社法の改正について−監査の視点から−」月刊監査役631号112頁（2014)、塚本・前掲注(88)28頁。

第2章

子会社の少数株主・債権者保護と
親会社・取締役の責任

1　はじめに

　現代企業においては，企業グループの形成により，企業グループ内での効率的な経営を図ることが一般的なものになってきている。その中で，とくに親会社と子会社との取引において，親会社が，支配株主の地位を利用して，子会社の取締役等に対し事実上の影響力を及ぼし，子会社の利益を犠牲にして自己の利益を図る場合や，企業グループ内の子会社である兄弟会社（姉妹会社）の共通の親会社の指示により兄弟会社（姉妹会社）間で取引が行われ，当該取引の条件が兄弟会社（姉妹会社）の一方に有利で，他方にとっては不利となる場合などのような内在的な危険が常に存在しうるものと考えられる。

　このように親会社の支配関係に基づく影響力行使により子会社にとって不利益な取引等が行われた場合に，子会社に対して善管注意義務・忠実義務を負う子会社取締役には，当該取引等によって生じる子会社の損害の賠償責任が問題となる。それと同時に，親会社および親会社取締役がその子会社または子会社少数株主もしくは子会社債権者に対する責任を負うか否かが問題となりうる。現行会社法では，前者の子会社取締役の責任には明文の規定（会社330条・355条・423条，民644条）があるが，後者の親会社・親会社取締役の子会社および子会社少数株主・債権者に対する責任を直截的かつ明確に認める規定は存在しない。

　そこで，法務省法制審議会の会社法制部会において会社法制の見直しに関する事項の調査・審議が平成22年4月より開始され，議論を進めるに当たって，「親子会社に関する規律」の中の「(2)　子会社の少数株主・債権者の保護」に

おいて,「現行の会社法制における子会社の少数株主・債権者の保護について,どのように考えるか」,「子会社の少数株主・債権者の保護に関する会社法制の見直しについて,どのように考えるべきか」という項目が示された[1]。そして,子会社の少数株主・債権者の保護について会社法制部会の審議が重ねられた後に,平成23年12月法務省民事局参事官室「会社法制の見直しに関する中間試案」(以下「中間試案」という) が公表された。この中間試案は,子会社少数株主の保護として,「株式会社とその親会社との利益が相反する取引によって当該株式会社が不利益を受けた場合における当該親会社の責任に関し,明文の規定を設けるかどうか」について,「明文の規定を設けるものとする」【A案】と,「明文の規定は,設けないものとする」という【B案】を提案する[2]。これに対し,子会社債権者に対する親会社の責任の在り方についての見直しの検討については,中間試案には提案されなかった。その後,パブリック・コメントにおいて様々な意見[3]が出されたことを受けて,会社法制部会において審議されたが,結局,少数株主の保護についても,会社法制の見直しに関する要綱案には明文の規定が記載されなかった。

　本章では,最初に,子会社少数株主に対する親会社・親会社取締役および子会社取締役の責任に関する裁判例,次に,子会社債権者に対する親会社および親会社取締役の責任に関する裁判例を考察した後に,会社法制の見直しに関する改正試案についての諸資料および会社法制部会の審議の内容を検討する。最

〔図:親会社・取締役の子会社少数株主・債権者に対する責任〕

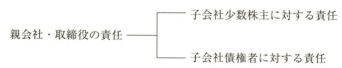

---

(1) 法務省法制審議会会社法制部会 (以下,会社法制部会) 第1回会議 (平成22年4月28日開催) 議事録4頁〔内田修平関係官発言〕,http://www.moj.go.jp/content/000048184.pdf。会社法制部会第1回会議資料1「会社法制の見直しについて」1頁,http://www.moj.go.jp/content/000046834.pdf。
(2) 法務省民事参事官室「会社法制の見直しに関する中間試案」13頁-14頁 (2011),http://www.moj.go.jp/content/000082647.pdf。
(3) 会社法制部会第17回会議 (平成24年2月22日開催) 資料19「『会社法制の見直しに関する中間試案』に対して寄せられた意見の概要」,http://www.moj.go.jp/content/000095492.pdf。

後に，子会社少数株主・子会社債権者を保護するための親会社および親会社取締役の責任規定の在り方について，解釈論および立法論に言及したい。

2　子会社およびその少数株主に対する親会社・子会社の取締役の責任

　企業グループの中で，とくに親子会社間において，親会社が子会社を食い物にするような利益相反取引などが行われる場合について，子会社の少数株主の保護が問題とされた裁判例は，それほど多くはない。しかも，そのほとんどが子会社の取締役の責任が問われるものである。もっとも，親会社の取締役がその子会社取締役を兼任する事例で，その兼任取締役が子会社の取締役として子会社および子会社の少数株主に対する責任が問われる場合は，実際上，広い意味で親会社取締役の子会社および子会社の少数株主に対する責任に関する問題に含まれるものと考えられる。本章では，便宜的に，子会社および子会社の少数株主に対する親会社・親会社取締役の責任に関する裁判例と，子会社取締役の責任に関する裁判例に分類して，検討する。

(1)　裁判例

(ア)　子会社の少数株主に対する親会社・親会社取締役の責任に関する裁判例
　責任を否定する裁判例として，〔1〕東京高判平成17年1月18日金判1209号10頁（雪印食品損害賠償請求事件）がある。
(イ)　子会社の少数株主に対する子会社取締役の責任に関する裁判例　　子会社取締役の責任を肯定した裁判例として，〔2〕名古屋高判平成25年3月28日金判1418号38頁（佐藤食品工業取締役責任追及事件），〔3〕東京地決平成20年11月26日資料版商事法務299号330頁（春日電機取締役違法行為差止仮処分命令申立事件）がある。
　子会社取締役の責任を否定した裁判例として，〔4〕東京地判平成8年2月8日資料版商事法務144号111頁（セメダイン・セメダイン通商株主代表訴訟事件），〔5〕大阪地判平成14年2月20日判タ1109号226頁（コスモ証券株主代表訴訟事件判決），〔6〕横浜地判平成24年2月28日（平成22年（ワ）第1651号）LEX/DB【文献番号】25480453（日産車体株主代表訴訟事件）がある。

(2) 裁判例の考察

　上記裁判例について，責任を負うべき者（親会社・子会社の取締役の責任），責任を負わされる根拠，および不公正な取引の基準の事項に分類して検討する[4]。

(ア) 責任を負うべき者

　① **親会社・親会社取締役の責任**　親会社および親会社取締役の子会社に対する責任を認める裁判例は，これまで見受けられない。これに対し，子会社に対する責任を否定したものとして，裁判例〔1〕では，親会社の食中毒事故発生後，子会社の経営状態が急激に悪化しその株価も値下がり，当該子会社は解散して清算会社となることによりその株式は無価値となったことについて，親会社および親会社取締役らの不法行為責任等が認められなかった。

　② **子会社取締役の責任**　子会社に対する子会社取締役の責任を肯定した裁判例として，裁判例〔2〕では，企業買収により被支配会社となった会社の取締役（支配会社の取締役の兼任）らが，その支配会社のコマーシャルペーパー（CP）の引受に賛成したところ，支配会社が経営破綻したことにより，被支配会社がその払込金額の償還を受けられず損害を被ったことについて取締役の賠償責任が認められた。なお，損害賠償責任の事例ではないが，裁判例〔3〕では，企業買収により被支配会社となった会社が支配会社から多額の貸付を要求され，その貸付債権の返済期限の猶予や，被支配会社の代表取締役（支配会社の取締役会会長の兼任）が他の会社と締結した，架空取引の疑いがある売買契約による支払請求に対する金銭その他の財産の譲渡行為について，被支配会社の監査役による取締役違法行為差止仮処分命令申立てが認められた。

　これに対し，子会社に対する子会社取締役の責任を否定した裁判例として，次のようなものがある。裁判例〔4〕では，企業買収を行った会社に協力して買収株式の半数をその取得価格そのままで引き受けたことについて，グループ企業の子会社の取締役らの善管注意義務・忠実義務違反を認めなかった。また，裁判例〔5〕では，証券会社がその関連会社の清算に際して支援金を当該関連会社（その関連会社の唯一の債権者が当該証券会社の支配株主である銀行である）

---

(4)　各裁判例ごとの事案・判旨の内容および意義・位置づけの検討については，拙稿「子会社の少数株主・債権者を保護するための親会社・取締役の責任規制」福岡大学法学論叢61巻1・2号169頁以下（2016）参照。

に供与したことについて，当該証券会社の取締役の善管注意義務（忠実義務）違反が認められなかった。さらに，裁判例〔6〕では，親会社の子会社がグループ内のキャッシュ・マネジメント・システム（CMS）に参加し，当該親会社のグループの財務管理をする統括会社に対して多額の資金を預託してきたことについて，当該子会社の取締役らに対する善管注意義務・忠実義務および利益供与禁止規定の違反に基づく損害賠償が認められなかった。もっとも，裁判例〔5〕では支配株主である銀行が支援金により債権の弁済を受けるという間接的な利益を得ており，また，裁判例〔6〕ではグループ内のCMSの運営資金を供給すべき親会社の責任が軽減されうるという間接的な利益を得ている[5]。これらの間接取引が不公正な取引条件による場合であるとするならば，上記のような支配会社・親会社の取締役に対しても，親子会社間の利益相反取引における取締役の範囲を広くとらえて責任を追及できないのかという問題が生じる可能性があるものと考えられる。

（イ）責任を負わされる根拠　親子会社間の取引や企業グループ内の取引が親会社ないし他のグループ会社の利益を図り，子会社の利益（あるいは子会社の株主共同の利益）を不当に害する場合に，子会社の少数株主が親会社ないし企業グループの上位会社またはこれらの会社の取締役などの責任を追及することができるか否かということが問題とされた場合に，明確な根拠・基準を示して親会社およびその取締役の責任を認める裁判例は見当たらない。これに対し，子会社の取締役の責任については，支配会社のコマーシャルペーパー（CP）の引受による被支配会社の損害について，被支配会社の取締役（支配会社の取締役の兼任）らが善管注意義務違反による責任が認められたもの（裁判例〔2〕）がある。

　現行法上，親子会社間取引によって子会社が不利益を被った場合に，その子会社の少数株主が親会社に対し採りうる手段について，従来の解釈論の法律構成として，ⓐ親会社がその子会社の取締役の義務違反（債務不履行）に加功したことによる債権侵害の不法行為責任（民709条）を負うとするもの[6]，ⓑ民法

---

(5)　太田洋＝森本大介「日産車体株主代表訴訟横浜地裁判決の検討〔上〕－子会社少数株主保護に関連して－」商事1977号20頁（2012），森本大介「親子会社間の利益相反取引と子会社少数株主の保護」実務に効くコーポレート・ガバナンス判例精選（ジュリスト増刊）161頁（2013）。
(6)　江頭憲治郎『会社法人格否認の法理』410頁－411頁（東京大学出版会，1980）。

719条2項の規定を適用して商法旧266条（会社423条）または同266条ノ3（会社429条）の拡張解釈をすることにより，子会社の取締役に指示を与えた親会社およびその取締役の責任を認めるほかなく，商法旧266条または同266条ノ3の規定は，子会社の取締役の背後にあって平常または当該事実につき教唆指揮している者にも拡張類推する余地があるとするもの[7]，ⓒ親会社に対する利益供与（会社120条1項）による親会社の供与された利益の返還義務（会社120条3項）を負うとするもの[8]，ⓓ不文の原則としての出資返還禁止の原則の違反（隠れた剰余金配当）として，子会社による親会社に対する公正な取引条件に基づく価格との差額を返還請求できるとするもの[9]，ⓔ親会社を子会社の事実上の取締役としての責任を負うものとするもの[10]，ⓕ支配株主がその事実上の影響力を行使し会社の業務執行等への介入等を行う場合に，当該支配株主が少数株主に対し誠実義務を負い，その義務違反があるとき取締役と同様の責任を負うとするもの[11]などのような法律構成を根拠として，親会社に対する責任を追及することが考えられる。

　他方，子会社の取締役の責任については，上記ⓐの場合には，親会社との不公正な取引により子会社に損害を与えた子会社取締役の善管注意義務違反・忠実義務違反の責任（会社330条・355条，民644条），上記ⓒの場合には，子会社の取締役による供与した利益額の支払義務（会社120条4項），上記ⓓの場合には，隠れた剰余金配当についての当該取締役の金銭支払義務（会社462条）といった

---

(7)　田中誠二『三全訂会社法詳論（上）』662頁（勁草書房，1993），大隅健一郎「親子会社と取締役の責任」商事法務1145号44頁・46頁（1988）。

(8)　上柳克郎ほか編集代表『新版注釈会社法（9）』255頁－256頁〔関俊彦〕（有斐閣，1988），田代有嗣『親子会社の法律と実務』201頁・210頁（商事法務研究会，1983），大和正史「利益供与の禁止規定について」関西大学法学論集32巻3・4・5合併号323頁（1982），江頭憲治郎『結合企業法の立法と解釈』33頁注(2)（有斐閣，1995）。

(9)　長浜洋一『株主権の法理』189頁－190頁（成文堂，1980），田代・前掲注(8)199頁・202頁以下，田中誠二「子会社の債権保護の法理」金判594号20頁（1980），大和正史「結合企業間の取引行為の規制（一）」関西大学法学論集31巻1号149頁（1981）など。

(10)　青木英夫『結合企業法の諸問題』311頁・344頁（税務経理協会，1995）。

(11)　出口正義『株主権法理の展開』3頁・102頁以下（文眞堂，1991），別府三郎『大株主権力の抑制措置の研究』10頁・354頁・360頁（嵯峨野書院，1992），潘阿憲『会社持分支配権濫用の法理』322頁以下（信山社，2000）など。なお，アメリカ法に由来する大株主の信認義務を少数株主の保護に利用する考え方も主張されている。三枝一雄「支配株主と信認義務－支配権濫用抑制のための一つの理論－」法律論叢44巻2・3号171頁以下（1970）。

第2章　子会社の少数株主・債権者保護と親会社・取締役の責任　◆　53

ような法律構成を根拠に，子会社の取締役に対する責任を追及することが考えられる。

（ウ）不公正な取引の基準　　親子会社間あるいは企業グループ内の不公正な取引により，子会社が損害を被る場合に，子会社取締役は善管注意義務違反・忠実義務違反の責任を負うことになるが，その一方では，場合によっては，親会社の子会社に対する責任も生じうる場合が考えられる。このような責任を生じさせる基準がどのように考えられるかについては，明確に確立しているというわけではない。しかしながら，親子会社間（支配・従属関係にある会社間の取引）の取引が子会社にとって「不公正」または「通例的でない」とされるか否かの判断基準について，一般的に，いわゆる「独立当事者間取引基準」すなわち「会社の独立した受託者による，相手方との間に一定の距離を置いた取引であっても，そのような取引がなされるであろうか」という基準が，第一基準として考えられてきたといわれる[12]。しかしながら，子会社の取締役の責任に関する従来の裁判例については，上記の「独立当事者間取引基準」を前提として判断するものはないように思われる[13]。

3　子会社債権者に対する親会社・取締役の責任

(1)　親会社ないし親会社取締役の子会社債権者に対する責任

子会社債権者の保護が問題とされた裁判例は少ないが，親会社ないし親会社取締役の子会社債権者に対する責任が問われた裁判例として，〔7〕神戸地判昭和60年12月12日判例タイムズ597号62頁（北阿萬農業協同組合損害賠償請求事件），〔8〕京都地判平成4年2月5日判時1436号115頁（敬明商事損害賠償請求事件），〔9〕大阪地判平成8年8月28日判時1601号130頁（関西大学生活協同組合損害賠償請求事件），および〔10〕東京地判平成17年11月29日判タ1209号196頁（日本ゼオン損害賠償請求事件）がある[14]。

---

(12)　江頭・前掲注(8)37頁以下参照。
(13)　太田洋＝森本大介「日産車体株主代表訴訟横浜地裁判決の検討〔下〕－子会社少数株主保護に関連して－」商事1978号74頁・79頁注(37)(2012)，森本・前掲注(5)164頁－165頁は，前掲裁判例〔5〕〔6〕について「独立当事者間取引基準」を前提として判断しているわけではないと評価する。

裁判例〔7〕〔8〕および〔9〕は，いずれも子会社の取締役の責任を肯定しているが，裁判例〔7〕および〔8〕は子会社に出資した農業協同組合の理事および親会社取締役の責任を否定している。これに対し，裁判例〔9〕は生活協同組合の理事の責任を認めているが，裁判例〔10〕は親会社の責任を否定している。

(2) 裁判例の検討

親会社および親会社取締役の子会社債権者に対する責任を認める裁判例の法律構成は，次の通りである。

裁判例〔7〕は，農業協同組合の理事で，当該組合が約53パーセントの株式を所有する株式会社の取締役を兼任していた者の当該会社取締役としての監視義務違反による商法旧266条の3第1項（会社429条1項）の責任を認められた。裁判例〔8〕では，親会社の代表取締役は，その完全子会社の業務監査権のない監査役を兼ねている場合に，子会社の実質的所有者であったことから，事実上の取締役として，子会社代表取締役の任務懈怠行為に対する監視義務を怠ったことについて第三者に対する責任が認められている。これらは，子会社の取締役としての責任に関するものである。

これに対し，子会社に出資した生活協同組合の理事としての責任に関するものとして，裁判例〔9〕は，大学生協が全額出資するA会社の取締役を兼任する大学生協の理事がA会社の経営を指導監督すべき注意義務を怠ったことがA会社の債権者に対する不法行為を構成するとして，生協法旧42条（現行消費生活協同組合法30条の9第5項〔会社350条準用〕），民法旧44条1項（一般法人78条）に基づき損害賠償責任を負うとするものである。本件は，大学生協の事案であるが，親会社取締役の子会社に対する指導監督義務と，これに違反する場合に子会社債権者に対する親会社の責任の問題を検討する際に意義のある裁判例として評価することができる[15]。本裁判例は，第三者による債権侵害に基づく不法行為責任という理論構成をとっているものと考えられる。なお，裁判例

---

(14)　各裁判例ごとの事案の内容および意義・位置づけの検討については，拙稿・前掲注
　　(4)192頁以下参照。
(15)　吉本健一「判批」阪大法学50巻3号497頁（2000）。もっとも，同判批499頁－500頁は，本裁判例について本件における指導監督の懈怠が子会社債権者の債権侵害に基づく不法行為責任を構成するほどの重大な違法性が認められるかどうかについての疑問が呈されている。

第2章　子会社の少数株主・債権者保護と親会社・取締役の責任　◆　55

〔10〕では，親会社が子会社債権者に対する何らかの法的義務に違反し，故意に基づき本件手形金債権の給付を侵害したとは認められなかった。

上記の裁判例は，子会社債権者に対する責任を親会社および親会社取締役に負わせるための法律構成として，親会社取締役が子会社の取締役を兼任する場合には，当該取締役には取締役の対第三者責任規定（会社429条）によるが，そうでない場合には，第三者による債権侵害に基づく不法行為責任という法律構成をとって，親会社および親会社取締役に子会社債権者に対する責任を負わせるものと考えられる。

4　会社法制の見直しに関する改正試案

(1)　子会社の少数株主・債権者の保護に関する会社法制の見直し

平成22年4月より，法務省法制審議会の会社法制部会において会社法制の見直しに関する事項の調査・審議が開始され，議論を進めるに当たって，「親子会社に関する規律」の中の「(2)　子会社の少数株主・債権者の保護」において，「現行の会社法制における子会社の少数株主・債権者の保護について，どのように考えるか」，「子会社の少数株主・債権者の保護に関する会社法制の見直しについて，どのように考えるべきか」という項目が示された[(16)]。そして，子会社の少数株主・債権者の保護について各界各層からの主な指摘などを取りまとめたものとして，次のような指摘が挙げられている。

「従属会社の取締役は，支配会社の意向を無視することができないために，支配会社との間の取引条件が従属会社にとって不利益なものであっても，取引を承認する可能性がある」，「親会社が存在する企業の上場について，利益相反関係や親会社による支配の弊害を解消し，少数株主の権利を保護するための十分な措置が講じられる必要がある」，「従属会社が支配会社との通例的でない取引により損害を被ったときは，支配会社は，その損害を賠償する無過失責任を負う旨の規定を設けるべきである」，「親会社が子会社株式の大多数を保有する場合等に，子会社の少数株主による親会社に対する株式買取請求を認めるべき

---

(16)　会社法制部会第1回会議議事録・前掲注(1)4頁〔内田修平関係官発言〕，会社法制部会第1回会議資料1・前掲注(1)1頁。

である」，「子会社債権者に，親会社及び親会社取締役に対する損害賠償の請求を認めるべきである」，「企業結合の形成過程において適切な規律がされ，企業グループ経営の基本方針が十分に開示される限り，親子会社間の利益衝突への対処は，市場に委ねられるべきである」といった指摘がなされていた[17]。

法制審議会会社法制部会において，子会社少数株主および子会社債権者の保護に関する規律について会社法制の見直しに関する中間試案の取りまとめに向けた審議が行われたが，子会社債権者に対する親会社の責任の在り方についての見直しの検討はなされず，中間試案には提案されなかった[18]。

(2)　中間試案

平成23年12月法務省民事局参事官室「会社法制の見直しに関する中間試案」（以下「中間試案」という）が公表され，この中間試案は，子会社少数株主の保護として，「株式会社とその親会社との利益が相反する取引によって当該株式会社が不利益を受けた場合における当該親会社の責任に関し，明文の規定を設けるかどうかについて」，「明文の規定を設けるものとする」【A案】と，「明文の規定は，設けないものとする」という【B案】を提案する[19]。

---

(17)　会社法制部会第1回会議参考資料2「親子会社に関する規律についての主な指摘」2頁，http://www.moj.go.jp/content/000046836.pdf。会社法制部会第1回会議議事録・前掲注(1)6頁〔内田修平関係官発言〕。

(18)　中間試案の取りまとめに向けた審議の内容をまとめたものとして，拙稿・前掲注(4)203頁－210頁参照。

(19)　法務省民事参事官室・前掲注(2)13頁－14頁。中間試案の「第2部　親子会社に関する規律」の中の「第2　子会社少数株主の保護」の内容は，次の通りである。
「第2　子会社少数株主の保護
1　親会社等の責任
　株式会社とその親会社との利益が相反する取引によって当該株式会社が不利益を受けた場合における当該親会社の責任に関し，明文の規定を設けるかどうかについては，次のいずれかの案によるものとする。
【A案】　次のような明文の規定を設けるものとする。
　①　当該取引により，当該取引がなかったと仮定した場合と比較して当該株式会社が不利益を受けた場合には，当該親会社は，当該株式会社に対して，当該不利益に相当する額を支払う義務を負うものとする。
　②　①の不利益の有無及び程度は，当該取引の条件のほか，当該株式会社と当該親会社の間における当該取引以外の取引の条件その他一切の事情を考慮して判断されるものとする。
　③　①の義務は，当該株式会社の総株主の同意がなければ，免除することができないものとする。

【A案】では，まず，①「当該取引により，当該取引がなかったと仮定した場合と比較して当該株式会社が不利益を受けた場合には，当該親会社は，当該株式会社に対して，当該不利益に相当する額を支払う義務を負うものとする」，という明文の規定を設けることを提案する[20]。

親会社の責任の有無を決するための基準としては，(i)親会社・子会社間の利益相反取引が独立当事者間であれば合意されたであろう条件によって行われたと仮定した場合と比較して，子会社が不利益を受けたかどうかという基準（独立当事者間取引基準）のほかに，(ii)当該取引が行われなかったと仮定した場合と比較して，子会社が不利益を受けたかどうかという基準も考えられる。この点について，親会社との利益相反取引について，取締役との利益相反取引における取締役の任務懈怠責任（会社423条）の有無は独立当事者間取引基準によって判断されているとの指摘や，会社法制部会において，独立当事者間取引基準を形式的・厳格に適用することは，経済効率性を害するおそれがあるとの指摘がされている[21]。

このような議論の状況を踏まえ，【A案】は，明文の規定に基づく親会社の責任について，(i)の独立当事者間取引基準ではなく，(ii)の基準を用いることを明らかにしている[22]。ただし，【A案】による明文の規定の創設は，現行法のもとにおいて，子会社が子会社取締役に対して善管注意義務・忠実義務違反の責任（会社423条）を追及することができるほか，株主の権利の行使に関して供与を受けた財産上の利益の返還義務（同法120条３項）や子会社取締役の義務違反に加功したことによる債権侵害の不法行為責任（民法709条）等に関する解釈論に影響を及ぼす意図を有するものではないことから，【A案】による場合で

---

　④　①の義務は，会社法第847条第１項の責任追及等の訴えの対象とするものとする。
　（注）　その有する議決権の割合等に鑑み，親会社と同等の影響力を有すると考えられる自然人の責任についても，①から④までと同様の規定を設けるものとする。
　【B案】明文の規定は，設けないものとする。
　2　情報開示の充実
　　個別注記表又は附属明細書に表示された株式会社とその親会社等との間の取引について，監査報告等による情報開示に関する規定の充実を図るものとする。」
なお，本章では，「1　親会社等の責任」のみを対象とし，「2　情報開示の充実」について検討の対象とはしない。
(20)　法務省民事参事官室・前掲注(2)13頁。原文については，前掲注(19)参照。
(21)　法務省民事参事官室「会社法制の見直しに関する中間試案の補足説明」37頁－38頁(2011)，http://www.moj.go.jp/content/000082648.pdf。
(22)　法務省民事参事官室・前掲注(21)38頁。

も，これらの解釈論によって親会社の責任を追及する余地が否定されるものではなく，また，これらの解釈論による親会社の責任の有無を決する基準に影響が及ぶものでもないと考えられている[23]。

しかし，【A案】①の定める「当該親会社は，当該株式会社に対して，当該不利益に相当する額を支払う義務を負う」というものは，理論的にどのような根拠によるものかについて，試案は明確に説明していない。この点について，親会社（支配株主）が子会社に対して忠実義務を負うという一般的前提から導くものとすれば，この前提は問題が多いことから，中間試案は，とくに子会社救済の必要性が高い取引の類型について，法定責任として親会社の子会社に対する責任を認める規定を置いたものと考えるべきだとする指摘がなされている[24]。

次に，②「①の不利益の有無及び程度は，当該取引の条件のほか，当該株式会社と当該親会社の間における当該取引以外の取引の条件その他一切の事情を考慮して判断されるものとする」ことを提案している[25]。これは，株式会社である子会社とその親会社との間では多様な取引が行われることが通例であることを踏まえ，親会社の責任の有無については，個別の取引のみではなく，継続的な親子会社間の関係を総体として考慮すべきであると考えられることによるものである[26]。

上記①・②に基づき，親会社の責任は，親会社との利益相反取引により，他のすべての事情を考慮してもなお，当該取引が行われなかったと仮定した場合と比較して子会社が不利益を受けたといえる場合[27]に限り，当該不利益に相

---

(23)　法務省民事参事官室・前掲注(21)38頁。
(24)　松井秀征「親会社の子会社に対する責任」落合誠一＝太田洋＝柴田寛子編著『会社法制見直しの視点』119頁−123頁（現行の会社法・不法行為法において子会社の不利益を救済するための法的枠組みは，子会社の利害関係者保護に不十分であるとはいえず，A案は採用されるべきではなく，B案でよいと考える）（商事法務，2012），同「親会社の子会社に対する責任」商事1950号10頁（2011）。
(25)　法務省民事参事官室・前掲注(2)13頁−14頁。原文については，前掲注(19)参照。
(26)　法務省民事参事官室・前掲注(21)38頁。考慮されるべき事項には，親会社との間における他の取引の条件や親会社との間の事業機会の配分の状況等が含まれること，また，とりわけ長期間にわたる取引等については，取引に至る交渉の過程等に鑑み，取引条件の決定時において合理的な条件が合意されていた場合には，そのような事情も考慮されうるため，仮に事後的な状況の変化等によって結果的に子会社が損失を被った場合でも，それをもって直ちに親会社の責任が生ずることにはならないことが，考えられている。法務省民事参事官室・前掲注(21)38頁。

第2章　子会社の少数株主・債権者保護と親会社・取締役の責任　◆　59

当する額について生ずることになる。したがって，親会社の責任に関する【A案】の明文規定は，親子会社間の利益相反取引において親会社が議決権を背景とした影響力により子会社の利益を犠牲にして自己の利益を図ろうとするおそれがあることを踏まえ，親会社との利益相反取引によって子会社が積極的に不利益を受けた場合には，親会社による影響力の行使の態様を具体的に特定することを要せず，また，当該子会社の取締役が責任を負うことを前提とすることなく，親会社に対する責任追及を可能にするものとして位置づけられるものと考えられている[28]。この場合に，子会社に不利益が生じれば直ちに親会社の無過失責任を認めることになるのかについて，試案では明確に説明されていない。この点について，【A案】は，過失責任ではなくて，無過失責任と考えているのであれば，これは現行法の立場とは異なることになることから，過失責任と考えるべきであるとの指摘がなされている[29]。

　また，【A案】では，子会社少数株主の保護の実効性を確保するために，③「①の義務は，当該株式会社の総株主の同意がなければ，免除することができないものとする」こと，および④「①の義務は，会社法第847条第1項の責任追及等の訴えの対象とするものとする」ことを提案する[30]。これは，株主総会における議決権を背景とした親会社の影響力により，子会社による当該責任の追及が適切に行われないおそれがあるからである[31]。

　さらに，【A案】の（注）で，「その有する議決権の割合等に鑑み，親会社と同等の影響力を有すると考えられる自然人の責任についても，①から④までと同様の規定を設けるものとする」と提案されている[32]。これは，株主総会における議決権を背景とした子会社に対する影響力を定型的に有しうる者として，

---

(27)　例えば，子会社がその親会社のために製品を製造し，その原価を下回る不当に低い金額でこれを親会社に販売する等により，当該子会社に損失が生じ，他のすべての事情を考慮してもなお，当該子会社が不利益を受けたものといえる場合をいう。法務省民事参事官室・前掲注(21)38頁。

(28)　法務省民事参事官室・前掲注(21)38頁－39頁。

(29)　松井・前掲注(24)121頁，同・前掲注(24)商事10頁。

(30)　原文について，法務省民事参事官室・前掲注(19)参照。

(31)　法務省民事参事官室・前掲注(21)39頁。松井・前掲注(24)124頁－125頁，同・前掲注(24)商事10頁－11頁は，わが国では株主代表訴訟制度の濫用防止措置が不十分であるため，子会社少数株主に親会社に対する代表訴訟を認めるのは相当慎重に検討すべきであるとする。

(32)　原文について，法務省民事参事官室・前掲注(19)参照。

当該子会社の親会社を【A案】の適用対象とするものであるが，その根拠は，自然人であっても，定型的に親会社と同等の影響力を定型的に有しうると考えられる者については，同様に妥当すると考えられるからである[33]。

なお，会社法制部会において，これまで議論されたその他の関連論点として，⑦子会社債権者の保護については，【A案】のような明文の規定を設けることとする場合には，子会社債権者も，債権者代位権（民423条）の行使等により，親会社の責任を追及することが可能となり，子会社の総株主の同意により親会社の責任が免除されたとしても，詐害行為取消権（同424条）を行使して免除の意思表示を取り消すことができる場合もあると考えられることから，中間試案では，子会社債権者の保護のための新たな方策は掲げないこととされた[34]。

また，④少数株主に，自己の有する当該株式会社の株式を当該支配株主に売却する機会を与える制度（セル・アウト制度）を創設すべきであるとの指摘については，新たな支配株主に対するセル・アウト制度は，支配株主の異動が生じた場合に少数株主に退出の機会を与えることにより，少数株主の保護を図るための制度として位置づけられうるが，これに対しては，企業結合の形成に際して生じうる費用が増大し，企業価値を高める企業結合の形成がされにくくなるおそれもあるとの指摘があり，また，大多数保有支配株主に対するセル・アウト制度は，新たな支配株主に対するセル・アウト制度とは異なり，支配株主の異動が生じた場合に少数株主に退出の機会を与えるための制度として位置づけることは困難であり，制度の目的・趣旨を慎重に検討する必要があると考えられることから，中間試案では，これらのセル・アウト制度の創設は掲げないこととされた[35]。

(3)　会社法制の見直しに関する要綱案の作成

（ア）会社法制の見直しに関する要綱案の作成に向けた検討　　中間試案の提案について，パブリック・コメントにおける様々な意見が出されたことを受けて，会社法制部会では「親子会社に関する規律に関する個別論点の検討」第2（子会社少数株主の保護）の1（親会社等の責任）[36]，および「親子会社に関する規律に関する残された論点の検討」第2（子会社少数株主の保護）の1（親会社

---

(33)　法務省民事参事官室・前掲注(21)39頁。
(34)　法務省民事参事官室・前掲注(21)39頁。
(35)　法務省民事参事官室・前掲注(21)39頁－40頁。

等の責任に関する明文の規定の創設）⁽³⁷⁾において提案された具体的な要件等が審議された⁽³⁸⁾。

その後，会社法制部会の「会社法制の見直しに関する要綱案の作成に向けた検討」⁽³⁹⁾では，会社法制部会において親会社等との利益相反取引における親会社等の責任に関しては意見が分かれていることから，第20回会議において議論された２つの案が併記されている⁽⁴⁰⁾。

第２部（親子会社に関する規律）の第２「子会社少数株主の保護」の中で，親会社等との利益相反取引における親会社等の責任に関して明文の規定を設けるものとする【A案】は，「①　親会社等とは，親会社等との利益相反取引（当該取引がなかった場合と比較して株式会社に［著しく］不利益となるような条件のものに限る。以下「不利益取引」という）によって株式会社に生じた損害を賠償する責任を負うものとする。ただし，親会社等が不利益取引であることにつき善意でかつ過失がないときは，この限りではないものとする。」，「②　①の不利益の有無及び程度は，当該取引の条件のほか，次に掲げる事情を考慮して判断されるものとする。」とし，上記②の事情として，株式会社による当該取引の条件に関する検討および交渉の状況（②ア），株式会社と親会社等の間における当該取引以外の取引の条件（②イ），株式会社が親会社およびその子会社から成る企業集団に属することによって享受する利益（②ウ），その他一切の事情（②エ）が挙げられており，さらに，「③　①の責任は，当該株式会社の総株主の同意がなければ，免除することができないものとする。」，「④　①の責任は，第847条第１項の責任追及等の訴えの対象とするものとする。」と提案されている。これに対し，【B案】として，「親会社等との利益相反取引に関する親会社等の不法行為に基づく損害賠償責任を，第847条第１項の責任追及等の訴えの対象とするものとする。」と提案されている。

---

(36)　会社法制部会第17回会議（平成24年２月22日開催）資料18「親子会社に関する規律に関する個別論点の検討（1）」（http://www.moj.go.jp/content/000095491.pdf）。

(37)　会社法制部会第20回会議（平成24年５月16日開催）資料23「親子会社に関する規律に関する残された論点の検討」５頁－６頁（http://www.moj.go.jp/content/000098296.pdf）。

(38)　パブリック・コメント後の会社法制部会における親子会社に関する規律に関する論点の審議の内容をまとめたものとして，拙稿・前掲注(4)216頁－226頁参照。

(39)　会社法制部会第22回会議（平成24年７月４日開催）資料25「会社法制の見直しに関する要綱案の作成に向けた検討（2）」３頁（http://www.moj.go.jp/content/000099848.pdf）。

(40)　会社法制部会第22回会議議事録11頁〔内田修平関係官発言〕，http://www.moj.go.jp/content/000101173.pdf。

上記の【A案】，【B案】とも，第20回会議の内容からほとんど変更されていないが，A案の①については，濫訴に対する懸念等から，不利益性が著しい場合にのみ親会社等の責任が生ずるものとすべきであるとの意見もあったため，ブラケット付きで，「著しく」という文言が挿入されている(41)。この【A案】・【B案】に対しては，この２つの案ともに反対の意見や，【A案】①に「著しく」という文言を挿入することについて賛否両論の意見が出され，意見がまとまらなかった(42)。とくに，経済界から，親会社が子会社の利益を犠牲にして自己の利益を図るような行為が横行していることはないという認識を前提にして，反対意見が出された(43)。これに対し，そのような利益相反行為が横行するとまで言わなくても，合理的な規定が必要な場合はあり得るわけであるから，この規定そのものに反対する理由にはならないとする意見(44)や，親会社が子会社を搾取するというような非常に悪質なケースを何とかしなければならないということは，多分，経済界も含めて全く異論はないと思われるが，そういう極端な事例であれば，現行の法制度でも，ある程度は対応できるのではないかという中で，新しい制度を設けることによるメリットと，いろいろな親子間の取引の萎縮というデメリットを比べてみて，前者が後者を上回っていると本当に言えるのかというところについては，まだちょっと明確ではないとする意見も出された(45)。

（イ）要綱案　　親会社等との利益相反取引がされる場面に，子会社少数株主の保護のために，親会社等の責任に関する明文の規定を置くことについては，会社法制部会における審議において，子会社がその親会社等から享受している利益を計数化することが困難であることなどを理由に，親子会社間の合理的な取引まで阻害されてしまうのではないかといった懸念が示され，また，株主代表訴訟による責任追及を可能とすることについても，濫訴の危険があるとの意見が少なからず見られ，意見の一致に至らず，「会社法制の見直しに関する要

---

(41)　会社法制部会第22回会議議事録・前掲注(40)11頁（なお，「親会社等」や「親会社等との利益相反取引」の意味については，第17回会議で部会資料18を基に議論したとおりの内容とすることを前提としている。〔内田修平関係官発言〕)。

(42)　会社法制部会第22回会議議事録・前掲注(40)11頁－14頁参照。

(43)　会社法制部会第22回会議議事録・前掲注(40)11頁－12頁〔杉村豊誠委員・安達俊久委員等発言〕。

(44)　会社法制部会第22回会議議事録・前掲注(40)13頁〔上村達男委員発言〕。

(45)　会社法制部会第22回会議議事録・前掲注(40)13頁〔三浦聡幹事発言〕。

第2章　子会社の少数株主・債権者保護と親会社・取締役の責任 ◆ 63

綱案（第1次案）」の「第2部　親子会社に関する規律」の「第2　子会社少
数株主の保護」[46]には具体的な案が盛り込まれなかった[47]。

　親会社の子会社に対する責任に関する規律を設けるということは非常に厳し
い意見の対立の状況を考えると断念せざるを得ないということから，補足説明
において情報開示を充実させるという案が提案されている[48]。補足説明では，
子会社少数株主の保護の観点から，親会社等との利益相反取引に関する情報開
示の充実を図るものとすると記載されているが，これは，中間試案第2部第2
の2（情報開示の充実）において「個別注記表又は附属明細書に表示された株
式会社とその親会社等との間の取引について，監査報告等による情報開示に関
する規定の充実を図るものとする。」[49]と提案されていたものに関するもので
ある。この提案については，パブリック・コメントでは[50]，監査報告等によ
る情報開示に関する規定の充実について賛成する意見がほとんどであったこと
を踏まえ，会社法制部会第17回会議資料18において，その具体的な内容が示さ
れていた[51]。会社法制部会の審議において，親会社等との利益相反取引に関

───────────────────────────────

(46)　会社法制部会第23回会議資料26「会社法制の見直しに関する要綱案（第1次案）」14頁
　　（http://www.moj.go.jp/content/000100364.pdf）において，次のような提案をなされてい
　　る。
　　「第2部　親子会社に関する規律
　　第2　子会社少数株主の保護
　　（補足説明）
　　　子会社少数株主の保護の観点から，親会社等との利益相反取引に関する情報開示の充
　　実を図るものとする。
　　　具体的には，次のような規律を設けることが考えられる（会社法制部会資料18第2の
　　2参照）。
　　　①　個別注記表等に表示された親会社等との利益相反取引に関し，次の事項を事業報
　　　　告の内容とするものとする。
　　　　ア　株式会社の利益を害さないように留意した事項（当該事項がない場合にあって
　　　　　は，その旨）
　　　　イ　当該取引が株式会社の利益を害さないかどうかについての取締役（会）の判断
　　　　　及びその理由
　　　②　①ア及びイの事項についての意見を，監査役（会），監査・監督委員会又は監査委
　　　　員会の監査報告の内容とするものとする。」
(47)　会社法制部会第23回（平成24年7月18日）会議議事録14頁－15頁〔内田修平関係官発
　　言〕(2012)，http://www.moj.go.jp/content/000101603.pdf。
(48)　会社法制部会第23回会議議事録・前掲注(47)15頁〔岩原紳作部会長発言〕
(49)　法務省民事参事官室・前掲注(2)14頁。原文については，前掲注(19)参照。
(50)　会社法制部会第17回会議資料19・前掲注(3)58頁－59頁。
(51)　会社法制部会第17回会議資料18・前掲注(36)9頁。

する情報開示の充実を図ることについては，とくに異論がなかった[52]。

　具体的には，情報開示に関する規律を法務省令において定めることが考えられるが，このような情報開示の充実によって，不当な条件による利益相反取引が行われることに対する抑止効果を期待するとともに，監査役や監査委員等，中でも，今回の改正により，親会社等の関係者でないことを要する者とされることが検討された社外監査役や社外取締役に，親会社等との利益相反取引をチェックする役割を担ってもらうことが期待されている[53]。

　最終的に，企業結合法制の中心的課題と位置づけられてきたテーマである子会社少数株主の保護について，「会社法制の見直しに関する要綱案（案）」[54]には，親会社等との利益相反取引における親会社等の責任に関する明文の規定が記載されなかった。会社法制部会において時間をかけて議論がされてきたが，親会社の責任に関する明文規定の創設等については，グループ経営にネガティブな影響を与えるおそれがあるのではないか，また，濫訴のおそれがあるといった懸念が示され，最終的な意見の一致には至らなかったからである。しかし，今回法改正が見送られることは，けっして子会社少数株主の法的な保護が必要ではないということを意味するわけではなく，むしろ，この部会での議論を通じて，現行法のもとでも，親会社の不法行為責任や子会社取締役の任務懈怠責任などの追及によって，少数株主の保護を図る余地があることが改めて確認されたことは意義があるものと指摘されている[55]。

(4)　子会社少数株主保護のための親会社等の責任に関する改正試案の検討

（ア）改正試案における最終案　親子会社関係にある会社が取引活動などを行うことにより，子会社に不利益が生ずる場合に，その少数株主の保護が必要となる態様として，(i)親会社・子会社間または子会社相互間の取引が不公正な取引条件により子会社に不利益が生ずる場合と，(ii)親会社の指図または影響力

---

(52)　会社法制部会第17回会議（平成24年 2 月22日開催）議事録49頁－51頁，http://www.moj.go.jp/content/000097367.pdf。会社法制部会第23回会議議事録・前掲注(47)14頁－16頁参照。

(53)　会社法制部会第23回会議議事録・前掲注(47)15頁〔内田修平関係官発言〕。

(54)　会社法制部会第24回会議（平成24年 8 月 1 日開催）資料27「会社法制の見直しに関する要綱案（案）」11頁以下，http://www.moj.go.jp/content/000100819.pdf。

(55)　会社法制部会第24回会議議事録 9 頁〔岩原紳作部会長発言〕。

第2章　子会社の少数株主・債権者保護と親会社・取締役の責任　◆　65

の行使によって子会社がグループ外の第三者と取引を行うときに，子会社に不利益が生ずる場合とに，大別されうる[56]。法制審議会の会社法制部会における審議を経て取りまとめられた中間試案[57]は，上記(i)の中の親会社・子会社間の取引のみを対象としている。この中間試案に関するパブリック・コメントにおける様々な意見を受けて審議が重ねられた後，会社法制の見直しに関する要綱案の作成に向けた検討において，親会社等との利益相反取引における親会社等の責任に関して明文の規定を設けるものとする【A案】が提案された[58]。その後の要綱案には，このような明文の規定が記載されなかったことから[59]，実質的には，上記の【A案】が，改正試案における親会社等の責任に関する規定の最終案と考えてよいであろう。

　上記の【A案】のような改正試案について，会社法制部会の審議において反対する見解は，その理由として，(i)利益・不利益という観点から法定責任を創設するということになると，客観的には合理的なグループ経営に係る取引までが不利益な取引と判断されて規制されてしまうというおそれがあること[60]，(ii)企業活動の中でグループに所属するメリットとして，ブランド価値など計数化や金銭評価が困難な事象や事柄というのは多数あること[61]，(iii)グループ経営のメリットを大きく損なうことが危惧され，グループ戦略上，活発な親子間取引で企業価値を高めるという戦略に対する萎縮効果も懸念されること[62]，(iv)改正試案の規定する不利益に関する考慮要素について，どの程度の事情が考慮されるかということは不明確であり，濫訴も含めて訴訟の拡大の防止にはならないこと[63]，(v)企業としては現行法制のもとで十分に対応し清々と事業を行っているという自負があり，親会社が子会社の利益を犠牲にして自己の利益を図るような行為が横行していることはないという認識があること[64]などが

---

(56)　江頭・前掲注(8)23頁－24頁。
(57)　法務省民事参事官室・前掲注(2)中間試案13頁。原文については，前掲注(19)参照。
(58)　会社法制部会第22回会議資料25・前掲注(39)3頁。
(59)　会社法制部会第23回会議資料26・前掲注(46)14頁，会社法制部会第24回会議資料27・前掲注(54)11頁以下参照。
(60)　会社法制部会第20回会議（平成24年5月16日）議事録37頁－38頁〔杉村豊誠委員発言〕・44頁〔伊藤雅人委員発言〕，http://www.moj.go.jp/content/000099708.pdf。
(61)　会社法制部会第20回会議議事録・前掲注(60)37頁－38頁〔杉村豊誠委員発言〕・44頁〔伊藤雅人委員発言〕。
(62)　会社法制部会第17回会議議事録・前掲注(52)39頁－40頁〔杉村豊誠委員発言〕。
(63)　会社法制部会第17回会議議事録・前掲注(52)39頁－40頁〔杉村豊誠委員発言〕。

挙げられている。

　上記のような懸念が指摘される中で，これまでの裁判例をみてみると，親会社・親会社取締役の子会社ないし子会社少数株主に対する責任を認めたものは見あたらず，親会社・親会社取締役らの不法行為責任等を否定したものとして，裁判例〔1〕があるにすぎない。これは，会社法上，親会社・親会社取締役の子会社・子会社少数株主に対する責任を認める一般的な原理・原則が確立されていないことに起因するものと思われる。

　これに対し，とくに親子会社間の利益相反取引において子会社の取締役の子会社に対する責任が問題とされた事案では，会社法423条1項による損害賠償責任を追及することができることから，裁判例としては，親会社・親会社取締役の責任が問題とされたものよりも，比較的に多いということができる。子会社取締役の責任を肯定した裁判例として，支配会社のコマーシャルペーパー（CP）の引受について当該支配会社の経営破綻による損害賠償責任が認められたものがある（裁判例〔2〕）。しかしながら，企業買収を行った会社に協力して買収株式の半数をその取得価格そのままで引受けたことについて，グループ企業の子会社の取締役らの善管注意義務・忠実義務違反は認められなかった（裁判例〔4〕）。また，証券会社がその関連会社の清算に際して支援金を当該関連会社（その関連会社の唯一の債権者が当該証券会社の支配株主である銀行であった）に供与したことについて，当該証券会社の取締役の善管注意義務（忠実義務）違反が認められなかった（裁判例〔5〕）。さらに，親会社の子会社がグループ内のキャッシュ・マネジメント・システム（CMS）に参加し，当該親会社のグループの財務管理をする統括会社に対して多額の資金を預託してきたことについて，当該子会社の取締役らに対する善管注意義務・忠実義務および利益供与禁止規定の違反に基づく損害賠償が認められなかった（裁判例〔6〕）。これらの裁判例は，結果的にみれば，グループ経営のメリットに配慮した考えが背景にあるのではないかとも考えられる。

　これに対し，親会社が子会社を食い物したり，搾取するような取引により，親会社が不当な利益を得ている場合に，子会社の少数株主はそのような取引を認めた子会社の取締役の任務懈怠による責任（会社423条）を追及できることに

---

(64)　会社法制部会第7回会議（平成22年11月24日開催）議事録9頁〔八丁地隆委員発言〕，http://www.moj.go.jp/content/000060893.pdf。会社法制部会第22回会議議事録・前掲注(40)11頁−12頁〔杉村豊誠委員・安達俊久委員等発言〕。

第2章　子会社の少数株主・債権者保護と親会社・取締役の責任　◆　67

は異論はないであろう。しかしながら，当該子会社の取締役の責任が認められるとしても，一般的には，その取締役個人の資力は十分とはいえず，子会社の救済とはならない場合が多いものと考えられる。子会社が親会社の責任を追及することができるといっても，とくに子会社の役員が親会社に支配されている場合には，親会社の責任が追及されない可能性が高い。このような場合に，資力が十分な親会社に対して，その子会社の取締役の義務違反（債務不履行）に加功したことによる債権侵害の不法行為責任（民709条）を追及するという法律構成などによって[65]，子会社少数株主の保護を図る必要がある。

　しかし，現代において企業グループによるグループ経営が進展しているにもかかわらず，現行の法制度のもとでは，子会社の少数株主の保護に関する規定が不整備であり，また解釈論にも限界がある。したがって，親会社・子会社間の取引について一定の規律を設ける必要があるであろう。その意味で，前記の最終的案である【A案】は，親会社等との利益相反取引における親会社等の責任に関して明文の規定を設けるものとする方向性については積極的に評価されるべきである。

（イ）不利益または不公正の判断基準　　上記の【A案】①において，当該利益相反取引がなかった場合と比較して株式会社に［著しく］不利益となるような条件のものに限られる，不利益取引の不利益の有無・程度は，当該取引の条件のほか，一切の事情を考慮して判断されるものとする旨の規定がなされている。しかし，このように不利益の判断基準として，一切の事情を考慮することを認めることは，グループ利益追求を容認することになり，子会社株主の利益を害することにつながるものと考えられる[66]。したがって，子会社少数株主の保護の観点からするならば，このような一切の事情を考慮する文言は削除すべきであるという考えも主張されうる。

　【A案】における親会社の責任の範囲については，親会社等との不利益取引によって株式会社に生じた損害であり，不利益の判断基準として，上記のような当該利益相反取引がなかった場合と比較して株式会社に［著しく］不利益となるような条件のものに限られるとされる[67]。従来，会社・取締役間の利益

---

(65)　解釈論の根拠としての法律構成について，前掲注(6)－注(11)参照。
(66)　舩津浩司「グループ利益の追求と『親会社の責任』規定－中間試案が示す会社法のパラダイムシフトの可能性－」商事1959号10頁以下（2012）。
(67)　このような判断基準は，いわゆる「なかりせば基準」といわれることがある。例えば，

相反取引における取締役の任務懈怠責任（会社423条）の有無の判断の際に，「独立当事者間取引」（arm's length transaction）基準が用いられているとされているが[68]，これに対し，【A案】は，親会社との利益相反取引について，独立当事者間取引基準を形式的・厳格に適用することは，企業グループによる経済効率性を害するおそれがあるとの指摘があったことも踏まえて，上記のような独自の基準を提案する。

しかしながら，【A案】においては，当該利益相反取引がなかった場合と比較して子会社に不利益となるような場合とは，何であるかが問題となる。中間試案補足説明によれば，例えば，子会社がその親会社のために製品を製造し，その原価を下回る不当に低い金額でこれを親会社に販売すること等により，当該子会社に損失が生じるような場合が不利益を受けたものと考えられている[69]。したがって，原価以上で売ることで当該取引により利益が得られる場合には，不利益は存在しないことになり，親会社は【A案】に基づく責任を負わないものと考えられる[70]。しかし，【A案】において，当該取引のなかった場合と比較して子会社に不利益となる旨の文言は，あまりにも不明確であるとの指摘を免れないであろう。また，【A案】においては，不利益取引の不利益の有無・程度は，当該取引の条件のほか，一切の事情を考慮して判断されるものとする旨の規定がなされている。しかし，上記のような不明確な不利益の判断の際に，一切の事情を考慮することを認めることは，グループ利益追求を容認することになり，子会社株主の利益を害することにつながるものと考えられる[71]。したがって，【A案】の提案する不利益の判断基準，言い換えれば，不公正な取引の基準としては，最初に，従来の「独立当事者間取引基準」を基礎とし，そのうえで企業グループの効率的経営に配慮した考え方をとるほうが妥

会社法制部会第14回会議（平成23年10月26日開催）議事録）18頁〔神田秀樹委員発言〕・19頁〔内田修平関係官発言〕，http://www.moj.go.jp/content/000081570.pdf．森本・前掲注(5)164頁，太田＝森本・前掲(13)1978号73頁など参照。

(68)　江頭憲治郎『株式会社法〔第7版〕』447頁（有斐閣，2017），同・前掲注(8)37頁以下，会社法制部会第7回議事録・前掲注(64)5頁〔奈須野太幹事発言〕参照。

(69)　法務省民事参事官室・前掲注(21)38頁（この場合に，当該子会社に損失が生じ，他の全ての事情を考慮してもなお，当該子会社が不利益を受けたものといえる場合に限り，当該不利益に相当する額について生ずることになるとする）。

(70)　舩津・前掲注(66)5頁・12頁（注8）（もっとも，何が原価かという点が争われることになるとする）。

(71)　舩津・前掲注(66)5頁。

第2章　子会社の少数株主・債権者保護と親会社・取締役の責任　◆　69

当であると思われる。

　「独立当事者間取引基準」とは，親子会社間（支配・従属関係にある会社間の取引）の取引が子会社にとって「不公正」または「通例的でない」とされるか否かの判断基準について，第一基準として考えられてきたもので，「会社の独立した受託者による，相手方との間に一定の距離を置いた取引であっても，そのような取引がなされるであろうか」という基準といわれる[72]。言い換えれば，取引が独立当事者間であれば合意されたであろう条件と比較して子会社にとって不利益か否かという点から判断する基準ということもできるが[73]，実務では，ほとんどの親会社は，たとえ取引相手が完全子会社であっても，独立当事者間基準で取引をしているといわれる[74]。もっとも，「独立当事者間取引基準」の内容の理解については，問題となっている親子会社間取引のみを取り上げて当該取引条件が独立当事者間取引のものに該当するか否かを判断するという厳格な考え方から，当該取引のみを取り上げるのではなく，他の取引の条件その他の一切の事情を考慮して，独立当事者間取引に該当するか否かを判断するという緩やかな考え方まで，論者により相当の幅がみられる[75]。

　「独立当事者間取引基準」については，市場において独立当事者が，親子会社間の問題となる取引と商品・サービスの種類・数量・契約条件・流通段階などが近似した取引を行っているものとは限らないから，実際に用いられる「独立当事者間取引基準」は，必然的に多義性を有するものとなってくるものと考えられる[76]。また，「規模の利益」・「取引コストの削減」などを目的とした企業グループの形成により業務効率化などがもたらされて，グループ企業には独立企業にない利益が発生しているにもかかわらず，当該余剰利益の配分に関して何の手がかりも提供できない点で適切でないという指摘もなされている[77]。

　しかしながら，親子会社間の取引条件等が公正であるか否かの判断基準としては，「独立当事者間取引基準」を原則とするほうが【A案】①の提案する判断基準よりも明確であると考えられる。したがって，原則とする「独立当事者間取引基準」の適用により判断される子会社の利益・不利益をもとにして，そ

---

(72)　江頭・前掲注(8)37頁以下，95頁-96頁。
(73)　太田＝森本・前掲注(13)79頁（注28），森本・前掲注(5)164頁。
(74)　会社法制部会第7回会議議事録・前掲注(64)5頁〔奈須野太幹事発言〕。
(75)　舩津・前掲注(66)6頁，太田＝森本・前掲注(13)73頁，森本・前掲注(5)164頁参照。
(76)　江頭・前掲注(8)41頁。
(77)　江頭・前掲注(8)50頁-51頁。

の具体的適用の際に企業グループの効率的経営における一定の合理的な事情[78]を考慮して不公正か否かの判断が行われるべきものと考える。例えば，製造業を営む親会社が，悪化した財務状況の改善のため，その製品の販売をする子会社に当該製品の卸値を本来の価格よりも高額にして，これまで親会社の製品の販売により利益を上げて内部留保している現金を親会社が吸い上げたという事例[79]を想定する場合，【A案】②の総合的考慮基準によれば，親会社に責任は生じないと判断される可能性があるが，従来の「独立当事者間取引基準」によれば親会社に責任は生じると思われるとの指摘がなされている[80]。しかしながら，上記のように一定の合理的な事情を考慮する「独立当事者間取引基準」によっても，親会社に責任は生じないと判断される可能性は認められるものと考える。もっとも，当該取引によって子会社の債務超過あるいは倒産の危機的状況をもたらすような場合には，親会社は子会社に責任を負うものと考えるべきである。

5　親会社・親会社取締役の責任に関する法律構成についての解釈論・立法論

(1)　解釈論

現行法のもとで，親子会社間の通例的でない取引によって，子会社が損害を被った場合には，親会社が，不法行為法の枠組みにより，子会社に対する責任を負わされることは認められうる。また，子会社債権者は自己の債権の満足が受けられないときは，子会社の親会社に対する不法行為債権を債権者代位権（民423条）により行使することができる。これに対し，子会社少数株主は子会

---

(78)　考慮の対象となる具体的な事情としては，例えば，【A案】②のア・イ・ウなどのような事情が考えられる。会社法制部会第14回会議議事録・前掲注(67)19頁〔内田修平関係官発言〕は，【A案】②の考慮すべき要素について，どこまでの事情が考慮されるかについて，「本来，このようにはっきり書かなくても，そうなるかもしれませんけれども」，それらを総合的に判断するということをあえて明記したとされる。舩津・前掲注(66) 7頁は，【A案】②の総合的考慮基準も従来のあるべき判断基準（独立当事者間取引基準）として含まれていたという考え方もあろうとする。

(79)　この事例の設定について，松井・前掲注(24)112頁，同・前掲注(24)商事 6 頁，舩津・前掲注(66) 6 頁参照。

(80)　舩津・前掲注(66) 6 頁。

第2章　子会社の少数株主・債権者保護と親会社・取締役の責任　◆　71

社取締役に対する措置（子会社取締役の違法行為差止請求・任務懈怠責任追及）し
かなく，子会社少数株主が親会社に対して損害賠償を求める株主代表訴訟は認
められていない[81]。

　親子会社間の取引において，親会社の子会社に対する不法行為責任を追及す
る場合に，民法709条を直接適用して，その不法行為責任を肯定することは理
論上可能であると考えられている。他方，親会社の代表者個人の過失の認定が
できる場合には，その代表者個人の不法行為を媒介として会社法350条の適用
が認められるものと解される[82]。会社法350条の適用の場合に，代表取締役そ
の他の代表者がその職務を行うについて不法行為責任を負うことを前提とする
と解するのが，従来の判例・通説である[83]。

　しかしながら，会社法350条の立法趣旨は，法人と比べて代表者個人の無資
力あるいは賠償能力の低いことに対して第三者保護をより図るための規定であ
る。また，会社法429条に基づく代表者の対第三者責任[84]の成立が認められ
る事案であっても，会社法350条の適用は，あえてその者の加害行為に対する
故意または過失による不法行為責任を認定してからでないと認められないと解
する必然性ないし合理性は乏しいと考えられる。これらのことに鑑みれば，代
表者の責任を不法行為責任に限定する必要はないものと解されるべきである。
したがって，親会社の代表者の悪意・重過失のある任務懈怠行為により損害を
被った子会社少数株主に対して，取締役の対第三者責任（会社429条）が成立す
るときも，会社法350条の適用が認められうるものと解される。

---

(81)　松井・前掲注(24)115頁－122頁，同・前掲注(24)商事7頁－9頁参照。なお，松井・
　　前掲注(24)115頁注(12)，同・前掲注(24)商事12頁注(12)は，子会社債権者は，会社法
　　429条1項に基づき子会社取締役のみならず，親会社取締役に対しても責任を追及する可
　　能性が開かれているとする。

(82)　拙著『会社の目的と取締役の義務・責任－CSRをめぐる法的考察－』301頁－302頁
　　（中央経済社，2014）。

(83)　最判昭和49・2・28判時735号97頁，落合誠一編『会社法コンメンタール(8)』22頁
　　以下〔落合誠一〕（商事法務，2009），酒巻俊雄＝龍田節編集代表『逐条解説会社法第4
　　巻機関(1)』393頁以下〔稲葉威雄〕（中央経済社，2008），江頭憲治郎＝中村直人編著
　　『論点体系会社法(3)』89頁〔尾崎悠一〕（第一法規，2012）など。

(84)　会社法429条1項に基づく対第三者責任の性質について，判例（最判昭和44・11・26
　　民集23巻11号2150頁）および従来の多数説は，特別の法定責任と考えている。しかし，
　　本条1項の対第三者責任の性質は，その本質が不法行為責任であり，会社に対する任務
　　懈怠について悪意または重過失のあることを要件とすることから，特殊の不法行為責任
　　と解すべきである。拙著・前掲注(82)232頁・265頁・290頁以下。

それ故，親会社の代表者の任務懈怠行為により個々に損害を被る子会社少数
株主は，会社法429条に基づき，当該親会社取締役がその職務を行うにつき悪
意または重大な過失があったとき，その親会社取締役に対して損害賠償責任を
追及することができるだけでなく，当該親会社自体に対しても会社法350条に
基づく損害賠償責任を負わせることが可能となると解される[85]。同様に，子
会社債権者も，会社法429条・350条に基づき，親会社および親会社取締役に対
する責任を追及することができるものと解される。

(2) 立法論

上記のように，現行法のもとでの解釈論によっても，民法709条の直接適用
および会社法350条によって，親会社は子会社に対し損害賠償責任を負わされ
る可能性が認められているものと解される。そうであるならば，上記のような
規定の解釈論を用いるという迂回的な方法ではなくて，会社法上，直截的に，
子会社およびその少数株主・債権者を保護するための親会社・取締役の責任規
制を定めるほうがよいと思われる。

ところで，立法論として，上記のような親会社・取締役の責任規制の方法と
して，親会社（支配株主）が子会社に対して損害賠償責任を負うとする仕方と，
親会社がその取締役の任務懈怠行為によって損害を被った子会社等に対して損
害賠償責任を負うとする仕方が考えられる。前記の改正試案【A案】は，前者
の形式をとっている。

前記の【A案】①では，子会社と利益相反取引をする親会社等は，不利益取
引につき善意でかつ過失がない場合を除き，親会社等との不利益取引によって
株式会社に生じた損害を賠償する責任を負うものとする旨の規定がなされてい
る。【A案】に規定される親会社等の責任の本質は，現行法制度のもとでは，
不法行為の性質を有するものと考えられるが，結果的は，一般不法行為責任規
定の要件の緩和をもたらすような形式になっている特殊の法定責任ということ
ができるものと思われる。したがって，グループ経営のメリットを大きく損な
うことになるという指摘は，妥当であるのかもしれない。

それでは，どのような規定を設けるべきであるかについては，1つの私案で
あるが，前記【A案】の規定の仕方に，親会社取締役の任務懈怠行為を介在さ

---

(85)　拙著・前掲注(82)304頁。

せる文言を加えて，「親会社と子会社との間において著しく不公正な条件で取引が行われた場合，親会社取締役がその職務を行うについて悪意または重大な過失があったときは，親会社は，当該取引によって子会社に生じた損害を賠償する責任を負う。」（私案①）とする規定案が考えられうる。このような規定の仕方のほうが，従来の解釈論の延長上にあり現行法制度にも親和的であるように思われる。

　なお，親会社と子会社間の通例的でない取引により子会社が損害を被った場合，または親会社の子会社に対する影響力の行使によって，当該子会社が親会社の他の子会社以外の者との取引により損害を被った場合についても，検討すべき問題といえるが，【A案】はこれらの問題について具体的な規定案を示していない。上記のような場合についても，上記私案①の後に，②として「子会社が親会社の他の子会社との通例的でない取引によって損害を被った場合，または親会社の子会社に対する影響力の行使によって，当該子会社が親会社の他の子会社以外の者との取引により損害を被った場合，①の場合と同様とする。」とする規定案が考えられる[86]。

　また，不公正であるか否かの基準は，従来の「独立当事者間取引基準」を原則とするが，この原則はいろいろな内容を含んでいて多様であることから，その具体的な定義規定を設けないほうが妥当であると思われる[87]。また，明文の規定がなくても，不公正であるか否かの判断の際に，企業グループに属することによる利益その他一切の事情が考慮されるべきものと考えられる。

　ところで，【A案】は，親会社等の子会社に対する責任について株主代表訴訟を認めている。しかし，わが国の株主代表訴訟制度は，必ずしも濫訴防止措置が十分とはいえないので，現行法制度のもとでは，子会社少数株主に親会社に対する代表訴訟を認めるべきではないであろう[88]。もっとも，子会社少数

---

(86)　江頭・前掲注(8)103頁・330頁の立法案，高橋英治『従属会社における少数派株主の保護』136頁（有斐閣，1998）の提案する損害賠償規定などを参照した。なお，高橋英治『企業結合法制の将来像』157頁以下（中央経済社，2008）は，江頭・前掲注(8)の立法案の検討を行っている。また，齋藤真紀「企業集団内部統制」商事2063号24頁（2015）は，支配株主の民事責任等を認めることによって，子会社の少数株主・債権者の不利益を親会社の経営のリスク・コストに内面化することが不可欠であり，他方，その少数株主・債権者に対する親会社取締役の民事責任は当該取締役を親会社の保証人的地位に立たせることにならないかとの指摘がなされている。上述の私案は，その要件を絞り込んでいるので，親会社の保証人的地位に立たせるような状況は生じないと考える。

(87)　江頭・前掲注(8)94頁・103頁－104頁。

株主は，少なくとも，個々に損害を受けた場合には，会社法429条に基づき親会社取締役に責任を追及することができるという救済の途が残されているので，子会社少数株主がまったく保護されないというわけではないであろう。

これに対し，子会社債権者の保護については，前述のように，平成23年7月27日開催の法制審議会会社法制部会第11回会議において，「子会社債権者に対する親会社の責任の在り方について，見直しを要する事項はあるか」ということが審議されたが，意見がまとまらず，とくに経済界からの反対の意見もあり，その後の中間試案の取りまとめに向けた審議において，子会社債権者に対する親会社の責任の在り方についての見直しの検討はなされず，中間試案には提案されなかった。しかしながら，会社法制部会の審議において，会社法429条により支配株主あるいは親会社が子会社債権者に対する責任を負うべき場合はありうることが指摘されていた[89]。前記の私案のように，親会社の子会社に対する責任が明文の規定で認められれば，子会社債権者にとっても，自己の債権が満足を受けられなければ，債権者代位権や，詐害行為取消権を行使することが容易になると考えられる[90]。また，子会社債権者は，会社法429条に基づき親会社取締役に責任を追及することができるものと考えられ，さらに，前述のように，当該親会社自体に対しても会社法350条に基づく損害賠償責任を負わせることができるものと解される。以上のように考えるならば，子会社債権者にとって十分な救済手段となると思われる。

6　結　び

親会社と子会社との利益相反取引において，親会社がその子会社の利益を犠牲にして自己の利益を図るなどの危険が存在していることから，平成26年会社法改正の際に，法務省法制審議会の会社法制部会における会社法制の見直しに関する審議において，子会社の少数株主・債権者の保護に関する会社法制の見直しについて検討された。

---

(88)　松井・前掲注(24)『会社法制見直しの視点』124頁−125頁，同・前掲注(24)商事11頁。

(89)　会社法制部会第7回会議議事録・前掲注(64)24頁〔齋藤真紀幹事発言〕・25頁〔上村達男委員発言〕，会社法制部会第11回会議（平成23年7月27日開催）議事録53頁〔神作裕之幹事発言〕，http://www.moj.go.jp/content/000079164.pdf。

(90)　会社法制部会第11回会議資料11・前掲注(89)12頁−13頁参照。

第2章　子会社の少数株主・債権者保護と親会社・取締役の責任　◆　75

　しかし，現行法制のもとでも，子会社の少数株主・債権者の保護に対応することが可能であること，親会社の子会社に対する責任について会社法上で新たな手当をすることにより，企業グループ内での効率的な経営に支障が生じることなどの意見が出され，結局，その立法化は実現しなかった。しかしながら，会社法制部会において提案された改正試案およびその部会での見直しに関する議論は，今後のあるべき子会社の少数株主・債権者の保護を検討する場合に有益なものであると考え，本章では子会社少数株主および子会社債権者を保護するための親会社・取締役の責任に関する従来の裁判例を分析・整理したうえで，改正試案を検討した。

　裁判例では，子会社取締役の当該子会社に対する責任を追及する裁判例の数と比べて，親会社・親会社取締役の子会社ないし子会社少数株主・債権者に対する責任を追及する裁判例はわずかであるといってよいであろう。その一因として，会社法上，親会社・親会社取締役の子会社・子会社少数株主に対する責任を認める一般的な原理・原則が確立されていないことに起因するものと考えられる。現代の企業のグループ経営において，現行の法制度は必ずしも子会社の少数株主・債権者の保護に関する規定が十分に整備されているとはいえないということができる。

　現行法制度のもとでの規定に不備があれば，その解釈論によってある程度は子会社の少数株主・債権者を保護することが可能な場合があるであろう。しかしながら，このような迂回的な方法ではなくて，今回の改正試案で提案されているように，直截的に，親会社の子会社に対する責任を明文で規定するするほうがよいと思われる。本章では，その立法の方向性として，1つの私案ではあるが，「親会社と子会社との間において著しく不公正な条件で取引が行われた場合，親会社取締役がその職務を行うについて悪意または重大な過失があったときは，親会社は，当該取引によって子会社に生じた損害を賠償する責任を負う。」とする規定の案を提案している。

　このような規定の仕方は，本章で検討した従来の裁判例の考え方とかけ離れたものではないといってよいであろうし，また，現行法のもとでの解釈論においても，上記私案と同様の解釈を導くことが可能であると考えられる。なお，子会社の少数株主および債権者は，現行法のもとで，会社法429条に基づき，親会社取締役に対して責任を追及することが可能であると考えられる。さらに，親会社の代表取締役その他の代表者がその職務を行うについて民法709条の不

法行為のみならず会社法429条に定める悪意・重過失の任務懈怠行為により子会社の少数株主および債権者に損害を加えた場合にも，当該少数株主・会社債権者は，会社法350条に基づき，その親会社に対しても責任を追及することができるものと解される。

第3章

内部統制システムに関する
親会社取締役の責任

1　はじめに

　現代の企業において，親会社・子会社関係や，一定割合の資本関係のほかに人事・融資・取引などによる密接な関係などによって企業集団（企業グループ）が形成され，大会社のみならず中小企業においてもグループ経営が普及してきている。このようなグループ経営が行われる場合には，とくに親会社およびその株主にとって，その子会社等の経営の効率性および適法性が極めて重要なものとなっており，そのグループ内の1つのグループ会社が不祥事等を引き起こした場合に，親会社や企業グループ全体の信用が低下して，不買運動等により大きな損失を被ることが多い。したがって，グループ経営において，企業グループの上位にある親会社は，親会社のみならず企業グループ全体の企業価値の維持・向上を図るために，企業グループ全体として統一性のある最適な経営が行われるように子会社・グループ会社の管理をする責務があるということができる。

　ところで，平成26年会社法改正前の法制審議会の会社法制部会において審議された会社法制の見直しに関する中間試案は，「取締役会は，その職務として，株式会社の子会社の取締役の職務の執行の監督を行う旨の明文の規定を設けるものとする（会社法第362条第2項等参照）」（【B案】（注）ア）という規律を設けることを提案していた[1]。最終的に，会社法制部会の「会社法制の見直しに関

---

(1)　法務省民事参事官室「会社法制の見直しに関する中間試案」12頁（2011），http://www.moj.go.jp/content/000084699.pdf，法務省民事参事官室「会社法制の見直しに関する中間試案の補足説明」33頁（2011），http://www.moj.go.jp/content/000082648.pdf。

する要綱案の作成に向けた検討」において，【B案】として「①　取締役会は，その職務として，『株式会社及びその子会社から成る企業集団の業務の適正の確保』を行うものとする。」，「②　①の職務は，次に掲げる事情その他の事情に応じて，これを行うものとする。」とし，上記②の事情として，上記①の企業集団における各子会社の重要性（②ア），当該株式会社によるその子会社の株式の所有の目的および態様（②イ）が提案された[2]。この案は，結局，平成26年改正会社法には採用されなかった[3]。

　しかしながら，企業グループ内での効率的な経営や法令遵守などが行われなければ，親会社や企業グループ全体に多大な影響に及ぼすおそれがあることから，親会社取締役は，親会社のみならず企業グループ全体の企業価値の維持・向上を図るために，その善管注意義務の一環として子会社に対する一定の監視・監督義務を負うと考えられるべきである。監視・監督義務を負うといっても，親会社取締役に，子会社における日常的な経営判断上の意思決定への積極的介入や，直接的・能動的な監督の職務を認めるものではない[4]。上記のような監視・監督義務を親会社取締役に認めることは，子会社の少数株主および債権者の利益を保護することにもなる[5]。

　もっとも，上記のように子会社に対する一定の監視・監督義務を負うと考えられるとしても，親会社取締役が親会社のみならずグループ会社の業務執行に直接的・能動的に監視・監督の職務を行うことは，実際上困難である。そこで，親会社の取締役は，必然的に，その善管注意義務の内容として，企業グループ内の内部統制システムの構築・整備を行う義務を負うことになるものと考えられる。企業グループの内部統制システムについては，平成26年改正前は会社法施行規則（会社則旧98条1項5号・100条1項5号・112条2項5号）にのみ規定されていたにすぎないが，平成26年改正会社法は，それを法律である会社法に規定し，取締役会（取締役）の決議事項として「当該株式会社及びその子会社から成る企業集団の業務の適正を確保するために必要なものとして法務省令で定

---

(2)　法務省法制審議会会社法制部会第22回会議（平成24年7月4日開催）資料25「会社法制の見直しに関する要綱案の作成に向けた検討(2)」1頁（http://www.moj.go.jp/content/000099848.pdf）。

(3)　会社法の見直しに関する改正試案の検討については，本書第1章参照。

(4)　本書第1章43頁注(107)および該当する本文参照。

(5)　なお，子会社の少数株主および子会社債権者の保護に関する問題の検討については，本書第2章参照。

める体制の整備」を規定し，また，大会社ならびに監査等委員会設置会社および指名委員会等設置会社ではその事項の決定をしなければならないと規定している（会社348条3項4号4項・362条4項6号5項・399条の13第1項1号ハ2項・416条1項1号ホ2項）。

本章は，企業グループの内部統制システムに関して，まず，平成26年改正会社法に規定されるにいたるまでの主な裁判例を検討する。その後で，平成26年改正法の内容を検討し，さらに，企業グループにおける内部統制システムの整備に関する義務と不正行為等の発生への対応に関する責任について検討する。

2　企業グループにおける親会社の 内部統制システムに関する裁判例の検討

(1)　わが国における内部統制に関する認識の形成

昭和26年当時には，通商産業大臣の諮問に対する産業合理化審議会の答申『企業における内部統制について』が，わが国における経営支援としての内部統制のあり方に大きな影響を与えていたといわれている[6]。また，昭和57年当時，すでに「内部統制組織」に関する取締役の責任を検討する論文[7]も発表されていた。

裁判例として，株式会社単体に関するものであるが，例えば，東京地判平成元年2月7日判時1314号74頁（日本ケミファ損害賠償請求事件）は，製薬会社の新薬共同開発契約において，臨床試験データを捏造した製薬会社Y1と取締役Y2の他社に対する損害賠償責任が認められた事案で，「広範かつ組織的なデータ捏造等は，被告Y1会社の社内の管理体制が確立されていればたやすく防止できたはずであるにもかかわらず，被告Y2は前記義務に違反してこれをしなかったというのであるから，右データ捏造等を発見できなかった被告Y2には重過失があるといわなければならない。」と判示する（なお，本件の控訴審の東京高判平成3年11月28日判時1409号62頁は，取締役Y2の責任を否定する）。

また，東京地判平成11年3月4日判タ1017号215頁（東京電力株主代表訴訟事

---

(6)　通商産業省通商企業局編『企業における内部統制について』5頁以下（1951），コンプライアンス研究会編著『内部統制の本質と法的責任－内部統制新時代における役員の責務－』4頁－9頁〔木村圭二郎〕（経済産業調査会，2009）。

件）は，東京電力の従業員の架空発注等による裏金作りについて税務当局から追徴課税されたことにより，東京電力に損害を与えたとして，同社の代表取締役の善管注意義務・忠実義務違反による責任を追及する代表訴訟が提起された事案で，「取締役が会社に対して負うこれらの善管注意義務又は忠実義務として，従業員の違法・不当な行為を発見し，あるいはこれを未然に防止することなど従業員に対する指導監督についての注意義務も含まれると解すべきである。」，「指導監督義務の懈怠の有無については，当該会社の業務の形態，内容及び規模，従業員の数，従業員の職務執行に対する指導監督体制などの諸事情を総合して判断するのが相当であり，もとより権限委譲の有無や会社規模のみにより一義的に決しうるものでない。」と判示し，代表取締役らに監督指導義務の懈怠が認められなかった。これらの裁判例でいわれているデータ捏造等の

---

(7) 神崎克郎「会社の法令遵守と取締役の責任」法曹時報34巻4号13頁以下（1982）。

　なお，わが国における内部統制の議論に影響を与えた，1992年アメリカのトレッドウェイ委員会支援組織委員会（Committee of Sponsoring Organization of the Treadway Commissionkakko〔COSO〕）により公表された内部統制のフレームワークにおいて，内部統制の目的として，①業務の有効性と効率性，②財務報告の信頼性，③関連法規の遵守を設定し，また，内部統制の構成要素として，統制環境，リスクの評価，統制活動，情報と伝達，モニタリング（監視活動）の5つを挙げていた。さらに，2004年には，COSOは，上記の内部統制フレームワークを敷衍させ，新たな目的と構成要素を付加して全社的なリスクマネジメント・プロセスを目指すことを期した『全社的リスクマネジメント（ERM）－統合的フレームワーク』を公表している。

〔図1：COSO「全社的リスクマネジメント（ERM）－統合的フレームワーク」キューブ〕

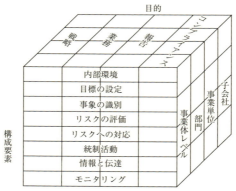

出所：トレッドウェイ委員会組織委員会（八田進二監訳／あらた監査法人訳『全社的リスクマネジメント　フレームワーク篇』8頁（東洋経済新報社，2006）参照。

防止のための「社内の管理体制」や従業員に対する「指導監督体制」とは，会社法に規定する内部統制システムの中に含まれるものと考えられる。

　その後，大阪地判平成12年9月20日判時1721号3頁（大和銀行株主代表訴訟事件）は，大和銀行の米国ニューヨーク支店行員の無断取引による損害に関する株主代表訴訟につき，取締役らは善管注意義務・忠実義務違反による責任を負うと判示するとともに，内部統制システム（リスク管理体制）の構築が取締役の善管注意義務・忠実義務の内容となることを認めている。当時でも，実務では，内部統制システムの整備の重要性は認識されていたと考えられる。

(2)　企業グループにおける内部統制システムに関する裁判例の検討

　企業グループにおける内部統制システムに関する裁判例は，単体の会社に関するものと比較して，それほど多くはない。ここでは，企業グループにおける親会社の内部統制システムの構築に関係して取締役の責任が問題とされた主な裁判例として，〔1〕東京地判平成13年1月25日判時1760号144頁（野村證券株主代表訴訟事件），〔2〕東京地判平成16年5月20日判時1871号125頁（三菱商事株主代表訴訟事件），〔3〕東京高判平成17年1月18日金判1209号10頁（雪印食品損害賠償請求事件），〔4〕福岡高判平成24年4月13日金判1399号24頁（福岡魚市場株主代表訴訟事件）が挙げられる。裁判例〔4〕は取締役の責任を認めているが，裁判例〔1〕〔2〕および〔3〕は取締役の責任を否定している。

(ア)　野村證券株主代表訴訟事件（前掲裁判例〔1〕）　　本件裁判例は，親会社（A会社）の完全子会社（B会社）の完全子会社であってニューヨーク証券取引所の会員であったC会社（A会社の孫会社）が米国証券取引委員会規則の違反により支払った課徴金について，A会社の株主XらがA会社の損害にあたると主張して，当時のA会社の取締役Yらに対して，その賠償を求める株主代表訴訟を提起した事案で，親会社の取締役Yらの責任を認めなかった。本件では，Xらは，YらにはC会社の経営を監視するための内規を制定すべき義務があったのにこれを怠ったため，前記損害が生ずるに至った旨の主張をしていた。このような主張は，現在では，会社法で明文化されている内部統制システムの整備に関する主張であるということができる。しかし，本裁判例は，このような主張に対して，「Xら主張の内規を制定すべき義務がYらに存することの法律上あるいは条理上の根拠についてXらは具体的な主張を行っていない」こと

を理由に，その主張も認めなかった。

　確かに，本裁判例が判示しているように，当時は，内部統制システムに関する会社法の規定は存在しなかった。しかしながら，前記(1)においてみたように，当時でも，実務では，内部統制システムの整備の重要性は認識されるようになっていたものと考えられる。したがって，本裁判例の事案の当時でも，内部統制システムの不整備について，完全子会社の親会社取締役が善管注意義務違反による責任を負うと解される可能性もあったものと考えられる。現在の会社法では，企業集団の内部統制システムの整備に関する明文の規定がなされているので，とくに完全子会社の場合に法令違反等が発生しないような内部統制システムの整備が要請され，本判決の事案ではその整備が不十分であると判断され，親会社取締役の任務懈怠による責任を負わされる可能性は高いものと考えられる[8]。

（イ）三菱商事株主代表訴訟事件（前掲裁判例〔2〕）　　本件裁判例は，A会社が米国子会社のC会社株式の50パーセントを買い受けて，A会社の従業員をC会社に出向させていたところ，C会社の違法なカルテルに当該従業員が関与していたが，A会社が当該カルテルを教唆・幇助したとして起訴されて罰金等を支払ったので，A会社の取締役・監査役に対し善管注意義務違反等による損害賠償を求める株主代表訴訟が提起された事案で，取締役らの監督義務違反およびA会社の法令遵守体制構築義務違反が認められないと判示された。

　とくに問題とされる内部統制システム，すなわち，本件では法令遵守体制構築については，本判決において，A会社は，(i)各種業務マニュアルの制定，(ii)法務部門の充実，(iii)従業員に対する法令遵守教育の実施など，北米に進出する企業として，独占禁止法の遵守を含めた法令遵守体制をひととおり構築していたことが認められている。内部統制システム整備については，取締役会の決定を踏まえて，代表取締役その他の業務執行取締役が具体的な内部統制システムを決定し，その他の取締役ならびに監査役はその監視・監査義務を負うものである。したがって，原告株主Xらが内部統制システム構築義務違反を主張するためには，その違反の内容を具体的に立証することが必要となるものと考えられる[9]。

---

(8)　高橋均『グループ会社リスク管理の法務〔第3版〕』209頁（中央経済社，2018）。
(9)　この点について，永石一郎「内部統制システム構築義務と訴訟審理構造」金法1696号
　　　1頁（2004）は，原告に過大な負担をかけることになるがやむをえないとする。

第3章　内部統制システムに関する親会社取締役の責任 ◆ 83

　これに対し，本件では，Ｘらは，Ａ会社内部の法令遵守体制の構築義務の不履行を抽象的に指摘するのみであり，(i)Ａ会社の法令遵守体制についての具体的な不備，(ii)本来構築されるべき体制の具体的な内容，(iii)これを構築することによる本件カルテルの関与の回避可能性について何らの具体的主張を行わないから，Ｘらの主張自体が失当であると判示された。本件では，Ａ会社のＹらに対する補助参加により，Ａ会社の法令遵守体制に関する証拠資料が多数提出されたことから，Ａ会社の法令を遵守しようとする会社全体としての真摯な態度を裁判所が評価したことが，Ｙらの監督義務違反を否定した判断の大きな1つに挙げられるものと評価されるとの指摘もある[10]。

　しかし，株主代表訴訟の事案では，当事者間に証拠の偏在があるため，取締役の責任の具体的な内容を立証することは容易ではないが，原告株主は，株主として会社法上認められた権能と訴訟法上の証拠収集の手段を活用して，できる限り具体的に主張立証を行うことが求められることになる[11]。もっとも，法令遵守体制の構築は会社の規模・事業の特性等のみならず，時々の経営環境などに応じて体制整備が図られるべき経営判断の問題でもあるという観点から，そのような立場にある取締役の側が，法令遵守体制が構築されているにもかかわらず会社に損害が生じたとき，当該体制構築の不履行がなかったとの反証がない限り，その不履行が事実上推定されるという取扱いをすることも考えられる[12]。

　このように考えるならば，本判決のように，会社側から多数の証拠資料を提出させることにより，証拠の偏在による原告株主側の立証困難を可能な限り緩和し，その上で，原告株主が法令遵守体制構築義務の不履行・不備について具体的主張を行わなければ，その主張は認められないことになる。これに対し，

────────────

(10)　宮廻美明「判批」ジュリ1326号201頁（2007）。本件では，東京地決平成14年6月21日判時1790号156頁は，Ａ会社が被告取締役側に補助参加することについてその補助参加を許可している。また，本件では，裁判所が訴訟指揮を通じて，主張立証責任の所在に関わりなく，被告・補助参加人らに積極的に情報提供を促し，これにより，被告・補助参加人らから積極的な情報提供がされたようである。東京地判平成16年5月20日判時1871号126頁の解説欄参照。

(11)　長谷川新「判批」ジュリ1296号153頁（2005），大塚和成「判批」銀行法務21増刊644号99頁（2005），前掲注(10)判時1871号126頁解説欄（本件では，原告株主は，被告・補助参加人らから提供された情報を踏まえて，具体的な主張立証を行い，事案の解明に努めるべきであり，かつ，それが可能であったものであるとされる）。

(12)　小林秀之編『内部統制と取締役の責任』95頁−96頁〔原強〕（学陽書房，2007）。

被告取締役は，内部統制システムに関する証拠資料を多数提出することにより，適切な内部統制システムに従った監督・監視責任が尽くされていたことを主張したほうが，裁判所から帰責事由の不存在の判断を得るに資するものと考えられる[13]。

（ウ）雪印食品損害賠償請求事件（前掲裁判例〔3〕）　本件裁判例は，親会社であるY1会社の食中毒事故発生後，その子会社のA会社（Y1会社が約65.6パーセントの株式を有する）の経営状態が悪化し，またA会社の牛肉偽装事件が発覚して以降，急激に売上業績が悪化しその株価も値下がり，結局A会社は解散して清算会社となることによりその株式が無価値となったことについて，A会社の株主Xが，A会社・Y1会社の取締役らおよびY1会社に対し，取締役の不法行為責任およびY1会社の民法旧44条（一般法人78条，会社350条）・民法715条に基づく責任による損害賠償を求めた事案で，Xの請求をいずれも棄却した。本件では，第1審もXの請求を棄却したが，別訴でも，A会社の取締役・監査役らに対し株主代表訴訟が提起された事案において，取締役らの監視違反や，適切な内部統制システムの構築・運営などが問題とされたが，原告の請求は棄却されている[14]。

　本裁判例は，親会社取締役のY2・Y3・Y4およびY5（Y1会社の取締役であった期間の行為に限る）に対する損害賠償請求について，「Y1会社の取締役であるY2らに，本件食中毒事故に続き，更に業績を悪化させる本件牛肉偽装事件が発生することまで予見し得たとはいえないことはもとより，A会社の解散は適法な株主総会の決議によるものであって，株主自治の原則に照らし，これを不法行為といえるものでないから，本件食中毒事故とA会社の経営状態の急激な悪化による解散ないし株価の急激な再下落との間には相当因果関係があるとは直ちにいえないというべきである。」とし，Y2らの過失を認めることはできないと判示した。

　また，A会社の代表取締役ないし取締役であったY5・Y6およびY7の不法行為の有無については，Xは，「法令を遵守し，本件牛肉偽装事件の発生を防止

---

(13)　小林編・前掲注(12)118頁−119頁〔小田敬美〕。

(14)　別訴の東京地判平成17年2月10日判時1887号135頁（雪印食品株主代表訴訟事件）は，このような不祥事が直ちに上司に報告されるような社内体制を構築するべきであったとの主張に対し，「原告の上記主張は本件偽装工作の防止策としては抽象的にすぎ，具体的にいかなる社内体制を構築するべきであったかについては不明確であるといわざるを得ず，失当である」と判示する。

第3章　内部統制システムに関する親会社取締役の責任　◆　85

すべき注意義務があったのに，これを怠り，A会社が倒産（解散）せざるを得ない事態に陥ることを認識しつつ，ミート現場担当者による違法な牛肉偽装行為を容認して，本件牛肉偽装事件を発生させたなどと主張」していた。これは内部統制システムの構築の問題に関連するものと思われるが，本判決は，「Y5，Y6及びY7が本件牛肉偽装事件が発生することを予測ないし容認していたか」ということを問題として取り上げ，Y5らの予見可能性があったかどうかを検討している。そして，本判決は，Y5は食肉を担当したことはないこと，Y6およびY7は食肉現場との関わりは薄かったことを認めて，Y5・Y6およびY7の業務経験に照らすと，当然には上記の事情を知っていたと推認することはできないとして，Y5・Y6およびY7が本件牛肉偽装事件が発生することを予見していたとか予見し得たとか，あるいは容認していたと推認することはできないと判示している。

　しかし，食肉を扱うミート事業部門を担当する取締役には，当該担当に求められる水準の善管注意義務を果たすことが要求されるのであって，上記のような食肉の担当や関わりが薄く現場業務を担当したことのないというような個人的事情・経験の理由で，予見可能性が認められないとか，責任を負わないということになるわけではないであろう。本件事案では，A会社に内部統制システムが構築されていたのか判決文を読む限り明らかではないが，上記のような事情があるならば，内部統制システムを構築・整備すべきであったものと考えられる[15]。

　他方，A会社の親会社であるY1会社は，適切な内部統制システムが整備されていたかどうかについて不明であるが，Y1会社の製品の食中毒事故が続発したことを原因として，Yブランドの信用が低下し，Y1会社およびその子会社のA会社が販売する食製品の売上が減少し，その経営状態が悪化した際に，Y1会社は，企業風土の刷新，品質保証の強化・黒字化に向けての施策を柱とする「雪印再建計画」を策定した。この時点で，食中毒事故の再発防止のみならず，食肉業界において牛肉や豚肉等の産地を偽装するなどの行為が行われたことがあることは食肉担当者の中ではよくあることだといわれていることから，予見されうる牛肉や豚肉等の産地偽装の防止なども含めた，企業グループ全体の内部統制システムの構築ないし整備が必要であったと思われる。

───────────────

(15)　山脇千佳「判批」法学73巻2号356頁－357頁（2009）。

（エ）福岡魚市場株主代表訴訟事件（前掲裁判例〔4〕）　本件裁判例は，A株式会社の100パーセント子会社として設立されたB株式会社の不適切な在庫処理やB会社に対する不正融資等について，親会社取締役の中で，B会社の取締役・監査役を兼務するY1（A会社の代表取締役，B会社の非常勤の取締役）・Y2（A会社の専務取締役，B会社の非常勤の取締役〔その後，B会社の取締役会長〕）およびY3（A会社の常務取締役，B会社の非常勤の監査役）についてのみ，善管注意義務違反・忠実義務違反があるとして，A会社の株主Xが，B会社に対する不正融資等によりA会社が被った損害賠償を請求した株主代表訴訟の事案である。本判決は，「Y1らは，何ら具体的な対策を取ることなく，B会社ひいてはA会社の損害を拡大させるに至ったのであるから，Y1らには上記の内容の調査義務を怠った点に，忠実義務及び善管注意義務違反が認められる。」と判示して，親会社への損害賠償を認める[16]。

　ところで，親会社の取締役は，一般的に，子会社の経営に積極的に関与して個別具体的に子会社の不正行為を監視することは不可能であることから，親会社取締役としての監視・監督義務を尽くすためには，各会社の規模・業種等に応じた，内部統制システムを構築・整備することが要請される。本裁判例の事案において，原告の主張や裁判所の判断をみる限り，親会社・子会社において内部統制システムが構築・整備されていたのかは不明である。しかし，本件の不良在庫問題について，B会社の取締役会およびA会社の常勤取締役会において問題とされるようになってから，A会社の常勤取締役会において監査を行った公認会計士からB会社等の在庫管理に関する指導がされた頃までには，Y1らは，不正な取引または会計処理のリスクを低減するために，親会社のA会社および子会社の内部統制システムの構築・整備をする必要があったと考えられる。

　したがって，Y1らを含めたA会社取締役らは，本件において，A会社の内部統制システムだけでなく，実質的にはA会社の一部門と考えられる子会社のB会社の内部統制システムも含めた，企業グループの内部統制システムを構築・整備することが善管注意義務の内容として要求されていたと思われる。こ

---

(16)　本件では，結果的に，親会社のA会社の株主が，B会社に対する不正融資等により親会社のA会社が被った損害の限度で，その完全子会社の取締役・監査役としてのY1らの責任を追及すること（いわゆる多重代表訴訟の代替的機能）が認められたものとも考えられる。

のように考えるならば，その内部統制システム構築・整備義務を怠った代表取締役・業務執行取締役が責任を負うだけでなく，その内部統制システム構築・整備義務違反について，他の取締役も監視義務違反による責任を負うことになる。本件の株主代表訴訟において，子会社のB会社の非常勤の取締役・監査役であったY1ら親会社取締役だけでなく，他の親会社取締役もその監視義務違反による責任を追及される可能性があったものと考えられる[17]。

3　企業グループにおける　内部統制システムの整備に関する義務

(1)　親会社取締役の善管注意義務・監視義務

平成26年改正会社法において，「株式会社および子会社から成る企業集団における業務の適正を確保するための体制」が，改正前に「法務省令で定める体制」の1つとして定められていたものから，会社法に規定されている[18]。この規定を1つの根拠として，親会社取締役には子会社取締役等の職務執行の状況について一定の監督義務があると解する見解[19]もある。

しかしながら，法制審議会会社法制部会における議論の経緯，そして，親会社がその子会社を管理・監督しなければならない旨の明文の規定が平成26年改正会社法で設けられていないことから，企業グループの内部統制に関する上記規定からは親会社取締役の監督義務は導かれないものと考えられる[20]。むしろ，親会社取締役の善管注意義務ないし監視義務の観点から，企業グループの業務の適正を確保するために必要とあればその体制を整備すべきであり，その必要と考えられる体制が整備されない場合には，当該親会社取締役が善管注意義務違反により責任を負わされることになるものと解されるべきである。

---

(17)　山口利昭「福岡魚市場株主代表訴訟の概要（ポイント）と実務への影響」会社法務A2Z47頁（2011）。

(18)　平成26年改正会社法348条3項4号・362条4項6号・399条の13第1項1号ハ（監査等委員会設置会社）・416条1項1号ホ（指名委員会等設置会社）。

(19)　野村修也＝奥山健志編著『平成26年改正会社法－改正の経緯とポイント〔規則対応補訂版〕』87頁－88頁〔奥山健志〕（有斐閣，2015），中村信男「会社法上の内部統制体制」大塚和成＝柿崎環＝中村信男『内部統制システムの法的展開と実務対応』80頁－81頁（青林書院，2015）。

裁判例において，東京地判平成13年 1 月15日（前掲裁判例〔1〕）は，親会社の取締役は，特段の事情のない限り，子会社の取締役の業務執行の結果子会社に損害が生じ，さらに親会社に損害を与えた場合であっても，直ちに親会社に対し任務懈怠の責任を負うものではないと判示していた。しかし，近時，福岡高判平成24年 4 月13日（前掲裁判例〔4〕）は，完全子会社の取締役・監査役を兼務する親会社取締役について，当該子会社の不適切な在庫処理について調査義務を怠った点に忠実義務・善管注意義務違反があるとして，親会社への損害賠償を認める。本件は，親会社取締役の子会社に対する管理責任の問題に関連する事案であると考えられるが，完全子会社の取締役等を兼任する親会社取締役について責任を問われたものであり，一般的に親会社取締役の子会社に対する管理責任を認めたものとは解されない。

　したがって，親会社の取締役は，その善管注意義務の内容として，企業グループの諸事情に応じて当該企業グループ内において必要と考えられる何らかの内部統制システムの整備を行い，企業グループ全体の企業価値を維持・向上させることによって，親会社の企業価値を維持・向上させる義務を負うものと考えられる[21]。この点で，福岡魚市場事件の 前掲裁判例〔4〕は，企業グループの内部統制システムの整備について問題とされず，完全子会社の役員を兼任

---

(20)　坂本三郎＝髙木弘明＝堀越健二＝本條裕＝宮崎雅之＝内田修平＝塚本英巨＝辰巳郁＝渡辺邦広「平成二六年改正会社法の解説〔Ⅵ〕」商事2046号12頁（2014），坂本三郎編著『一問一答　平成26年改正会社法〔第 2 版〕』236頁（注 2 ）（商事法務，2015）（大会社・指名委員会等設置会社または監査等委員会設置会社における取締役（会）による内部統制システムの整備に関する事項の決定は，当該親会社がその子会社における内部統制システムを整備する義務や，当該子会社を監督する義務までを定めるものではないと解されている）。

(21)　山下友信「持株会社システムにおける取締役の民事責任」金融法務研究会編『金融持株会社グループにおけるコーポレート・ガバナンス』37頁・38頁（金融法務研究会事務局，2006）は，親会社取締役は子会社の業務執行について少なくとも監視監督型の管理を行う義務があり，その一環として会社法の下で要請される会社グループ内での内部統制システムの構築義務があると考え，会社法が企業集団の内部統制システムの構築を求めていることも，監視監督型の管理は必要であるという考え方に適合的であるとする。また，岩原紳作「金融持株会社による子会社管理に関する銀行法と会社法の交錯」金融法務研究会編『金融持株会社グループにおけるコーポレート・ガバナンス』79頁（金融法務研究会事務局，2006）は，会社法施行規則が企業集団の内部統制システムを挙げていることも，企業グループの持株会社の取締役は企業グループ全体の成果を生み適切な運営がなされるような態勢を築くことによって持株会社の長期的利益を実現する義務があるという考え方を採用していることを示すものであるとする。

する親会社取締役が監視義務違反による責任を負うことを認めたが，必要と考えられる企業グループの内部統制システムの不備があったとするならば，兼任していない他の親会社取締役も，監視義務違反による責任を負わされる可能性があったものと考えられる。

(2) 内部統制システムの合理性

親会社の取締役会ないし取締役は，企業集団の内部統制システムの整備について，具体的にどの程度の内容の内部統制システムの構築をすれば，その内部統制システムの合理性が認められ，親会社の取締役としてその義務に違反したことにならず，親会社に対して責任を負うことにならないのかという問題がある。

どのような内容の内部統制システムを整備すべきかは経営判断の問題であり，株式会社単体の内部統制システム整備の場合[22]と同様に，企業グループの内部統制システムの整備の内容については，親会社と子会社との関係が完全親会社・完全子会社関係であるか否かなどの株式所有の目的および態様，完全親会社・完全子会社関係である場合においてその親会社が純粋持株会社であるか事業会社であるか，会社の機関構成，各グループ会社の業種および規模，企業グループにおけるグループ子会社の重要性，グループ会社が上場子会社であるか否か，親会社取締役等がグループ会社の役員を兼任しているか否か，グループ会社の数の多寡，内部統制につぎ込む費用と効果（費用対効果）などの諸般の事情に左右されるもので，そこには幅広い裁量があるということができる[23]。

---

[22]　会社経営の専門家である取締役に広い裁量を認める裁判例として，大阪地判平成12年9月20日判時1721号3頁（大和銀行ニューヨーク支店損失事件株主代表訴訟第1審判決），大阪地判平成16年12月22日判時1892号108頁（ダスキン株主代表訴訟），東京高判平成20年5月21日判タ1281号274頁（ヤクルト本社株主代表訴訟事件）などがある。内部統制システムの整備義務について，経営判断の原則の適用を認めるのが多数説である。田中亘「取締役の責任軽減・代表訴訟」ジュリ1220号32頁（2002），神作裕之「親子会社とグループ経営」江頭憲治郎編『株式会社法体系』102頁（有斐閣，2013），中村直人『判例に見る会社法の内部統制の水準』58頁−60頁（商事法務，2011），酒巻俊雄＝龍田節編集代表『逐条解説会社法（4）』521頁−523頁〔川村正幸〕（中央経済社，2008）など。これに対し，反対説として，野村修也「判例批評」百選109頁がある。

[23]　神作・前掲注(22)101頁，齋藤真紀「企業集団内部統制」神田秀樹編『論点詳解　平成26年改正会社法』136頁（商事法務，2015），法務省「会社法の改正に伴う会社更生法施行令及び会社法施行規則等の改正に関する意見募集の結果について」23頁（http://search.e-gov.go.jp/servlet/PcmFileDownload?seqNo=0000123831）。

（ア）管理体制の類型　　企業グループの内部統制システムの整備について，まず，その管理体制として，親会社一元管理型，子会社分権管理型，マトリックス管理型またはそれらの中間型が採られるものと考えられる[24]（図2参照）。

　親会社一元管理型の類型〔1〕は，親会社内に設置されたコンプライアンス統括部やリスク統括部などの内部統制部門が，子会社に対して一元的に管理するものである[25]。親会社である純粋持株会社が類似の業種の事業会社を完全子会社とする場合や，事業会社である親会社の事業の一部を分社して完全子会社とする場合に，取り入れられるものと考えられる。

　子会社分権管理型の類型〔2〕は，親会社が会社グループ全体に適用される経営ポリシー，親会社とグループ会社の権限・責任に関する管理規程・運営要領などを定めて，これらに基づいてそれぞれ独立した法人である子会社が自律的に内部統制システムを整備・運用するものである[26]。親会社が扱う業種が多岐多様にわたる場合に，親会社の各部門，あるいは業務分野ごとに社内分社化したいわゆる「カンパニー制」を採用しているときはそのカンパニー長（プレジデント）を中心に，関係する各グループ会社の内部統制の状況の確認・指

---

(24)　企業集団の内部統制の類型の仕方については，従来，持株会社グループや親子会社一体型（一元型）と子会社の独立性を尊重する分散型（分権型）（山下・前掲注(21)37頁・40頁，齋藤・前掲注(23)136頁），持株会社決定型管理体制と権限委譲型管理体制（高橋均編著『企業集団の内部統制－実効的システム構築・運用の手法』199頁〔平岡幸一郎〕（学陽書房，2008）），純粋持株会社一元管理型と純粋持株会社戦略決定型（高橋・前掲注(8)119頁），ラインとファンクションのマトリクス型，子会社への委任型および一元管理型（岩崎俊彦「企業集団の親子会社間における内部統制の実態と課題」商事2093号35頁－37頁〔2016〕）などが考えられている。

(25)　この類型に属するものと思われる会社として，鹿島建設「コーポレートガバナンス報告書」11頁（http://www.kajima.co.jp/prof/governance/pdf/governance.pdf, 2018），東レ「コーポレートガバナンス報告書」12頁－13頁（http://www.toray.co.jp/ir/pdf/cgo_001.pdf, 2018），トヨタ自動車「コーポレートガバナンス報告書」13頁（http://www.toyota.co.jp/pages/contents/jpn/investors/library/cg/corporate_governance_reports_j.pdf, 2018），みずほFG「コーポレートガバナンス報告書」25頁以下（http://www.mizuho-fg.co.jp/company/structure/governance/pdf/g_report.pdf, 2018）など参照。

(26)　この類型に属するものと思われる会社として，新日鐵住金「コーポレートガバナンス報告書」17頁以下（https://www.nikkei.com/nkd/disclosure/tdnr/awdrfq/, 2018），大成建設「コーポレートガバナンス報告書」12頁（https://www.taisei.co.jp/assets/about_us/corp/pdf/corporate_governance.pdf, 2018），三菱重工業「コーポレートガバナンス報告書」13頁（https://www.mhi.com/jp/finance/library/governance/pdf/report20180621.pdf, 2018）など参照。

〔図２：内部統制の類型〕
類型〔1〕親会社一元管理型，類型〔2〕子会社分権管理型，類型〔3〕マトリックス管理型

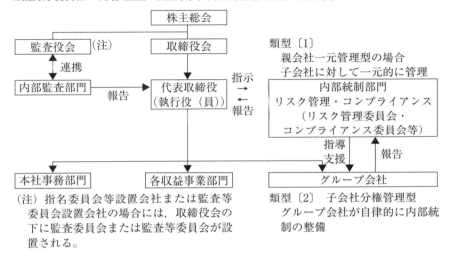

(注) 指名委員会等設置会社または監査等委員会設置会社の場合には，取締役会の下に監査委員会または監査等委員会が設置される。

類型〔2〕 子会社分権管理型
グループ会社が自律的に内部統制の整備

類型〔3〕 マトリックス管理型の場合

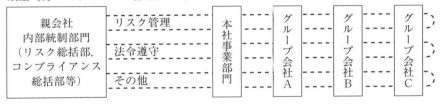

導・助言などによる管理をしている。親会社の各事業部門は，密接に関係するグループ会社を持って管理していることから，各々の事業部門にグループ会社の収益管理等のみならずリスク管理まで実施している会社が多いといわれる[27]。

マトリックス管理型の類型〔3〕は，親会社がグループ会社の経営管理に関する基本的事項やグループ会社から親会社への申請・協議，報告（業務計画・リスク管理に関する基本的事項，業務上の重要事項，業務の現況等）を求める事項に関する管理ルールを制定し（グループ管理方針，統合リスク管理規程，関係会

---

[27] 髙橋・前掲注(8)44頁。

社管理規則など），グループ会社ごとにその経営全般を管理する統括部署（親会社内の事業別の各部門）と，リスクカテゴリーごとにグループ各社横断的に横串でリスク管理等を担当する部署（リスク統括部，コンプライアンス統括部，コンプライアンスを統括する総務部など）を定めることにより，各事業部門に属するグループ各社とリスクカテゴリーごとのリスク管理が縦と横のマトリックスになるものである[28]。この場合に，グループ全体のコンプライアンスの強化等について検討し，コンプライアンス推進を目的とするグループ横断型の「グループコンプライアンス委員会」や，グループ全体の事業活動に関するリスクの把握とその評価，対応策の策定などをして，全社的・組織横断的なリスクの管理体制の整備・強化をするための「リスクマネジメント委員会」などのような内部統制に関する委員会が設置され，これらの委員会は親会社およびグループ各社の代表者がメンバーとされることが多い。

　以上のような管理体制の諸類型のメリット・デメリット[29]を踏まえたうえで，親子会社・グループ関係の株式所有の目的および態様，親会社が純粋持株会社であるか事業会社であるか，会社の機関構成，各グループ会社の業種および規模，グループ会社の役員兼任，内部統制についての費用対効果などの諸般の事情を勘案して，企業グループの内部統制システムの整備を検討することになる。

（イ）企業集団における内部統制システムの運用のための組織体制の整備
企業集団における内部統制システム運用のための組織体制を整備する場合に，まず，①グループ全体の統制環境の整備として，親会社の企業理念あるいは経営理念のもとで「グループ企業理念」あるいは「企業グループ経営ポリシー」などを定め，その遵守・実践を求める「企業グループ行動規範」あるいは「グループ企業倫理行動指針」などが規定されることが多い。そして，②グループ

---

(28)　この類型に属するものと思われる会社として，三菱住友FG「コーポレートガバナンス報告書」19頁（http://www.smfg.co.jp/aboutus/pdf/cg_report.pdf, 2018），住友林業「コーポレートガバナンス報告書」13頁（http://sfc.jp/information/company/taikei/pdf/corporate_governance_report.pdf, 2018），積水化学工業「コーポレートガバナンス報告書」11頁（https://www.sekisui.co.jp/company/outline/governance/pdf/20180628cgr.pdf, 2018）など参照。

(29)　高橋・前掲注(8)142頁−143頁，岩崎・前掲注(24)37頁，拙稿「企業グループの内部統制システムに関する親会社取締役の責任」福岡大学法学論叢61巻3号766頁−768頁（2016）など参照。

会社管理規定（例えば，子会社マネジメント規程，関係会社管理規程など）を設け，また③企業グループとしての統制活動を実践するために，親会社内に企業グループとしての内部統制システムを統括する部門（例えば，内部統制推進部，リスク管理部，コンプライアンス部など）が設けられている会社もある。さらに，④グループ全体の内部統制の整備・強化を図るために審議・情報交換等を行う諸委員会（例えば，内部統制委員会，コンプライアンス委員会，リクマネジメント委員会，企業倫理委員会など）が設けられていることが多い[(30)]。

4　企業グループにおける内部統制システムの整備に関する責任

(1)　企業グループにおける内部統制システムの構築に関する責任

　前記の管理体制の類型は，前述したようにそれぞれにメリット・デメリットがあり，親会社は，上記の諸事情を勘案して，最適と考えられる制度をとることになる。そして，会社法が企業グループの内部統制システムの整備を取締役（会）の決定すべき重要な業務執行の事項の1つとして規定していることから，内部統制システムの整備に関する事項を決定しなければならない大会社等であるか否かとは関係なく，企業グループが形成される場合には，グループ全体の統制環境の整備を図るために企業グループ経営ポリシーなどを定めて，企業集団の内部統制システムについての基本的な考え方を示す必要があるであろう。また，親会社は，グループ会社と合意のうえで，グループ会社の業務または経営に関する管理の基本方針，グループ会社の重要事項の決定について親会社への事前協議・報告を求めることなどについて，企業グループの事情に応じて何らかのグループ経営管理規程を定める必要があると考えられる。

　親会社一元管理型の場合において，グループ子会社が親会社の一部門であるように，グループ子会社の人事から経営全般について親会社が強力な支配力を行使するときは，親会社は当該会社内の部門のみならずグループ子会社の内部統制システムの整備も含めてグループ一体としての内部統制システムの整備を

---

(30)　各会社例として，拙稿・前掲注(29)768頁以下および774頁－775頁注(56)－(67)参照。

する必要があり，グループ子会社の内部統制システムの不備により当該グループ子会社に不利益ないし損害をもたらす場合には，親会社取締役は親会社のみならず当該グループ子会社に対する責任の問題も生じうるであろう。

　これに対し，子会社分権管理型の場合において，親会社がグループ子会社の経営上の意思決定に積極的に介入せず，グループ子会社が独立して自律的に経営を行っているときは，グループ子会社の内部統制システムの整備は当該子会社の取締役に委ねること自体については，企業グループの内部統制システムの整備について親会社の取締役がその義務を怠ったということにはならない。しかし，その場合に，親会社の取締役は，その善管注意義務の内容として，グループ子会社の内部統制システムの内容の合理性を確認し，また，その内部統制システムの機能について継続的な監視・監督をする必要があると考えられる。さらに，グループ子会社の内部統制システムの不備が判明した場合には，それに対処することが求められ，その是正措置をとらない場合には，親会社取締役は監視・監督義務違反になると考えられるであろう[31]。

　なお，子会社の内部統制システムの機能について継続的な監視・監督をするために，グループ経営管理規程などにおいて，グループ会社の重要事項の決定について親会社への事前協議・報告を求めることなどを定める場合に，子会社において不祥事等が発生した場合に，親会社としての子会社の管理責任が広く及ぶおそれがあるとの指摘[32]がある。しかし，そのように責任が広く及ぶことになると消極的に考えるよりは，むしろ，前向きに親会社への事前協議・報告を求めることなどの措置をとっていれば，子会社の管理責任を問われる可能性が低くなるのであって，逆にそのような措置をとらなければ責任を問われる可能性が高くなるものと考えるべきである。

---

(31)　山下・前掲注(21)37頁−40頁（継続的な監視監督のために定期的な報告の受取り，親会社の内部監査部門の内部監査を子会社へ拡大する措置をとるべきであるとする）。岩原・前掲注(21)80頁は，とくに銀行持株会社の場合に，業務やリスク管理等に関して，子会社があたかも銀行の一内部部門であるかのように銀行持株会社がコントロールをすることを，銀行法（52条の21・52条の33等）は求めており，銀行持株会社はグループ全体につき，一般の事業会社と比較すればより慎重なリスク管理等が求められるとする。

(32)　中村直人＝山田和彦＝後藤晃輔『平成26年改正会社法対応　内部統制システム構築の実務』91頁（商事法務，2015），藤田和久＝大塚和成「会社法における内部統制システムの整備の実務−会社法および会社法施行規則の解釈を踏まえて」大塚和成＝柿崎環＝中村信男『内部統制システムの法的展開と実務対応』217頁（青林書院，2015）。

(2) 不正行為等の発生への対応に関する責任

（ア）不正行為等の発生に対する対応　　不正行為・違法行為の発生に対する対応について責任が問われる場合に，①不正行為・違法行為が明らかになった場合に，そのような行為の発生可能性のあるリスクを把握・評価して会社の諸事情を考慮した最適の内部統制システムが整備されていたかという問題，②そのような不正行為・違法行為の発生を予測ないし容認していたかという予見可能性の問題，さらに③現実に発生した不正行為・違法行為を契機として，その調査を経て，今後そのようなことが再発しないように，内部統制システムを改善して再整備をする問題，といった各問題に分けて検討する必要がある。

　上記①の最適の内部統制システムの整備について，そのシステムを採用した判断は，前述の近時の裁判例および多数説により認められているように，企業グループの内部統制システムの整備義務の場合にも，経営判断の原則の適用を受けることができると解される。また，その採用された内部統制システムを運用する際に，当該内部統制システムの機能の実効性をとくに疑うべき事情がない限り，その整備された内部統制システムの下で，他の取締役等や会社内部組織の職務執行，グループ子会社の経営管理の状況などに関する報告を信頼することは認められることになると解される[33]。信頼の原則（信頼の抗弁）も認められる場合もあるであろう。

　上記②の予見可能性については，雪印食品事件の前記裁判例〔3〕は，親会社から子会社の取締役に転じた者で食肉を担当したことはない者や食肉現場との関わりは薄かった者の業務経験に照らして，本件牛肉偽装事件が発生することを予見していたとか予見し得たとか，あるいは容認していたと推認することはできないと判示する。しかし，食肉を扱うミート事業部門を担当する取締役には，当該担当に求められる水準の善管注意義務を果たすことが要求されるのであって，上記のような食肉の担当をしたことがなく，あるいは食肉現場との

---

(33)　内部統制の構築・運用については，大和銀行事件の大阪地判平成12年9月20日判時1721号3頁が信頼の原則（信頼の抗弁）を認めており，学説も一般に肯定している。落合誠一編『会社法コンメンタール(8)』228頁〔落合誠一〕（商事法務，2009），酒巻＝龍田編集代表・前掲注(22)523頁−524頁〔川村正幸〕，伊勢田道仁『内部統制と会社役員の法的責任』，95頁以下（中央経済社，2018）。なお，信頼の原則について一般的に検討するものとして，拙著『コーポレート・ガバナンスにおける取締役の責任制度』40頁（法律文化社，2002）参照。

関わりが薄かったとか，現場業務を担当したことがなかったというような個人的事情・経験の理由で，予見可能性が認められないとか，責任を負わないということになるわけではないと考えられる。

上記③の内部統制システムの再整備については，不正行為・違法行為が発生した原因の解明について，子会社への一般的な指示だけでは不十分で，もっと具体的かつ詳細な調査の実施またはその命令をしないと，忠実義務・善管注意義務違反となる場合もありうるであろう(34)。前掲裁判例〔4〕の事案では，子会社の取締役を兼任する親会社代表取締役が子会社の不良在庫の問題を調査するための調査委員会を立ち上げたが，本件調査委員会の委員は子会社の取締役を兼任する他の親会社取締役2名（その1名は委員長）ほか2名であり，しかも，本件調査委員会に対して具体的な調査方法等を指示しておらず，また，本件調査委員会がどのような方法で調査を行ったのかを確認することもせず，本件調査委員会は，B会社の担当者らからの聴き取り調査を行うとともに，子会社に報告書を提出させたが，具体的な書類を確認することはせず，また，担当者から聴取した内容を信頼し，それ以上踏み込んだ調査をすることもしなかった。親会社取締役がこのような調査委員会の報告に対して信頼したとしても，その責任を免れることはできないと考えられる。

また，前記裁判例〔3〕では，親会社の製品の食中毒事故の続発による雪印ブランドの信用が低下，子会社の食製品の売上が減少してその経営状態が悪化した際に，親会社は，企業風土の刷新，品質保証の強化・黒字化に向けての施策を柱とする「雪印再建計画」を策定したが，もっと踏み込んで，食中毒事故の再発防止，予見されうる牛肉や豚肉等の産地偽装の防止なども含めた企業グループ団の内部統制システムの再整備をすべきであったと思われる。

なお，当然のことであろうが，親会社は，子会社のリスク管理に投入できる限られた人的・物的資源の範囲内で，企業グループにおけるすべてのリスクを完全に防止することができる内部統制システムの整備をすることは困難であって，そのような整備を求められるわけではない(35)。むしろ，限られた資源の範囲内で，リスクの重要度に応じたリスクアプローチにより，迅速にリスクの

---

(34)　前掲裁判例〔4〕の第1審判決は，親会社取締役らにそのような具体的な調査義務を怠った点に，忠実義務および善管注意義務があったと判示する。

(35)　弥永真生「判批」ジュリ1385号61頁（2009），中村（直）・前掲注(22)68頁，山口利昭「福岡魚市場株主代表訴訟最高裁判決が実務に及ぼす影響」会社法務A2Z41頁（2014）。

回避・低減等への対応を行うことが必要である。

（イ）内部統制システムの整備についての義務違反の立証責任　内部統制システム整備については，取締役会の決定を踏まえて，代表取締役その他の業務執行取締役が具体的な内部統制システムを決定し，その他の取締役ならびに監査役はその監視・監査義務を負うものであることから，原告株主らが内部統制システム構築義務違反を主張するためには，その違反の内容を具体的に立証することが必要となるものと考えられる。前記裁判例〔3〕の雪印食品事件において，別訴で株主代表訴訟が提起された事案で，東京地裁は，本件牛肉偽装工作のような不祥事が直ちに上司に報告されるような社内体制を構築するべきであったとする原告の主張は「本件偽装工作の防止策としては抽象的にすぎ，具体的にいかなる社内体制を構築するべきであったかについては不明確であるといわざるを得ず，失当である。」と判示して，原告の請求を棄却している⁽³⁶⁾。しかし，会社の内部事情に詳しくない一般の株主に具体的な内部統制システムの内容・実態その他の諸事情について厳格な主張立証を求めることは，その知識量や情報量の格差および証拠の偏在によって，原告株主に事実上困難な立証を強いる結果となってしまうであろう⁽³⁷⁾。その意味で，上記の東京地裁判決については疑問が呈示され，裁判所の柔軟な訴訟指揮を求める見解が主張されている⁽³⁸⁾。

　他方，裁判例〔3〕とは対照的に，三菱商事事件の前記裁判例〔2〕は，被告取締役らに補助参加した会社には，(i)各種業務マニュアルの制定，(ii)法務部門の充実，(iii)従業員に対する法令遵守教育の実施など，北米に進出する企業として，独占禁止法の遵守を含めた法令遵守体制をひととおり構築していたことを認めたうえで，本件では，原告株主らは，会社内部の法令遵守体制の構築義務の不履行を抽象的に指摘するのみであり，(i)会社の法令遵守体制についての具体的な不備，(ii)本来構築されるべき体制の具体的な内容，(iii)これを構築することによる本件カルテルの関与の回避可能性について何らの具体的主張を行わないから，株主らの主張自体が失当であると判示された。本件では，会社の取締役らに対する補助参加により，多数提出された会社の法令遵守体制に関する証

---

(36)　東京地判平成17年2月10日判時1887号135頁。

(37)　小林編・前掲注(12)117頁－118頁〔小田敬美〕。

(38)　潘阿憲「判批」ジュリ1350号96頁（2008），中村康江「判批」商事1852号66頁（2008）など。

拠資料から，会社の法令遵守体制全体の内容の合理性が認められている。したがって，原告株主側としては，本件カルテルの関与が通常想定されるリスクであること，および，当該違法行為の予見可能性・回避可能性があったことを具体的に特定して主張しなければならなかったと考えられる。

しかしながら，一般の株主の知識・情報量の格差や証拠の偏在が存在する場合には，内部統制システムの不備による損害について取締役の責任が問題とされるとき，証拠の偏在による原告株主側の立証困難を可能な限り緩和するために，民事訴訟上の証拠収集に関する規定[39]によるだけでなく，取締役の側が，内部統制システムの構築をしているにもかかわらず会社に損害が生じたとき，当該統制システムの不履行がなかったとの反証をしない限り，その不履行が事実上推定されるという取扱いをすることも考えられるべきであろう[40]。

上記のような取扱いによって，必ずしも被告取締役側が不利な立場に置かれるとはいえないであろう。被告取締役にとっては，内部統制システムに関する証拠資料を多数提出することにより，適切な内部統制システムに従った監督・監視責任が尽くされていたことを主張したほうが，裁判所から帰責事由の不存在の判断を得るに資するものと考えられる[41]。

5　結　び

現代の企業，とりわけ大企業において企業グループによるグループ経営が浸透してきている中で，グループ子会社の不祥事等による損害が発生した場合に，従来の裁判例において，企業グループの上位にある親会社の取締役等が善管注意義務違反ないしは監視・監督義務違反による責任を問われる事例が少なくな

---

(39)　提訴前照会制度（民訴132条の2），提訴前の証拠収集処分（民訴132条の4），当事者照会制度（民訴163条），文書提出義務（民訴220条）を活用して，内部統制システムの構築の有無およびその内容を確認し，主張または立証の準備をすることが考えられる。小林編・前掲注(12)118頁〔小田敬美〕。

(40)　小林編・前掲注(12)95頁-96頁〔原強〕・116頁〔小田敬美〕，鳥飼重和監修・町田祥弘編著『内部統制の法的責任に関する研究』190頁〔松井隆幸〕（日本公認会計士協会出版局，2013）。

(41)　小林編・前掲注(12)118頁-119頁〔小田敬美〕。中村（直）・前掲注(22)158頁も，取締役側が内部統制システム全体の構築状況をていねいに主張・立証することにより，特定の不備だけで義務違反とされるのではなく，総合的なリスクの度合いで義務違反の有無を判断してもらうことが可能になると指摘する。

い。もっとも，そのような事案で，親会社である株式会社単体の内部統制システムの整備義務についての責任が問われることはあっても，企業グループ全体の内部統制システムの整備に関する責任を明確に意識して判断する裁判例はほとんどなかったように思われる。

　しかしながら，グループ子会社が不祥事等を引き起こした場合に，親会社や企業グループ全体の信用が低下して，親会社のみならず他のグループ子会社も多大な損失を被る可能性が高い。それ故，企業グループの上位にある親会社は，親会社のみならず企業グループ全体の企業価値の維持・向上を図るために，企業グループ全体として統一性のある最適な経営が行われるように子会社・グループ会社の管理をする義務・責任があるということができる。

　この点で，平成26年改正会社法が，企業グループの内部統制システムの整備について，これまで会社法施行規則にのみ規定されるにすぎなかったものを，法律である会社法の中に規定しているのは，とても意義深いものと考えられる。とりわけ，大会社ならびに監査等委員会設置会社および指名委員会等設置会社では，企業グループの内部統制システムの整備についての事項の決定をしなければならないと規定されている（会社348条3項4号4項・362条4項6号5項・399条の13第1項1号ハ2項・416条1項1号ホ2項）が，これらの会社は，実務上，企業グループの内部統制システムについて合理的な何らかの整備を行う決定を行うのが一般であるであろう。また，親会社取締役は，その善管注意義務の内容として，企業グループの諸事情に応じて当該企業グループ内において最適なものと考えられる何らかの内部統制システムの整備を適切に行い，企業グループ全体の企業価値を維持・向上させることによって，親会社の企業価値を維持・向上させる義務を負うものと考えられる。

　どのような内容の内部統制システムを整備すべきかは経営判断の問題であり，企業グループの内部統制システムの整備の内容については，子会社株式の所有の目的・態様，各グループ会社の業種および規模，企業グループにおけるグループ子会社の重要性および数，内部統制につぎ込む費用と効果（費用対効果）などの諸般の事情を勘案して，その裁量の範囲内で，会社法の求める体制の整備について事項を定めることになる。なお，実務上，企業グループの内部統制システムの管理体制として，親会社一元管理型，子会社分権管理型あるいはマトリックス管理型などの中から，親会社は最適と考えられる制度を選択し，また，グループ全体の統制環境の整備として，グループ企業理念・グループ経営

ポリシーや，その実現に向けた具体的な行動指針を規定し，さらにグループ経営管理規程などが設けられるのが一般的であるといってよい。

　最後に，親会社取締役は，企業グループにおける内部統制システムの不備による損害について，善管注意義務・監視義務の違反による責任を問われる場合に，その義務違反の立証責任が問題となる。証拠の偏在による原告株主側の立証困難性を可能な限り緩和するために，民事訴訟上の証拠収集に関する規定によるだけでなく，内部統制システムの不履行の事実上の推定の取扱いをすることなどにより，被告取締役および親会社側から，内部統制システムに関する証拠資料が多数提出されるような仕組みが必要であると考えられる。

第4章

企業グループにおける
取締役の競業避止義務と責任

1 はじめに

　現代の会社においては，企業の組織再編によって，企業集団（企業グループ）化が促進され，会社がその子会社や関係会社へ会社の取締役を派遣して，代表取締役などに就任させる場合が多くなっているといってよいであろう。したがって，企業グループにおいては，取締役が他のグループ会社を代表・代理して競業取引を行う機会も増大することになる。会社法における取締役の競業取引規制（会社356条1項1号）では，会社と競業する他の会社のために会社の事業の部類に属する取引をしようとするときに，当該取引につき重要な事実を開示して，取締役会（取締役会を設置しない会社では株主総会）においてその承認が要求されているにすぎない（会社356条1項・365条1項）。

　ところで，取締役の競業避止義務に関する規定は，当初は旧商法（明32法48）175条として規定されたが，昭和13（1938）年の改正により，取締役は，株主総会の認許（普通決議）がなければ，「自己若クハ第三者ノ為ニ会社ノ営業ノ部類ニ属スル取引ヲ為シ又ハ同種ノ営業ヲ目的トスル他ノ会社ノ無限責任社員若シクハ取締役ト為ルコトヲ得ズ」と規定され（昭和13年改正商264条1項），競業取引のみならず，同種の営業を目的とする他の会社の無限責任社員・取締役の兼任も競業取引規制の対象とされていた[1]。しかし，昭和25年改正商法は，

---

(1)　競業規制取引に関する立法の沿革について，大隅健一郎「取締役の競業禁止」『会社法の諸問題〔増補版〕』283頁以下（有信堂，1962），加美和照『会社取締役法制度研究』199頁以下（中央大学出版部，2000），北村雅史『取締役の競業避止義務』104頁以下（有斐閣，2000）等参照。

同種の営業を目的とする他の会社の無限責任社員・取締役の兼任に関する部分のみが削除されたが（昭和25年改正商264条1項），その理由は必ずしも明らかではない[2]。また，昭和25年改正商法では，取締役は株主総会において競業取引についての重要事実を開示するものとされ（同改正商264条1項），さらに，株主総会の認許は，発行済株式総数の3分の2以上の多数によるという厳格な決議要件が定められていた（同改正商264条2項）。

その後，昭和56年商法改正法は，競業取引の承認機関を株主総会から取締役会に移し，取締役が競業取引をなすには，取締役会においてその取引について重要な事実を開示してその承認を受けなければならないとした（商264条1項）。改正理由として，昭和56年改正前では，競業取引について株主総会における発行済株式総数の3分の2以上による認許を要するとされていたが，一般の特別決議に比して厳格にすぎることから，株主数が多数で株主分散度の高い大会社では，その手続規定を遵守することはほとんど不可能であるといわれていたこと，実際には，同種の事業を行う子会社を設立して取締役がその代表取締役に就任する等競業の認許が必要な場合であっても，この決議を得る例はきわめて少なく，規制が形骸化していたこと，また，取締役の競業取引と利益相反取引（昭和25年改正商265条）とはいずれも取締役の忠実義務に関連する同様の規制であるのにとくに取扱いを異にする必要もないと考えられたこと，などが挙げられる[3]。

昭和56年改正前では，株主総会における認許の要件が厳しすぎるため，競業取引規制の及ぶ対象をなるべく狭く解して，実質的な利害対立が起こる場合と

---

(2)　昭和25年改正商法が他の会社の無限責任社員・取締役の兼任の部分のみを削除した理由は明らかでないが，次のような2つの理由が考えられている。まず，①改正法は新たに取締役会制度を採用した結果，代表取締役を除いて，その構成員にすぎない単なる取締役について，競業避止義務を認める必要がなく，また取締役が同種の営業を目的とする他の会社の無限責任社員もしくは代表取締役の場合であっても，第三者のために会社の営業の部類に属する取引をなすことになるのであるから，規定が重複しその必要性が欠くということである。また，②取締役が他の競争会社の役員になることは独占禁止法によって禁止されていることから，商法で重ねてこれを禁止する必要がないということである。大隅・前掲注(1)294頁−295頁，大森忠夫＝矢沢惇編集代表『注釈会社法 (4)』405頁〔本間輝雄〕（有斐閣，1968），加美・前掲注(1)200頁。

(3)　元木伸『改正商法逐条解説〔改訂増補版〕』136頁−137頁（商事法務研究会，1983），竹内昭夫『改正会社法解説〔新版〕』142頁−143頁（有斐閣，1983），稲葉威雄『改正会社法』205頁（金融財政事情研究会，1982），北沢正啓『改正株式会社法解説〔改訂版〕』69頁−70頁（税務経理協会，1982）。

して狭く解釈される傾向にあり，競業について株主総会の認許が行われること
は実務上ほとんどないという状態になっていたといわれており，また，その厳格
な規制を遵守しなくても無理ではないという意識があったように考えられないで
はなかった。しかしながら，昭和56年改正後はそのような意識は払拭されなけ
ればならず，同改正で機動的に取締役会の承認を受けることができるようになっ
たことから，取締役会の承認を受けなければならない競業取引には，形式的に
会社の営業の部類に属する取引がすべて含まれると解されることになる(4)。

　会社法における株式会社の取締役の競業取引規制（会社356条１項１号・365
条）は，上記の昭和56年改正商法の競業取引規制が基本的に引き継がれており，
会社法における競業取引の規定でも，会社の事業の部類に属する取引を営んで
いる他の会社の取締役になることまでは禁止されていない。これに対し，株式
会社の場合と同様の競業取引規制（会社594条１項１号）がなされている持分会
社（合名会社・合資会社および合同会社）では，業務を執行する社員は，持分会
社の事業と同種の事業を目的とする会社の取締役，執行役または業務を執行す
る社員となることについても，定款に別段の定めがない限り，当該社員以外の
社員の全員の同意を受けなければならない（会社594条１項２号）(5)。

---

(4)　元木・前掲注(3)136頁－138頁（競業に該当する取引は，一般的に会社の利害と衝突す
　　るという形式的な構造をもつものであるので，そのすべてについて，一度は会社の機関
　　による審査を経ることとする方針が採用されたとする），稲葉・前掲注(3)205頁－206頁
　　（なお，将来，親子会社間等の形式的な競業行為については，別の規制をすることも検
　　討すべきであるとする），北村・前掲注(1)107頁（承認を受けることが容易になったので，
　　規制対象となる取引の範囲を広く解釈する素地ができたとする）。
(5)　持分会社における同種の事業を目的とする会社の取締役等の地位の兼任が規制される
　　のは，業務を執行する社員の地位に基づき継続的に獲得した会社の得意先その他の事業
　　経営上の内部情報が，当該社員を通じて他の競業会社に流出して利益獲得の機会を逸失
　　することを防止する趣旨であると考えられる。江頭憲治郎＝中村直人編著『論点体系会
　　社法（4)』412頁〔橡川泰史〕（第一法規，2012），落合誠一編『会社法コンメンタール(8)』65
　　頁〔北村雅史〕（商事法務，2009）。同様の趣旨で，代理商の場合も，競業取引（会社17
　　条１項１号）のほか，会社の事業と同種の事業を目的とする会社の取締役，執行役また
　　は業務を執行する社員となることが制限される（会社17条１項２号）。江頭憲治郎＝中村
　　直人編著『論点体系会社法(1)』57頁〔石田清彦〕（第一法規，2012），落合編・前掲65頁
　　〔北村雅史〕。これに対し，支配人は，職務専念義務および精力分散防止義務を負うこと
　　から，競業取引（会社12条１項２号）のほか，自ら営業を行うこと（同項１号），他の会
　　社または商人の使用人となること（同項３号），および他の会社の取締役，執行役または
　　業務を執行する社員となること（同項４号）が制限される。江頭憲治郎編『会社法コン
　　メンタール（1)』166頁〔北村雅史〕（商事法務，2008），落合編・前掲65頁〔北村雅史〕。

本章は，企業グループにおいては，自らのためにする競業取引ではなく，第三者のために，すなわち取締役が他のグループ会社を代表・代理して競業取引を行う場合が多いものと考えられるので，主として，取締役が競業関係にある他の会社のために競業取引を行う場合における取締役の競業避止義務と責任を検討するものである。まず，競業取引規制の対象となる競業取引の範囲について検討する。次に，取締役会における包括的承認，事後の承認，特別利害関係および取締役会への報告義務を考察する。最後に，競業規制に違反する取締役の責任について，取締役会の承認を得ない競業取引の場合と取締役会の承認を得た競業取引の場合と分けて検討する。

2　競業取引規制の対象となる競業取引の範囲

(1)　「自己または第三者のために」の意味

〔図1　企業グループにおける競業取引規制の対象となる取引〕

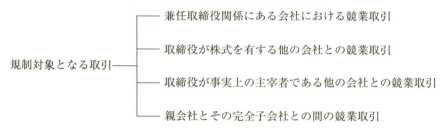

　会社法は，取締役が自己または第三者のために会社の事業の部類に属する取引（競業取引）をしようとするときは，株主総会または取締役会の承認（会社356条・365条）を要求している。会社法の規定における「自己又は第三者のために」（会社356条1項1号）の意味について，利益相反取引の場合と同様に，①自己の名をもってまたは他人の代理人もしくは代表者においてすることを意味すると解する見解（名義説〔形式説〕）[6]と，②自己または第三者の計算にお

---

(6)　大隅健一郎＝今井宏＝小林量『新会社法概説〔第2版〕』225頁（有斐閣，2010），相澤哲＝葉玉匡美＝郡谷大輔編著『論点解説　新・会社法』324頁（商事法務，2006）。立案担当者は，介入権（平成17年改正前商264条3項4項）が廃止された会社法においては，計算説をとる実益はなく，また，会社法では「ために」と「計算において」（会社120条

第4章　企業グループにおける取締役の競業避止義務と責任　◆　105

いてすることを意味すると解する見解（計算説〔実質説〕）[7]とに分かれている。

　しかし，競業取引を行う取締役が，自己の名をもってまたは他人の代理人もしくは代表者において，かつ，自己または第三者の計算において取引する場合には，名義説と計算説のいずれによっても，競業取引規制の対象となる。他方，自己または第三者の名で，かつ，会社の計算で競業取引をした場合に，名義説によっても競業取引規制の対象となると考えないであろうし，また，会社の名で，かつ，自己または第三者の計算で取引した場合は，名義説では競業取引とはならず，計算説によれば規制の対象となりそうであるが，この場合は取締役の権限濫用にほかならず，競業取引規制の対象とならないと解される[8]。

　したがって，名義説と計算説のいずれの見解をとっても，著しい相違がないということができるけれども，競業取引の場合には，取締役が会社の利益を犠牲にして自己または第三者の利益を図ることを防止するために，会社に帰属すべき経済的利益を重要視する観点から，計算説のほうが妥当であると思われる。

　本章では，競業取引規制の対象となる取締役の範囲について，兼任取締役関係にある会社における競業取引，取締役が株式を有する他の会社との競業取引，取締役が事実上の主宰者である他の会社との競業取引，親会社とその完全子会社との間の競業取引の各場合について，検討する。なお，ここでは便宜的に，取締役会設置会社間の競業取引について，株主総会ではなくて，取締役会の承認を要するものとする。

　　1項）とは区別されているから，民法99条（代理）と同様，「名義において」と解すべきであるとして，利益相反取引規制の場合と同じく，名義説をとることを明らかにしている。相澤＝葉玉＝郡谷・前掲324頁・326頁。

(7)　江頭憲治郎『株式会社法〔第7版〕』439頁（有斐閣，2017），龍田節＝前田雅弘『会社法大要〔第2版〕』88頁（有斐閣，2017），前田庸『会社法入門〔第13版〕』440頁（有斐閣，2018），神田秀樹『会社法〔第21版〕』233頁（弘文堂，2019），弥永真生『リーガルマインド会社法〔第14版〕』198頁（有斐閣，2015），田中亘『会社法〔第2版〕』243頁（東京大学出版会，2018），落合編・前掲注(5)69頁〔北村雅史〕，酒巻俊雄＝龍田節編集代表『逐条解説会社法第（4）』429頁〔石山卓磨〕（中央経済社，2008），江頭憲治郎＝中村直人編著『論点体系　会社法（3）』126頁〔酒井太郎〕（第一法規，2012）など，多数説である。大阪高判平成2年7月18日判時1378号113頁も，計算説の立場をとる。

　　もっとも，利益相反取引規制（取締役会の承認を要する）の場合（会社356条1項2号・365条1項）については，その規制の適用範囲を明確にする必要があるという観点からは，名義説のほうが妥当であると思われる。

(8)　龍田＝前田・前掲注(7)88頁，落合編・前掲注(5)68頁〔北村雅史〕。なお，江頭・前掲注(7)439頁は，計算説の立場から，会社の知名度を利用し取締役・第三者の計算（費用負担も含む）で行う行為を規制対象とすることができるとする。

(2) 兼任取締役関係にある会社における競業取引の場合

(ア) A会社の代表取締役YがB会社の代表取締役を兼任する場合　①　Yは、B会社を代表してA会社の事業の部類に属する取引を行う場合にはA会社の取締役会の承認を要することになり、他方、A会社を代表してB会社の事業の部類に属する取引を行う場合にはB会社の取締役会の承認を要することになる。

〔図2〕

（①の場合、要承認）

②　A会社とB会社の代表取締役を兼任するYとは別のZが、B会社の代表取締役として、A会社の事業の部類に属する取引を行う場合には、形式的には競業取引規制の対象とはならず、YはA会社の取締役会の承認を要しないことになる。昭和25年改正により、同種の営業を目的とする他の会社の無限責任社員または取締役となることができないとする規定が削除され、現行法もこれについてとくに規定していないことから、取締役が他の同種の事業を目的とする会社の代表取締役に就任すること自体は、当該取締役が実際に当該他の会社を代表[9]して競業取引を行わないか限り、競業取引規制の対象とはならないと解されるからである[10]。

ただし、上記の場合に、YがB会社の社長・会長などとして実質的にC会社

---

(9) 代表取締役のみならず、代表執行役・業務執行社員として会社を代表する場合や、支配人その他の使用人として会社を代理する場合も含まれる。

(10) 上柳克郎＝鴻常夫＝竹内昭夫編集代表『新版注釈会社法(6)』212頁〔本間輝雄〕（有斐閣、1987）、落合編・前掲注(5)69頁〔北村雅史〕、酒巻＝龍田編集代表・前掲注(7)429頁〔石山卓磨〕等。これに対し、渋谷光子「取締役の競業避止義務」上柳克郎＝鴻常夫＝竹内昭夫編『会社法演習II株式会社（機関）』132頁（有斐閣、1983）は、代表取締役は代表権のない取締役とは異なり、会社の行う取引について会社のために決定し代表をして業務を行う地位にあることから、上記の例でYがB会社の名目上の代表取締役であって実際にはB会社の競業取引に関与していなかったとしても、このことを理由に競業避止義務を免れないと解する余地があるとする。

を統轄する地位にある場合や，Ｚが藁人形に仕立てられているような場合には，ＹがＢ会社を代表してＡ会社と競業する取引をするものと同一視され，競業取引規制の対象となると解されうる[11]。さらに，Ｂ会社の内部的意思決定は代表取締役Ｙが行い，支配人に取引を代理させた場合はどうなるのかについて，必ずしも明らかでないとの指摘がなされているが[12]，この場合でも，同様に競業取引規制の対象となると解されるべきであろう。

(イ) Ａ会社の取締役とＢ会社の代表取締役を兼任する場合　① Ａ会社の平取締役とＢ会社の代表取締役を兼任するＹが，Ｂ会社を代表してＡ会社の事業の部類に属する取引を行う場合には，Ａ会社の取締役会の承認を要することになる。他方，Ａ会社がＢ会社の事業の部類に属する取引を行う場合には，ＹはＡ会社の取締役にすぎないから，特段の事情がない限り，Ｂ会社の取締役会の承認を要しないことになる。また，Ｙが，Ｂ会社を代表してＡ会社と競業する取引を行う場合に，Ｂ会社に複数の代表取締役が選定されて，会社内において社長・副社長・専務等による業務分担が定められているとき，例えばある商品の製造販売業を目的とするＡ会社の取締役Ｙが，同種の商品の製造販売業と不動産業を目的とするＢ会社の代表取締役専務として不動産業の取引のみを担当する場合には，競業取引規制の対象とはならないと解される[13]。

〔図３〕

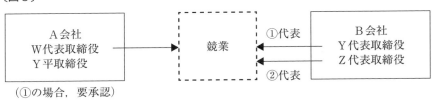

（①の場合，要承認）

---

(11)　大隅＝今井＝小林・前掲注(6)226頁（注169）。
(12)　森本滋「取締役の競業避止義務の立法論的検討」法学論叢106巻１号14頁（注５）(1979)。
(13)　服部育生「企業結合と取締役の競業取引規制」『髙窪利一先生還暦記念　現代企業法の理論と実務』158頁〔会社の業務全般を統括する立場にある代表取締役社長は，代表取締役専務が競業取引を担当するからといって，競業取引規制の適用がないと簡単に割り切って考えられるか，疑問が残るとする〕（経済法令研究会，1993），龍田＝前田・前掲注(7)90頁，落合編・前掲注(5)69頁〔北村雅史〕。なお，上記の事例で，ＹがＢ会社の製造販売業の意思決定に加わること自体は，競業の「取引」をしなければＡ会社の承認は要求されないが，Ｂ会社の商品製造販売をするのが支配人その他の使用人であったとし

② A会社の取締役とB会社の代表取締役を兼任するYとは別のZが，B会社の代表取締役として，A会社の事業の部類に属する取引を行う場合には，形式的には競業取引規制の対象とはならず，YはA会社の取締役会の承認を要しないことになる[14]。

③ A会社とB会社との間に競業関係がないとき，A会社の取締役YがB会社の代表取締役を兼任し，B会社の子会社であるC会社がA会社の事業の部類に属する取引を行う場合，C会社がB会社の完全子会社（B会社が実質上全部の株式を有する子会社）であるときは，B会社・C会社の両会社の事業は実質上一体的に見られるべきであるが，B会社のためにするYの行為が直ちに競業取引規制の対象となるというわけではない。この場合に，C会社の上記の競業取引について代理または代表する者がA会社と関係のないZであり，上記Yは一切これに関与しないのであれば，特段の事情（例えば，C会社の社長として会社業務全般を統括すべき地位にある場合）がない限り，競業取引規制の対象とはならないと解される[15]。

〔図4〕

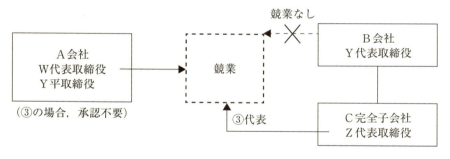

（ウ） A会社の取締役とB会社の取締役を兼任するにすぎない場合　A会社とB会社がそれぞれ競業取引を行ったとしても，A会社・B会社の取締役を兼任するにすぎないYとは別の者が代表取締役である場合，特段の事情のない限

ても，Yがそれを指揮監督する限り，A会社と競業したことになると解される。龍田＝前田・前掲注(7)90頁。
(14) 競業取引規制の適用の余地がありうることについて，本章・前掲注(11)および該当する本文参照。
(15) 大隅健一郎＝今井宏『会社法論（中）〔第3版〕』227頁（有斐閣，1992）。

り，競業取引規制の対象とはならない。ただし，この場合に，例えば，YがB会社のためにA会社の事業の部類に属する取引に該当し得る契約の交渉を主導的に行い，契約自体はB会社の代表者が行って，Yが当該競業取引をB会社の代表者と共同で行ったと見ることができるときは，Yの行為は競業取引規制の対象となると解される[16]。

〔図5〕

（承認不要〔原則〕）

（エ）同業親子会社間における取締役兼任の場合　同種の事業を行う親子会社間において取締役の兼任がある場合にも，競業取引規制の適用が問題となる。例えば，①親会社・子会社の取締役と代表取締役の構成がまったく同一の場合，②親会社・子会社の取締役の構成は同一であるが，代表取締役のみを異にする場合，③親会社の代表取締役は子会社の取締役を兼任しているが，子会社の代表取締役は親会社取締役を兼任していない場合（例えば，A会社〔代表取締役Y，取締役V・W〕，B会社〔代表取締役Z，取締役Y・V〕），④親子会社の一部取締役の兼任はあるが，各代表取締役だけは他方の取締役を兼任しない場合（例えば，A会社〔代表取締役Y，取締役V・W〕，B会社〔代表取締役Z，取締役V・W〕）が挙げられる[17]。

これらの場合についても，競業取引規制の対象となり，前記（ア）～（ウ）に述べたことが原則として当てはまると解される。例えば，A会社がB会社の株式の全部を有していなくて，完全親子会社関係にない親会社のA会社の取締役Yがその子会社であるB会社の代表取締役を兼任している場合に，YがB会社を代表としてA会社の事業の部類に属する取引をするとき，B会社の代表取

---

(16)　相澤＝葉玉＝郡谷編著・前掲注(6)324頁，落合編・前掲注(5)69頁－70頁〔北村雅史〕。同旨，服部・前掲注(13)158頁。東京地判昭和56年3月26日判時1015号27頁は，競業会社の代表取締役としてではなく事実上の主宰者として，会社経営を行うことは，第三者のための競業行為に該当すると判示する。
(17)　田代有嗣『親子会社の法律と実務』118頁－120頁（商事法務研究会，1983）。

締役YはB会社ひいてはB会社の株主全員のために忠実義務を負い，YがB会社を代表した取引の経済的効果は，A会社のみに限られず，B会社の株主全員に及ぶのであって，この場合にB会社にはA会社以外の株主が存在することから親会社の利益と子会社の利益が衝突する可能性があるので，一般的に，競業取引規制の対象となると解されている[18]。これに対し，親会社・完全子会社の関係における取締役兼任の場合については，下記(5)で述べる。

(3) 取締役が株式を有する他の会社の競業取引の場合

(ア) A会社取締役YがB会社の株式の全部を有する場合　　A会社取締役YがB会社の株式全部を有する場合に，YがB会社の代表取締役としてA会社と競業する取引を実行していない限り，形式的には会社法356条1項1号の競業取引に該当しない。しかし，YとA会社とは経済的に一体であり，Yが株式全部を有するB会社による競業取引は，第三者（B会社）の名でかつ自己（Y）の計算で競業取引を行うものと解するべきである[19]。さらに，取締役Yが配偶者その他の近親者の持株を合わせて実質的に全株を保有するB会社による競業取引の場合も同様に考えるべきであろう。

〔図6〕

(イ) A会社取締役YがB会社の株式の全部を有しない場合　　①　A会社取締役YがB会社の株式の過半数を有する場合，YとB会社とが経済的に一体で

---

(18)　上柳＝鴻＝竹内編集代表・前掲注(10)213頁〔本間輝雄〕，落合編・前掲注(5)70頁〔北村雅史〕。

(19)　大隅＝今井＝小林・前掲注(6)225頁（注168）（名義説の立場から，取締役が全株を有する会社による競業取引は，取締役が自己のためにする競業取引とみるべきであるとする），龍田＝前田・前掲注(7)90頁（取締役が個人で全株を所有する会社に競業させる場合，当該会社は取締役の分身とみるべきであるとする），森本滋『会社法〔第2版〕』239頁・240頁（注6）（有信堂高文社，1995）〔会社法356条1項1号の類推の問題とする〕，落合編・前掲注(5)69頁〔北村雅史〕〔会社法356条を類推適用する余地はあるとする〕。

あるとまではいえなくても，YはB会社を支配しているといえるから，Y以外のZがB会社を代表するのであっても，YがZに対して影響力を行使することにより，Y自身がB会社を代表する場合と実質的に同等の利益衝突の危険が存在すると考えられる。

　②　A会社取締役YがB会社の株式の過半数を有しない場合でも，B会社を支配するのに十分な数のB会社株式を有するときは，実質的に利益の衝突の危険が存在すると考えられる。

〔図7〕

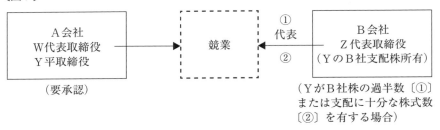

したがって，上記①および②の場合にも，競業取引規制の対象となると考えるべきである[20]。このように解することに対して，競業取引について取締役会の承認・報告（会社356条1項1号・365条），損害額の推定（423条2項）などの規定を適用する際にも，可能な限り，定型的に明瞭であることが必要であるとする立場から批判がなされるかもしれないが[21]，株式の保有により実質的に支配している場合には利益の衝突の危険が存在することは否定できない。また，取締役が競業会社の株式の一定割合以上を保有することを会社内で知ることができるような環境を会社内の内規等で整備することにより（会社則119条2号・121条8号・128条2項，会社計算112条参照），ある程度定型的な明瞭性の確保が可能となるのではないかと考えられる。

---

(20)　本書第5章2(4)以下参照。
(21)　大隅＝今井＝小林・前掲注(6)226頁（注169）参照。

(4) 取締役が事実上の主宰者である他の会社の競業取引

〔図8〕

A会社取締役Yは、B会社の代表取締役等に就任していないが、例えば、B会社の株式30パーセントを有し、Yに忠実な従業員をB会社の取締役・出向者としてB会社の業務に従事させることなどにより、B会社の経営を実質的に支配している場合、形式的にはB会社の代表取締役Zによって競業取引が行われているが、実質的には、Yは事実上の主宰者として、B会社のためにA会社の事業の部類に属する取引を実行したものと解される[22]。

(5) 親会社・完全子会社の関係における取締役兼任の場合

〔図9〕

親会社であるA会社とその完全子会社であるB会社が同種の事業を行う場合、A親会社の取締役Yが、B完全子会社の代表取締役を兼任し、B完全子会社を代表してA親会社の事業の部類に属する取引をするときは、その取引の実質上・経済上の効果がA親会社に帰属するといってよいから、利害対立のおそれ

---

[22] 東京地判昭和56年3月26日判時1015号27頁、大阪高判平成2年7月18日判時1378号113頁。正確にいえば、会社法356条1項1号の類推適用をすることになる。森本・前掲注(19)240頁（注6）、落合編・前掲注(5)69頁〔北村雅史〕、松山三和子「兼任取締役の行う会社間競業取引規制に関する若干の提言」北見大学論集15号102頁（1986）。

第4章　企業グループにおける取締役の競業避止義務と責任 ◆ 113

がなく，このような取引は競業取引規制の対象とはならず，どちらの会社の承認もいらないと解する見解が多い[23]。これに対し，完全子会社といえども別個の法人であり，子会社が倒産するとき，子会社の財産は第一に子会社債権者の担保財産となり，親子会社間に利害対立関係がないとはいえないから，親会社の取締役会の承認についてはなお検討を要するとする見解もある[24]。

　この点については，親会社の株主保護のため，親会社の取締役会の承認を要求すべきであると考えられるであろうし，また，完全子会社であっても，親会社とは法人格が別個のものであり，子会社の健全な会社運営を確保し，さらに子会社債権者などの利害関係者を保護するためには，競業取引について親会社（総株主）の同意によって子会社取締役会の承認は不要として実務上運用されるのではなく，子会社の取締役会の承認が要求されるべきである。

　これに対し，A会社がB会社の株式の全部を有しない場合には，B会社にはA会社以外の株主が存在し，親会社の利益と子会社の利益が衝突する可能性がある。したがって，この場合に，A親会社の取締役とB会社の代表取締役を兼任するYは，B会社の代表取締役として，B会社ひいてはB会社の総株主のために忠実にその職務を行う義務があり，その者が会社を代表した取引の経済的効果は，B会社の株主全員に及び，A会社のみに限られないから，このような取引について競業取引規制の対象外とすることはできないと解されている[25]。

　なお，公開会社（会社2条5号）である場合には，取締役の競業の明細は事業報告の附属明細書に記載され（会社435条2項），株主・会社債権者・親会社社員に開示される（会社442条）。すなわち，当該事業年度に係る当該株式会社の会社役員（会計参与を除く）の重要な兼職の状況に関する事項を事業報告の

---

(23)　大阪地判昭和58年5月11日判タ502号189頁。上柳＝鴻＝竹内編集代表・前掲注(10) 213頁〔本間輝雄〕，大隅＝今井・前掲注(15)228頁，大隅＝今井＝小林・前掲注(6)226頁，江頭・前掲注(7)439頁，龍田＝前田・前掲注(7)90頁，落合編・前掲注(5)70頁〔北村雅史〕等。

(24)　森本・前掲注(19)241頁（注10）（ただし，子会社の取締役会における承認は総株主〔親会社〕の同意によって不要となると解する）。同旨，鈴木竹雄＝竹内昭夫『会社法〔第3版〕』294頁（注9）（有斐閣，1994）（利益相反取引について，その取締役が会社の全株式を所有し会社の営業が実質上その取締役の個人経営にすぎない場合，当該取引が株主全員の合意によってなされた場合には，取締役会の承認を要しないとすることは，会社債権者やその取引後に株式を譲り受けた者の保護の必要を考えると正当でないとする）。

(25)　上柳＝鴻＝竹内編集代表・前掲注(10)213頁〔本間輝雄〕，落合編・前掲注(5)70頁〔北村雅史〕。

内容に含めなければならない（会社則119条2号・121条8号）。また，事業報告の附属明細書は，他の法人等の業務執行取締役，執行役，業務を執行する社員または法人が業務執行社員である場合の当該業務執行社員の職務を行うべき者その他これに類する者を兼ねることが会社法施行規則121条8号の重要な兼職に該当する会社役員（会計参与を除く）についての当該兼職の状況の明細（重要でないものを除く）を事業報告の附属明細書の内容としなければならないとされる（会社則128条2項前段）。さらに，この場合において，当該他の法人等の事業が当該株式会社の事業と同一の部類のものであるときは，その旨を付記しなければならないとされる（会社則128条2項後段）。

3　競業取引の範囲

(1)　会社の事業の部類に属する取引

　会社法356条1項1号にいう「会社の事業の部類に属する取引」とは，会社の目的とされる事業と同種または類似の商品または役務を対象とする取引であって，市場において競合し，会社と取締役ないし第三者との間で利益の衝突をきたすおそれがある取引を意味する[26]。

(2)　定款所定の会社の目的とされる事業

　会社の事業の部類に属する取引であるかどうかについて，定款所定の目的（会社27条1号）とされる事業の全てがそのまま基準となるわけではなく，会社が実際に行っている事業を基準として判断されるものと解される[27]。取締役（とくに会社の業務に携わらない社外取締役）が自らまたは第三者のために行う営

---

[26]　上柳＝鴻＝竹内編集代表・前掲注(10)207頁〔本間輝雄〕，落合編・前掲注(5)66頁〔北村雅史〕，酒巻＝龍田編集代表・前掲注(7)428頁〔石山卓磨〕等。

[27]　通説である。上柳＝鴻＝竹内編集代表・前掲注(10)207頁〔本間輝雄〕（抽象的利害対立の危険まで対象に含めることは行きすぎとする），江頭・前掲注(7)439頁，龍田＝前田・前掲注(7)88頁，落合編・前掲注(5)67頁〔北村雅史〕（実際に行われていないものを含めることは，本条の趣旨を超えた過剰な規制となるとする）等。これに対し，会社と利害が対立する定型的な危険が認められる取引を意味するから，定款所定の事業目的に該当する事業は原則として競業事業と解する見解がある。森本・前掲注(12)7頁，同・前掲注(19)240頁。

第4章　企業グループにおける取締役の競業避止義務と責任　◆　115

業の自由に配慮し，過度に規制することにならないようにすべきであるからである。したがって，会社が事業を行う準備をまったくしていない事業（将来事業を行うかもしれないとして一応定款の目的に記載する場合），完全に廃止した事業（廃止した事業が定款に残っている場合）は，会社法356条1項1号の適用範囲から除かれる。これに対し，会社が実際に行っている事業（定款に当該事業の具体的な記載がなく継続的に行っているが，その目的を追加する定款変更をしていない場合も含む）のほかに，現に行っていない事業への進出を計画中の新たな事業，すでに開業準備に着手している事業，一時的に休止している事業，現に開業準備に着手していなくとも，会社の事業の種類・状態・事業方針から判断して，新規事業の開始が合理的に予測され，あるいは事業を開始することが相当程度確実となっている事業は，本条の適用範囲に含まれる[28]。

　また，会社の事業の部類に属する取引に該当するか否かは，取締役がその地位に基づいて得た知識や情報を会社外の利益のために流用することを予防するという本条の立法趣旨から，会社の目的とする事業よりも広く，同種または類似の商品または役務を対象とする取引も含まれる[29]。

(3)　定款所定の付帯事業

　会社の定款に主たる目的事業を列挙した後に，主たる目的事業に付帯する事業が掲げられる場合，主たる目的事業に関連する各種の付帯事業も，会社の目的とされる事業を遂行するために不可欠の取引であり，事業の部類に属する取引に含まれる[30]。しかしながら，その事業の維持便益のためになされる補助的行為として，金銭借入や従業員の雇用，営業所・工場に必要な土地・建物の

---

(28)　上柳＝鴻＝竹内編集代表・前掲注(10)207頁〔本間輝雄〕，落合編・前掲注(5)67頁〔北村雅史〕，酒巻＝龍田編集代表・前掲注(7)428頁〔石山卓磨〕，江頭＝中村編著・前掲注(7)126頁〔酒井太郎〕等。

(29)　上柳＝鴻＝竹内編集代表・前掲注(10)207頁−208頁〔本間輝雄〕（綿衣料品の製造販売を定款所定の目的とする場合に，実際には綿の靴下だけの製造販売をしているとき，取締役が自らまたは第三者のために手袋の販売をする場合），落合編・前掲注(5)67頁〔北村雅史〕（和菓子の製造販売を定款所定の目的とする場合に，洋菓子の製造販売を行う場合も競業取引規制を及ぼす必要があるとする）。龍田＝前田・前掲注(7)88頁は，商品の種類が異なる例として，紳士服と婦人服の場合は競合しないこともありうると解するが，この場合については，実際上，競合すると考えるのが妥当であると思われる。

(30)　最判昭和24年6月24日民集3巻7号235頁（木工品の製作を主たる目的とする事業の付帯事業には，その資材原料となる立木伐木の買入事業も含まれると判示する）。

取得・賃貸借，特許権の取得等は，事業の部類に属する取引に含まれないと解される[31]。ただし，取締役がこれらの取引を行った場合には，忠実義務違反ないし善管注意義務違反の責任が問われる可能性がある。

(4) 取引段階が異なる事業

同一の商品を取り扱う場合においても，卸売商と小売商のように，その事業について取引（流通）段階が異なるときは，通常，市場における競合関係を生じるおそれがなく，競業取引としての承認を必要としないと考えられる[32]。

(5) 取引の地域が異なる事業

会社の現在の事業区域と異なる地域において，取締役が自己または第三者のために会社の事業の部類に属する取引をする場合，一般的に市場において競合関係を生じるおそれがなく，競業取引としての承認を必要としないと考えられる[33]。ただし，会社の現在の事業区域と異なる地域であったとしても，会社が進出を企図し市場調査等を進めている地域における同一商品の販売の場合には，市場における競合関係を生じ，競業取引規制の対象となると解される[34]。

(6) 営利的性格を有しない取引

取締役の取引行為が営利的・商業的性格を有しない場合，例えば，不動産の

---

(31)　上柳＝鴻＝竹内編集代表・前掲注(10)208頁〔本間輝雄〕（会社の事業拡張等が合理的に予測できる場合は，これらの取引についてまで禁止の範囲を拡大すべきとする），落合編・前掲注(5)67頁〔北村雅史〕，酒巻＝龍田編集代表・前掲注(7)428頁〔石山卓磨〕，江頭＝中村編著・前掲注(7)126頁〔酒井太郎〕。

(32)　上柳＝鴻＝竹内編集代表・前掲注(10)208頁，江頭・前掲注(7)439頁，龍田＝前田・前掲注(7)88頁，森本・前掲注(19)241頁（注8），大隅＝今井＝小林・前掲注(6)226頁等。

(33)　上柳＝鴻＝竹内編集代表・前掲注(10)208頁〔本間輝雄〕，江頭・前掲注(7)439頁，龍田＝前田・前掲注(7)88頁，森本・前掲注(19)241頁（注8），大隅＝今井＝小林・前掲注(6)226頁等。これに対し，渋谷・前掲注(10)135頁は，競業取引規制の規定は取締役に対し会社の事業発展の可能性の実現を封ずることを禁止しており，また，営業区域が異なっても，取締役が仕入れ等に関する知識や経験を利用する結果として会社が不利益を被る可能性があるから，現在の営業区域が異なるとの理由だけで，取締役は競業避止義務を免れないとする。また，上柳＝鴻＝竹内編集代表・前掲注(10)209頁－210頁〔本間輝雄〕は，一般的な商品の製造・販売業については，販売地域がまったく異なっていても，潜在的顧客層は競合しており，また原材料等の商品の仕入れについて競合が生じうるおそれがあるから，取締役に競業避止義務を認めるのが競業取引規制の立法趣旨に適うとする。

(34)　東京地判昭和56年3月26日判時1015号27頁。

売買・賃借を事業目的とする会社の取締役が他の会社から自宅のために土地建物の購入・賃借をすること，自動車販売会社の取締役が他社から自家用自動車を購入することなどは，競業取引規制の対象に含まれないと解される。競業取引規制が事業の部類に属する取引と規定していることは競業行為に営利的・商業的性格を要求していると解するべきであり，上記のような行為を規制対象に含めることは取締役の会社外における行為の自由を過剰に制限することになるからである[35]。このような行為によって，会社に損害が生じることがあったとするならば，この場合には取締役の忠実義務ないし善管注意義務による責任の問題となる。

4　取締役会の承認

(1)　包括的承認

取締役が会社の事業の部類に属する取引を行うときは，取締役会設置会社では取締役会において当該取引につき重要な事実を開示してその承認を受けなければならない（会社365条1項。それ以外の会社では株主総会の承認を要する。会社356条1項)。「重要な事実」とは，個々の具体的な取引につき個別的に承認する場合に，取引の相手方，目的物，数量，価格，履行期，取引の期間など，競業取引が会社に及ぼす影響を判断するために必要な具体的事実をいう[36]。

しかしながら，現代の会社においては，資本提携や業務提携などによって，

---

(35)　上柳＝鴻＝竹内編集代表・前掲注(10)210頁〔本間輝雄〕，落合編・前掲注(5)67頁－68頁〔北村雅史〕。これに対し，渋谷・前掲注(10)134頁は，会社にとって利得の機会を失う点で変わりがない以上，非営利的取引であることのみを理由に規制の適用を否定すべきでないとする。また，森本・前掲注(12)8頁・10頁（注28）は，非営利的取引の場合にも取締役が会社の犠牲において利得する抽象的危険があり（会社内の情報に基づき，安価な宅地を購入して会社の得べかりし転得利益を取締役が私した場合を想起），一般的に規制の適用を受けるとする。

(36)　上柳＝鴻＝竹内編集代表・前掲注(10)216頁〔本間輝雄〕，落合編・前掲注(5)73頁〔北村雅史〕，酒巻＝龍田編集代表・前掲注(7)429頁〔石山卓磨〕，江頭・前掲注(7)440頁（注3)，龍田＝前田・前掲注(7)89頁，大隅＝今井＝小林・前掲注(6)227頁等。このような通説的見解に加えて，会社の機会の奪取などのような忠実義務に違反していないか否かを判断できる事実も含まれるとする見解などもあることについて，上柳＝鴻＝竹内・前掲注(10)216頁－217頁〔本間輝雄〕，酒巻＝龍田編集代表・前掲注(7)429頁〔石山卓磨〕参照。

その取締役が同業の他の会社や子会社の取締役を兼任する場合が少なくない。このような場合に，取締役が同種の事業を目的とする他の会社の代表者や支配人等の地位に就くことは，それ自体，競業取引規制の適用対象とならないが，その者が当該他の会社を代表・代理して会社の事業の部類に属する取引を反復継続的に行うことになる場合に，個々の取引につき取締役会の承認が逐一必要とされると考えることは妥当ではない。そこで，重要事実の開示によって会社の事業に対する今後の影響が予測でき，それによって取締役会の構成員がそれぞれの地位に立って具体的な判断をすることが可能であれば，その承認は包括的に行うことが認められている[37]。

　取締役が当該他の会社の代表者等の地位に就く際，取締役会の包括的承認を受ける場合に，取締役会において開示される「重要な事実」は，当該他の会社の規模，事業の種類・性質，商品・サービスの内容，取引の規模および範囲などが開示されるべきである[38]。この包括承認を受けた後に，当該他の会社の上記の規模，事業の種類・性質等の重要事実に変更があり，承認の可否を判断する基礎が異なるような事情が生じた場合には，再度取締役会の承認を必要とする[39]。

　なお，親会社の複数の事業部門において各事業部門の下にグループ子会社がある場合，親会社の1つの事業部門担当の取締役Yが同時に親会社と市場が競合する当該子会社の代表取締役を兼ねることになっているとき，そのYを子会社の代表取締役として派遣することが親会社にとって重要な業務執行に該当するのであれば，会社法362条4項の重要な業務執行に関する決議と，Yを子会社の代表取締役とすることに対し会社法365条1項の競業取引の包括的承認決議をすることについて，両条文に基づく取締役会決議の成立要件がみたされる限り，1つの決議でまとめて行うことを認めても差し支えはない[40]。

---

(37)　通説である。上柳＝鴻＝竹内編集代表・前掲注(10)217頁〔本間輝雄〕，落合編・前掲注(5)73頁〔北村雅史〕，酒巻＝龍田編集代表・前掲注(7)429頁〔石山卓磨〕等。

(38)　上柳＝鴻＝竹内編集代表・前掲注(10)218頁〔本間輝雄〕，落合編・前掲注(5)73頁〔北村雅史〕，江頭・前掲注(7)440頁（注3），龍田＝前田・前掲注(7)89頁，大隅＝今井＝小林・前掲注(6)227頁。

(39)　上柳＝鴻＝竹内編集代表・前掲注(10)218頁〔本間輝雄〕，落合編・前掲注(5)73頁〔北村雅史〕。

(40)　北村・前掲注(1)137頁。

（2） 事後の承認

　取締役会の承認を受けずに取締役が競業取引を行った場合に，事後的に取締役会が当該取引を承認することができるかという問題がある。この点については，会社法356条１項１号の文言は「取引をしようとするとき」となっており，会社法365条２項の文言は「取締役は，当該取引後，遅滞なく，……取締役会に報告しなければならない」と規定していること，承認のために取締役会を招集することにそれほど困難を伴うとは考えられないこと，承認のない場合に損害額の推定規定がおかれていること（会社423条２項），これらの規定の適用を明確にし，無用な紛争を回避すべきことなどの理由から，競業取引の承認は取締役が当該取引を行う前に受けるべきであり，事後の承認（追認）は認められない[41]。

（3） 特別利害関係取締役

（ア）特別利害関係の意味　　取締役会の決議について特別の利害関係を有する取締役は，議決に加わることができない（会社369条２項）。「取締役会の決議について特別の利害関係」とは，取締役会決議について，取締役の会社に対する忠実義務（会社355条）と矛盾・衝突することにより当該取締役がその義務を誠実に履行することが困難と認められる利害関係を意味し，取締役個人の競業取引や取締役個人と会社間の取引等の利益相反取引について取締役会が承認する場合（会社356条１項・365条１項）などにおいて，当該取締役は，特別利害関係取締役として，議決に加わることができないとされている[42]。

　取締役の特別の利害関係は，取締役が取締役会決議により権利の取得ないし義務の負担（または経済的損得）をすることを意味する場合（個人的利害関係）と，取締役が第三者ないし他の会社のために取引等を行うことを意味する場合（第三者のための利害関係）とに分けることができる。特別利害関係取締役について，従来，当該決議につき個人的利害関係を有する取締役の意味に限るとす

---

(41)　上柳＝鴻＝竹内編集代表・前掲注(10)219頁〔本間輝雄〕，落合編・前掲注(5)74頁〔北村雅史〕，大隅＝今井＝小林・前掲注(6)227頁（注170），北村・前掲注(1)137頁以下。

(42)　上柳＝鴻＝竹内編集代表・前掲注(10)115頁－116頁〔堀口亘〕，落合編・前掲注(5)292頁－293頁〔森本滋〕，酒巻＝龍田編集代表・前掲注(7)574頁〔早川勝〕，江頭・前掲注(7)421頁（注15），龍田＝前田・前掲注(7)122頁，大隅＝今井＝小林・前掲注(6)213頁－214頁等。

る見解が主張されている[43]。しかしながら，取締役の忠実義務の観点からは，取締役の個人的利害関係と第三者のための利害関係とを本質的に区別すべき理由がないこと，会社法の競業取引規制と利益相反取引規制は，取締役が個人のためにする場合と第三者のためにする場合とを区別せずに規定していることから，取締役が当該取締役会決議について個人的利害関係を有する場合だけでなく，第三者のための利害関係を有する場合についても，特別利害関係取締役となるものと解されるべきである[44]。

（イ）個人的利害関係　　取締役の個人的利害関係として挙げられるものについて，①取締役個人の競業取引（会社356条1項1号）や取締役個人と会社間の利益相反取引（会社356条1項2号3号）の承認（会社356条1項・365条1項），②譲渡制限株式の譲渡に取締役個人が売買の当事者となる当該譲渡の承認（会社139条1項），③代表取締役解職決議，④会社に対する責任の一部免除（会社426条1項），⑤会社・取締役間の訴えの会社代表者の選任（会社364条）などが一般的に認められている[45]。

---

(43)　大隅＝今井・前掲注(15)200頁，大隅＝今井＝小林・前掲注(6)214頁（注158）（第三者のための利害関係はその利害関係が間接的であることを理由とする），龍田＝前田・前掲注(7)123頁，田代・前掲注(17)124頁（取締役が第三者会社のために競業取引をする場合には，第三者会社の機関としてなすものであり，その第三者会社・取締役間の関係は，純粋の個人的関係とは異なるとする）。

(44)　森本滋「取締役会決議と特別利害関係の範囲－取締役会の運営をめぐる基本問題（続稿）－」商事1113号9頁（1987）。これに対し，田代・前掲注(17)124頁は，取締役が第三者個人のために競業取引をする場合に，第三者個人とその代理人たる取締役との間の個人的結託関係により特殊な影響が生じる可能性があること，経済上特殊な影響を受けるべき者をも含むものと解するのが相当であるとして，当該取締役は特別利害関係取締役に該当すると解するのが妥当であるとし，他方では，取締役が第三者会社のために競業取引をする場合，当該取締役が特別利害関係人となるとすると，取締役会の承認を要する親子会社間の競業取引が法律上不可能になるおそれがあるという政策的配慮などを理由として，当該兼任取締役は特別利害関係取締役とならないと解する。第三者個人の場合と第三者会社の場合とをとくに区別すべき理由はなく，この見解は理論的に首尾一貫したものではないと思われる。

(45)　上柳＝鴻＝竹内編集代表・前掲注(10)115頁－116頁〔堀口亘〕，落合編・前掲注(5)292頁－295頁〔森本滋〕，大隅＝今井・前掲注(15)200頁－201頁，大隅＝今井＝小林・前掲注(6)214頁，江頭・前掲注(7)421頁－422頁（注15）。最判昭和44年3月28日民集23巻3号645頁は，代表取締役解職決議について，当該代表取締役は特別の利害関係を有する者にあたると判示する。これに対し，代表取締役を誰にするかの争いに，取締役間の利害対立はあっても，会社と取締役との間に対立関係はないから，選定・解職とも特別利害関係にあたらないとする見解（龍田＝前田・前掲注(7)122頁－123頁）が主張されている。

第4章　企業グループにおける取締役の競業避止義務と責任　◆　121

　これに対し，上記の場合のように取締役が取締役会決議について直接の個人的利害関係を有する場合だけでなくて，例えば，Ａ会社の取締役ＹがＢ会社の取締役ＹがＢ会社でないＢ会社の株式を所有する場合あるいはＢ会社を実質的に支配している場合，Ａ会社の取締役ＺがＢ会社代表取締役を兼任するとき，Ｂ会社の行う競業取引やＢ会社との利益相反取引を承認するＡ会社の取締役会決議について，取締役Ｙは特別利害関係を有する者にあたるかという問題が生じる。これらの場合については，⑥Ａ会社の取締役ＹがＢ会社の株式の全部を所有する場合（いわゆる一人会社），ＹとＢ会社とは経済的一体として認められるので，Ａ会社の取締役会決議について，取締役Ｙは特別利害関係を有する者にあたると解されることには異論はないものと考えられる。⑦ＹがＢ会社の過半数の株式を有する場合，ＹとＢ会社とは経済的に一体であるとまではいえなくても，ＹはＢ会社を支配しているといえるから，Ａ会社の取締役会決議について，取締役Ｙは特別利害関係を有する者にあたると解される。⑧ＹがＢ会社の過半数の株式を有しない場合でも，Ｂ会社の決定に対して重要な影響を与えることができる割合の株式（例えば100分の30以上の株式）を有するときは，取締役Ｙは特別利害関係を有する者にあたると解されるべきである[46]。

（ウ）　第三者のための利害関係　　取締役が取締役会決議について第三者のための利害関係を有する場合については，他の会社の取締役を兼任する場合に問題となることが多い。

　①　代表取締役兼任の場合　　Ａ会社の取締役ＹがＢ会社の代表取締役を兼ねる場合に，Ｂ会社の行う競業取引やＢ会社との利益相反取引を承認するＡ会社の取締役会決議について，取締役Ｙは特別利害関係人になると解されている[47]。これに対し，この場合における取締役Ｙの利害関係が間接的であることを理由に特別利害関係人になることを否定する見解も主張されている[48]。

---

(46)　同旨，松山三和子「取締役会決議につき特別利害関係を有する兼任取締役の範囲」愛知大学法経論集法律編113号245頁－246頁（1987）参照。

(47)　大阪地判昭和57年12月24日判時1091号136頁（自己取引の事案），東京地判平成7年9月20日判時1572号131頁（自己取引の事案）。落合編・前掲注(5)295頁〔森本滋〕，森本・前掲注(44)9頁－10頁。

(48)　大隅＝今井・前掲注(15)201頁（この取締役がＡ会社の当該決議から排除されると，かえって事情にうとい一部の取締役のみにより，有利であるべき取引が不当に否決されるといった結果を生ずるおそれがないとはいえないことをも理由として挙げる），大隅＝今井＝小林・前掲注(6)214頁（注158）。

しかし，B会社の業務執行を担当する代表取締役Yは，取締役会の構成員にすぎない他の取締役とは異なり，B会社との結び付きが強固であるので，A会社の取締役会の決議に参加すると，個人的利害関係がある場合と同様に決議の公正が害されるおそれがあると考えられることから[49]，YはA会社の取締役会の決議について特別利害関係を有する者となると解するのが妥当である。したがって，上記の例で，B会社にYとは別の代表取締役Z（A会社の取締役を兼任しない）がB会社を代表した場合にも，YはA会社の取締役会決議について特別利害関係を有する者と考えられる[50]。

② **単なる取締役兼任の場合**　ところで，A会社の取締役YがB会社の取締役を兼任するにすぎない場合に，競業取引や利益相反取引などについて取締役会の承認が求められるとき，YはA会社・B会社の代表取締役とならない限り，両会社の取締役会の構成員であるにすぎないのであり，取締役Y個人の経済的利益には直接関係せず[51]，この程度の利配関係ではYが取締役会の決議に加わったとしても，そのためにとくに決議の公正が害されたとするほどのことはないとして，特別利害関係人に該当しないと考えられている[52]。また，取締役会における各取締役の対等性・独立性を強調して，取締役会の構成員にすぎない兼任取締役の両会社に対する忠実義務の対立を理由に両会社の取締役会決議について特別利害関係取締役となると解する必要はないともいわれる[53]。むしろ，取締役会における各取締役の対等性・独立性の観点から，兼任する両会社の双方に利益となるように取締役会の決議に積極的に参加する義務があると考えるほうが，兼任取締役の存在意義につながるであろう。

③ **親子会社関係における取締役兼任の場合**　（a）完全親子会社の場合

親会社であるA会社の取締役Yがその完全子会社であるB会社の代表取締役を兼ねる場合に，親会社とその完全親会社とは経済的に一体であって実質的

---

(49)　稲葉威雄ほか『〔新訂版〕実務相談株式会社法（3）』695頁（商事法務研究会，1992），森本・前掲注(44)10頁参照。

(50)　森本・前掲注(44)10頁。

(51)　取締役が他方の会社である株式を所有する場合あるいは他方の会社を実質的に支配している場合には，当該取締役が特別利害関係を有する者にあたると解されることがあることについて，本章・前掲注(46)および該当する本文参照。

(52)　稲葉ほか・前掲注(49)695頁。

(53)　森本・前掲注(44)10頁－11頁（なお，いずれの会社の取締役会決議にも自由に参加しうると解することに疑問を呈し，代表取締役の場合と同様に，一方の取締役会の承認決議に参加しうるが，両方の決議に参加できないという見解を提言する）。

第4章　企業グループにおける取締役の競業避止義務と責任　◆　123

に両会社の間に利益衝突の関係がないと解する立場[54]によれば，Ｂ会社の行う競業取引規制や利益相反取引の対象とはならないので，Ａ会社の取締役会承認決議における取締役Ｙの特別利害関係の有無が問題とはならない。しかしながら，完全子会社といえども別個の法人であること，子会社が倒産するとき，子会社の財産は株主である親会社に優先して子会社債権者の担保財産となり，親子会社間に利害対立関係がないとはいえず，親会社の株主保護のためにも親会社の取締役会の承認を要求すべきであると解すべきであり[55]，この立場からは，Ａ会社の取締役会の承認が要求されることになる。この場合に，特別利害関係の有無については，上記①・②と同様に考えるべきであり，取締役ＹはＢ会社の代表取締役を兼ねる場合には特別利害関係人に該当するけれども，単なる取締役兼任にすぎない他の取締役は特別利害関係人に該当しないと解される。

(b)　他の支配従属関係の会社の場合　　完全親子会社関係ではなくて，支配・従属関係にある会社の場合，子会社には株主である親会社以外の株主も存在していることから，親会社の利益と子会社の利益が衝突する可能性があるので，一般的に，競業取引規制の対象となると解されている[56]。この場合に，企業グループにおける経営戦略としてグループ会社間の統一的指揮をはかるために兼任取締役を利用する場合に，会社間に利益衝突の関係がないと主張する見解[57]があるが，前述のように，親会社の取締役が子会社を代表して競業取引を行うとき，親会社取締役会の承認決議について特別利害関係人になると考えるべきである。

④　**特別利害関係を有しない取締役1人による取締役会決議の効力**　　取締役会の決議は，定款で別段の定めがない限り，議決に加わることができる取締役の

---

(54)　本章・前掲注(23)および該当する本文参照。

(55)　本章・前掲注(24)および該当する本文参照。

(56)　本章・前掲注(18)および該当する本文参照。

(57)　服部・前掲注(13)167頁は，企業集団におけるグループとしての経営戦略に基づいて，親会社の取締役を子会社または関係会社の代表取締役として派遣する場合については，利害衝突をきたす定型的構造が欠けるから，特別利害関係人に該当しないと考える。また，松山・前掲(46)255頁以下は，兼任取締役により会社間の統一的指揮をはかろうとするその存在意義を重視すべきという考えから，親子会社間に完全なまたはほぼ完全な支配従属関係が認められる場合には，従属会社の取締役会決議について支配会社の代表取締役は特別利害関係人に該当しないと解し，支配従属関係が不完全である場合には当該代表取締役は特別利害関係人に該当すると解する。

過半数が出席し，その過半数をもって行い（会社369条1項），特別利害関係を有する取締役は議決に加わることができないと規定されている（会社369条2項）。定足数算定の基礎となる取締役は，現存取締役の数であり，現存取締役の数が法律または定款で定める員数の最低限を下回っている場合には，その最低限を基礎として算定すべきであると解されている[58]。

そこで，特別利害関係を有する取締役の場合，取締役会の構成員が3人である会社においては，最低2人の取締役が出席し，その過半数の2人の賛成がなければ有効な決議ができないことになるところ，取締役会の決議事項に2人の取締役が特別利害関係を有するとき，議決に加わることができる取締役は1人のみとなり，上記の法律上の取締役の員数の最低限を下回り，定足数はその1人となるという問題が生じる。

この点について，(i)特別利害関係のある取締役を定足数の算定の基礎になる取締役の総数に加えないことにした結果，取締役が3人の会社の場合に特別利害関係のある取締役が2人いるときは，決議が成立しないと解され，仮取締役の選任を要するとする見解[59]がある。これに対し，(ii)特別利害関係を有する取締役を取締役会の定足数に算入しないとしている以上，特別利害関係を有し

---

(58)　上柳＝鴻＝竹内編集代表・前掲注(10)112頁〔堀口亘〕，落合編・前掲注(5)288頁－289頁〔森本滋〕。現存取締役数が，法律または定款で定める取締役の員数の最低限を下回っている場合には，その最低限の員数を基礎に，その過半数の取締役が出席していれば，有効な取締役会となると解されている（上柳＝鴻＝竹内編集代表・前掲注(10)112頁〔堀口亘〕，稲葉ほか・前掲注(49)641頁・650頁以下，大隅＝今井・前掲注(15)199頁，江頭・前掲注(7)420頁（注12）等）。その最低限の員数を下回った直後に，取締役選任のための株主総会の招集決定等の実務処理に配慮する趣旨であろう（落合編・前掲注(5)289頁〔森本滋〕〔取締役会制度は法律上3人以上いることを前提としているので，2人しかいないときは，その制度は機能不全となるため，例外的事態の特別の取扱いはともかく，原則として仮取締役の選任を請求すべきとする〕）。これに対し，現存取締役の員数がその最低限の員数の過半数に達しないときは，欠員を補充するまでは有効な取締役会を開くことができず，必要があるときは裁判所に一時取締役（仮取締役）の選任（会社346条2項）を請求をしなければならない（上柳＝鴻＝竹内編集代表・前掲注(10)112頁〔堀口亘〕，落合編・前掲注(5)289頁〔森本滋〕，稲葉ほか・前掲注(48)650頁以下，大隅＝今井・前掲注(15)199頁，江頭・前掲注(7)416頁（注12），大隅＝今井＝小林・前掲注(6)211頁（注154））。なお，定足数は，討議・議決の全過程を通じて維持する必要がある（最判昭和41年8月26日民集20巻6号1289頁，上柳＝鴻＝竹内編集代表・前掲注(10)112頁〔堀口亘〕，落合編・前掲注(5)289頁〔森本滋〕）。もっとも，その運用は柔軟にする必要があろう（落合編・前掲注(5)289頁〔森本滋〕）

(59)　稲葉・前掲注(3)241頁。同旨，稲葉威雄ほか「改正会社法セミナー〔第24回〕」ジュリ799号108頁－109頁〔竹内昭夫発言〕(1983)。

第4章 企業グループにおける取締役の競業避止義務と責任 ◆ 125

ない取締役1人のみで決議したとき、その決議は有効であるとする見解[60]が多い。実際上、個別の決議事項で特別利害関係を有する取締役が異なる場合も想定されることから、特別利害関係を有しない取締役1人のみで決議は有効であると解するほうが、実務処理において便宜であり妥当なものと考えられる。

なお、特別利害関係を有する取締役の取締役会への出席、意見陳述は、見解の分かれるところであるが[61]、実務的には、特別利害関係を有する取締役に対しても招集手続をとるのが相当であると考えられている[62]。取締役会の承認は、競業取引について重要な事実を開示したうえで受けることを要するので（会社356条1項柱書）、特別利害関係を有する取締役は、その承認の際に重要な事実の開示・説明等をしなければならないことから、この限りにおいては、上記のような見解の相違があるとしても、当該取締役会に出席して説明等をする必要がある[63]。

(4) 取締役会への報告義務

競業取引・利益相反取引を行った取締役は、取締役会の承認を受けていたか否かにかかわらず、遅滞なく当該取引についての重要な事実を取締役会に報告しなければならない（会社365条2項。報告の省略について、会社372条）。取締役会に報告せず、または虚偽の報告をした取締役は過料に処せられる（会社976条23号〔罰則〕）。この報告義務は、昭和56年改正商法で新設されたもので（同改正法264条2項）、取締役会（監査役設置会社では監査役を含む）が事後的なチェックを行い、監査役監査の実効性を期し、取締役に対する責任追及等の措置を講ずることができるようにするためである[64]。

---

(60)　昭和45年3月2日民事甲第876号民事局長回答、昭和60年3月15日民四第1603号民事局第四課長回答。河本一郎『現代会社法〔新訂第9版〕』450頁（注3）（商事法務、2004）、稲葉ほか・前掲注(49)708頁以下、大隅＝今井＝小林・前掲注(6)215頁（注159）（特別利害関係は、取締役会の開催全体に関するものではなく、特定の決議事項に関するものであることを考慮する）。ちなみに、例えば、法律・定款に定められた3人の取締役がいる会社において1人が特別利害関係を有する場合と、現存取締役が5人の会社において3人が特別利害関係を有する場合は、いずれの場合でも、定足数は残り2人の過半数の2人であり、その2人が全員賛成すれば決議が成立する。大隅＝今井＝小林・前掲注(6)215頁（注159）、落合編・前掲注(5)288頁〔森本滋〕。

(61)　否定説と肯定説の対立について、落合編・前掲注(5)296頁−298頁〔森本滋〕参照。

(62)　稲葉ほか・前掲注(49)708頁。

(63)　大隅＝今井＝小林・前掲注(6)215頁（注160）、落合編・前掲注(5)239頁〔北村雅史〕。

(64)　元木・前掲注(3)140頁、竹内・前掲注(3)144頁、稲葉・前掲注(3)208頁、上柳＝鴻＝

グループ会社間あるいは他の競業する他の会社との間における継続的取引において，競業関係にある他方の会社の代表取締役に就任した取締役が当該取引について包括的に承認された場合には，個々の取引について報告する必要はなく，その就任時に開示した諸事実に重大な変更がない限り，定期的に報告すればよいと考えられている[65]。その場合に，一応の目安として3ヶ月に1回くらいが基準となる頻度であろうといわれている[66]。

　もっとも，包括的な承認を受けた競業取引において，競業取引に関する重要な事実の変更の報告は，取締役会が今後の競業取引について事前の承認を中途で撤回するか否かを判断するために重要なものであることから，競業取引を行う取締役がその報告を怠るとき，その後の継続的取引については取締役会の承認を受けないで取引したと同様の効果を生じると解する見解がある[67]。これに対し，報告義務の違反があったことを会社法356条1項・365条1項の違反に結びつけるのは行きすぎであるとする見解も主張されている[68]。報告義務の違反は，会社法356条1項・365条1項の違反の問題ではなくて，善管注意義務違反・忠実義務違反の問題と考えるべきである。

5　競業取引に関する取締役の責任

(1)　取締役会の承認を得ない競業取引の場合

　会社法では，取締役（または執行役）が，競業取引を規制する会社法356条1項・365条1項に違反して当該取引を行うときは，その任務懈怠によって生じ

竹内編集代表・前掲注(10)220頁〔本間輝雄〕，落合編・前掲注(5)241頁〔北村雅史〕。
(65)　上柳＝鴻＝竹内編集代表・前掲注(10)220頁〔本間輝雄〕，落合編・前掲注(5)241頁〔北村雅史〕。
(66)　商事法務研究会編『取締役競業規制の解説』220頁〔森本滋発言〕・222頁－223頁〔森本滋発言，龍田節発言〕（商事法務研究会，1987），落合編・前掲注(5)241頁〔北村雅史〕。なお，3ヶ月に1回報告は，一応の目安であって，これをしなかったからといって，必ずしも，過料の制裁を受けるとまではいえないものと解される。商事法務研究会編・前掲222頁－223頁〔森本滋発言，龍田節発言，川又良也発言〕。
(67)　神崎克郎「取締役の忠実義務－その具体的発現－」喜多了祐＝中川和彦編『吉永榮介先生古稀記念論文集　進展する企業法・経済法』91頁－92頁（中央経済社，1982），上柳＝鴻＝竹内編集代表・前掲注(10)220頁〔本間輝雄〕。
(68)　北村・前掲注(1)141頁，落合編・前掲注(5)242頁〔北村雅史〕。

第4章　企業グループにおける取締役の競業避止義務と責任　◆　127

た損害を賠償する責任を負うことになる（会社423条1項）。そして，当該取引によって取締役または第三者が得た利益は，会社の損害の額と推定される（会社423条2項）。この規定は，平成17年改正前商法266条4項の規定を基本的に継承（同改正前の介入権の行使に関する但書の規定を除く）したものである。なお，取締役（指名委員会等設置会社の場合には執行役を含む）の競業避止義務に違反する事実は，監査役・監査役会の監査報告（会社則129条1項3号・130条2項2号），監査等委員会の監査報告（会社則130条の2第1項2号）および監査委員会の監査報告（会社則131条1項2号）に記載される。

(ア)　立法の沿革　　競業規制に違反する取締役の責任に関する規定について，これまでの立法の沿革について，簡潔に概観する。

　　①　**介入権**　　平成17年改正前商法264条3項では，取締役が，取締役会の承認を受けることなく自己のために競業取引を行ったときは，取締役会は，当該取引を会社のためにしたものとみなすことができると規定されていた。この会社の権利が，いわゆる介入権と呼ばれ，取引の時から1年の経過により消滅すると規定されていた（商旧264条4項）[69]。介入権が認められた理由は，競業取引による会社の損害の多くが，得べかりし利益（期待権）の喪失という消極的なもので，損害の立証がきわめて困難であるため，それを救済すると同時に，とくに取締役が従来からの会社の得意先との間で競業取引をなす場合には得意先が奪われるおそれがあることから，それを防ぎ，得意先の維持をはかる点にあるといわれていた[70]。もっとも，介入権行使の効果については，介入権行使の効果は債権的なものであり，会社と取締役との内部関係においてのみ効力を生じ，第三者に対して物権的効力を生ずるものではない。取締役と第三者との取引関係は依然として有効であって，会社は取締役にその経済的効果を会社に帰属せしめる義務を負うに止まり，会社が取引の相手方に対して当然に直接

---

(69)　介入権に関する規定は，明治32年商法177条2項において，「取締役カ前項ノ規定ニ違反シテ自己ノ為メニ商行為ヲ為シタルトキハ株主総会ハ之ヲ以テ会社ノ為メニ為シタルモノト看做スコトヲ得」と規定されていた。昭和13年の商法改正により，競業取引規制は同改正法264条に規定され，この際に条文の中の「商行為」の文言が「取引」に変更され，昭和25年改正法264条3項は，「取締役カ第一項ノ規定ニ違反シテ自己ノ為メニ取引ヲ為シタルトキハ株主総会ハ之ヲ以テ会社ノ為メニ為シタルモノト看做スコトヲ得」と規定された。その後，昭和56年改正法は，競業取引の承認機関を，株主総会から取締役会に移したことから（同改正商264条1項），介入権行使の決定機関も，株主総会から取締役会に変更された（同改正商264条3項）。

(70)　上柳＝鴻＝竹内編集代表・前掲注(10)221頁〔本間輝雄〕。

の当事者となるものではないと解するのが判例[71]・通説であった（債権的帰属説といわれる）[72]。

② **損害の推定規定**　　取締役の競業取引規制違反による損害賠償責任については，取締役が自己または第三者のために競業取引を行った場合，競業取引は会社の営業とは関係なく行われるものであり，また，競業取引が行われた結果，会社に生じた売上の減少額あるいは増加すべきであった売上の不足額等は営業当事者の能力や市況によっても相違することから，当該取引と相当因果関係のある会社の損害を証明することはかなり困難であると指摘されていた[73]。また，昭和56年改正前では取締役が株主総会の認許を得ないで自己のために競業取引をした場合に，前記の介入権の制度は株主総会の決議により介入権を行使することとされていたことから，実際上容易ではなく，機動的に行使することができず，そのため従来も行使された例は乏しかった[74]

そこで，昭和56年改正商法において，取締役の競業避止義務の規定に違反した場合における会社の取締役に対する損害賠償請求の関係で，「其ノ取引ニ因リ取締役又ハ第三者ガ得タル利益ノ額ハ……会社ノ蒙リタル損害額ト推定ス」（昭和56年改正商266条4項）という規定が設けられた。これは，競業取引の場合の会社の損害の立証は容易ではないので，会社が当然なされるべきであった当該競業取引が会社以外の者のためになされた以上，会社の得べかりし利益の喪失はその者が得た利益に等しいとの理論構成で，会社の得べかりし利益の喪失による損害は，取締役（自己のためにした場合）または第三者（第三者のためにした場合）の得た利益の額と推定することとしたものである[75]。なお，この損害額の推定は，取締役が自己のために違法な競業取引をした場合にのみ認めら

---

(71)　最判昭和24年6月4日民集3巻7号235頁。
(72)　上柳＝鴻＝竹内編集代表・前掲注(10)222頁－223頁〔本間輝雄〕。判例・通説のとる債権的帰属説によれば，介入権行使の結果，取締役は取得した物品または債権を会社に譲渡する義務を負い，会社は取締役が負担した債務を弁済し，支出した費用の塡補義務を負うことになる。これに対し，会社は介入権行使により債権の譲受人と同様の地位に立ち，取引相手である第三者に対して介入権行使を原因とする権利移転の効果を主張することができるとする見解も存在していた（大阪谷公雄「判批」『会社判例百選（新版）』（別冊ジュリスト29号）153頁（有斐閣，1970），渋谷・前掲注(10)139頁等）。なお，学説について，上柳＝鴻＝竹内編集代表・前掲注(10)222頁－224頁〔本間輝雄〕参照。
(73)　元木・前掲注(3)150頁。
(74)　竹内・前掲注(3)144頁－145頁，稲葉・前掲注(3)209頁－210頁。
(75)　稲葉・前掲注(3)209頁（同趣旨の規定は特許法102条にあるとする），竹内・前掲注(3)144頁－145頁，元木・前掲注(3)150頁（特許法102条にならったものとする）。

れる介入権とは違って，取締役が第三者のために違法な競業取引がなされる場合にも働くことになる[76]。また，この推定規定の効果は，結果的に介入権が行使された場合に前記のいわゆる債権的効果説をとったときと同様であり，両者の効果は異ならないといえるから，既にその取引について介入権が行使されているときは，この推定規定は働かないものと規定されている（昭和56年改正商266条4項但書）[77]。したがって，介入権の行使がなされないときに，会社の受けた損害額の推定規定が適用されることになる。

　上記のような損害の推定規定によって損害賠償の請求が容易になる場合に，もともと介入権の制度は損害の証明を容易にするということが主目的であるということであれば介入権制度は廃止してもよいと考えられる。しかし，昭和56年改正商法では，損害の推定規定を設けるとともに，これまで実効性が乏しいといわれていた介入権も存置している。この改正法では競業取引を総会の認許事項から取締役会の承認事項に改めたため，それに伴い介入権も取締役会決議によって介入権を行使することにすれば，機動性・実効性も高まるし，また，損害賠償請求権よりも，形成権として行使したほうが，より直截的であると考えられたためである[78]。

　③　**介入権に関する規定の削除**　　介入権行使の効果について，前述の債権的帰属説をとる判例・通説によれば，介入権（商旧264条3項）の行使により，取締役がその行為の経済的な効果を会社に帰属せしめる義務を負うにとどまるため，その効果は競業取引に関する損害額の推定規定（商旧266条4項）と実質的に変わるものではないことになる。そこで，平成17年会社法において，介入権に関する規定が削除された[79]。したがって，会社法では損害額推定規定のみが認められている。

（イ）取締役の責任

　①　**任務懈怠責任**　　取締役が，競業取引について取締役会の承認を得ないで当該取引をしたときは，会社法356条1項1号・365条1項の規定に違反する

---

(76)　竹内・前掲注(3)145頁，稲葉・前掲注(3)209頁，元木・前掲注(3)150頁。

(77)　元木・前掲注(3)150頁。

(78)　竹内・前掲注(3)145頁，稲葉・前掲注(3)210頁（介入権の行使の場合，会社の損害の有無はまったく問題とならず，損害の推定規定を打ち破るための立証活動の余地もなく，そのように法律関係が簡明〔会社の取締役に対するその得た利益の移転の請求が認められる〕になるという点では，介入権の制度にも意味があるとの理由を挙げる）。

(79)　相澤哲『一問一答　新・会社法〔改訂版〕』120頁（商事法務，2009）。

こととなり，競業取引を行った取締役は，本規定違反について任務懈怠による損害賠償責任が問われることになる。他方，当該競業取引を行わなかった他の取締役は，当該取引によって会社に生じた損害について監視義務違反による責任を負うことになる（会社423条1項）。取締役会の承認を得ない競業取引により会社に生じた損害額は，競業取引が開始される以前の数年間の利益の額の平均額を基礎とし，これに景況等を加味して得べかりし利益の額を算出し，この額から競業取引開始後の現実に得られた利益の額およびこれから推測される将来の得べかりし利益の額を控除し，これに損害を回復するに必要な期間を乗じて算出されるとされる[80]。

② **利益の額の意味**　得べかりし利益（逸失利益）の額について粗利益[81]と純利益[82]のどちらを基礎とするかという問題がある。損害額の算定については，競業取引がなければ得ていたであろう利益の塡補という観点から，原材料費や人件費などの経費を控除し，純利益により逸失利益の額を算定すべきものと考えられる[83]。その他，競業取締役の個人的寄与分を損害額から控除することや[84]，競業取引と相当因果関係のある損害として認められる期間内に限ることが認められている[85]。

③ **損害額の推定**　競業取引と相当因果関係のある会社の損害を証明することはかなり困難であると考えられることから，会社法423条2項において，競業取引について取締役会の承認を得ないで当該取引をしたときは，当該取引によって取締役または第三者が得た利益の額は，会社に生じた損害の額と推定されると規定されている。このような推定規定を適用した裁判例として，東京地判平成2年7月20日判時1366号128頁は，有限会社の取締役につき，旧有限会社法29条1項の取締役の競業避止義務違反が認められ，その場合の同社の損害額は，損害額の推定規定（旧有限30条の2第4項で準用する商旧266条4項〔会

---

(80)　東京地方裁判所商事研究会編『類型別会社訴訟Ⅰ〔第3版〕』235頁〔小川雅俊・飯畑勝之〕（判例タイムズ社，2011），岩原紳作編『会社法コンメンタール（9）』263頁〔森本滋〕（商事法務，2014）。

(81)　東京地判平成3年2月25日判時1399号69頁は，粗利益により算出する。

(82)　東京地判昭和51年12月22日判タ354号290頁は，純利益により算出する。

(83)　東京地方裁判所商事研究会編・前掲注(80)235頁−236頁（これらの経費を損害額に含ませるとするならば，経費の支出を免れた上に利益を獲得することになるとする）。

(84)　東京地判平3年2月25日判時1399号69頁。

(85)　東京地判平3年2月25日判時1399号69頁，東京地判昭51年12月22日判タ354号290頁。東京地方裁判所商事研究会編・前掲注(80)236頁，岩原編・前掲注(80)263頁〔森本滋〕。

第4章　企業グループにおける取締役の競業避止義務と責任　◆　131

社423条2項〕）により，当該取締役の競業会社代表取締役在任期間中の競業会社の営業利益であると判示する。

　競業取締役の責任を追及するためには，会社の具体的な損害額の立証を要せず，当該取引によって取締役または第三者が得た利益の額を立証すれば，その額の賠償を受けることができる。もちろん会社の方で，会社の受けた損害額が，取締役または第三者が得た利益の額より多いことを立証すれば，実際の損害額に等しい額の賠償を受けることができる。逆に，取締役の方で，会社の受けた損害額が取締役または第三者が得た利益の額より少ない額であることを立証すれば，取締役は実際の損害だけを賠償すればよい[86]。なお，競業取引について事後承認があっても，適法な競業取引となるわけではなく，取締役の責任に直接影響せず，損害の推定規定が適用されることになる[87]。

　ところで，名古屋高判平成20年4月17日金判1325頁47頁（高木製綿事件）は，平成17年商法改正前の損害額の推定規定（商旧266条4項）を適用したもので，X株式会社の代表取締役Y1が事実上の主宰する別会社のY2有限会社を用いて競業取引を行ったことについて，X会社がY1に対して競業避止義務違反に基づく損害賠償請求をした事案で，損害額と推定される「Y1が競業避止義務違反によって得た利益は，役員報酬又は給与手当が役務の対価又は労務の対価であり，Y2会社においてY1が資金調達，信用及び営業について中心的な役割を果たしていることに鑑みれば，……Y1及びその家族の報酬……の合計額の5割とするのが相当である。」，「したがって，旧商法266条4項により，Y1が，競業取引をすることによってX会社が被った損害額は1953万円となる。」と判示した。

　損害額の推定規定は，取締役または第三者が得た利益の額（商旧266条4項，会社423条2項）を会社の損害額と推定するものである。しかし，本件では，第三者であるY2会社には問題となる期間において利益を得ていたとは認められなかったために，本判決は，Y1およびその家族がその期間中にY2会社で得た役員報酬の一部を取締役が得た利益の額とし，これをX会社の損害額と認定し

---

(86)　竹内・前掲注(3)145頁，稲葉・前掲注(3)209頁，上柳＝鴻＝竹内編集代表・前掲注(10)287頁〔近藤光男〕，岩原編・前掲注(80)263頁-264〔森本滋〕。

(87)　岩原編・前掲注(80)264頁〔森本滋〕（なお，利害関係のない取締役が事後承認〔追認〕することは，競業取締役に対する損害賠償責任追及の訴訟において，会社に生じなかったことの有力な立証手段となるとする）。

ている。これに対し，批判する見解が多い[88]。しかし，家族・親族のみで経営されているような小規模の閉鎖的会社では，会社の利益が剰余金の配当ではなく役員報酬の形として支払われている場合が少なくないことから，本判決はその実態に注目したものとして，具体的な事案における判示としてその結論自体は支持されうる[89]。

④　**委任またはその類推による取得株式・配当金の返還請求**　　東京地判昭和56年3月26日判時1015号27頁（山崎製パン事件）は，X会社のワンマン的経営を行っていた代表取締役Yが，X会社と競業する他のA会社の株式のほとんどを自ら買い取ってそのA会社の事実上の主宰者として経営したり，自らの資金でX会社と競業する別会社のB会社を設立してB会社（後に，X会社の子会社であるC会社に吸収合併された）の代表取締役となり経営をした事案で，東京地裁は，「Yが……A会社の事実上の主宰者として，これを経営してきたことは，……第三者であるA会社のために，X会社の営業の部類に属する取引をしてきたことに外ならず，……X会社に対する競業避止義務に違反することは明らかである。」，「YがX会社の代表取締役でありながら，B会社及びC会社の代表取締役として，……これらの会社を経営したことは，第三者であるこれらの会社のために，X会社の営業の部類に属する取引をしてきたことに外ならず，……X会社に対する競業避止義務に違反することは明らかである。」と判示した。そして，「取締役会がその機能を失い，代表取締役が全ての業務執行を決定し，これを執行するというX会社にみられた状況は極めて異常のものではあるが，取締役会が業務執行に関する全ての決定をYに委任していたというべき状態にあったとみる外ない。」として，「YがB会社の発足及び運営，C会社の設立及

---

(88)　弥永真生「判批」ジュリ1389号67頁（2009），鳥山恭一「判批」金判1313号8頁（2009），重田麻紀子「判批」法学研究83巻11号80頁（2010），吉本健一「判批」私法判例リマークス39号77頁（2009）等。

(89)　弥永・前掲注(88)67頁（しかし，Y2会社において損失が計上されているという事実を明示的に考慮しないことは理論的に問題があるとする），鳥山・前掲注(88)8頁（まず，Y2会社の利益がそのように実質的には役員報酬として支払われていたという事実が認定されるべきであったとする），重田・前掲注(88)80頁，コーエンズ久美子「判批」山形大学法政論叢48号12頁（2010），岩崎友彦「競業避止義務の範囲」野村修也＝松井秀樹編『実務に効く　コーポレート・ガバナンス判例精選』173頁（有斐閣，2013）。なお，吉本・前掲注(88)77頁は，Y2会社は法人格を濫用しているとしてY1と同一視できるとすれば，Y1が競業取引から得た利益をもって商旧266条4項所定の利益と解することができるとする。

第4章　企業グループにおける取締役の競業避止義務と責任　◆　133

び運営に関し行った行為がＸ会社に対する競業行為となり，善管注意義務，忠実義務に違背するものであることは，……Ｘ会社の取締役会のＹに対する委任の趣旨に反するものであることは明らかである。」，「Ｘ会社はＹに対し，委任の本旨に従い，その株式の移転を求めることができるのと同様に，本件の場合においても，Ｘ会社は，その株式がＹにおいてＸ会社に移転することがなお不可能とはみられない限り，委任又はその類推により，Ｙに対し，その移転を求め，既にこれらの株式につき取得した配当金はこれを返還し，またその移転義務の履行が将来不可能になる場合には，その填補賠償を求めることができると解するのが相当であり，この方法こそが競業避止義務，善管注意義務及び忠実義務違反を理由とする損害賠償請求よりもはるかに直接的でかつ根本的な救済を得る結果となるものというべきである。」と判示する。

　本件判旨によれば，Ｙは，「自己のため」ではなくて，「第三者であるＡ会社のため」に競業取引を行ったと認定していることから，「自己ノ為」に取引をした場合を要件とする介入権（昭和56年改正前商264条3項）を行使する余地はなくなる。したがって，このような場合には，Ｘ会社はＹに対する損害賠償請求のみが可能であると通常考えられる。ところが，本件判旨は，Ｙに対して，その保有する株式の移転および既にこれらの株式につき取得した配当金の返還を求める旨の判示をしている。この判旨の構成には疑問を指摘する見解が多い[90]。

　本件事案において，Ａ会社およびＢ会社の運営は事実上Ｘ会社のリスクのもとに行われている点，また，Ａ会社およびＢ会社の株式の実質上すべてをＹが保有している点で，このような特殊な事実関係を前提に特別の救済を認めたものとして，本件判旨を理解するのが妥当であろう[91]。その意味で，本件判旨の処理は，受任者の受取物の引渡し等を定める民法646条の適用ないし類推適用により，介入権の行使に類似した救済を認めた裁判例として評価されうる[92]。

---

[90]　江頭憲治郎「判批」ジュリ822号108頁（1984），渋谷光子「判批」判例評論282号49頁（判時1043号203頁）（Ａ会社・Ｂ会社ともに，Ｙが実質的に支配する点で，Ｙの計算で競業がなされたもので，介入権を認めうる場合だったと解する）（1982），牛丸與志夫「判批」百選115頁（Ｙは，「自己のために」取引をなしたものとみるべきであるとする）など。

[91]　神崎克郎「判批」商事915号9頁（1981），堀口亘「判批」ジュリ768号106頁（1982），江頭・前掲注(90)108頁，奥島孝康「判批」法学セミナー410号108頁（1989），岩崎・前掲注(89)174頁等。

(2) 取締役会の承認を得た競業取引の場合

　競業取引について，取締役が取締役会の承認を得て行う場合，取締役会の承認には当然の免責的効果はないことから，会社に対する善管注意義務・忠実義務に違反して会社に損害を与えたときは，会社に対して善管注意義務違反・忠実義務違反による責任を負うことになると解されている（会社423条1項）[93]。これに対し，昭和25年改正商法では，競業取引についての株主総会の認許には免責的効果が与えられると解されていたので，その経緯について，簡潔に概観する。

(ア) 会社法制定前

　① **昭和25年改正商法**　昭和25年改正商法では，取締役が競業取引をするには，株主総会においてその取引について重要な事実を開示し，その認許を受けなければならないとされ，その認許は発行済株式の総数の3分の2以上の多数をもってすることとされていた（昭和25年改正商264条1項2項）。

　昭和25年改正商法のもとでは，競業取引についての株主総会の認許には，免責的効果が与えられると解されていた[94]。その理由として，(a)競業禁止規定に違反して取引をした場合に取締役は損害賠償の責めに任ずるとしていた規定（昭和25年改正商266条1項3号）の反対解釈として，認許を受ければ責任を追及されないと解されること，(b)取締役が自己取引により会社に損害賠償の責任を負う場合，総株主の同意（同改正商266条4項）によることなく，発行済株式の総数の3分の2以上の多数をもって免除できるとする規定（同改正商266条5項）と，競業取引の株主総会の認許の決議要件が同じであること，(c)会社の所有者である株主からなる株主総会が，たとえ競業であっても，それが実質的に会社の利害と衝突しないと考えればこそ認許するのであり，この認許は会社所有者

---

(92)　江頭・前掲注(7)441頁注(5)，落合編・前掲注(5)75頁－76頁〔北村雅史〕等。

(93)　竹内・前掲注(3)143頁－144頁，元木・前掲注(3)139頁，稲葉・前掲注(3)207頁，江頭・前掲注(7)440頁，上柳＝鴻＝竹内編集代表・前掲注(10)214頁－215頁〔本間輝雄〕・286頁〔近藤光男〕，落合編・前掲注(5)76頁〔北村雅史〕等。

(94)　ただし，事後に行われた株主総会の認許は，認許をなくして行った競業行為の結果，会社に与えた損害については本来，総株主の同意を要するのに（昭和25年改正商266条4項），事後の認許を認めれば，事実上発行済株式の総数の3分の2以上の多数をもって免除したと同じ結果を生じ，競業禁止規定の趣旨が没却されてしまうから，株主総会の認許は競業行為の事前になされるべきであり，事後の認許は許されないとする点で，異論をみなかった。上柳＝鴻＝竹内編集代表・前掲注(10)219頁〔本間輝雄〕。

第4章　企業グループにおける取締役の競業避止義務と責任　◆　135

による取引の承認という例外的現象であること，以上のような理由が挙げられていた[95]。

②　**昭和56年改正商法**　しかし，昭和56年改正商法は，競業取引の承認機関を取締役会に移行させるとともに（昭和56年改正商264条1項），競業禁止規定に違反して取引をした場合に取締役は損害賠償の責めに任ずるとしていた規定（昭和25年改正商266条1項3号）が削除された。

その削除された理由として，(a)従来から，株主総会の認許を受けないで取引すること自体が法律違反であり，取締役は法令違反（昭和25年改正商266条1項5号〔「法令又ハ定款ニ違反スル行為ヲ為シタルトキ」〕）によって損害賠償の責めに任ずることになるため，上記競業禁止規定違反による取締役の損害賠償責任規定（昭和25年改正商266条1項3号）は単なる注意規定であるとの考え方が強かったこと，(b)昭和56年改正商法において，競業取引の承認機関が株主総会から取締役会へ移行したことに伴い，取締役会の承認には免責的効果がないことになり，取締役が取締役会の承認を得ないで競業取引をすれば，当然に法令違反となり，取締役が会社に対して責任を負うことになるが，上記のような損害賠償責任規定（昭和25年改正商266条1項3号）があると，かえって取締役会の承認があれば取締役の責任は生じないと解されるおそれがあることから，この規定を削除しても，取締役の競業についての責任についての解釈に支障がないのみならず，誤解を防ぐうえからも得策であると考えられること，以上のような理由が挙げられていた[96]。

(イ)　会社法　平成17年会社法は，競業取引規制について，昭和56年改正商法の規定を基本的に受け継いでおり，取締役が競業取引について取締役会の承認を得て行う場合でも，当該競業取引を行う取締役は，当然に免責されるわけではない。この場合に，一般的な善管注意義務・忠実義務に違反しているかどうかという任務懈怠責任が問われることになる（会社423条1項）。また，取締役が取締役会の承認を得ているので，競業取引規制に違反したときにおける損害額の推定規定（会社423条2項）の適用はないことになる。

上記のように取締役会の承認を得た競業取引について免責の効果はないから，常に会社に損害を与えないような方法で競業を行わなければならないことになり，実際には，形式的には競業であっても実質的には競業にならないような場

---

(95)　竹内・前掲注(3)143頁，元木・前掲注(3)137頁・139頁。
(96)　元木・前掲注(3)149頁，上柳＝鴻＝竹内編集代表・前掲注(10)286頁〔近藤光男〕。

合（例えば，親会社がある地域についての製品の販売を子会社に行わせ，その子会社の代表取締役に親会社の取締役が就任するような場合）にしか行えないことになるとし，また，取締役会の承認も，競業によって会社に損害が生じないことが確実なものしか与えられず，実際には，形式的な競業にあたる場合に限られることになると考える見解がある[97]。しかし，このような考え方によれば，取締役会の承認があっても，結果的に会社が損害が生じた場合には，当該競業取引に関係する取締役に無過失責任ないしは結果責任を負わせることになるのであろう。

これに対し，競業取引によって会社がいかなる影響を受けるかを判断するのに必要な重要な事実を完全に開示して取締役会の承認を得た取締役は，承認を得た範囲内で競業取引をする限り，それによって会社が損害を被っても，それを賠償する責任を負わないものと考える見解[98]や，取締役会の承認を求める際に取引の重要な事実を十分に開示したこと（会社356条1項1号・365条1項），競業取引後に取締役会に報告していたこと（会社365条2項）は，取締役の忠実義務違反を否定するための1つのファクターとして考慮されるべきであり，故意または過失が原則として否認される場合もありうると考える見解[99]が主張されている。これらの見解も，実際上，取締役会の承認に免責の効果を認めるのと同じことになるのであろう[100]。

むしろ，競業取引を行う取締役は，当該競業取引によって会社に損害が生じないと合理的に信じた場合には，会社に損害が生じる結果となった場合でも，善管注意義務違反・忠実義務違反による損害賠償責任を負わないと解されるべきである。そして，取締役会において重要な事実を誠実に開示し，取締役会の承認を受けたときは，損害額の推定規定（会社423条2項）が適用されないことになるとともに，さらに，過失のないことの立証に資することになるものと考えられる[101]。

（97）　元木・前掲注(3)151頁。
（98）　神崎・前掲注(67)91頁。
（99）　上柳＝鴻＝竹内編集代表・前掲注(10)287頁〔近藤光男〕。
（100）　北村・前掲注(1)151頁注(12)。
（101）　河本・前掲注(60)474頁（取締役会で慎重な審議をしたうえ承認を与えたことは，その結果なされる競業行為が会社の高度の政策判断の線に沿うものであることの推定を生じさせるとする），北村・前掲注(1)150頁（承認を受けた事実が過失の認定の際に取締役に有利に働くとする）。

第4章　企業グループにおける取締役の競業避止義務と責任　◆　137

　他方，競業取引を行った取締役以外の取締役は，取締役会において当該競業取引の重要な事実について十分な情報開示を受けて，当該競業取引が会社に損害を与えないと合理的に信じて取締役会で承認決議に賛成した場合，当該取締役は任務懈怠による責任を負わないと解される。なお，取締役会の承認決議に賛成した取締役に任務懈怠が認められない場合は，情報開示に問題がない限り，競業取引を行う取締役の任務懈怠も認められないことになるとする見解がある[102]。むしろ，承認決議に賛成した取締役に任務懈怠が認められない場合は，競業取引を行う取締役の任務懈怠も認められないと推定されると考えるべきであろう。競業取引を行う取締役の任務懈怠による責任を前提として，取締役会の構成員の責任が問題となると考えるべきであるからである。

　近時，企業の組織再編により，企業集団（企業グループ）化が促進され，会社がその子会社や関係会社へ会社の取締役を派遣して，代表取締役に就任させる場合が多くなっている。必然的に，企業グループにおいてそれぞれ競業取引をする機会も増大している。このような場合に，同種の事業を目的とする子会社・関係会社の代表取締役に就任させるときは，競業取引について取締役会の包括的承認の手続を踏むことが多いであろう。しかし，取締役会の承認を得ていたとしても，競業取引により結果として会社に損害を与えた場合には，取締役は善管注意義務違反・忠実義務違反の責任が問われることになる。

　そこで，会社が同種の事業を目的とする子会社や関係会社へ会社の取締役を派遣して，代表取締役に就任させる場合には，親会社の企業戦略の一環として，高度な経営政策的判断ないしは正当な事業目的から行われることが多いことから，競業取引の承認を得ていた場合に結果的に会社の損害が生じたとしても，直ちに，その競業取引を行った取締役およびそれを承認した取締役会決議に賛成した取締役（会社369条5項）について善管注意義務違反・忠実義務違反の責任を負わせるべきではないと主張する見解が多い[103]。この見解は一般的に支

---

(102)　岩原編・前掲注(80)265頁〔森本滋〕。北村・前掲注(1)150頁も，承諾を与えた取締役の方に過失があった場合に，競業取引を行った取締役も，その競業取引が会社を害することを知りうべきであったことになるので，当該取締役は，その義務に違反し，これについて過失があることになるとする。

(103)　河本・前掲注(60)474頁，片山信弘「取締役の競業避止義務」『上柳克郎先生還暦記念　商事法の解釈と展望』258頁（有斐閣，1984），江頭・前掲注(7)440頁，神作裕之「取締役の競業避止義務の免除」学習院大学法学部研究年報26号219頁（1991），上柳＝鴻＝竹内編集代表・前掲注(10)215頁〔本間輝雄〕，落合編・前掲注(5)76頁〔北村雅史〕等。

持すべきものと考えるが，包括的な承認に事実上の免責的効果を付与すること
を認める趣旨であれば[104]，妥当なものとはいえないであろう[105]。競業子会
社または関連会社への取締役の派遣についての取締役会の承認が適切さを欠く
場合には，その取締役会の承認決議に参加した取締役は，子会社等の競業取引
により会社に損害を与えたとき，責任を問われることになるものと考えられる。
もっとも，その責任を判断する際には，企業経営の専門家としての取締役は，
その高度な経営政策的判断として，その裁量の範囲内であれば，いわゆる経営
判断の原則により責任を負わないと解すべきことになる[106]。

6 結 び

　取締役会設置会社では，競業取引規制については，明治32年商法に制定され
てから会社法へ引き継がれるまでに，その承認機関が株主総会から取締役会に
移され，介入権制度の廃止，損害額の推定の規定などの諸改正が行われてきた。
しかし，企業グループの促進がなされている企業社会において，現行の会社法
は，グループ会社間の競業取引規制について十分な規整を設けているというわ
けではない。本章は，取締役が他のグループ会社を代表・代理して競業取引を
行う場合が多いものと考えられるので，取締役が競業関係の他の会社のために
競業取引を行う場合における取締役の競業避止義務と責任の問題を中心に，わ
が国でこれまでに積み重ねられた裁判例および学説を整理し，検討してきた。
　企業グループにおける経営戦略に基づいて，グループ会社間の統一的指揮を
はかることなどの目的で，親会社の取締役を子会社または関係会社の代表取締
役として派遣する場合については，会社間に利益の衝突をきたす定型的構造が
欠けるから，競業取引規制の対象とならず，取締役会の承認を要しないとする

---

(104)　安井威興「取締役の競業規制について」高鳥正夫編著『改正会社法の基本問題』162
　　頁（慶應通信，1982）は，競業の包括的承認に免責的効果を付与するのでなければ，実
　　際上，競業取締役はたえず会社の利益を侵害する危険に晒されることになるから，一般
　　的に，包括的許諾に免責的効果を付与するほかないとすれば，競業の包括的許諾機関は
　　株主総会とするほかないとする。
(105)　上柳＝鴻＝竹内編集代表・前掲注(10)215頁〔本間輝雄〕は，もし承認に免責的効
　　果を一般的に認めると解すれば，それに伴う危険を倍加し，承認機関を再検討すべき余
　　地も生ずることも考慮すべきとする。
(106)　河本・前掲注(60)474頁（経営判断の理論が働くことを認めざるを得ないとする），
　　上柳＝鴻＝竹内編集代表・前掲注(10)215頁〔本間輝雄〕。

考え方もある。とりわけ、親子会社間に完全なまたは実質的に完全な支配従属関係が認められる場合には、その競業取引の実質上・経済上の効果は親会社に帰属するといってよいので、両会社は経済的に一体で実質上利害衝突のおそれはなく、競業取引規制の対象とならず、取締役会の承認を要しないと解する見解が多い。

このような見解によれば、取締役会の承認がなくても競業取引規制違反による取締役の責任も生じないということになるのであろうか。この点については、取締役会に当該競業取引の検討をさせることによる健全な経営管理の問題と、取締役の免責（会社424条）の問題とは別個の問題であると考えるべきであろう。完全親子会社関係の場合であっても、子会社は別法人であって、子会社が倒産すれば、子会社の財産は株主である親会社に優先して子会社債権者の担保財産となることから、親子会社の間に利害対立の関係がないとはいえず、また、競業取引について取締役会で検討させることにより当該会社の健全な経営管理に資すること、ひいては、企業グループ全体の企業価値の向上につながると考えられるので、完全親子会社関係の場合についても競業取引規制の対象となると解するべきである。

ところで、親会社が、その企業戦略の一環における高度な経営政策的判断として、競業子会社または関連会社へ取締役の派遣をする場合に、当該競業取引についての取締役会の承認が適切さを欠く場合には、その取締役会の承認決議に参加した取締役は、子会社等の競業取引により会社に損害が生じたとき、責任を問われることになるものと考えられる。

もっとも、この場合に、競業取引を行う取締役は、当該競業取引によって会社に損害が生じないと合理的に信じた場合には、会社に損害が生じる結果となった場合でも、善管注意義務・忠実義務違反による損害賠償責任を負わないと解されることになるであろう。また、取締役会において重要な事実を誠実に開示し、取締役会の承認を受けたときは、過失のないことの立証に資することになるであろう。

他方、競業取引を行った取締役以外の取締役は、取締役会において当該競業取引の重要な事実について十分な情報開示を受けて、当該競業取引が会社に損害を与えないと合理的に信じて取締役会で承認決議に賛成した場合、当該取締役は任務懈怠による責任を負わないことになる。もっとも、その責任を判断する際には、企業経営の専門家としての取締役は、その高度な経営政策的判断と

して，その裁量の範囲内であれば，いわゆる経営判断の原則により責任を負わないと解されることになるものと考えられる。

第5章

会社間の取引における
取締役の利益相反取引と責任

1 はじめに

　今日の企業，とりわけ大規模な会社において，企業グループ化が促進され，系列関係にある会社間における取引も多くなっている。必然的に，そのような会社間の取引において利益衝突の状況が生じることになり，従来，支配・従属会社間の取引における従属会社少数株主の保護，あるいは親会社株主・子会社少数株主などの保護の問題などが論議されている。しかし，これらの問題について現行法は十分な法規制が整備されているというわけではない。そのような現状において，会社法は，取締役がその地位を利用し会社の利益を犠牲にして自己または第三者の利益を図る危険性が考えられることから，取締役の利益相反取引に関する一般的・予防的な規制に関する規定をしているにすぎない（会社356条1項2号3号・365条）。

　ところで，利益相反取引規制は，当初は旧商法（明32法48）176条として規定されたが，明治44年・昭和13年の改正を経て，昭和25年改正法265条は，「取締役ガ会社ノ製品其ノ他ノ財産ヲ譲受ケ会社ニ対シ自己ノ製品其ノ他ノ財産ヲ譲渡シ会社ヨリ金銭ノ貸付ヲ受ケ其ノ他自己又ハ第三者ノ為ニ会社ト取引ヲ為スニハ取締役会ノ承認ヲ受クルコトヲ要ス此ノ場合ニ於テハ民法第108条ノ規定ヲ適用セズ」と規定していた。本規定は，いわゆる直接自己取引（以下「直接取引」という）の主な事例を例示していたにすぎなかった。

　その後，会社が取締役の個人の債務について，第三者との間で債務引受契約をなす場合などに本条の規定の適用があるか否かが争われ，これを肯定する判例が出され，また学説もこれを支持していることを受け，昭和56年改正で，上

記法文の前段の直接取引の後に「会社ガ取締役ノ債務ヲ保証シ其ノ他取締役以外ノ者トノ間ニ於テ会社ト取締役トノ利益相反スル取引ヲ為ストキ亦同ジ」という文言を加えて（改正法265条1項後段），いわゆる間接自己取引（以下「間接取引」という）も規制対象とされるようになった[1]。しかし，実務界から，昭和56年改正法265条1項後段の間接取引の規定は抽象的であり，実質的な諸事情を考慮して，その適用範囲が拡大されるという懸念が表明されていた[2]。

会社法356条1項2号3号は，会社の取締役が自己または第三者のために会社と取引すること，または会社が取締役以外の者との間において会社と当該取締役との利益が相反する取引を規制する。取締役が会社の利益を犠牲にして自己または第三者の利益を図ることを防止するという立法趣旨の観点から，利益相反取引（直接取引・間接取引）の適用範囲を検討する場合，その規制の対象の範囲を拡大するならば，利益相反取引が本規定違反により無効とされる場合も増加して取引の安全が害されること[3]，また会社実務の煩雑な手続が増大することなどの問題が生じることになる。したがって，これらの諸事情を勘案して，利益相反取引規制の妥当な適用範囲を検討する必要がある[4]。

もっとも，利益相反取引の内容について，当該行為の一般的・抽象的性質から，会社と取締役との利益衝突のおそれのない取引や会社に不利益でない取引は，従来，利益相反取引規制の適用範囲に含まれないと一般的に解されてい

---

(1)　元木伸『改正商法逐条解説〔改訂増補版〕』141頁（商事法務研究会，1983），竹内昭夫『改正会社法解説〔新版〕』147頁（有斐閣，1983），上柳克郎＝鴻常夫＝竹内昭夫編集代表『新版注釈会社法(6)』228頁−229頁〔本間輝雄〕（有斐閣，1987）など参照。

(2)　竹内昭夫＝稲葉威雄＝窪内義正＝境隆清＝南忠彦＝竹中正明「座談会　商法改正追加要望事項をめぐって〔1〕−株主総会・取締役等に関する事項−」商事1041号20頁−21頁〔境隆清発言〕（1985），境隆清「商法改正追加要望事項について−商事法務研究会・経営法友会意見の概要−」商事1041号34頁−35頁（1985），神崎郎「取締役の間接取引の明確化」商事1064号35頁（1986）など参照。

(3)　取締役会（株主総会）の承認のない利益相反取引の効力については，判例・通説は相対的無効説をとっており，無効であるけれども，取締役会の承認のないことについて第三者が悪意であったことを主張・立証しなければならないと解する。最大判昭和43年12月25日民集22巻13号3511頁，最大判昭和46年10月13日民集25巻7号900頁，落合誠一編『会社法コンメンタール(8)』86頁以下〔北村雅史〕（商事法務，2009），酒巻俊雄＝龍田節編集代表『逐条解説会社法(4)』433頁以下〔石山卓磨〕（中央経済社，2008）など。

(4)　利益相反取引の適用の範囲は，その違反行為の効力の問題と相関的な関係にあると考えられる。前田雅弘「取締役の自己取引−商法265条の適用範囲の再検討」森本滋＝川濱昇＝前田雅弘編『企業の健全性確保と取締役の責任』292頁（有斐閣，1997）。

る[5]。

　本章は，まず，会社間の取引における取締役の利益相反取引に関する裁判例[6]を概観する。次に，利益相反取引規制の適用範囲について利益相反関係にある取締役の範囲を中心に検討した後，取締役の利益相反取引に対する責任に論及する

2　会社間の取引における利益相反取引規制の適用範囲

(1)　会社間の取引における取締役の利益相反に関する責任が問われた裁判例の整理

　会社間の取引における取締役の利益相反に関する責任が問われた裁判例について，利益相反取引違反による責任の有無，「自己または第三者のために」の意味，損害の範囲などを中心に整理する。

(ア)　利益相反取引違反による責任に関する裁判例　　会社間の取引における取締役の利益相反取引に関係する事案で，取締役の責任が問われた裁判例について，利益相反取引違反による責任を認めた裁判例は，〔1〕名古屋地判昭和58年2月18日判時1079号99頁（東海圧延鋼業株主代表訴訟事件），〔2〕大阪高判平成2年7月18日判時1378号113頁（坂井化学工業損害賠償請求控訴事件），〔3〕最

---

(5)　例えば，取締役に対する会社の債務の履行（大判大正9年2月20日民録26輯184頁），会社・取締役間の相殺契約（大判昭和5年2月22日法律新報213号14頁），取締役の会社に対する無担保・無利息の貸付け（最判昭和38年12月6日民集17巻12号1664頁），取締役による会社の債務の免除，取締役からの会社に対する負担なき贈与（大判昭和13年9月28日民集17巻1895頁），定型的に会社に不利益が生じる危険のない普通取引約款による取引（東京地判昭和57年2月24日判タ474号138頁等）。上柳=鴻=竹内編集代表・前掲注(1)234頁〔本間輝雄〕，落合編・前掲注(3)78頁〔北村雅史〕。

　　なお，具体的取引が会社にとって公正かつ合理的であり，事実上会社をなんら害さないときは，当該取引は取締役会の承認を要する取引に該当しないとする見解がある（北沢正啓『会社法〔第6版〕』423頁（青林書院，2001）。これに対し，公正性の範囲に幅があり，公正な幅の中に収まっていたとしても会社に不利益がないとはいえないことなどの理由で，利益相反取引規制の適用範囲に含めて取締役会の承認を要求する見解が多い（前田・前掲注(4)298頁，落合編・前掲注(3)78頁〔北村雅史〕，江頭憲治郎『株式会社法〔第7版〕』445頁（有斐閣，2017）。

(6)　本章で概観する裁判例の個別の事案・判旨の内容および意義・位置づけの検討については，拙稿「会社間の取引における取締役の利益相反と責任」福岡大学法学論叢61巻4号1184頁以下（2017）参照。

判平成12年10月20日民集54巻 8 号2619頁（ネオ・ダイキョー自動車学院株主代表訴訟事件）のみである。〔4〕 さいたま地判平成22年 3 月26日金判1344号47頁（日本精密損害賠償等請求事件）は，善管注意義務違反による責任を認めたが，利益相反取引違反による責任を認めていない。

　他方，取締役の責任を認めなかった裁判例では，〔5〕大阪地判昭和42年 4 月20日判時498号64頁（三栄鋲螺損害賠償請求事件）は善管注意義務・忠実義務および競業避止義務の違反，〔6〕東京地判昭和49年 3 月14日判時773号127頁（日幸機工株主代表訴訟事件）は忠実義務違反，〔7〕大阪地判昭和53年11月 1 日判時929号115頁（日本交通大阪・日交整備株主代表訴訟事件）は善管注意義務および忠実義務の違反，〔8〕大阪地判平成14年 1 月30日判タ1108号248頁（ロイヤルホテル株主代表訴訟事件）では善管注意義務・忠実義務・利益相反取引等の違反が問題とされた。裁判例〔5〕〔6〕は，取締役の利益相反取引違反と構成しうる事案であった。

（イ）直接取引・間接取引　　前記裁判例のほとんどが直接取引の事案であるといってよい。取締役の責任を肯定した裁判例では，裁判例〔1〕は，A 会社およびB 会社の代表取締役を兼任するYがA 会社製造の丸型鋼材の廉価取引をした事案である。裁判例〔2〕は，X 会社のワンマン経営者である代表取締役がB 会社の約30％の株式を有する事実上の主宰者である場合に，両会社間で機械設備の割安の譲渡等をした事案である。裁判例〔3〕は，A 会社とB 会社の代表取締役を兼ねるY1が，両会社間でB 会社所有の不動産を不動産鑑定士の鑑定価格で購入取引を行った事案である。裁判例〔4〕は，X 会社とB 会社の代表取締役は異なるが，X 会社の取締役がB 会社（X 会社の完全子会社）の代表取締役を兼任する場合に，B 会社に 1 億円の増資をした事案である(7)。

　取締役の責任を否定した裁判例では，裁判例〔5〕は，A 会社およびB 会社の代表取締役は異なるが，A 会社の取締役がB 会社の代表取締役を兼任する場合に，両会社間でA 会社が仕入れた鋼材を仕入値より 1 割近く値引してB 会社に売却した事案である。裁判例〔6〕は，A 会社とB 会社の代表取締役は異なるが，A 会社の取締役がB 会社の代表取締役を兼任する場合に，A 会社が建物・機械設備をC 会社に譲渡し，その譲渡代金を，B 会社に対する債務の弁済

---

(7)　なお，裁判例〔4〕は，子会社への増資が利益相反とはならないとするが，善管注意義務違反に基づく損害賠償を求める部分について責任を認める。

にあてた事案である⁽⁸⁾。裁判例〔7〕は，系列のA会社，B会社およびC会社の代表取締役を兼ねる者が，A会社・B会社を代表してC会社との間において土地売買契約の締結をした事案である。裁判例〔8〕は，グループ内のA会社とB会社の代表取締役を兼任する者が，同グループ内のC会社を経由してA会社のB会社に対する融資をし，また，A会社のB会社に対する債権放棄等をした事案である⁽⁹⁾。

(ウ)「自己または第三者のために」の意味　「自己または第三者のために」の意味について，明確に言及している裁判例は，裁判例〔1〕と裁判例〔2〕のみであり，「自己または第三者の計算において」の意味（いわゆる計算説〔実質説〕）であると解する立場をとっているものと考えられる。

(エ) 損害の範囲　損害の範囲については，長期的に会社の維持発展につながるという経営上の合理的理由があれば，短期的には会社に不利益が生ずることがあっても，一般的に，不当廉売または不当な値引販売とはならないと考えられており（裁判例〔1〕〔6〕参照），また，損害算定の基準として，他の一般の取引先に対する販売価格等との差額を基準として，いわゆる独立当事者間基準の考えを採用しているものと思われる（裁判例〔1〕参照）。また，会社がその従業員を他の会社へ出向させてこの出向者に支払った給与の額，および会社が支払ったその出向先の他の会社の商標の使用料の額を，競業避止義務違反または利益相反取引違反による損害とされる（裁判例〔2〕参照）。不動産の購入価格について別々の不動産鑑定士による鑑定書の比較による差額を損害と認定するものがあるが（裁判例〔3〕参照），適格な専門家と合理的に信じられる限り，取締役会に提出された鑑定書を信頼した場合，たとえ1つの鑑定書であっても，特段の事情がない限り，その信頼は保護されるべきであろう。さらに，グループ内の会社に対する増資，融資，債権放棄等については，会社の利益を図る目的でされたものである限り，原則として利益相反取引による責任を負わされないと解されるが，経営判断の誤りにより，善管注意義務違反による責任が問われる場合がありうると考えられる（裁判例〔4〕〔8〕参照）。

---

(8)　もっとも，裁判例〔6〕は，B会社のA会社に対する債権を回収させる目的で，A会社が建物・機械設備をC会社に譲渡し，その譲渡代金を，B会社に対する債務の弁済にあてたということであれば，間接取引の事案とすることができる。

(9)　裁判例〔8〕は，B会社に融資する目的でC会社を介在させている場合には，間接取引に該当するものと考えられる。

(2) 「自己または第三者のために」の意味

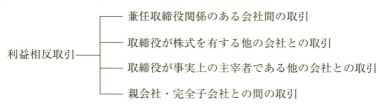
〔図1　会社間の取引における取締役の利益相反取引〕

　会社法は，直接取引として，取締役が自己または第三者のために会社と取引する場合（会社356条1項2号）と，間接取引として，会社が取締役以外の者との間において会社と当該取締役との利益が相反する取引をする場合（会社356条1項3号）について，株主総会または取締役会の承認（会社356条・365条）を要求して，一般的予防的に，事前の規制を行っている。

　直接取引に関する会社法356条1項2号の文言の中で「自己または第三者のために」の意味については，従来，①自己の名をもってまたは他人の代理人もしくは代表者においてすることを意味すると解する見解（名義説〔形式説〕）[10] と，②自己または第三者の計算においてすることを意味すると解する見解（計算説〔実質説〕）[11] とに分かれている。このように見解が分かれていることについて，広く間接取引をも含むと明記された現行法の下ではこの点についてと

---

(10)　江頭・前掲注(5)443頁，龍田節＝前田雅弘『会社法大要〔第2版〕』81頁（有斐閣，2017）〔経済的利益の帰属［計算において］は，間接取引の問題として考える〕，大隅健一郎＝今井宏＝小林量『新会社法概説〔第2版〕』229頁（有斐閣，2010），江頭憲治郎＝中村直人編著『論点体系　会社法(3)』128頁〔酒井太郎〕（第一法規，2012）など。直接取引の場合は，名義説が通説であるといわれる（岩原紳作編『会社法コンメンタール(9)』266頁〔森本滋〕（商事法務，2014），酒巻俊雄＝龍田節編集代表『逐条解説会社法(5)』409頁〔中村信男〕（中央経済社，2011）。なお，神田秀樹『会社法〔第21版〕』235頁（弘文堂，2019）は名義説が有力であるとする。)。

(11)　前田庸『会社法入門〔第13版〕』444頁（有斐閣，2018），弥永真生『リーガルマインド会社法〔第14版〕』198頁・236頁（有斐閣，2015）（会社法428条，商法551条参照），田中亘『会社法〔第2版〕』245頁（東京大学出版会，2018），河内隆史「利益相反取引の範囲と違反取引の効力」浜田道代・岩原紳作編『ジュリスト増刊　会社法の争点』142頁（有斐閣，2009）など。落合編・前掲注(3)81頁〔北村雅史〕は，会社法428条が自己のために直接取引を行った者に得た利益をはき出させることを目的とするのであれば，計算説がより趣旨に合致するとする。前掲裁判例〔1〕〔2〕は，計算説を採用する。

第5章　会社間の取引における取締役の利益相反取引と責任　◆　147

くに問題とする実益はないといわれていたが[12]，自己のために直接取引をした取締役の責任は無過失責任とされる会社法428条が新設されたことから，名義説と計算説に係る議論はなお実益を有すると見解がある[13]。利益相反取引規制（取締役会の承認を要する）の適用範囲を明確にする必要があるという観点からは，名義説のほうが妥当であると思われる。

ところで，利益相反取引規制の対象となる取引の範囲について，従来から争いがあり，大別すると，(i)利益相反取引規制に違反する取引の効力が問題となって取引の安全が害されないように，その適用範囲を形式的に厳格にとらえてその範囲を明確にしようとする立場と，(ii)取締役が会社の利益を犠牲にして自己または第三者の利益を図ることを防止するために，利益衝突の実質を重視して利益相反取引規制の適用範囲を拡張する立場とに分類することができる[14]。したがって，いずれの立場をとるかによって，利益相反取引規制の適用範囲に差異が生じうることになるであろう。

本章では，利益相反取引規制の対象となる取引の範囲について，兼任取締役関係のある会社間の取引，取締役が株式を有する他の会社との取引，取締役が事実上の主宰者である他の会社との取引，親会社とその完全子会社との間の取引に分類し，利益相反関係にある取締役の範囲に関する従来の議論を中心に整理し検討する。なお，これらの整理・検討を簡明にするために，ここでは，便宜的に取締役会設置会社間の利益相反取引について，株主総会ではなくて，取締役会の承認を要するものとする。

(3)　兼任取締役関係のある会社間の取引

(ア)　A会社の代表取締役YがB会社の代表取締役を兼任する場合

①　A会社とB会社の間の取引においてYが両会社を代表する場合　　YがA会社およびB会社の両会社を代表して，例えばB会社所有の不動産を購入する取引（直接取引）を行うことは，利益相反取引にあたり，両会社の取締役会の承認を要する[15]。間接取引として，A会社とB会社の代表取締役を兼任するY

---

(12)　上柳＝鴻＝竹内編集代表・前掲注(1)233頁〔本間輝雄〕。
(13)　河内・前掲注(11)142頁，落合編・前掲注(3)81頁〔北村雅史〕。
(14)　前田・前掲注(4)292頁。
(15)　最判平成12年10月20日民集54巻8号2619頁（前掲裁判例〔3〕），上柳＝鴻＝竹内編集代表・前掲注(1)233頁〔本間輝雄〕。

が，Ａ会社を代表して債権者Ｃ会社に対してＢ会社の債務を保証する場合にも，Ａ会社の取締役会の承認を要する[16]。

〔図２〕

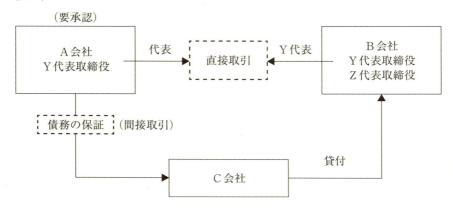

② **Ａ会社とＢ会社の間の取引において代表取締役Ｙが両会社を代表しない場合**
ＹがＡ会社とＢ会社の代表取締役を兼任する場合，Ａ会社とＢ会社の間の取引（直接取引）において，Ａ会社・Ｂ会社ともＹでない他の代表取締役が代表したときは，会社法356条1項2号は適用されず，いずれの会社においても取締役会の承認は不要であると解されている[17]。もっとも，Ａ会社をＹが代表した場合，Ｂ会社をＹ以外の他の代表取締役が代表したのであれば，Ａ会社において取締役会の承認は不要であるが，Ｂ会社においては取締役会の承認が当然に必要となると解される。この場合に，ＹがＡ会社を代表したのであれば，Ａ会社において取締役会の承認を要するとする見解もある[18]。

---

(16) 最判昭和45年4月23日民集24巻4号364頁，落合編・前掲注(3)83頁〔北村雅史〕。
(17) 通説である。上柳＝鴻＝竹内編・前掲注(1)233頁-234頁〔本間輝雄〕，落合編・前掲注(3)81頁〔北村雅史〕，江頭・前掲注(5)444頁。
(18) 江頭・前掲注(5)445頁注(2)（Ｙは，Ａ会社のみならずＢ会社をも代表したと見るべきであることを理由とする）。これに対し，会社法356条1項2号の文言解釈として，会社との取引を実行する者が当該会社の取締役でない限り，直接取引とはいえないと解する見解がある（落合編・前掲注(3)81頁〔北村雅史〕〔そのような事例は間接取引に該当しうるとする〕）。

〔図3〕

　他方，間接取引については，会社が取締役以外の者との間で行う取引によって，会社と取締役との間で利益が相反する場合に，例えば，昭和56年改正前の商法旧265条に関する最高裁判決は，A会社とB会社の代表取締役を兼任するYがA会社を代表として債権者C会社に対してB会社の債務を保証する場合に，同条の適用を認めていた[19]。この事例は，会社法356条1項3号の定める間接取引に関しても同様に解されており，さらに，近時では，本条1項3号の適用について，取締役YがA会社の代表取締役ではなく，B会社の代表取締役を兼ねている場合，A会社がB会社の債務を保証する行為は，YがB会社を代表するか否かは問題とならず，YがB会社の代表取締役の地位にある関係により利益衝突の危険性が大きくなると考えられることから，間接取引として規制を受けることに異論はない（図4参照）[20]。

---

(19) 最判昭和45年4月23日民集24巻4号364頁。
(20) 神崎克郎「取締役の利益相反取引」商事919号50頁〔1981〕，河本一郎「銀行取引と取締役の利益相反取引－間接取引を中心として－」金法1000号58頁〔1982〕，稲葉威雄『改正会社法』212頁（金融財政事情研究会，1982），森本滋「取締役のいわゆる利益相反取引の範囲」金法1026号17頁〔1983〕，藤川研策「利益相反取引」今井宏＝田辺康平編集代表『蓮井良憲先生還暦記念　改正会社法の研究』265頁（法律文化社，1984），上柳克郎＝河本一郎＝北沢正啓＝川又良也＝神崎克郎＝森本滋＝河村貢＝森井英雄＝多田晶彦『親子会社と取締役の自己取引規制』別冊商事109号100頁〔北沢正啓発言〕（1989），大隅健一郎＝今井宏『会社法論（中）〔第3版〕』240頁（有斐閣，1992），前田・前掲注(4)306頁，落合編・前掲注(3)83頁〔北村雅史〕等。

〔図4〕

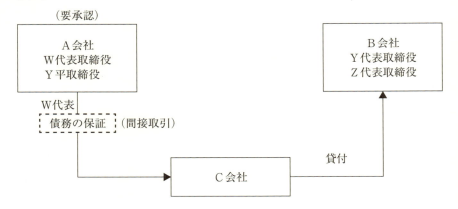

　間接取引について会社法356条1項3号の規定には，直接取引に関する本条1項2号における「第三者のために」（「他人の代理人または代表者において」の意味に解される〔名義説〕）という文言はないけれども，直接取引の場合と同様に，間接取引についても，上記の例でA会社の取締役YがB会社の代表取締役となっている場合に，取締役YがA会社の利益を犠牲にしてB会社の利益を図るおそれがあることから，本条1項3号の適用が認められるべきであるからである。間接取引の場合にも，取締役YがB会社の代表者（代表取締役）の地位にあることを要するとすることで，利益相反取引として取締役会の承認を必要とする範囲が明確になってくると考えられる。もっとも，この代表者は実質的に解して，Yが代表取締役でなくても，B会社の経営に事実上影響力を及ぼしたり，B会社の業務全般を統括したりしている場合には，B会社を代表する場合と実質的には同等と考えるべきである。

（イ）　A会社の代表取締役でない取締役YがB会社の取締役を兼任する場合

　①　**A会社とB会社の取締役を兼任する場合**　　YがA会社とB会社の取締役を兼任する場合，A会社とB会社の間で行われる取引（直接取引）について，会社法356条1項2号の文言上，YがB会社を代理・代表する者でない限り，同条項2号は適用されず，いずれの会社においても取締役会の承認は不要であると解されている[21]。

---

(21)　通説である。落合編・前掲注(3)81頁〔北村雅史〕。

A会社がB会社の債務を保証するなどの間接取引の場合についても，A会社の代表取締役でない取締役YがＹ平取締役を兼任するB会社とA会社の利益が相反するにすぎない場合にまで，A会社と取締役Yの利益が相反する類型的状態があるとはいえないことなどから，会社法356条1項3号の適用は否定されると解されている[22]。

〔図5〕

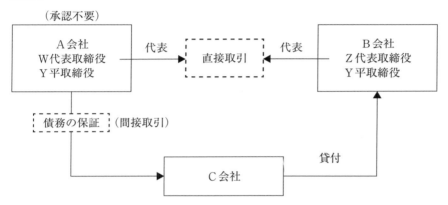

② **A会社の取締役YがB会社の代表取締役を兼任する場合**　A会社取締役YがB会社の代表取締役である場合には，A会社とB会社の間の取引（直接取引）について，B会社を代表する者がY以外のZであるときは，上記①の場合と同様に，会社法356条1項2号の適用を否定するのが多数説である[23]。

これに対し，A会社がB会社の債務を保証するなどの間接取引については，前述したように，取締役YがA会社の代表取締役ではなく，B会社の代表取締役を兼ねている場合，YがB会社を代表するか否かは問題とならず，YがB会

---

[22] 神崎・前掲注(2)37頁．
[23] 大隅＝今井・前掲注(20)238頁（ただし，YがB会社の社長としてその会社の業務全般を統括する地位にあるとか，B会社における自己の代表行為につきZを藁人形として利用するなど格別に事情があれば，同規定の適用を認める），森本滋『会社法〔第2版〕』244頁（有信堂高文社，1995）（例外として，YがB会社の代表取締役社長でありB会社の業務全般を統括するとき，同規定の適用を肯定すべきであるとする），落合編・前掲注(3)81頁〔北村雅史〕．この場合に，間接取引として規制すべきであるとする見解もある．上柳＝河本＝北沢＝川又＝神崎＝森本＝河村＝森井＝多田・前掲注(20)25頁・27頁〔河本一郎発言〕，稲葉威雄「商法改正と銀行取引（3）」金法1005号15頁（1982）．

社の代表取締役の地位にある関係から，A会社による債務保証から生じる利益衝突の危険性が大きくなる。したがって，間接取引として規制を受けることが認められる[24]。

〔図6〕

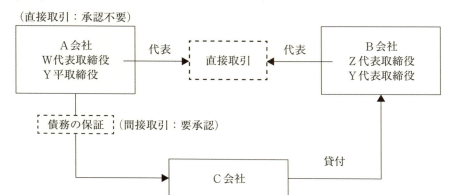

ところで，上記のような間接取引について，判例・学説がA会社によるB会社の債務の保証を間接取引として規制の適用を認めていることと均衡を失することのないように，直接取引の場合にも，たとえB会社を代表するのがY以外の代表取締役Zであっても，会社法356条1項2号の規制の対象とすべきであるとする見解がある[25]。しかし，会社を代表するということの意味を実質的に解する場合（取引の決定・執行に実質的に関与するとか，会社の業務全般を統括する地位にある場合などにおいて，代表と同一視する），直接取引と間接取引の適

---

(24) 本章・前掲注(20)および該当する本文参照。この場合，大隅＝今井・前掲注(20)242頁注(14)は，直接取引とのバランスを考慮して，YがB会社を代表として主たる債務を負担したことを要するものと解する。これに対し，そのような限定は不要であると反論がなされている。前田・前掲注(4)314頁注(52)，落合編・前掲注(3)83頁〔北村雅史〕。
(25) 藤川・前掲注(20)265頁，前田・前掲注(4)305頁－307頁（YがB会社の代表取締役の地位にあることを基礎にB会社をYと同視すること，YがZに対して影響力を行使しうる可能性があり，Y自身がB会社を代表する場合と実質的には同等であるように思われることなどを理由とする）。このように指摘される不均衡を避けるために，大隅＝今井・前掲注(20)242頁注(14)，大隅＝今井＝小林・前掲注(10)230頁は，A会社がB会社のCに対する債務を保証する場合に，A会社の取締役YがB会社の代表取締役を兼ねているというだけでは，当然に間接取引としての規制はなされず，YがB会社を代表してその債務を負担したものであることを要すると解する。

用の不均衡はそれほど生じないと思われる。

(4) 取締役が株式を有する他の会社との取引

(ア) YがB会社の株式の全部を有する場合　A会社取締役YがB会社の株式全部を有する場合に、YがB会社の代表取締役としてA会社と取引するのではない限り、形式的には会社法356条1項2号の直接取引に該当しないけれども、YとB会社とは経済的に一体であり、Y個人がA会社と取引する場合に準じて、本条1項2号を適用すべきであると考えられている[26]。この場合には、たとえYがB会社を代表する場合でなくても、Yが自己の利益をA会社の利益に優先させる危険が生じるからである[27]。もっとも、この場合の取引は、A会社がA会社取締役Y以外の者（B会社）との間で、A会社と取締役Yとの利益が相反する取引がなされたと構成することにより、間接取引とも考えられうる[28]。なお、取締役が家族等の持株を合わせて実質的に全株を保有する他の

〔図7〕

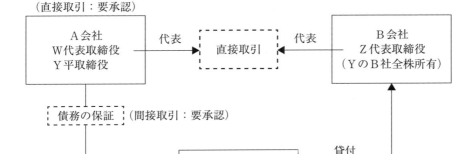

---

(26) 名古屋地判昭和58年2月18日判時1079号99頁（前掲裁判例〔1〕）、龍田節「一人会社と利益相反行為」『上柳克郎先生還暦記念　商事法の解釈と展望』267頁・274頁-276頁（B会社はY個人の分身にほかならないとする）（有斐閣、1984）、大隅＝今井・前掲注(20)238頁（実質上一体的に見られるべきとする）、前田・前掲注(4)305頁。この場合に、適用範囲の明確さを重視して、その適用を否定する見解として、森本・前掲注(23)245頁がある。
(27) 龍田・前掲注(26)275頁、前田・前掲注(4)305頁。
(28) 落合編・前掲注(3)82頁〔北村雅史〕は、少なくとも、間接取引に該当することについては、それほど争いがないであろうとする。

会社との取引も同様である[29]。

　また，会社法356条1項3号の間接取引についても，A会社がA会社取締役Y個人の債務ではなく，B会社の債務の保証または引受けをする場合に，形式的には本条1項3号の間接取引に該当しないけれども，YがB会社の株式全部を有するときには，YとB会社とは経済的には一体であり，B会社がY個人の分身にほかならず，間接取引規制を適用すべきであると考えられる[30]。

(イ)　Yが代表取締役を兼任するB会社がC会社の株式全部を有する場合　A会社・C会社間の取引において，A会社取締役YがB会社の代表取締役の地位にあり，そのB会社がC会社の株式全部を有する場合，実質的に利益の衝突が生じるが，会社法356条の利益相反規制の適用範囲の明確化の要請から，その適用はないと解される[31]。

〔図8〕

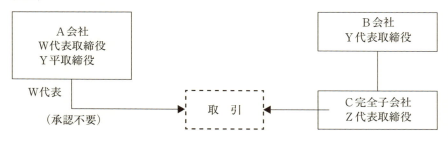

(ウ)　YがB会社の過半数の株式を有する場合　A会社とB会社との間の取引において，A会社取締役YがB会社の過半数の株式を有する場合に，YとB会社とが経済的に一体であるとまでいえなくても，YはB会社を支配しているといえるから，Y以外のZがB会社を代表するのであっても，YがZに対して影響力を行使することにより，Y自身がB会社を代表する場合と実質的に同等の利益衝突の危険が存在すると考えられることから，直接取引としての規制の適用を認めるべきである解される[32]。これに対し，反対する見解[33]もある。

---

(29)　落合編・前掲注(3)82頁〔北村雅史〕。
(30)　龍田＝前田・前掲注(10)84頁，神崎・前掲注(20)50頁，前田・前掲注(4)305頁。
(31)　前田・前掲注(4)310頁。
(32)　龍田・前掲注(26)281頁，前田・前掲注(4)308頁（YがB会社の株式の過半数を有することを基礎にB会社をYと同視するという基準による）。

また，間接取引について，A会社取締役YがB会社の過半数の株式を有する場合に，A会社がB会社の債務の保証または引受けをする行為は，間接取引としての規制の適用を認める見解が多数である[34]。これに対し，反対する有力な見解もある[35]。

〔図9〕

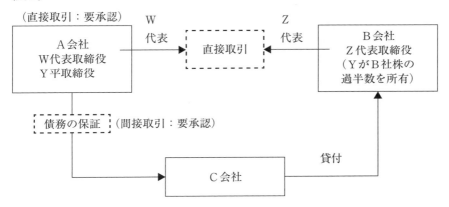

(エ) YがB会社の過半数未満の株式を有する場合

A会社取締役YがB会社の過半数の株式を有しないけれども，B会社を支配するのに十分な数のB会社株式を有する場合，実質的に利益の衝突の危険が存在すると考えられる。この点について，取締役が他の会社において占めている重要性に鑑み，実質的な利益相反になるかどうかによって，利益相反規制の適用を認めるべきであるとする見解がある[36]。これに対し，適用範囲は形式的な類型として明確になっていなければならないとして，その適用に反対する見解もある[37]。

---

(33) 大隅＝今井・前掲注(20)238頁，神崎克郎『商法Ⅱ（会社法）〔第3版〕』297頁（青林書院，1991），森本・前掲注(23)245頁。
(34) 龍田・前田・前掲注(10)84頁，神崎・前掲注(2)38頁，稲葉・前掲注(20)212頁，前田・前掲注(4)308頁－309頁等。
(35) 大隅＝今井・前掲注(20)241頁－242頁（適用範囲が不明確となるから，その取締役〔Y〕が第三者〔B会社〕の代理人または代表者となっていることを要するとする）。
(36) 稲葉威雄「商法改正と銀行取引 (3)」金法1005号15頁（1982）。
(37) 前田・前掲注(4)310頁。

〔図10〕

(オ) **A会社取締役Yと密接な親族関係にあるZがB会社の過半数の株式を有する場合** A会社取締役Yの配偶者その他の近親者[38]がB会社の過半数の株式を有する場合，実質的に利益の衝突が生じる。この場合に，会社法356条の利益相反規制の適用範囲の明確化の要請から，その適用はないと解する見解がある[39]。

〔図11〕

(5) 取締役が事実上の主宰者である他の会社との取引

A会社取締役Yは，B会社の代表取締役ではないが，事実上B会社を主宰している場合，実質的に利益の衝突の危険が存在すると考えられる。裁判例とし

---

[38] 近親者の定義について，法令上，2親等内の親族とされる（会社2条15号ホ・13号ホ〔社外取締役・監査役の要件〕，会社計算112条4項6号〔関連当事者との取引に関する注記〕参照）。

[39] 大隅＝今井・前掲注(20)240頁（会社が取締役の妻子の経営する別会社と取引する場合），前田・前掲注(4)310頁（A会社取締役の配偶者がB会社の株式の過半数を有する場合）。なお，A会社の取引の相手方がA会社取締役Yの配偶者または未成年の子である場合，その配偶者または未成年の子をYの分身と見て，直接取引としての規制を適用すべきであるとする見解（龍田・前掲注(26)283頁注(39)，田村詩子『取締役・会社間の取引』128頁（勁草書房，1996），前田・前掲注(4)309頁・310頁〔ただし，会社の取引の相手が取締役の配偶者または未成年者の子と同等の経済的一体性や親密性を取締役との間に有する場合には，その適用を認めない〕）に対し，その適用を認めない見解がある（神崎・前掲注(33)297頁，森本・前掲注(23)245頁）。

て，大阪高判平成2年7月18日判時1378号113頁（前掲裁判例〔2〕）は，X会社とB会社との間の取引において，X会社の代表取締役YがB会社の株式30パーセントを有し，事実上の主宰者としてC会社を経営していた事案で，利益相反取引の規定（商旧265条）の適用を認めている。本件事案については，間接取引の問題として構成すべきであったの指摘がなされている[40]。これに対し，その適用範囲は形式的な類型として明確になっていなければならないとして，その適用はないとの見解がある[41]。

〔図12〕

(6) 親会社・完全子会社の関係の場合

〔図13〕

親会社の取締役が子会社を代表して親会社と取引する場合，子会社に当該親

---

(40) 丸山秀平「判批」金判858号43頁（1991），金馬健二「判批」判タ762号216頁（1991），落合編・前掲注(3)81頁〔北村雅史〕（もっとも，Yを事実上の主宰者と見て，直接取引規制の適用の余地がありうることを認める）。
(41) 大隅＝今井・前掲注(20)239頁－240頁注(8)（YがB会社の代表権を兼ねているにすぎず，B会社の代理人として取引もしていない場合，たとえYがB会社の代表者の背後でこれを支配するなどの事情があっても，Yが第三者を代表または代理して取引するものとは言いがたく，これにつき直接取引規制の適用を認めるのは困難であるとする），前田・前掲注(4)310頁。

会社以外の株主がいるときは、親会社の利益と子会社の利益が衝突する危険が存在することから、直接取引の規制の適用範囲となる。

これに対し、親会社が子会社の株式の100パーセントを保有する場合、親会社とその完全子会社との間の取引の場合、たとえ取締役の兼任があっても、親会社と完全子会社は経済的に一体であって実質的に両会社の間に利益衝突の関係がないから、いずれの会社においても取締役会の承認は必要ないと解されている[42]。ただし、子会社財産は子会社債権者の担保財産となるから、子会社が倒産に瀕しているなど特別な状況においては、当該子会社に親会社の資産を移転する取引を行うなどのような場合、親子会社に利益衝突がないとはいえず、親会社の株主保護のため、親会社の取締役会の承認を要求すべきであると考えられている[43]。

間接取引の場合においても、例えば、親会社がその完全子会社の債務を保証し、あるいは、完全子会社が親会社の債務を保証するなどの場合にも、親会社と完全子会社は経済的に一体であって実質的に両会社の間に利益衝突の関係がないから、原則として、取締役会の承認は必要ないと解されている[44]。

(7) 利益相反取引規制の適用範囲の明確化の必要性

以上のように、会社法356条1項2号3号の利益相反取引規制の対象となる取引について、会社間の取引において利益相反関係にある取締役の範囲の観点から各場合に分類して考察したが、本条1項2号3号の適用対象となることに異論がほとんどみられないものは、前記(3)(ア)①〔図2〕の場合にA会社・B会社間の取引において両会社の代表取締役を兼任するYが、両会社を代表して行った購入取引（直接取引）またはYがA会社を代表してB会社の債務を保証する行為（間接取引）、前記(3)(イ)②〔図6〕の場合に取締役YがA会社の代

---

[42] 龍田＝前田・前掲注(10)83頁、大隅＝今井・前掲注(10)238頁・240頁注(9)（なお、A会社の取締役Yが、A会社の完全子会社であるB会社〔Yはその取締役を兼ねていない〕と取引する場合には、A会社・B会社を一体的に考えるのであれば、A会社とYとの間の直接取引になると解する）、河本一郎『現代会社法〔新訂第9版〕』476頁（商事法務、2004）、神崎・前掲注(33)298頁、上柳＝鴻＝竹内編集代表・前掲注(1)234頁〔本間輝雄〕、前田・前掲注(4)302頁、落合編・前掲注(3)81頁−82頁〔北村雅史〕等。大阪地判昭和58年5月11日判タ502号189頁。

[43] 森本・前掲注(23)241頁注(10)・244頁、前田・前掲注(4)302頁、落合編・前掲注(3)82頁〔北村雅史〕。

[44] 前田・前掲注(4)303頁。

第5章　会社間の取引における取締役の利益相反取引と責任　◆　159

表取締役ではなく，Ｂ会社の代表取締役を兼ねているとき，Ａ会社がＢ会社の
債務を保証する行為（間接取引），前記(4)(ア)〔図７〕の場合にＡ会社取締役
ＹがＢ会社の株式全部を有するとき，Ｂ会社をＹ以外の者が代表して行われる
Ａ会社との直接取引，またはＡ会社と他の会社との間接取引，以上の各場合で
あると考えられる。

　これに対し，上記の場合のほかに，実質的に利益衝突の危険が認められると
考えられる場合について，会社法356条１項２号３号の適用対象となることに
異論が多いのは，次のような場合である。前記(4)(イ)〔図８〕においてＹが代
表取締役を兼任するＢ会社がＣ会社の株式全部を有する場合，前記(4)(ウ)〔図
９〕においてＡ会社とＢ会社との間の直接取引またはＡ会社と他の会社との間
接取引において，Ａ会社取締役ＹがＢ会社の過半数の株式を有する場合，前記
(4)(エ)〔図10〕においてＡ会社取締役ＹがＢ会社の過半数の株式を有しないけ
れども，Ｂ会社を支配するのに十分な数のＣ会社株式を有する場合，前記(4)
(オ)〔図11〕においてＡ会社取締役Ｙと密接な親族関係にある者がＢ会社の過
半数の株式を有する場合，前記(5)〔図12〕においてＡ会社取締役Ｙは，Ｂ会社
の代表取締役ではないが，事実上Ｂ会社を主宰している場合，前記(6)〔図13〕
において親会社が子会社の株式の100パーセントを保有する場合などについて
は，会社法356条１項２号３号の適用対象とすることは学説において争われて
いる。

　従来，これらの場合について問題とされたのは，会社間の取引において取締
役が第三者を代表・代理するのと実質的に同等の利益衝突の危険が認められる
行為の範囲が不明確であり，実質的に利益の衝突の危険が存在すると考えられ
るものを，全て会社法356条１項２号３号の適用対象となることは，取締役会
の承認がなければ原則として無効（相対的無効）とされることにより，取引の
安全を害するおそれがあるという配慮からであると考えられる。したがって，
実務上も，その適用範囲についての明確化の要望がなされていた[45]。確かに，
本条は，取締役が会社の利益の犠牲において自己の利益または第三者の利益を
図る危険のある場合について一般予防的な規制を定めていることから，本条の
適用を受ける取引の範囲自体は，形式的・外形的な基準によって判断されるべ

────────────
(45)　例えば，とりわけ間接取引の明確化について，竹内＝稲葉＝窪内＝境＝南＝竹中・前
　　掲注(2)20頁－21頁〔境隆清発言〕，境・前掲注(2)34頁－35頁。

きであろう⁽⁴⁶⁾。しかし，現代では企業結合などによる複雑な企業グループが形成されていることにより，一般株主のみならず取締役会構成員もわからないような複雑な利益相反関係が生じていると考えられ，このような複雑な利益相反関係を類型的に形式的基準により判断することは難しい面もある⁽⁴⁷⁾。

ところで，会社法施行規則では，事業報告は，当該株式会社とその親会社等との間の取引（当該株式会社と第三者との間の取引で当該株式会社とその親会社等との間の利益が相反するものを含む）であって，当該株式会社の当該事業年度に係る個別注記表において会社計算規則112条1項に規定する注記を要するものがあるときは，当該取引に係る事項（当該株式会社の利益を害さないように留意した事項，取締役会の判断・その理由，その判断と異なる社外取締役の意見）をその内容としなければならず（会社則118条5号），さらに，その附属明細書の内容としなければならないと規定される（会社則128条3項）。また，公開会社である場合には，当該事業年度に係る当該株式会社の会社役員（会計参与を除く）の重要な兼職の状況に関する事項を事業報告の内容に含めなければならず（会社則119条2号・121条8号），さらに，事業報告の附属明細書は，他の法人等の業務執行取締役，執行役，業務を執行する社員または法人が業務執行社員である場合の当該業務執行社員の職務を行うべき者その他これに類する者を兼ねることが，会社法施行規則121条8号の重要な兼職に該当する，会社役員（会計参与を除く）についての当該兼職の状況の明細（重要でないものを除く）を，事業報告の附属明細書の内容としなければならないと規定される（会社則128条2項〔この場合において，当該他の法人等の事業が当該株式会社の事業と同一の部類のものであるときは，その旨を付記しなければならない〕）。

また，会社計算規則では，関連当事者との取引に関する注記として，株式会社と関連当事者との間に取引（当該株式会社と第三者との間の取引で当該株式会社と当該関連当事者との間の利益が相反するものを含む）がある場合に，㋑当該関連当事者が会社等である場合には，その名称および株式会社・当該関連当事者相互間での議決権数の保有割合の事項，㋺当該関連当事者が個人である場合に

---

(46)　神崎・前掲注(2)36頁，前田・前掲注(4)310頁，森本・前掲注(23)245頁など。森本・前掲注(23)245頁は，間接取引について，取締役の債務の保証等の信用供与契約におけるような会社と取締役の間に形式的外形的な利害対立関係が認められる場合に限定すべきであると主張される。

(47)　竹内＝稲葉＝窪内＝境＝南＝竹中・前掲注(2)22頁〔竹内昭夫発言〕参照。

は，その氏名，当該株式会社の総株主の議決権の総数に占める当該関連当事者が有する当該株式会社の議決権数の保有割合，当該株式会社と当該関連当事者との関係，取引の内容・種類・取引金額・取引条件等の事項であって，重要なものを注記表（会社計算97条・98条15号）に表示しなければならないと規定される（会社計算112条1項〔ただし，会計監査人設置会社以外の株式会社にあっては，同項4号から6号までおよび8号に掲げる事項を省略することができる〕）。

そして，「関連当事者」として，㋑当該株式会社の親会社・子会社，㋺当該株式会社の子会社，㋩当該株式会社の親会社の子会社，㋥当該株式会社のその他の関係会社並びに当該その他の関係会社の親会社および子会社，㋬当該株式会社の関連会社および当該関連会社の子会社，㋭当該株式会社の主要株主（自己または他人の名義をもって当該株式会社の総株主の議決権の総数の100分の10以上の議決権を保有している株主をいう）およびその近親者（2親等内の親族をいう。以下この条において同じ），㋬当該株式会社の役員およびその近親者，㋠当該株式会社の親会社の役員またはこれらに準ずる者およびその近親者，㋷上記の㋭・㋬・㋠に掲げる者が他の会社等（会社計算2条3項16号）の議決権の過半数を自己の計算において所有している場合における当該会社等および当該会社等の子会社，以上の者が「関連当事者」として掲げられている（会社計算112条4項）。

上記のように，親会社等との利益相反取引に関し，情報開示の充実を図るため，会社法施行規則が事業報告・附属明細書において株式会社とその親会社等との間の取引および会社役員の重要な兼職の状況の内容などを要求し，また会社計算規則が株式会社と関連当事者との間に取引に関する一定の重要な事項を注記表に表示することを要求する規定は，必ずしも，会社法356条の規定する取締役・会社間の利益相反規制のためにすることを直接の目的としているわけではない[(48)]。しかし，会社法施行規則および会社計算規則が求める一定事項の記載は，株主に対する情報開示にとどまらず，取締役会の構成員にとっても，これらの株式会社と第三者との間の取引（当該株式会社と第三者との間の取引で当該株式会社と当該関連当事者との間の利益が相反するものを含む）がある場合に，取締役・会社間の利益相反取引の実情を把握し，取締役会の承認の際に一定の指針を与えられることになり有益なものとなると考えられる。

---

(48) 江頭・前掲注(5)450頁注(9)（子会社少数株主の保護の観点から，情報開示の充実を図ったとする）。

会社法356条の利益相反規制を適用範囲について，実質的に同等の利益衝突の危険が存在すると考えられる場合に，どこまで広げることができるかが問題となる。前記の異論が多い場合について，可能な限り形式的・外形的な基準による判断をすべきであるという観点から検討すれば，前記(4)(イ)〔図8〕では，A会社・C会社間の取引において，A会社取締役YがB会社の代表取締役の地位にあり，そのB会社がC会社の株式全部を有する場合，会社法356条の適用範囲の明確化の要請から，その適用を認めるべきでないとする異論があるが，Yの兼職状況等に関する会社資料から知ることができることは可能であると考えられるから，本条の適用の対象とすべきである。

　また，前記(4)(ウ)〔図9〕では，A会社とB会社との間の取引またはA会社と他の会社との間接取引において，A会社取締役YがB会社の過半数の株式を有する場合，YはB会社を支配しているといえるから，その保有株式数を会社内で知ることができるような環境を会社の内規等により整備する必要があり，この場合にも利益相反取引規制の適用を認めるべきである（会計規112条4項9号参照）。同様に，前記(4)(オ)〔図11〕の場合も，2親等以内の親族がB会社の株式の過半数を有するとき，規制の適用を認めてよいと考える。

　前記(4)(エ)〔図10〕では，A会社取締役Yは，B会社の代表取締役ではなく，また過半数の株式を有しないが，主要株主である場合（100分の30以上の株式を保有する株主），B会社の決定に対して重要な影響を与えることができると考えて，利益相反取引規制の適用を認めるべきである[49]。前記(5)〔図12〕の事実上の主宰者の場合も，前記(4)(エ)〔図10〕の要件の中で規制の適用を認めてよいと考える。

　前記(6)〔図13〕では，親会社が子会社の株式の100パーセントを保有する場合，親会社とその完全子会社との間の取引の場合，たとえ取締役の兼任があっても，親会社と完全子会社は経済的に一体であって実質的に両会社の間に利益衝突の関係がないということができるであろう。しかしながら，親子会社といえども，法人格は別個のものであって，各会社の取締役会は業務執行の監督をする義務があり，また現行会社法において最終完全親会社等の株主による特定

---

(49)　大阪高判平成2年7月18日判時1378号113頁（前掲裁判例〔2〕）は，X会社とB会社との間の取引において，X会社の代表取締役YがB会社の株式30パーセントを有し，事実上の主宰者としてC会社を経営していた事案で，利益相反取引の規定（商旧265条）の適用を認めている。

第5章　会社間の取引における取締役の利益相反取引と責任　◆　163

責任追及の訴えを提起することが認められている趣旨を考慮するならば，健全な会社運営を確保するため，利益相反規制の適用範囲として取締役会等で慎重に検討させるようにすべきである。

3　取締役の利益相反取引に対する責任

(1)　利益相反取引規制の適用範囲と取締役の責任

　取締役は，利益相反取引（直接取引・間接取引）について，取締役会の承認を受けなければならない（会社356条1項2号3号・365条）。利益相反取引について，取締役会の承認がない場合には当該取引の効力が問題となるが，取締役は，取締役会の承認の有無にかかわらず，当該取引と相当因果関係にある損害の賠償責任を負わなければならない[50]。取締役会の承認を受けた利益相反取引は，法令違反行為ではないが，当該行為により会社に損害が生じた場合には，利益相反関係にある取締役の任務懈怠が推定される（会社423条3項）。他方，取締役会の承認がない利益相反取引は法令違反行為となり，その任務懈怠により会社に損害が生じた場合には，利益相反関係にある取締役と，会社が当該取引をすることを決定した取締役の任務懈怠が推定されることになる（会社423条3項)[51]。

　したがって，取締役の責任の対象となる利益相反取引の範囲は，上記の任務懈怠の推定規定の仕方から，取締役会の承認を要する利益相反取引の範囲と一致するものと考えられる。その利益相反取引に該当しなくても，実質的な利益衝突があるならば，一般的な善管注意義務ないし忠実義務違反に基づく取締役の責任が追及されることになるものと解される[52]。

---

(50)　岩原編・前掲注(10)266頁以下〔森本滋〕，酒巻＝龍田編集代表・前掲注(10)365頁〔青竹正一〕，落合編・前掲注(3)90頁〔北村雅史〕。

(51)　岩原編・前掲注(10)267頁−268頁〔森本滋〕，酒巻＝龍田編集代表・前掲注(10)365頁−367頁〔青竹正一〕。

(52)　森本・前掲注(23)245頁。もっとも，前田・前掲注(4)311頁は，1つの条文の適用範囲が，取引の効力を問題とする場面と，取締役の責任を問題とする場面とで一致しないという解釈が許されないわけでないとする（取引の安全のために，取締役会の承認を得なかった取引の効力について，商法旧265条の適用範囲外であり有効であるが，取締役の責任が問題となる場面では，実質的に同等の利益衝突の危険がある面に着目して，その適用があり，取締役会の承認を得なかったことについて取締役が責任を問われるとする)。

なお，実際上，会社法356条１項２号３号の適用範囲内に含まれる取引であるかどうか微妙な事案の場合や，形式的には適用範囲内の取引に含まれる場合に，実質的に利益衝突の危険が認められない取引のように思われ，明確な判断が難しいような場合には，ともかく取締役会に重要事実を開示させて，取締役会にその判断をさせることが，本条１項２号３号の規制の目的からはむしろ望ましいこととみるべきではないかと考える[53]。

会社法356条１項２号３号の規定により，代表取締役は，会社が当事者となる利益相反取引をしようとする場合，直接取引・間接取引にかかわらず，会社の業務執行の決定方法として，取締役会を招集して利益相反関係にある取締役から重要事実の開示を受けて取締役会の承認を得なければならない[54]。他方，利益相反関係にある取締役は当該取引に関する重要事実の開示をする義務を負うことになる[55]。

(2) 任務懈怠の推定

取締役は，取締役会の承認の有無にかかわらず，利益相反取引（会社356条１項２号３号）によって会社に損害が生じたときは，(i)会社法356条１項の取締役（会社423条３項１号），(ii)会社が当該取引をすることを決定した取締役（会社423条３項２号），および(iii)当該取引に関する取締役会の承認の決議に賛成した取締役（会社423条３項３号）は，その任務を怠ったものと推定される。利益相反取引が類型的に会社に損害を及ぼすおそれのある行為であるから，当該行為を慎重に行うことを要求する趣旨である[56]。(i)の取締役には，㋐直接取引の

---

(53)　前田・前掲注(4)312頁−313頁（判例・通説において，反復してなされる同種同型の取引に関する包括的承認や，取締役会による事後的承認が認められていることから，円滑な業務執行がそれほど害されることにならないとする）。

(54)　上柳＝鴻＝竹内編集代表・前掲注(1)227頁〔本間輝雄〕（本条は取締役の義務の面と同時に，業務執行の決定方法についても規定するとする），岩原編・前掲注(10)266頁−267頁〔森本滋〕。

(55)　取締役会の承認を受けるべき取締役について，直接取引では取引の相手方である取締役，間接取引では会社を代表する取締役とする見解（落合編・前掲注(3)84頁〔北村雅史〕）と，間接取引については利益相反関係にある取締役とする見解（相澤哲＝葉玉匡美＝郡谷大輔編著『論点解説　新・会社法』327頁〔商事法務，2006〕）がある。なお，事後の報告義務者（会社365条２項）は，直接取引では取引の相手方の取締役および会社を代表した取締役，間接取引では会社を代表した取締役とされる。落合編・前掲注(3)85頁・241頁〔北村雅史〕，相澤＝葉玉＝郡谷編著・前掲327頁−328頁。

(56)　相澤＝葉玉＝郡谷編著・前掲注(55)330頁。

相手方である取締役，④第三者のために会社と取引をした取締役，および⑦間接取引において会社と利益が相反する取締役が含まれる[57]。

　上記の推定規定により，責任を追及する側は，利益相反取引が行われたことおよび当該取引により会社に損害が生じたことを主張・立証するだけでよい。責任を追及される取締役の側は，当該取引が取引時点で公正妥当であると合理的に判断したこと（取引の必要性，取引内容・条件の公正・妥当性，当該取引について債務不履行のおそれがないことなど）を証明して（会社の損害の発生に過失がないことを証明して），任務懈怠の推定を覆すことができる[58]。当該取引の承認決議に賛成した取締役が任務懈怠の責任を負う場合，当該取締役会を合理的理由なく欠席した取締役について監視義務違反の責任が問題となる[59]。

　取締役会の承認のない利益相反取引の場合，当該取引は法令違反行為となり，上記(i)の利益相反関係にある取締役または会社を代表して当該取引をした取締役は任務懈怠による損害賠償責任が問題とされ，会社に損害が生じたときは任務懈怠が推定されることになる（会社423条3項1号2号）。したがって，当該取締役は，当該承認を要する取引であることを善意無過失で知らなかったこと（間接取引の場合，利益相反関係にある取締役が知らないことが考えられる）を立証することを要する，一般の任務懈怠責任の問題となる。他方，上記利益相反関係にある取締役および当該取引を決定した取締役以外の取締役には，会社法

---

(57)　落合編・前掲注(3)90頁〔北村雅史〕，岩原編・前掲注(10)266頁－267頁〔森本滋〕，酒巻＝龍田編集代表・前掲注(10)365頁〔青竹正一〕，江頭・前掲注(5)475頁等。なお，かつての通説は，間接取引については「取引」行為をしていないことから，利益相反取引に関する責任を負うことになる取締役（商旧266条1項4号）の中に，本文中の⑦の間接取引において会社と利益が相反する取締役は含まれないと解していた。上柳＝鴻＝竹内編集代表・前掲注(1)273頁〔近藤光男〕，東京地方裁判所商事研究会編『類型別会社訴訟Ⅰ〔第3版〕』191頁〔小川雅俊・飯畑勝之〕（判例タイムズ社，2011）。

(58)　岩原編・前掲注(10)267頁－268頁〔森本滋〕，酒巻＝龍田編集代表・前掲注(10)366頁〔青竹正一〕，江頭・前掲注(5)475頁など。なお，取締役会の承認を受けなかった場合，酒巻＝龍田編集代表・前掲注(10)366頁〔青竹正一〕は，本文中の上記(i)・(ii)の取締役は任務懈怠がないことを証明することにより免責されないと解すべきであるとする（なお，上記(i)の取締役のうち，間接取引の場合に利益相反する者は，取引に関与する行為がないから，善管注意義務違反が問われるとする）。

(59)　前掲裁判例〔3〕の第1審（神戸地尼崎支判平成7年11月17日判時1563号140頁）は利益相反取引の取締役会承認決議に際して議長を務めて議決権行使をしなかった取締役に，監視義務違反の責任を認めたが，第2審（大阪高判平成10年1月20日判タ981号238頁）はその監視義務違反を否定した。

423条3項の推定規定は適用されず，一般の監視義務違反が問題となる[60]。

　取締役の任務懈怠の推定規定を認めなかった裁判例として，前掲裁判例〔4〕がある。本件は，X会社（代表取締役Y1）の大株主であるAの推薦によりX会社の取締役Y2が，B会社創業家のKとともにB会社の代表取締役に就任し，Y2の主導のもと，X会社がB会社の発行済全株式を無償取得して完全子会社化したうえで，B会社に1億円の増資をし，増資を受けた同日，同金員等を原資として，B会社の重要な仕入先であるC会社（代表取締役A）宛ての約束手形について期限前弁済を行ったが，B会社が手形不渡処分を受けて破産手続開始決定がなされた事案である。本判旨は，X会社の取締役Y2が代表取締役をしているB会社の子会社化と同社に対する増資に対する1億円の増資について，「子会社化を前提とした組織体制を前倒しして親会社となる会社の取締役が子会社となる会社の取締役に就任し，その後になって，両会社間で親子会社に関する取引が行われたからといって，それが会社法の制限する利益相反取引に当たるものとはいえない」と述べたうえで，「Y2がX会社あるいはB会社において自ら取引行為を担当したとはいえず，本件買収は，X会社とY2との間の利害の衝突を惹起すべき取引には当たらない」と判示して，本件出資が会社法356条1項2号の利益相反取引に当たるとのX会社の主張を採用せず，取締役Yらに任務懈怠が推定（会社423条3項）されるというものではないとする。

　しかし，本件では，Y2とAはきわめて近しい関係であったと思われ，また，B会社は増資を受けた同日に同金員等を原資としてC会社宛ての約束手形につき期限前弁済を行ったことなどから，C会社のB会社に対する債権を期限前に回収することを目的としてされたものと感じられ，このような不当な目的が立証できれば，利益相反取引に同程度の実質的な利益衝突として，任務懈怠の推定規定の適用が可能であったと思われる。

　なお，本件判旨は，Yらが本件買収という経営判断の前提として，B会社のC会社に対する依存度を踏まえたC会社の財務状況に関する事実認識の前提となる，その調査および分析を十分に行わなかったという点において，不注意な誤りがあり，善管注意義務違反があったと認められるとして，X会社の請求のうち，元取締役Yらに対し，取締役としての善管注意義務違反に基づく損害賠償を求める部分については認めている。したがって，本判旨は，Yらの善管注

---

(60)　岩原編・前掲注(10)267頁〔森本滋〕。

意義務違反による損害賠償責任を認容しているので，結論としては妥当なものと考えられる。

(3) 自己のために直接取引をした責任の特則

(ア) 無過失責任　　会社法428条は，取締役が，自己のために会社と直接取引（会社356条1項2号）をした場合，取締役の責任（会社423条1項）は，任務を怠ったことが当該取締役の責めに帰することができない事由によるものであることをもって免れることができないとし（会社428条1項），さらに，自己のために会社と直接取引をした場合の責任について，責任の一部免除に関する規定（会社425条ないし427条）を適用しないとして（会社428条2項），一部免除措置の適用を排除する旨を定めている。

　本条は，とくに，取締役が自己のために行った直接取引については，当該行為の利益相反性が著しく高いこと，また，当該行為を行って会社に損害を被らせた取締役は，その損害額に相当する利益を得ている場合が多いことから，その責任を加重するものであり[61]，取締役に無過失責任を負わせるものである[62]。もっとも，会社法の立案担当者は，任務懈怠と過失とを分離して別の要件と考える二元論の立場から，自らに「任務懈怠がないこと」を主張することは可能であるから，適法な手続を経て，かつ，取締役としての善管注意義務を尽くしていたことを立証すれば，任務懈怠責任を免れることができるとする[63]。これに対し，帰責事由の不存在の立証を許されないとしながら，任務懈怠の推定の反証を許すということは，これを無過失責任を呼んでも差し支えないのかという疑問が呈されている[64]。そこで，任務懈怠と「責めに帰することができない事由」との関係などについて，学説上，任務懈怠と過失が重複する要件であると考える一元説を前提とする立場と，上記の二元説を前提とす

---

(61)　相澤＝葉玉＝郡谷編著・前掲注(55)331頁，岩原編・前掲注(10)327頁〔北村雅史〕。

(62)　本条の責任は，無過失責任と解するのが通説的見解である。江頭・前掲注(5)475頁，大隅＝今井＝小林・前掲注(10)232頁，龍田＝前田・前掲注(10)97頁，前田（庸）・前掲注(11)446頁・453頁，神田・前掲注(10)235頁等。

(63)　相澤＝葉玉＝郡谷編著・前掲注(55)331頁。同旨，三浦治「利益相反取引に基づく取締役の対会社責任」岡山大学法学会雑誌59巻1号97頁－98頁・101頁注(69)（2009），神田・前掲注(10)236頁等。

(64)　田中亘「利益相反取引と取締役の責任〔上〕」商事1763号7頁（2006），吉原和志「取締役等の会社に対する責任の範囲と性格」浜田道代＝岩原紳作編『会社法の争点』155頁（有斐閣，2009）。

る立場によって，それぞれの立論が異なり，多様な見解の対立がある[65]。

　会社法は，利益相反取引によって会社に損害が生じたとき，当該取締役はその任務を怠ったものと推定する旨の規定をしているが（会社423条3項），この推定規定は取締役会（または株主総会）の承認を受けたかどうかにかかわらず適用される。しかし，利益相反取引について取締役会（または株主総会）の承認を受けない場合は，上記推定規定によらなくても，具体的な法令違反（会社356条1項・365条1項）はそのことだけで任務懈怠と評価されることになる。したがって，当該取締役は，任務懈怠がないことを立証として責任を免れる余地はなく，自己のために会社と直接取引をした取締役は，帰責事由の不存在の事実を立証することは認められず，無過失責任を負うことになる（会社428条1項）[66]。

　これに対し，手続上具体的な法令違反がなく，取締役会（または株主総会）の承認を受けて利益相反取引がなされた場合においても，当該取引によって会社に損害が生じたときは，当該取締役は任務懈怠が推定されることになる（会社423条3項）。この場合における「任務懈怠」とは，二元説の立場を前提として，「取締役が，会社に対して負っている，善良な管理者として委任事務を処理する職務（任務）を行わないこと」という意味に解されるべきである[67]。とくに利益相反取引の場合には，その任務の中に，「公正な取引を行うこと」が含まれ，公正な取引を行わないことは任務懈怠となると考えられる[68]。そして，自己のために会社と直接取引をした取締役は，当該取引が公正に行われたことを主張・証明（反証）することができれば，任務を怠っていないことを主

---

(65)　学説の状況について，岩原編・前掲注(10)330頁−335頁〔北村雅史〕，酒巻＝龍田編集代表・前掲注(10)410頁−414頁〔中村信男〕，江頭＝中村編著・前掲注(10)431頁−435頁〔中村信男〕，吉原・前掲注(64)155頁等参照。

(66)　吉原・前掲注(64)155頁，酒巻＝龍田編集代表・前掲注(10)410頁〔中村信男〕，江頭＝中村編著・前掲注(10)432頁〔中村信男〕。

(67)　落合誠一「株式会社のガバナンス（8）」法学教室321号49頁−50頁（2007）は，任務懈怠と帰責事由とを一体的に捉える一元説を前提として，会社法423条1項に定める任務懈怠と会社法423条3項にいう任務懈怠が同義であるとしたうえで，任務懈怠とは，取締役が会社に対して負っている善管注意義務を尽くしてその職務を行うとの債務（任務）の不完全履行を意味するとする。なお，落合・前掲49頁・50頁は，任務懈怠責任に関する立証責任の分配は，会社法423条3項・428条1項の規定等の存在および立証の難易等を勘案しつつ全体的・整合的・合理的に解すべきとし，428条1項により帰責事由の不存在についての立証を禁じられるから，423条3項による推定を覆すことができず，その意味で無過失責任を負うことになると解する。

第5章　会社間の取引における取締役の利益相反取引と責任　◆　169

張・証明したこととなり，責任を負うことにはならないものと解される⁽⁶⁹⁾。これに対し，取引が公正であることを主張・立証できない場合は，自己のために会社と取引した取締役は，会社法428条1項により，任務懈怠が帰責事由（故意・過失）によるものではなかったことを主張・証明することは許されず，当該取引から会社に生じた損害について，責任を負うことになると考えられる⁽⁷⁰⁾。

（イ）「自己又は第三者のために」の意味　　利益相反取引規制における「自己又は第三者のために」（会社356条1項2号）の意味について，前述したように，名義説と計算説の対立がある⁽⁷¹⁾。会社法428条の「自己のためにした取引」（同条1項括弧書）の意味については，㋐「自己の名において自己の計算でする取引」，㋑「自己の名において第三者の計算でする取引」，および㋒「第三者の名において自己の計算でする取引」の各場合の中で，名義説によれば，㋐と㋑の場合に本条の適用があり，㋒の場合には本条の適用がないことになる。計算説

---

(68)　田中亘「利益相反取引と取締役の責任〔下〕」1764号4頁（2006）および同・前掲注(64)7頁は，取締役は公正な取引を行うという任務を負うと考え，当該取引が行われた時点で，公正な条件・内容の下に行われたことを主張・証明すれば，任務懈怠がないことを主張・証明したことになり，責任を負わないとする。

(69)　田中・前掲注(64)4頁および同・前掲注(68)9頁。これに対し，直接取引によって会社に損害が生じたことを会社が証明すれば，当該取締役の任務懈怠の推定（会社423条3項1号）を覆すことができないとする見解がある（北村雅史「取締役の義務と責任」法学教室304号48頁〔会社法428条1項によって無過失の証明が許されない取締役が任務懈怠のないことの証明は通常考えられないとする〕(2006)）。さらに，会社法423条1項の「推定」は「みなす」の意味であると解して無過失責任を採用することも考えられるとする見解もある（森本滋「法令違反行為と利益相反取引に係る取締役の責任」金法1849号31頁（2008）。なお，各見解の間には結論面で実質的な違いがなくなるため，任務懈怠のないことの立証による免責の余地を残すことの法的実益は乏しいとの指摘がある（酒巻＝龍田編集代表・前掲注(10)414頁〔中村信男〕，江頭＝中村編著・前掲注(10)435頁〔中村信男〕）。

(70)　なお，田中・前掲注(64)4頁および同・前掲注(68)9頁は，利益相反取引の場合には，任務懈怠と帰責事由を別個に切り分けて考えるが（二元説的な理解），取締役の利害がかかわらない一般の業務執行として行われる取引（いわゆる経営判断の原則が適用される場合）には，取締役が善管注意義務を尽くさないことが任務懈怠の内容であり，それは帰責事由とほぼ重なり合うと考えている（一元説的な理解）。これに対し，落合・前掲注(67)48頁は，利益相反取引の場合にのみ，任務懈怠と帰責事由とに分離して理解することについて疑問が呈されている。二元説の立場からは，利益相反取引の場合とそれ以外の場合とで区別して考える必要はないと考えられる。

(71)　本章・前掲注(10)・(11) および該当する本文参照。

によれば，⑦と⑨の場合に本条の適用があり，①の場合には本条の適用がない
ことになる。

　計算説の立場から，⑨の例として，A会社の取締役Yが，B会社の全ての株
式を保有している場合に，YがB会社を代表して（第三者の名で）A会社と取
引するときは，当該取引についてのB会社の経済的効果は実質的にYに帰属す
るため，Yに本条を適用すべきなのであるとする(72)。しかし，名義説の立場
からも，YがB会社の全ての株式を保有（一人株主）する上記の例の場合に，
実質的にYとB会社を同一視して，Yに本条を適用することは可能だと考える。

　なお，間接損害の場合でも，債務の被保証人である会社の全株式を取締役が
有する等，利益が取締役自身に帰属したと同視できるときは，本条1項の類推
適用により同人が無過失責任を負うと解すべきであるとする見解が主張されて
いる(73)。しかしながら，本条は，取締役を相手方とする著しく利益相反性が
高い直接取引により会社が損害を被らせた場合，当該取引によって利益を得た
取締役から利益をはき出させるために，厳格な責任を課していることから，本
条を間接取引にも類推適用することは適切ではないと思われる(74)。

(4)　利益相反取引違反による損害

　裁判例で認められた利益相反取引違反による損害については，前掲裁判例
〔1〕は，代表取締役を兼任する両会社間での廉価販売の取引期間中における当
該代表取締役個人と特殊な利害関係を有しない他の取引先7社への販売価格を
具体的な算定基準として，本件取引期間中に他の7社の取引先に対し売却でき
た販売価格と廉価の販売価格との差額が得べかりし利益であり，不当な廉価販
売により生じた損害であるとする。

　前掲裁判例〔2〕は，会社のワンマン経営者である代表取締役が他の会社の
事実上の主宰者として競業避止義務および利益相反取引に違反することによる

---

(72)　岩原編・前掲注(10)336頁〔北村雅史〕〔上記の本文の例で，B会社をY以外の者が
　　　代表した場合には，YがA会社の相手方当事者として取引を実行していないのであれば，
　　　当該取引は間接取引（会社356条1項3号）にはなり得ても本条の適用のある直接取引に
　　　はならないとする〕。
(73)　江頭・前掲注(5)476頁注(7)，山田泰弘「代表訴訟と役員等の責任」淺木愼一＝小
　　　林量＝中東正文＝今井克典編『浜田道代先生還暦記念　検証会社法』266頁（信山社，
　　　2007）。
(74)　岩原編・前掲注(10)336頁－337頁〔北村雅史〕。

第5章　会社間の取引における取締役の利益相反取引と責任 ◆ 171

損害について，どの損害が競業避止義務違反による損害か，利益相反取引違反による損害か明確に区別せずに，会社からの出向者に支払った給与の総額から，その出向の見返りとして当該他の会社から支払を受けた出向者分担金等の総額を差し引いた差額金，会社が支払った当該他の会社の商標の使用料の合計額を損害というべきであると判示する。しかし，少なくとも，これらの損害額については，利益相反取引違反による損害と認定してもおかしくはないものと思われる。

前掲裁判例〔3〕は，親会社・子会社の代表取締役を兼ねる者が両会社を代表して購入取引を行った親会社所有の不動産の購入価格について，子会社の取締役会に資料として提出された不動産鑑定士による鑑定書の価格が，別の鑑定により算定された購入価格よりも不当に高額である場合に，その差額は子会社の損害と認めている。

前掲裁判例〔4〕は，発行済全株式の無償取得による子会社化を前提とした組織体制を前倒しして，親会社となる会社の取締役が子会社となる会社の取締役に就任した後に，両会社間で親会社が子会社に対して増資したが，当該子会社が破産手続開始決定を受けたことについて，親会社の取締役らの利益相反取引義務違反でなくて，善管注意義務違反による増資金相当額等の損害賠償責任を認めている。本件で，たとえ利益相反取引義務違反が認められたとしても，同額の損害額と考えられる。

上記の裁判例で，とりわけ，不当な廉価販売の場合には，代表取締役個人と特殊な利害関係を有しない他の取引先7社への販売価格との差額（前掲裁判例〔1〕），不当に高額な不動産の購入の場合には不動産鑑定士による鑑定書の価格と別の鑑定により算定された購入価格との差額（前掲裁判例〔3〕）を損害と認定している。これらの裁判例をみる限り，損害算定の基準としては，可能な限り公正な価格を基準とする姿勢がとられており，妥当なものと考えられる。

もっとも，前掲裁判例〔3〕については，専門家の鑑定の判断に従ったということであれば，その判断に信頼したことに一定の保護が与えられるべきであるという立場から，会社の取締役が，適格な専門家と合理的に信じられる不動産鑑定士により取締役会に提出された鑑定書を信頼した場合，特段の事情がない限り，その信頼は保護され，過失がないものと考えるべきであろう[75]。前掲裁判例〔3〕のような結論を回避するためには，実務上，2人以上の不動産鑑定士の鑑定評価を求めることが望ましいであろう。

なお，前掲裁判例〔1〕は，一般論として，廉価販売の合理性について，会社の取締役は，企業の責任者として，長期的にはこれが会社の維持発展につながるという経営上の理由があるならば，短期的には会社に不利益が生ずることがあっても，その裁量に基づき，廉価販売することも許される場合があり，販売拡大のためB会社を利用するという合理的理由に基づく廉価販売であれば，それは不当廉売とは評価できない旨を述べており，妥当なものと考えられる。

5 結 び

企業グループ化により系列に属する会社間の取引において，取締役と会社との利益衝突の問題が生じる。そこで，本章において，会社法の一般的・予防的な利益相反取引規制の適用対象となる，利益相反関係にある取締役の範囲とその責任を中心にして検討した。もっとも，会社間の取引における取締役の利益相反取引に関する責任が問われた裁判例は数少なく，また，利益相反規制は，商法の中に規定されていた当時から平成17年会社法が制定されるに至るまで，数度の改正がなされている。したがって，裁判例の考える立場について，一定の方向性のある明確な考えを見出すことができないように思われる。

利益相反規制の適用範囲を検討する場合に，利益相反取引規制の違反として無効とされることにより取引の安全が害されること，また，規制の対象の範囲を拡大することにより会社実務の煩雑な手続が増大することなどの諸事情を勘案することは，当然必要であろう。他方，取締役が会社の利益を犠牲にして自己または第三者の利益を図ることを防止するという利益相反取引規制の立法趣旨から，実質的な利益衝突の危険があるものについては，形式的基準により適用範囲を明確にしたうえで，当該利益衝突について可能な限り取締役会の判断

---

(75) 不動産鑑定士の資格のある者が作成した鑑定書をそのまま信頼して，適正価格と信じた取締役の行為について，不動産鑑定士の鑑定の不当性に取締役として当然に気付くべきであったとして，過失があったとすることは，取締役にとって著しく酷な結果を招く恐れがあるであろう。同旨，岸田雅雄「判批」商事1551号38頁（2000），高橋美加「判批」ジュリ1132号158頁（1998）。なお，地価公示法2条1項では，「土地鑑定委員会は，……標準地について，毎年1回，国土交通省令で定めるところにより，2人以上の不動産鑑定士の鑑定評価を求め，その結果を審査し，必要な調整を行って，一定の基準日における当該標準地の単位面積当たりの正常な価格を判定し，これを公示する」と規定されている。

に委ねるほうが妥当であると考える。

このような観点から，本章は，実質的な利益衝突の危険が高いと判断されるものを，可能な限り形式的・外形的な基準に基づきその規制の適用範囲の明確性を確保するとともに，会社法356条の「第三者のために」の意味について名義説の立場から代表者の意味を実質的にとらえて代表者と同一視することによって，実質的な利益衝突の危険があるものについても利益相反取引規制の適用範囲とすべきであると考える（間接取引の場合も同様に解する）。

その形式的・外形的な基準については，会社法施行規則および会社計算規則が要求している会社と関連当事者との取引に関する一連の情報開示と連動した，同様の基準が考えられるのが望ましいであろう。また，会社としても実質的な利益衝突の危険が高いものを類型化して会社の内規等でその実態を把握することに努め，その取引の承認の可否について取締役会で審議することが求められるであろう。このような利益相反取引に該当しない場合に，取締役と会社の間に実質的な利益衝突が生じて会社に損害が発生するとき，利益相反取引規制の違反による責任ではなく，一般的な善管注意義務違反ないし忠実義務違反による損害賠償責任の問題が問われることになる。

第6章

完全子会社の役員等の責任の免除

1　はじめに

　会社法は，取締役・会計参与・監査役・執行役または会計監査人（「役員等」という）の任務懈怠による損害賠償責任の免除について，①総株主の同意による責任免除（会社424条），②株主総会の決議による責任の一部免除（会社425条），③取締役等による責任免除に関する定款の定め（会社426条）および④責任限定契約（会社427条）を規定している。責任の一部免除を認める規定（上記②〜④）は，総株主の同意を要しない。これに対し，上記①の責任免除は，総株主の同意が要求されることから，株主数の多い公開会社においては，通常，役員等の責任免除は実際上不可能といってよいであろう。しかしながら，会社の株主が一人である一人会社では，唯一の株主によって容易に役員等の責任を免除することができることになる。

　裁判例において，会社の全株式を有する者が他の者を形式的に代表取締役に就けて，会社の経営全般を掌握していた事案で，総株主（一人株主）の同意により取締役の会社に対する善管注意義務や監視監督義務が免除される趣旨の判示をするものがある[1]。また，会社の全株式を有する者が自ら代表取締役に就任していた事案で，取締役の会社に対する損害賠償義務が発生した場合，これが消滅するためには，総株主の同意，免除の意思表示の2個の要件を具備することが必要である旨の判示をするものがある[2]。これらの裁判例を1つの契機として，改めて，総株主の同意の形式，黙示の免除の意思表示，事前の包括的

---

(1)　東京高判平成15年9月30日判時1843号150頁。
(2)　東京地判平成20年7月18日判タ1290号200頁。

な責任免除，役員等の一般的義務の免除などに関する論点が議論されるようになった[3]。

ところで，近時の企業グループ化の促進によって，完全親子会社関係が形成される場合，完全子会社も一人会社の一類型といってよく，完全親会社による子会社の役員等の責任の免除についても，上記裁判例の一人会社の場合における諸論点が同様に問題となるものと考えられる。そこで，本章では，まず，総株主の同意による役員等の会社に対する責任の免除規定の沿革を概観した上で，責任免除の要件とその対象となる範囲に関する諸論点について，完全親子会社関係における子会社の役員等の責任の免除の問題をも含めて検討する。

〔図1　役員等の責任免除〕

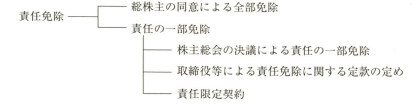

2　総株主の同意による役員等の会社に対する責任の免除規定の沿革

(1)　昭和25年商法改正前

(ア) 明治32年商法　　明治32年（1899年）商法193条は，定時総会において計算書類の承認決議をなしたときは，取締役または監査役に不正の行為がない限り，会社は取締役または監査役に対してその責任を解除したものと看做す，という規定を設けていた。これは，取締役および監査役の責任を過度に重大ならしめないためであるとされていた[4]。

---

(3)　なお，会社債権者の保護の問題については，昭和61年5月15日法務省民事局参事官室「資料　商法・有限会社法改正試案」は，「株主・社員による取締役の責任免除（商法266条5項，有限会社法30条ノ2第3項）は，会社債権者（第三者）を害するときはすることができない。」ことを提案していた。商事1076号15頁（1986）。

（イ）昭和13年（1938年）商法改正　　明治32年商法の規定する責任解除は，実際上，株主総会の承認が手軽に行われてしまい，取締役・監査役が容易に責任を免れうる不都合があるとして，昭和13年（1938年）改正商法は，取締役または監査役の会社に対する責任（同改正法266条・280条）の免除をなすには株主総会の特別決議（同改正法343条）によることを要すると定められた（同改正法245条1項4号）。もっとも，取締役の責任免除の特別決議がある場合に，当該総会の日の3ヶ月前より引続き資本の10分の1以上に当たる株式を有する株主が当該総会の終結の日より3ヶ月内に訴えの提起を監査役（監査役の責任の場合には取締役）に請求したときは，会社は請求の日より1ヶ月以内に当該訴えを提起することを要すると規定されていた（同改正法245条2項・268条・279条）。したがって，取締役・監査役の会社に対する責任を免除する株主総会の特別決議がなされると，直ちに責任免除の絶対的な効果が生ずるとはいえなかった[5]。

　ところで，昭和13年（1938年）改正商法は，上記の責任の免除の規定を定めると同時に，責任解除の規定をまったく削除してしまうことはあまりに急激な変革を加えることになり，取締役等に対し酷であるからとして，同改正法は，定時総会において計算書類の承認をなした後2年内に別段の決議がないときは，取締役または監査役に不正の行為がない限り，会社は取締役または監査役に対してその責任を解除したものと看做すと規定し（同改正法284条），「二年内ニ別段ノ決議ナキトキハ」という条件を加えた上で旧法を存続させるという，いわば妥協策が採られたといわれている[6]。

(2)　昭和25年商法改正以後

（ア）昭和25年商法改正　　その後，昭和25年（1950年）改正商法において，

---

(4)　東京博文館蔵版『商法修正案理由書』167頁（博文館，1898），東京専門学校出版部『法典修正案理由書商法・同施行法〔明治32年4月増補3版〕』185頁（東京専門学校出版部，1899）。

(5)　酒巻俊雄『取締役の責任と会社支配』34頁（注3）（成文堂，1967），中村信男「総株主の同意による株式会社の役員等の対会社責任の免除に関する若干の考察－総株主同意による責任免除とその限界－」早稲田法学85巻3号942頁（2010）。

(6)　奥野健一ほか『株式会社法釈義』201頁（厳松堂書店，1939），倉沢康一郎「取締役の責任解除規定廃止とその効果」商事919号55頁－56頁（1981），受川環大「役員等の株式会社に対する損害賠償責任」稲葉威雄＝尾崎安央編『改正史から読み解く会社法の論点』131頁（中央経済社，2008）。

昭和13年改正法の責任解除規定はそのまま引き継がれた（同改正法284条）。他方，株主総会の特別決議による責任免除規定のほうは改正されて，取締役・監査役の会社に対する責任は，総株主の同意がなければ免除することができない，と規定された（同改正法266条4項・280条）[7]。総株主の同意が要件とされたのは，取締役の権限の拡大に関連してその責任を加重し，また株主代表訴訟制度（同改正法267条）を設けて各株主が自ら取締役の責任を追及することができることとして株主の保護をより強化したためであると一般に説明されている[8]。

　責任免除の規定と責任解除の規定は，効果として取締役・監査役の責任が消滅する点で類似するが，両者の相違は次の諸点にある。すなわち，①責任免除は，既に発生している具体的かつ個別的な責任について認められるものであり，不正の行為による責任を免除することも可能であるのに対して，責任解除は，既に発生している具体的かつ個別的な責任ではなく，発生すると否とが不確定な一般的な責任について包括的になされるものであり，不正の行為による責任については除外される。また，②責任免除は，原則として総株主の同意によって即時的に責任消滅の効果が生ずるのに対して，責任解除は，計算書類の承認後2年の期間経過によって初めて責任消滅の効果が生ずることなどである[9]。

（イ）昭和56年商法改正　　昭和56年（1981年）改正商法では，同改正前の総株主の同意による責任免除規定の内容はそのまま踏襲されたが（同改正法266条5項・280条），昭和25年改正商法284条の規定する取締役・監査役の責任解除

---

(7)　ただし，昭和25年改正法266条5項において，利益相反取引（同改正法265条）に関する取締役の責任は，発行済株式の総数の3分の2以上の多数をもって，これを免除することができる（この場合においては取締役は株主総会においてその取引につき重要なる事実を開示することを要する），と規定していた。これは，利益相反取引をしたこと自体または対価の決定の当不当という困難な判断にかかる問題であり，過失の有無にかかわらず責任を認めると一層酷なので，例外的に緩和して，総株主の同意ではなく発行済株式総数の3分の2以上の多数の賛成を得れば，その免除が認められるとされた。鈴木竹雄＝石井照久『改正株式会社法解説』175頁（日本評論社，1950），大隅健一郎＝大森忠夫『逐条改正会社法解説』288頁（有斐閣，1951），大森忠夫＝矢沢惇編集代表『注釈会社法（4）』466頁−467頁〔本間輝雄〕（有斐閣，1968）。

(8)　鈴木＝石井・前掲注(7)175頁，大隅＝大森・前掲注(7)287頁，大森＝矢沢編集代表・前掲注(7)465頁−466頁〔本間輝雄〕，上柳克郎＝鴻常夫＝竹内昭夫編集代表『新版注釈会社法（6）』291頁−292頁〔近藤光男〕（有斐閣，1987）。

(9)　大森忠夫＝矢沢惇編集代表『注釈会社法（6）』51頁〔服部栄三〕（有斐閣，1970），大森＝矢沢編集代表・前掲注(7)468頁〔本間輝雄〕，上柳＝鴻＝竹内編集代表・前掲注(8)294頁〔近藤光男〕。

制度は廃止された。

　この責任解除規定が排除された理由として，①責任の解除の意義および解除される責任の範囲をめぐって解釈が一致しておらず[10]，その存在効果が疑問視されたこと，さらに，②同改正法において，会社の自主的監視機能の強化の一環として取締役・監査役の責任の強化が図られるため，責任解除の規定の存在自体が問題とされるに至ったこと，その上，③同改正法では，営業報告書について総会の承認を要しないこととされ（同改正法283条1項），大会社では貸借対照表・損益計算書について取締役・監査役の適法意見があったときは，総会の承認を要しないこと（改正監査特例法16条）とされたため，計算書類のうちかなりの部分について，責任解除の前提となる総会の承認がなくなることとなったこと，以上の諸点から責任解除規定が削除されたとされる[11]。

　しかし，計算書類承認決議により責任解除の効果をもたらすという制度は，総株主の同意による責任免除制度と比べると，多数の株主からなる公開会社の場合において実用性の点では画期的なものであったと評価されるべきものであったと思われる[12]。

（ウ）平成13年商法改正　　平成5年（1993年）商法改正により株主代表訴訟の提起が容易になったこと，企業の不祥事が続発したことなどから，取締役の責任を追及する株主代表訴訟が数多く提起されるようになった。しかし，総株主の同意を要求する従来の取締役の責任免除規定（商旧266条5項）のもとでは，株主数の多い会社における責任免除は実際上不可能であった。

　そこで，株主代表訴訟により巨額の損害賠償責任を追及されたこと[13]などを契機として，取締役に対する高額の損害賠償請求が経営の萎縮を招くことを

---

(10)　学説上の対立について，大森＝矢沢編集代表・前掲注(9)52頁以下〔服部栄三〕，拙著「取締役の責任制限・免除および補償」『コーポレート・ガバナンスにおける取締役の責任制度』264頁−265頁（法律文化社，2002）参照。

(11)　元木伸「商法等の一部を改正する法律の概要（中・三）」商事911号12頁（1981），同『改正商法逐条解説［改訂増補版］』192頁（商事法務研究会，1983），竹内昭夫『改正会社法解説〔新版〕』227頁−228頁（有斐閣，1983）（経営者心理としてその責任について解除するか否かというような，ぎらつく形で議論される事態を避けたいと考えたのか，いずれにしても結果的に役員の責任の厳格化が経済界の意見によって実現したとする），北沢正啓『改正株式会社法解説改訂版』111頁（税務経理協会，1982）（この制度を全廃するまでの必要があったかは疑問とする）。

(12)　責任解除制度の廃止について疑問であるとする諸見解については，拙著・前掲注(10)265頁参照。

(13)　例えば，大阪地判平12年9月20日判時1721号3頁（大和銀行株主代表訴訟事件）参照。

防止し，また社外取締役の人材の確保を容易にする必要があるという理由で，平成13年（2001年）商法改正において，法令・定款違反行為に関する取締役の責任は，取締役が職務を行うにつき善意にしてかつ重大なる過失がないときは，賠償責任額を一定限度として責任免除する規定が新たに設けられた（商旧266条7項〜23項・280条〔監査役に準用〕）[14]。

取締役の責任の軽減の方法としては，株主総会の特別決議による事後的な責任免除，事前の定款の授権に基づく取締役会による責任免除，定款の定めによる社外取締役等との事前の責任限定契約による責任免除が規定された。なお，平成13年商法改正において訴訟上の和解の規定（同改正法268条5項〜7項）も新設され，その和解をする場合には総株主の同意による責任免除規定は適用されないことになった。

(3) 会社法

（ア）平成17年会社法　　平成17年（2005年）制定された会社法も，平成17年商法改正前の責任免除規定，責任軽減規定および訴訟上の和解の規定を引き継いで，総株主の同意による役員等の任務懈怠の責任の免除（会社424条），役員等の任務懈怠の責任の一部免除（会社425条〜427条），責任追及等の訴えに係る訴訟における和解（会社850条）を規定している。

会社法において，取締役・会計参与・監査役・執行役または会計監査人（「役員等」という）の任務懈怠による損害賠償責任は，総株主の同意があれば免除することができる（会社424条）。また，上記の役員等の任務懈怠責任ではない場合でも，会社法424条と同様に総株主の同意による免除を要求される法定の特別責任が置かれている[15]。なお，過失責任とされる剰余金の配当等に関する責任については，財源規制に違反して分配行為が行われた場合に，業務執行者，株主総会議案提案取締役，取締役会議案提案取締役の義務は，総株主により，分配可能額を限度として支払義務を免除することが認められている（会社462条3項）。このような責任免除の上限の制限が設けられたのは，債権者の利

---

(14)　太田誠一ほか監修「企業統治関係商法改正法Q＆A」商事1623号7頁以下（2002），田中亘「取締役の責任軽減・代表訴訟」ジュリ1220号31頁以下（2002），太田誠一ほか『コーポレート・ガバナンスの商法改正』30頁−35頁・56頁以下（商事法務，2002），北村雅史「取締役の責任軽減と株主代表訴訟」民商法雑誌126巻4・5号565頁以下（2002），黒沼悦郎「平成13年責任軽減立法」小林秀之＝近藤光男編『新しい株主代表訴訟』37頁以下（弘文堂，2003）等参照。

第6章　完全子会社の役員等の責任の免除　◆　181

益を保護するためであり，任務懈怠責任の場合（会社424条）に比べて，業務執行者等の免責要件を厳格にしている[16]。

　また，役員等の責任の一部免除の対象は，会社法423条1項の任務懈怠による損害賠償責任である（会社425条1項）。したがって，責任の一部免除規定は，法定の特別責任（会社52条1項・120条4項・462条1項・464条1項・465条1項等）および設立時取締役・設立時監査役の損害賠償責任（会社53条）等には適用されない。

（イ）平成26年会社法改正　平成26年（2014年）改正会社法は，親子会社に関する規律の整備として，親会社株主の保護等のため，多重代表訴訟制度等を創設した。その関係で，株式会社の発起人等の特定責任を免除するときは，当該株式会社の総株主の同意に加えて，当該株式会社の最終完全親会社等の総株主の同意をも要することとされている（改正会社847条の3第10項）。当該株式会社の総株主（すなわち最終完全親会社等またはその完全子会社等）の同意のみによって，特定責任を免除することができることとすると，多重代表訴訟制度を創設する意義が失われるからである[17]。

　また，株式会社の役員等の特定責任の一部免除について，当該株式会社の株主総会の決議に加えて，当該最終完全親会社等の株主総会の決議をも要することとされている（改正会社425条1項）。最終完全親会社等またはその完全子会社等のみをその株主とする当該株式会社の株主総会の決議のみによって，当該株式会社の役員等の特定責任の一部を免除することができることとすると，多重代表訴訟制度を創設する意義が減殺されるからである[18]。

---

(15)　役員等の任務懈怠による損害賠償責任の免除規定（会社424条・486条4項〔清算人の責任に準用〕）のほかに，①出資財産等の価額の不足（会社52条1項・55条），出資の履行の仮装（会社52条の2第1項2項・55条），任務懈怠による発起人・設立時取締役・設立時監査役の責任（会社53条1項・55条），②払込みの仮装の関与に関する発起人・設立時取締役の義務（会社103条2項3項），③財産上の利益供与に関する取締役の義務（会社120条4項5号），④剰余金の配当等に関する業務執行者等の義務（会社462条1項3号但書），⑤買取請求に応じた株式取得に関する業務執行者等の義務（会社464条1項2号），⑥欠損が生じた場合に関する業務執行者等の義務（会社465条1項2号）がある。

(16)　相澤哲＝岩崎友彦「新会社法解説（10）株式会社の計算等」商事1746号40頁（2005）（相澤哲編著『立案担当者による新・会社法の解説』別冊商事295号122頁（2006）所収），相澤哲編著『一問一答　新・会社法〔改訂版〕』15頁・17頁・157頁（商事法務，2009）（この責任は，債権者と株主との間の会社財産の調整機能を果たす分配可能額の規定に違反した場合の責任とする）。

(17)　坂本三郎編著『一問一答　平成26年改正会社法〔第2版〕』193頁（商事法務，2015）。

さらに，責任限定契約（改正会社427条1項）を締結した株式会社が，当該契約の相手方である非業務執行取締役等が任務を怠ったことにより特定責任に係る損害を受けたことを知ったときは，その後最初に招集される当該株式会社および当該最終完全親会社等の株主総会において，責任の原因となった事実等の一定の事項を開示しなければならないこととされている（改正会社427条4項）。この一定の事項の開示も，当該最終完全親会社等の株主総会においても行うのが適切と考えられるからである[19]。

以上の立法の沿革を踏まえた上で，本章では，責任免除の要件とその対象となる範囲を中心に検討する。

3　責任免除の要件とその対象となる責任の範囲

(1)　総株主の同意

(ア)　同意の形式と総株主の範囲　　会社法424条は，「総株主の同意」と規定しているが，これは，株主全員一致の株主総会の決議としてなされることを要するものではなく，各株主の個別的同意であってもよい[20]。責任免除に総株主の同意が要求されているのは，責任免除について会社の意思決定として株主総会の決議という形式に代わって総株主の同意を会社意思の決定と擬制し，かつまたその同意が単独株主権である株主代表訴訟の提訴権の個別的放棄の意思表示の機能を持つことから，その単独株主権であること（会社847条1項・847条の2第1項）に平仄を合わせるためである[21]。したがって，議決権を有しない株主も総株主に含まれるが，定款で単元未満株主の訴権を制限した場合（会社189条2項・847条1項括弧書・847条の2第1項本文括弧書）には，当該株主は

---

(18)　坂本編著・前掲注(17)195頁。
(19)　坂本編著・前掲注(17)199頁。
(20)　岩原紳作編『会社法コンメンタール (9)』287頁〔黒沼悦郎〕（商事法務，2014），酒巻俊雄＝龍田節編集代表『逐条解説会社法 (5)』371頁〔松岡啓祐〕（中央経済社，2011），江頭憲治郎＝中村直人編著『論点体系会社法 (3)』404頁〔中村信男〕（第一法規，2012），大隅健一郎＝今井宏＝小林量『新版会社法概説〔第2版〕』238頁（有斐閣，2010）等。
(21)　大森＝矢沢編集代表・前掲注(7)466頁〔本間輝雄〕，上柳＝鴻＝竹内編集代表・前掲注(8)292頁〔近藤光男〕，江頭憲治郎『株式会社法〔第7版〕』481頁注(14)（有斐閣，2017）。

総株主に含まれない[22]。

　なお，株式会社に最終完全親会社等がある場合において，特定責任追及の訴えの対象となる特定責任（会社847条の3第4項）を総株主の同意で免除するときは，当該株式会社の総株主の同意に加えて，当該株式会社の最終完全親会社等の総株主の同意も必要となる（会社847条の3第10項）。ただし，責任.追及等の訴えに係る訴訟における和解がなされる場合には，総株主の同意を要しない（会社850条4項）。

(イ) 一人会社あるいは完全子会社の場合　免責要件である総株主の同意は，株主数が多数にのぼる上場会社等の株式会社では，事実上不可能であり，少数の株主のみからなる株式会社に限り認められるにすぎないであろう。しかし，一人会社あるいは完全親子会社関係における完全子会社の場合には，株主総会の決議という形式をとらずに，容易に総株主（一人株主）の同意を得ることが可能となる。

　一人株主が自然人である場合には，何らの手続を要せず，役員等の責任免除の意思の決定をすることができ，これにより総株主の同意の要件を充足することになると考えられる。これに対し，法人株主である親会社の場合，役員等の責任免除の意思の決定をするための内部手続が必要となる。この場合に，一人株主である親会社の誰が行うのかという問題が生じる。親子会社関係における子会社の管理運営は，通常，親会社の重要な財産・組織に関する業務執行（会社362条4項1号4号）として，親会社の取締役会に委ねられ，責任免除の意思の決定をするものと考えられる[23]。親会社は，この取締役会の決議の議事録等をその本店に備えなければならない（会社371条）。なお，監査等委員会設置会社および指名委員会等設置会社では，取締役会の決議により，重要な業務執行の決定を取締役または執行役に委任することが可能である（会社399条の13第5項・416条4項）。

---

(22)　大隅＝今井＝小林・前掲注(20)238頁，江頭・前掲注(21)481頁注(14)，岩原編・前掲注(20)287頁〔黒沼悦郎〕，江頭＝中村編著・前掲注(20)404頁〔中村信男〕。

(23)　浜田道代「一人会社と株式会社法の適用」法学教室6号〈第2期〉61頁（子会社における株主権の行使は，業務執行の一環として，親会社の取締役会に委ねられるとする）（有斐閣，1974）参照。なお，親会社の保有する子会社株式は親会社の資産にほかならず，親会社の取締役は，当該子会社株式の価値が毀損しないように，当該子会社を管理・監督すべきであると解される。舩津浩司『グループ経営の義務と責任』230頁以下，294頁以下（商事法務，2010），久保田安彦「判批」月刊監査役599号87頁（2012）など。

他方，責任免除について会社の意思の決定として株主総会の決議という形式がとられるならば，株主全員一致の株主総会の決議を要することになる。この場合に，完全親子会社関係においては，親会社がその完全子会社の唯一の株主（法人株主）となるが，法定の株主総会招集手続を省略しても株主総会は有効に成立するかという問題がある。判例は，「いわゆる一人会社の場合には，その一人の株主が出席すればそれで株主総会は成立し，招集の手続を要しない」と判示する[24]。同様に，親会社がその完全子会社の唯一の法人株主である場合も，株主である親会社の代表権のある取締役・執行役が出席すれば，法定の招集手続を省略しても株主総会は有効に成立するものと解されるのであり，また，親会社の代表者が株主総会で責任免除のための議決権を行使することになる。ただし，株主である法人の代表者に代わって，代表権のない他の取締役・使用人（部長・課長等）などが完全子会社の株主総会において議決権行使をすることは，議決権の代理行使に当たると考えられる[25]。なお，完全子会社の株主総会を開催する場合には，議事録を作成して，その本店に備え置かなければならない（会社318条）。

　もっとも，会社法319条によれば，取締役または株主による株主総会の目的である事項についての提案につき，株主の全員が書面または電磁的記録により同意の意思表示をしたときは，当該提案を可決する旨の株主総会の決議があったものとみなされる（いわゆる書面決議）。この書面決議の規定は，会社と緊密な関係にある株主のみからなる閉鎖会社における手続の簡素化を可能にしたものである[26]。完全子会社の場合にも，書面決議の利用が可能であり，株主総

---

(24)　最判昭和46年6月24日民集25巻4号596頁。また，最判昭和60年12月20日民集39巻8号1869頁は，「株主総会を招集するためには招集権者による招集の手続を経ることが必要であるとしている趣旨は，全株主に対し，会議体としての機関である株主総会の開催と会議の目的たる事項を知らせることによって，これに対する出席の機会を与えるとともにその議事及び議決に参加するための準備の機会を与えることを目的とするものであるから，招集権者による株主総会の招集の手続を欠く場合であっても，株主全員がその開催に同意して出席したいわゆる全員出席総会において，株主総会の権限に属する事項につき決議をしたときには，右決議は有効に成立する」と判示する。

(25)　稲葉威雄＝筧康生＝宇佐見隆男＝永井紀昭『実務相談株式会社法（中）』38頁－43頁・353頁－362頁（商事法務研究会，1987）。なお，代理人が出席することにより株主全員が出席したこととなる総会において決議がされたときにも，同決議は，有効に成立するものと解される（最判昭60年12月20日民集39巻8号1869頁〔代理人の出席の全員出席総会における決議は有効に成立すると判示する〕）。

(26)　岩原紳作編『会社法コンメンタール（7）』309頁〔前田重行〕（商事法務，2013），江

会の開催を要しないことになる[27]。書面決議の場合，会社は，取締役または株主の提案につき株主の全員が同意の意思表示をした書面または電磁的記録を，その本店に備え置かなければならない（会社319条2項）。

　以上のように，免責要件である総株主の同意については，一人株主である親会社の個別的同意，株主総会決議あるいは書面決議のいずれの方法であっても，免除の意思の決定を明確にすることが望ましいと考えられる。この点で，株主総会または書面決議の方法によるならば，その作成された議事録や同意の書面を本店に備え置くことを要することから（会社318条・319条2項・371条），後日争いがある場合に証拠となることができるものと考えられる。同様の趣旨で，株主総会の決議によらずに，一人株主である親会社の個別的同意の方法による場合も，責任免除について総株主（一人株主）の同意書の作成が求められるべきである[28]。

〔図2：総株主の同意による免除〕

(2) 役員等に対する責任免除の意思表示

(ア) 免除の意思表示の要否　　総株主の同意による役員等の責任免除は，その株主とは別個の法人格を有する会社がその役員等に対する損害賠償請求権を免除するものであることから，債権者である会社がその総株主の同意という要

　頭憲治郎＝中村直人編著『論点体系会社法（2）』535頁〔角田大憲〕（第一法規，2012），江頭・前掲注(21)362頁（閉鎖型タイプの会社として合弁会社等を挙げる）等。
(27)　江頭＝中村編著・前掲注(26)535頁〔角田大憲〕は，書面決議は完全子会社や合弁会社等に利用可能であるとする。
(28)　株式会社・持分会社間の組織変更（会社2条26号）の場合，組織変更計画について総株主・総社員の同意を得ることを要するが（会社776条1項・781条1項），組織変更の登記には登記申請書に組織変更計画書の添付が要求される（商登77条・107条・114条・123条）。金子登志雄『組織再編の手続　法務企画から登記まで』435頁・455頁（中央経済社，2007）は，登記実務では，その組織変更計画書の内容に同意した証として，組織変更に関する総株主・総社員の同意書（各株主・社員の署名）が提出されるとする。

件の充足により役員等（債務者）の債務免除を行うことになる。債務免除については，民法519条は，債権者が債務者に対して債務を免除する意思を表示したときは，その債権は消滅すると規定する。この民法の規定によるならば，役員等に対する損害賠償請求権の免除の効力が生ずるためには，総株主の同意とともに，役員等（債務者）に対して債務免除の意思表示を行うことも必要であるかどうかという問題が生じる。この点について，次の平成20年東京地裁の裁判例がある。

（イ）東京地判平成20年7月18日判タ1290号200頁　　本件の事実関係は，次の通りである。Yは，S鉄道株式会社を中心とする「Sグループ」の創業者の子であり，昭和51年11月29日，全額を出資して遊園地の経営等を目的とするX1株式会社（その全株式をYが保有するいわゆる一人会社）を設立し，同社の代表取締役に就任した。X1会社は，バブルの崩壊等に伴う売上の低迷により，平成4年ころから収益が悪化し，平成10年12月8日，Yは，X1会社の株式の全てをS会社の100パーセント子会社であるM株式会社に譲渡し，これにより，X1会社は，S会社の連結子会社となった。その後も，平成16年12月27日に退任するまで，X1会社の代表取締役として，同社の業務を執行し，経営を担ってきた。

　X2株式会社は，昭和59年5月26日，遊園地の企画設計等を目的として設立された株式会社であり，X1会社の100パーセント子会社である。同社の代表取締役は，設立以来平成16年12月27日まで，Yと高校時代から面識がありX1会社の取締役に就任していたTであった。平成16年12月27日，Tは，X1会社取締役，X2会社の代表取締役をいずれも辞任し，同日，Yは，X2会社の代表取締役に就任したが，平成17年3月30日，同社の代表取締役，取締役を解任された。

　本件は，①X1会社がその代表取締役であったYに対し，X1会社の経営が厳しい状況にありながら，取締役としての忠実義務，善管注意義務に違反して，X1会社の業務を行っていない者らに対し，X1会社をして顧問料を支払わせたり，無償で社宅を提供させる等をしたことにより，X1会社の財産を不当に逸出させたと主張して，取締役の会社に対する損害賠償責任等を追及し，また②X2会社が，Yに対し，YがX2会社の代表取締役であったTに指示して，同様にX2会社の支払う必要のない顧問料等を支出させたとして，不法行為に基づく損害賠償等を求めるとともに，その後X2会社の代表取締役となったYが，

代表取締役を退任したことにより，同人が社宅として使用している建物の使用権原を失ったと主張して，同建物の明渡と使用損害金の支払を求めた事案である。これに対し，Yは，X1会社らの主張する各支出はいずれもX1会社らにおける業務の対価等として何ら不当なものではなかったこと，Yは，平成10年12月8日にX1会社の全株式を譲渡するまでは，X1会社の全株式を保有する株主であったから，その期間に相当する取締役としての責任を免れること，建物はYに贈与されたものであるから，Yは明渡義務を負わないことなどを主張して争った。

東京地裁は，X1会社・X2会社の請求の一部を認容し，YのX1会社・X2会社に対する損害賠償責任，およびYのX2会社に対する建物の明渡を認めた。X1会社の一人株主であったYの免責（商旧266条5項〔会社424条〕）の場合，責任免除の意思表示を要するか否かについて，東京地裁は，次のように判示する。

「旧商法266条5項は，総株主の同意がある場合でなければ，取締役の会社に対する責任を免除することができないと規定しており，会社が取締役に対し上記責任を免除する旨の意思表示をする場合，当該意思表示が効力を発生するためには，総株主の同意が必要であると定めているのであり，取締役の任務違背により会社に対する損害賠償義務が発生した場合，これが消滅するためには，総株主の同意，免除の意思表示の2個の要件を具備することが必要である。しかるに，本件においては，黙示的にもYの取締役としての責任を免除する旨の意思表示がされた事実は，これを認めるに足りる何らの証拠もなく，他に，Yの義務の発生を障害する事由も，これを消滅させる事由も認めることができない。したがって，その余の点について判断するまでもなく，YがX1会社の一人株主であったことによってYがX1会社の取締役としての責任を免れると解することはできない。」[29]

(ウ) 免除の意思表示の必要性　　上記平成20年7月18日東京地裁の裁判例が，取締役の会社に対する損害賠償義務が発生した場合，これが消滅するためには，総株主の同意，免除の意思表示の2個の要件を具備することが必要であると判

---

(29)　なお，本件は控訴および上告されたが（公刊物未登載），控訴審の東京高判平成21年9月29日（平成20年（ネ）第4335号）もYの主張を失当とし，一審判決が相当であるとして控訴を棄却し，また上告審の最判平成22年4月22日（平成22年（オ）第203号，平成22年（受）第260号）は，民事訴訟法312条1項または2項に規定する事由に該当しないなどとして，上告を棄却した。山下眞弘「判批」金判1329号27頁（2009），鈴木千佳子「判批」法学研究（慶應義塾大学）83巻8号159頁（2010）。

示する。これに対し，学説においては見解が分かれている。本件の裁判例と同様に，総株主の同意に加えて，会社としての債務免除の意思表示（民519条）を要するとする見解[30]に対し，総株主の同意によって即時的に役員等の会社に対する責任の消滅という効果（責任免除の効果）が生ずると解する説[31]がある。

　民法の債務免除の意思表示は，責任の発生とその額を認識して，その責任の免除の意思表示をすることを要すると解すべきであるという立場からは，本件事案では，一人株主である代表取締役が責任の発生およびその損害額を認識した上で，会社としての債務免除の意思表示をすべきであって，一人株主と代表取締役とが同一人である場合には，この者にそのような損害額の認識と責任免除の意思決定があるならば，その一人株主の意思決定が同時に免除の意思表示でもあったと考えられるであろう。この場合に，黙示の免除の意思表示があると構成されうる余地もあると思われる。

（エ）黙示の意思表示　　上記東京地判平成20年7月18日の裁判例では，Yは，

---

(30)　後藤元「判批」私法判例リマークス40号92頁（2010）（取締役の一部免責制度については，株主総会決議等が会社の意思表示と評価されると解すれば足りるとする），鈴木・前掲注(29)167頁（ただし，一人株主が代表取締役を務め，自らの取締役としての責任を免除する例では，あえて形式的な免除の意思表示は不要で，一人株主の意思決定があれば十分であろうとする），山下・前掲注(29)26頁－27頁（なお，総株主の同意による免除規定は，単独株主が会社を搾取する危険の大きい一人会社では，その規定の適用は慎重になされるべきであり，立法論として単独株主の場合は免除規定の適用がないとすべきであるとする），江頭・前掲注(21)481頁。

(31)　酒巻・前掲注(5)30頁－31頁，潘阿憲「判批」ジュリ1392号195頁（2010）（取締役の責任免除規定は，民法の一般的な債務免除と異なり，責任免除の主体が形式的な債権者である会社ではなく，実質的な損害の分担者である株主全員であると解する），中村（信）・前掲注(5)951頁－952頁（会社の機関または機関構成員である役員等の対会社責任の免除は会社の内部関係に属する問題であること，株主総会の特別決議による責任の一部免除（会社425条）の効力が特段の債務免除の意思表示を経なくても発生する仕組みが規定されていることを理由とする），島田邦雄ほか「新商事判例便覧No.600」商事1866号44頁（取締役の責任の減免規定〔会社425条・426条〕は，会社の取締役に対する意思表示ではなく株主総会決議等の一定の手続により責任の減免の効力が生じると解されていることとも整合的な解釈がなされるべきでもあることなどから，責任の減免の意思表示を要しないという考え方を採用する余地もあろうとする）(2009)，山脇千佳「判批」法学（東北大学）75巻1号94頁－95頁（2011）。なお，中村直人編著『取締役・執行役ハンドブック〔第2版〕』483頁（商事法務，2015）は，株主総会の特別決議による責任の一部免除は，株主総会にて免除の議案を承認されることにより，免除額について免除の効力が発生すると解する。

X1会社がYに対する責任を免除する旨の意思表示をしていないことについて，Yがx1会社の一人株主であった当時は取締役の責任問題が生じておらず，問題の所在が意識されていなかったため，明確な免除の意思表示がされなかったにすぎず，仮に，当時，既に責任問題が生じていたのであれば，当然に免除の意思表示がされていたはずであり，当該取締役が一人株主であった当時，問題が顕在化していれば責任が免除され，第三者に株式が譲渡された後に問題が顕在化すれば免除されないというのは明らかな矛盾であるから，一人株主である取締役は，会社に対して責任を負うことはないと解すべきであると主張していた。これに対し，本裁判例は，次のように判示する。

「Yの上記主張の趣旨は必ずしも明確でないが，一人株主である取締役は，会社に対して責任を負うことはないとの主張からすると，会社の全株式を一人の株主が保有する一人会社において，当該株主が代表取締役に就任している場合，当該株主兼代表取締役は，任務に違背して会社に損害を加えたとしても，そもそも会社に対する損害賠償義務が発生しないと主張するもののようでもある。しかし，取締役が一人株主であることによって，取締役としての義務が発生しないとの考え方が採用し得ないことは前示のとおりである。また，YがX1会社の一人株主であった当時は取締役の責任問題が生じておらず，問題の所在が意識されていなかったため，明確な免除の意思表示がされなかったにすぎず，仮に，当時，既に責任問題が生じていたのであれば，当然に免除の意思表示がされていたはずであるとの主張からすると，債務が免除の意思表示なくして当然に免除されると主張しているかのようでもあるが，免除の意思表示は，債務消滅原因事実であって，これなくして債務が消滅するなどと解することはできないのが道理である。あるいは，Yの上記主張について，明示の免除意思表示はされていないが，黙示の免除意思表示がされているとの主張であると解してみても，黙示の免除意思表示がされたと認めるべき根拠となる特定の具体的事実の主張も立証もないのであり，要するに，被告は，一人株主である取締役には，損害賠償債務が発生しないと主張するにすぎないものとみざるを得ない。」，「以上のように解したとしても，会社に対する既発生の具体的損害賠償債務については，旧商法266条5項により，総株主の同意があれば免除の意思表示をすることに妨げはないのであり，一人会社の場合に，免除の意思表示を客観的に明らかにする契機が生じにくいことは，事実上の問題にすぎないのであるから，そのために，当然に免除されるべきであると解さなければならない

ことにはならない。」，「よって，YがX1会社の一人株主であった時期のYの行為についてYの責任が発生しないとか，消滅したと認めることはできない。」

　本件判旨は，責任免除の要件としての免除の意思表示について，黙示の免除の意思表示が認められる余地を肯定している。しかし，黙示の免除の意思表示がされたと認めるべき根拠となる特定の具体的事実の主張も立証もないとして，一人株主である取締役Yの責任が発生しないとか，消滅したと認めることはできないと判示された。

　それでは，黙示の免除の意思表示と認めるべき根拠となる特定の具体的事実は，どのようなものと考えられるのであろうか。この点について，一人会社の名目的代表取締役の責任が問題となった事案で，善管注意義務や監視監督義務の責任を負わないと判示した東京高判平成15年9月30日判時1843号150頁（本件事案の詳細は本章(4)(イ)①参照）の判旨の結論には賛成するが，この判旨の法律構成に反対し，黙示的な総株主の合意による免除という法律構成をとりうるとする見地からは，その責任の免除に黙示的に同意していたと認定できる事情として，①一人株主が経営の全般を掌握していて名目的代表取締役に対して経理・会計事務に関与することを禁止していたこと，②一人株主が他の従業員に自ら指示するなどして金銭を領得したこと，③一人株主が名目的代表取締役の責任を追及したことは一度もないことなどの事情を総合すれば，一人株主が名目的代表取締役の責任の免除に黙示的に同意していたと認定できるとする見解がある[32]。これらの事情が黙示の免除の意思表示と認めるべき根拠となりうると考えるとしても，その黙示の意思表示の前提として，一人株主が名目的代表取締役の責任の発生および損害額を認識していることが必要であると考えるべきであり，このような認識を前提としない限り，黙示の免除の意思表示とは認められないと考えるべきである。

---

(32)　飯田秀総「判批」ジュリ1325号242頁（2006）。また，同旨として，高橋英治「判批」商事1794号55頁（2007）は，黙示の免除の意思表示という表現がなされていないが，一人株主の意向に従って名目的代表取締役の善管注意義務違反・監視監督義務違反による損害賠償責任はその発生と同時に総株主である一人株主により免除されているとみることができると考え，一人株主が据えた名目的代表取締役の責任の免除にも同意を与えているので，損害賠償責任の発生と同時に一人株主により免除されたとみることは理論的に可能である（この総株主の同意により責任免除は将来発生するかもしれない損害賠償責任を事前に放棄することではない）とする。なお，島田ほか・前掲注(31)44頁は，黙示的な免除の意思表示の存否について実態に即した判断を求める。

また，前掲東京地判平成20年7月18日の裁判例でも，一人株主である取締役Y自身による会社財産の流出行為の指示・承認，すなわちYの取締役としての損害賠償責任を基礎づけるような行為を行ったこと自体を，取締役としての責任を免除する黙示の意思表示と解する余地があるとする見解もあり，この見解によれば，本件判旨がこの立場を採用しなかったのは，一人株主である取締役が結局のところ損害賠償責任を一切負担しないことになり，取締役の善管注意義務・忠実義務を負わないのと同じ結果となって，これらの義務の強行法規性に反することを危惧したからであろうと考えられる[33]。しかし，善管注意義務・忠実義務の強行法規性の問題と黙示の免除の意思表示の有無の問題とは別個の問題であり，強行法規性を前提としても黙示の免除の意思表示が認められるならば免除の効果が認められるべきであり，両者の問題は矛盾するものとはいえない。また，黙示の免除の意思表示が認められるためには，その前提として，前述したように，一人株主が取締役の責任の発生および損害額を認識していることが必要であると解するべきである。

　さらに，前掲平成20年7月18日東京地裁の判旨が，黙示の免除の意思表示がされたと認めるべき事実を否定したのに対し，一人株主かつ代表取締役であるという構造そのものから，Yの黙示的な免除の意思表示を認めることができるという立場から，自分自身に対する免除の意思表示は容易に推測されるのであり，黙示的にも存在していないと判断したことは妥当でないとする見解もある[34]。しかし，この見解によれば，一人株主かつ代表取締役である取締役の責任が問題となる事案では，免除の対象となる責任が顕在化しない段階でその責任の内容を了知ないしは確定しないで，総株主の同意により即時的に責任消滅の効果を生じさせる結果を認めることになり，このような結果は総株主による事後的な責任免除の規定の趣旨に反することになるので，妥当とはいえないと考えられる。一人株主かつ代表取締役であるという構造そのものが，直ちに黙示の免除の意思表示と認められる根拠とはならないものと解される。

　したがって，前記裁判例の事案のような一人会社の実態に即した解釈として，一人株主が自然人である場合，とりわけ一人株主と代表取締役が同一人格であるとき，黙示の免除の意思表示がなされたと認めるべき根拠となる特定の具体的事情があって，黙示の免除の意思表示が認められるためには，取締役の責任

---

(33)　後藤・前掲注(30)92頁。
(34)　山脇・前掲注(31)95頁。

の発生および損害額を認識していることが必要であり，そのような認識がなければ黙示の免除の意思表示は認められないと解されるべきである。これに対し，一人株主が法人株主である場合には，その会社の内部手続などを考えれば，一人株主が自然人である場合のような，黙示の免除の意思表示を認めることはできないものと解される。

なお，義務違反と同時に黙示の免除の意思表示をすることができると解した場合に，一人会社の場合に当然免除されることとなり，会社債権者が免除の意思表示を詐害行為取消権（民424条）の行使により取り消す余地がなくなるとの指摘もある[35]。このような場合にも，当該黙示の意思表示を詐害行為として取り消すことができると考えられる[36]。また，総株主の同意による責任の免除が認められても，取締役の第三者に対する責任（会社429条1項）を会社債権者が追及することができるので，その限りで会社債権者は保護されうる[37]。

(3) 将来発生する取締役の会社に対する責任の総株主同意による事前の包括的免除

会社の全株式を一人の株主が保有する一人会社の場合，とりわけ当該株主が代表取締役に就任しているとき，すでに発生した取締役の会社に対する責任について総株主（一人株主）の同意による免除ができるのであれば，将来発生するであろう責任について事前に包括的に免除することも認められるのではないかということが問題とされうる。ちなみに，昭和56年改正前商法284条の規定する取締役の責任の解除の対象は，既に，発生していることの明確な個別的責任ではなく，発生すると否とが不確定な一般的責任であり，また責任消滅の効果も計算書類の承認後2年の期間経過によって初めて発生するものであった[38]。

従来の通説的見解によれば，会社法424条の規定する総株主の同意による責任免除は，既に発生した具体的かつ個別的な責任を対象とするものであり，取締役在任中に将来生じうる責任をすべて免除することはできないと解され

---

(35)　東京地判平成20年7月18日判タ1290号200頁の解説欄参照。
(36)　後藤・前掲注(30)93頁。
(37)　福島洋尚「判批」ビジネス法務10巻5号126頁（2010），山脇・前掲注(31)95頁，岩原編・前掲注(20)288頁〔黒沼悦郎〕。
(38)　大森＝矢沢編集代表・前掲注(7)468頁〔本間輝雄〕。

る[39]。これに対し，総株主の同意をもって，将来発生する責任を事前に免除することを認めない理由を見出しえないこと，取締役の対会社責任を事前に包括免除することを許すと，責任の任務懈怠抑止機能を阻害し，業務執行の規律を損なうおそれが生じるが，事後の責任が免除される可能性がある以上，それは程度の問題にすぎないといえることから，事前の免除を肯定する見解もみられる[40]。

東京高判平成15年9月30日判時1843号150頁（事案の詳細は本稿(4)(イ)①参照）は，単なる名目上の代表取締役が一人株主との事実上の合意・了解の下に，取締役としての職務（とりわけ経理・会計事務）にはまったく関与していなかった事案で，その限度において取締役としての善管注意義務や監視監督義務を免除されて，善管注意義務や監視監督義務の責任を負わないものと解して，その名目的代表取締役は会社に対する義務違反を理由とする損害賠償責任を負わない旨を判示する。この判旨は，一部の善管注意義務・監視監督義務の免除を理由に責任を負わないとの読み方をすることもできるが，取締役としての義務・職務の存在を前提として，その違反による会社に対する損害賠償責任を包括的に事前免除する趣旨であると理解される余地もあったということができる[41]。

その後，前掲東京地判平成20年7月18日の裁判例は，X1会社の一人株主でありかつ代表取締役であったYがX1会社の取締役としての責任を負わないと主張したのに対し，「Yの上記主張の趣旨は，必ずしも明確でないが，会社の

---

(39)　大森＝矢沢編集代表・前掲注(7)468頁〔本間輝雄〕，上柳＝鴻＝竹内編集代表・前掲注(8)292頁〔近藤光男〕，酒巻＝龍田編集代表・前掲注(20)373頁〔松岡啓祐〕，江頭＝中村編著・前掲注(20)401頁－402頁〔中村信男〕，高橋・前掲注(32)55頁（一人株主は自己とは別の法主体の会社が取得する可能性のある請求権を事前に放棄することができないのであり，一人株主・代表取締役間の将来の損害賠償責任免除に関する事前の個別同意は，株主構成変更後の会社を拘束しないとする），中村・前掲注(5)959頁（取締役在任中の株主の交代の可能性があるからとする）等。

(40)　甘利公人『会社役員賠償責任保険の研究』167頁（多賀出版，1997）。戸塚登「名目的代表取締役の対第三者責任（一）」民事研修101号19頁－21頁（1965）も，総株主の同意による責任免除規定は取締役と株主との間を信託理論によって規整するところに意義があるとの見地から，取締役の地位は個々の株主に対する信託関係に立つといってよく，ある者を代表取締役に選任してその地位と信用を利用するという利益のために，この者が取締役として会社に対する職務の遂行義務を免除するという不利益を甘受することは任意であるということができ，単なる不作為を承認するという意味で会社に対する危険は消極的であり，免責することの実害がないか少なくとも危険は少ないというべきであるとする。

全株式を一人の株主が保有する一人会社において，当該株主が代表取締役に就任している場合，当該株主兼代表取締役は，任務に違背して会社に損害を加えたとしても，そもそも会社に対する損害賠償義務が発生しないと主張するもののようである。しかしながら，会社の全株式を一人の株主が保有する一人会社において，当該株主が代表取締役に就任している場合であっても，当該株主兼代表取締役は，法人格が会社と別個であるから，任務に違背して会社に損害を加えたときは，会社に対する損害賠償義務が発生するというべきであり，一人会社であることによって，当然に上記損害賠償義務が発生しないと解することはできない。」と判示した。本件判旨の上記判示は，既に発生している特定の責任について，株主がその責任の内容を知って取締役の責任の免除を行うものであるということを前提としているものと考えられる[42]。

　責任免除の規定の趣旨から，将来発生する取締役の会社に対する責任の総株主同意による事前の包括的免除は認められるべきではなく，責任免除の規定は，従来の通説的見解に従って，免除の対象となる責任の発生およびその損害額を認識したうえで，総株主の同意により責任消滅の効果を生じさせるものと解されるべきである。この場合に，責任免除に同意する株主はいつの時点の株主かという問題は，取締役の損害賠償責任が発生して顕在化した段階で，当該責任の免除時に株主としての権利を行使することができる株主と考えられる。

（4）　総株主の同意による役員等の一般的義務の免除

（ア）取締役の善管注意義務・忠実義務の強行法規性　　将来発生する取締役の会社に対する責任については総株主の同意による事前の包括的免除が認められないとする場合，取締役の義務違反により将来発生するであろう責任を免れるため，取締役の一般的義務そのものを免除するならば，その義務の不存在により責任は発生しないことになり，結果的に事前に責任の包括的免除を許すことになるが，これは認められるであろうか。

　一般的に，取締役の会社に対する善管注意義務および忠実義務は強行規定で

---

(41)　山下・前掲注(29)25頁，中村信男「判批」早稲田法学82巻3号239頁－240頁（2007），中村・前掲注(5)958頁。

(42)　鈴木・前掲注(29)167頁－168頁，山脇・前掲注(31)95頁－96頁（取締役の義務違反が顕在化し，実際に責任追及されるのは，株主構成の変化により，新しい株主とそれによる経営陣が現れた時点であると推察する）。

あると解されている⁽⁴³⁾。したがって，この義務の免除の合意の効力は許されないことになる。これに対し，学説の中には，総株主の同意をもって取締役の会社に対する職務遂行義務を免除する特約は，会社債権者との関係においては無効であるものの，株主の権益放棄の問題として，会社と当該取締役との間においては，法的に有効であると解することも可能であるとする見解がある。その論拠として，総株主の同意による責任免除規定の趣旨に鑑みれば，総株主の同意があれば，株主が，ある者を代表取締役に就任させてその地位と信用を利用するという利益のために，この者が取締役として株式会社に対し負う職務遂行義務を免除するという不利益を甘受することは任意であることが述べられている⁽⁴⁴⁾。

もっとも，この見解でいわれる職務遂行義務を免除する特約の意味は必ずしも明瞭であるとはいえない。すなわち，取締役の会社に対する一般的な善管注意義務・忠実義務を免除する趣旨であるのか，取締役の会社に対する一般的な義務が存在することを前提として，その義務違反による任務懈怠責任を総株主の同意により事前に包括的に免除する趣旨であるのか，判然としないということができるであろう⁽⁴⁵⁾。任務懈怠責任の事前の包括的免除をするという後者の趣旨であれば，本稿の前記(3)で既に検討した問題である。したがって，ここでは前者の一般的義務の免除の趣旨について検討する。

（イ）　裁判例　　一人会社の裁判例において，役員等の一般的義務の免除を肯定する趣旨の裁判例と，その一般的義務の免除を否定する裁判例がある。

　　①　**肯定する裁判例**　　⑦　東京高判平成15年9月30日判時1843号150頁

　本件の事案では，X1株式会社およびX2株式会社は，同一の事業である，霊

---

(43)　江頭・前掲注(21)435頁－437頁注(3)，岩原編・前掲注(26)426頁〔近藤光男〕，江頭
　　＝中村編著・前掲注(20)403頁〔中村信男〕，上柳＝鴻＝竹内編集代表・前掲注(8)284頁
　　－285頁〔近藤光男〕等。なお，神田秀樹「株式会社法の強行法規性」竹内昭夫編『特別
　　講義商法Ⅰ』11頁－12頁（有斐閣，1995）は，従来強行法規と理解されてきた会社法の
　　規定に反する内容の合意の効力について，将来株主となる者やその会社と関係を持つ者
　　など第三者を混乱させるおそれが大きいという「第三者効」を有するかどうかを一般的
　　基準として決定されるべきであり，会社と取締役との間の合意でその取締役が会社に対
　　する責任を一切負わないということは，その責任負担額だけ会社財産が減少するという
　　結果となるので，少なくとも混乱を招く恐れがあり，その効力を認めることは妥当でな
　　いとする。

(44)　戸塚・前掲注(40)19頁。

(45)　中村・前掲注(5)956頁。

園の開発・設計，陵墓および墓石の設計・施工・販売等を目的とする株式会社である。訴外Aは，X1会社およびX2会社の設立時から両社の全株式を所有する唯一の株主であった。Aは，自らは取締役に就けない事情があったため，かつて経営していた会社の部下であったY1を形式的にX1会社の代表取締役に就ける一方で，自らは「会長」として経営の全般を掌握していた。Y1は，Y2とともに旅行業を営むB株式会社の共同経営に当たる傍ら，当初は月2，3度，後に週3，4日，X1会社に出社して，社員の歩合給の計算事務等に従事するなどをするにとどまっていた。Aは，X1会社設立から約7年後に資本金の全額を出資して設立したX2会社においても，自らは取締役に就くことなく，Y2を名目的に代表取締役に就任させる一方で，自ら「会長」としてその経営の全般を掌握し，Y2は，月に数回程度，茶菓子を持参してX2会社を訪れる程度であって，X2会社の業務や事務に従事することはほとんどなかった。Aは，X1会社およびX2会社の経理・会計事務について，Aの直接の指揮・監督の下に，経理担当者としてX会社に入社したCに処理させることとし，Y1がこれに関与することを禁止していたため，Y2はもとより，Y1が，X1会社およびX2会社の経理・会計事務に関わることはなかった。

　このような状況の下において，Cは，Aから資金が必要であると言われる都度，指示された額の資金をX1会社の銀行預金から払い戻すなどしてAに交付し，金額の不確定なもの，使途の不明のもの，その他の未決算勘定については，Aに対する仮払金として処理するなどをしていた。その後，Aは，Dに対して，Aの所有していたX1会社およびX2会社の全株式を売り渡したが，Dは，クリニックの経営に携わっていたため，自らはX1会社およびX2会社の取締役に就任することなく，従前どおりY1をX1会社の，Y2をX2会社の，各代表取締役に就けたままにしたうえ，自らの代行者として配下のEを社長室長の肩書でX1会社に派遣して，X1会社およびX2会社の経営に当たらせることにしていたため，Y1およびY2の立場や執務の状況には，大きな変化はなかった。

　DがX1会社およびX2会社の全株式を第三者に売り渡した後に判明したところによれば，X1会社においては，A，D，Y1らに対して仮払金等の会計上の処理がされているが，これらの仮払金は，いずれもA，D，Y1らにおいてこれらの仮払金の支払を受け，また，Dにおいて預金の払戻しを受けて，

これらを領得したものであり，X1会社は，これによって，合計2億4672万8364円の損害を被ったこと，同様に，X2会社においては，A，DまたはY2に対して仮払金の会計上の処理がされているが，いずれもA，DまたはY2においてこれらの仮払金の支払を受け，これを領得したものであり，X2会社は，これによって，合計1億5050万円の損害を被ったなどとして，X1会社およびX2会社は，その一人株主であったAおよびDが前記仮払金等を自らのために費消するなどして領得したことによって，損害を被ったものであるところ，X1会社らは，これをY1およびY2が取締役としての善管注意義務および監視監督義務に違背した結果であることなどを主張して，損害賠償を請求した。東京高裁は，次のように判示して，X1会社らのY1らに対する本件控訴をいずれも棄却した。

「Y1及びY2については，前記の認定のとおり，X1会社及びX2会社の一人株主であったAやDは，会社の主宰者として経営の全般を掌握し，自らが（DについてはEを介するなどして）その経営に当たっていたものであり，経理，会計事務についても，経理担当者を直接指揮監督していたものである一方で，Y1及びY2は，全く取締役としての職務を行うことはなく，単なる名目上の代表取締役にすぎなかったものであり，特に経理，会計事務については，Aからこれに関与することを禁止されるなどして，一人株主との事実上の合意，了解の下に，全くこれに関わることがなかったものである。

このように，Y1及びY2は，一人株主との事実上の合意，了解の下に，取締役としての職務，とりわけ経理，会計事務には全く関与していなかったものであるから，その限度において取締役としての善管注意義務や監視監督義務を免除されていたものというべきであり，会社の債権者その他の第三者に対する関係や責任についてはともかく，会社に対する関係においては，善管注意義務や監視監督義務の責任を負わないものと解するのが相当である。

したがって，X1会社及びX2会社は，一人株主であったA及びDが仮払金等を不法に領得したことにつき，Y1及びY2に対して，取締役としての善管注意義務違反又は監視監督義務違反を理由として，損害賠償を求めることはできない。」

　④　本件裁判例の検討　本件裁判例は，単なる名目上の代表取締役にすぎなかったY1・Y2は，一人株主との事実上の合意，了解の下に，取締役としての職務，とりわけ経理，会計事務にはまったく関与していなかったもの

であるから，その限度において取締役としての善管注意義務や監視監督義務を免除されていたものというべきであり，会社に対する関係においては，善管注意義務や監視監督義務の責任を負わないものと解して，これらの義務違反を理由とする損害賠償を負わない旨を判示する。

　本件判旨の結論には賛成するが，理論構成に批判的な見解が多い[46]。本件判決文の読み方として，(i)一人株主と名目的代表取締役との間の職務遂行免除の事実上の合意・了解（職務免除合意〔特約〕）によって，名目的代表取締役の善管注意義務・監視監督義務が免除される趣旨とする理解，(ii)職務免除合意が無効であることを前提として，職務免除合意を「契約」的意味においてとらえておらず，その会社に対する法的拘束力に言及しているのではなく，名目的代表取締役の責任を認める合理的根拠がないことを理由づけるための法的考慮要因の１つとして職務免除の事実上の合意・了解をとらえ，名目的代表取締役が取締役としての任務を遂行できない事情にあったことを詳細に摘示することにより，取締役の善管注意義務・監視監督義務違反が生じないと判断したと読み取るべきであるとの理解，あるいは，(iii)職務免除合意の実質が，取締役としての義務・職務の存在を前提として，その違反による会社に対する損害賠償責任を包括的に事前免除するものであり，その法的拘束力の有効性を認めるものであるとの理解が考えられる[47]。本件の判決文の表現をみる限り，(i)の理解の仕方が素直な読み方だと考えられる[48]。

　学説において，本件判旨の結論には賛成するけれども，本件の判決文の表現から考えられうる法律構成，すなわち，一人株主（総株主）の同意によって取締役の会社に対する一般的な善管注意義務を免除することができるという法律構成について，批判的見解が多い。これらの見解は，取締役の善管注意義務の規定の強行法規性により善管注意義務の免除は無効と解されることを前提として，本件の名目的代表取締役の責任を否定する法律構成について，大別すると，(i)代表取締役ないし取締役としての任務・責任を問えるだけの

---

(46)　西川昭「判批」金判1205号64頁・66頁（2004），田邊宏康「判批」判タ1188号107頁（2005），野田輝久「判批」判タ1188号103頁－104頁（2005），高橋・前掲注(32)53頁・55頁，中村・前掲注(41)236頁・239頁，國友順市「判批」阪経大論集55巻3号156頁（2004），飯田・前掲注(32)239頁・242頁等。これに対し，鈴木千佳子「判批」法学研究（慶應義塾大学）78巻12号72頁・76頁（2005）は，判旨の結論にも反対する。

(47)　西川・前掲注(46)66頁－68頁，高橋・前掲注(32)56頁，中村・前掲注(41)238頁－240頁，山下・前掲注(29)25頁参照。

法的実質を備えていなかったとする見解[49]，(ii)一人会社における名目的代表取締役の善管注意義務違反から生ずる損害賠償責任はその発生と同時に総株主である一人株主により免除されているとする見解[50]，(iii)自ら会社財産を搾取した一人株主が職務免除の合意を棚に上げて責任追及することを許すことは信義則に反し不当であり[51]，さらに，その会社の資産状況を反映した譲渡対価で全株式を譲り受けた者（新たな一人株主）が名目的代表取締役に対して責任追及することを認めることは，新一人株主に二重の利得を許す結果となり，またその資産状況が譲渡対価に反映していない場合には旧一人株主が自ら行った違法行為の責任を名目的代表取締役に転嫁することを許すことになり，信義則上許されないとする見解[52]に分類することができる。

② **否定する裁判例** ⑦ 東京地判平成20年7月18日判タ1290号200頁

本件裁判例（本件事案の詳細は本稿(2)(イ)参照）は，会社の全株式を保有するＹが同社（一人会社）の代表取締役に就任していた事案で，「Ｙは，取締役に善管注意義務（忠実義務）が認められる根拠について，委任者と受任者との間に一定の利害対立関係があるために受任者に同義務が課せられていると主張し，一人株主である代表取締役と会社との間には利害対立関係がないから，善管注意義務違反の問題はそもそも生じないと主張する。しかし，一人

---

(48) 高橋・前掲注(32)56頁，中村・前掲注(5)956頁。これに対し，西川・前掲注(46)68頁は，職責免除合意の有効性を初めて判示した裁判例としてセンセーショナルにとらえるよりも，名目的代表取締役の責任を認める合理的根拠がないことを理由づけるための法的考慮要因の1つとして，本件事実上の合意・了解をとらえているにすぎないと評価すべきであり，本件判旨が，名目的代表取締役の就任の事情，会社の経営実態，経理に関する一切の関与の禁止，不当領得阻止のための関与が不可能であると推測される事情など詳細に摘示している点などから，取締役の善管注意義務・監視監督義務違反が生じないと判示したと理解すべきであるとする。

(49) 中村・前掲注(41)243頁。同旨，國友・前掲注(46)156頁（過失がない，あるいは因果関係がなかったという理由で，名目的代表取締役の責任を否定すべきであったとする），田邊・前掲注(46)107頁。

(50) 高橋・前掲注(32)55頁，飯田・前掲注(32)242頁（一人株主であった時点で事後的な黙示的な総株主による免除があったと認定できるとする）。

(51) 名古屋高金沢支判昭和48年4月11日高民集26巻2号190頁（代表取締役の一人会社と認められる株式会社の破産管財人から，同会社の名目上の取締役に対し，その代表取締役の違法不当な行為を抑止しなかったのは忠実義務に違反するとして損害賠償請求をすることは，みずから違法不当な行為をしながら，これを抑止しなかった他人を責めてその損失をこれに転嫁するに均しく，信義則に反し許されないと判示する）参照。

(52) 西川・前掲注(46)68頁，野田・前掲注(46)103頁。

株主である代表取締役と会社との間には利害対立関係がないから善管注意義務違反の問題は生じないとの立論は首肯することができない。一人株主である代表取締役と会社とが別個の法人格を有する以上，各々が相手方に対して権利と義務とを有し得る関係にあるのであって，両者の利害が常に全く同一であるとか，何らの利害対立関係も観念し得ないと解することはできない。一人会社が法律上容認されるのは，社会的必要性が肯定されたためにすぎず，一人会社であろうと，会社と株主とは別個の法人格を有するものであるから，それぞれの間に，権利，義務の関係が発生するのは当然であり，これを消滅させる事由がなければ権利，義務は消滅しない。Yの上記主張は，一人株主である取締役には，そもそも会社に対する善管注意義務（忠実義務）がないというのと同断であり，上記主張を採用すれば，一人株主である取締役の会社に対する責任がそもそも観念し得ないことになってしまうのであって，善管注意義務（忠実義務）の強行法規性に反し，このような主張は，到底採用することができない。」

　⑦　本件裁判例の検討　　本件判旨は，取締役の善管注意義務（忠実義務）の強行法規性を明確に認めており，この点について異論はみられない[53]。ただし，本件判旨が，一人株主である代表取締役と会社との間の利害が常にまったく同一であるとか，何らの利害対立関係も観念し得ないと解することはできないと判示することについては，疑問を呈する見解がある。会社の一人株主である取締役と会社との間の取引について，会社と取締役との間の利害相反関係はないため商法旧265条（会社356条1項2号3号）の取締役会決議は不要であると判示した最判昭和45年8月20日民集24巻9号1305頁およびこれに賛成する従来の多数説の考えに反するものと思われるからである[54]。しかし，本件判旨が，一人株主である代表取締役と会社との間にどのような意味で利害の対立があったのかを示すわけではなく，また，その趣旨は明確

---

(53)　山下・前掲注(29)25頁，潘・前掲注(31)194頁，福島・前掲注(37)126頁，鈴木・前掲注(29)163頁，山脇・前掲注(31)93頁。もっとも，後藤・前掲注(30)93頁は，一人株主自身が取締役である場合に，当該一人株主の利益のためのコントロールの便宜を考慮する必要が高くないこと，また，一人株主と取引する者は取引時点までの取締役の行為については免責されていると考えうるため（むしろその時点の会社財産状況についてデューディリジェンスを実施すべきである），混乱は生じないと思われることから，当該取締役の善管注意義務が強行規定であることを問題にする実益は大きくないとする。

(54)　鈴木・前掲注(29)162頁。

であるとはいえない[55]。

　以上の通り，裁判例の判旨の表現上からは，肯定する裁判例と否定する裁判例とに分かれているが，役員等の善管注意義務（忠実義務）の規定は役員等の専横等の防止や株主・債権者等の保護のための規定であって，これと異なる定めを会社が恣意的な判断で行うことは許されない強行規定であり，このような役員等の一般的義務を総株主の同意により免除することは認められないと解されるべきである。

(5)　会社債権者の利益を害する総株主の同意による役員等の責任の免除

　総株主の同意により役員等の会社に対する責任が免除されることによって，会社債権者の利益を害する結果を招いてしまうおそれがある。とくに，一人株主の場合には総株主の同意による責任免除は容易であることから，会社債権者の利益を保護すべき問題が生じうる場合が考えられる。前掲東京高判平成15年9月30日の裁判例は，「取締役としての善管注意義務や監視監督義務を免除されていたものというべきであり，会社の債権者その他の第三者に対する関係や責任についてはともかく，会社に対する関係においては，善管注意義務や監視監督義務の責任を負わないものと解するのが相当である。」と判示していることから，会社の債権者その他の第三者に対する関係や責任が問題とされる余地があることを認識しているものと推測されうる。

　なお，前掲東京地判平成20年7月18日の裁判例において，YがX1会社の一人株主であったことにより同社の取締役としての同社に対する責任を免れるとのYの主張に対する反論の中で，X1会社は，「一定以上の規模の会社には，株主以外にも従業員，債権者，取引先，顧客，消費者など，様々な利害関係人（いわゆるステークホルダー）がおり，このような会社においては，たとえその全株式を取締役が保有しているとしても，株主以外の利害関係人に重大な損害を与えるような場合にまで，株主兼取締役一人の意向のみで，当該取締役の会社に対する責任が免除されると解することはできない。」，「X会社において業績が非常に苦しく，債務超過で配当が不可能な状況にあった。このような状況下でされたYの行為は，株主及びその関係者に対する違法配当又はそれに準ず

---

(55)　潘・前掲注(31)194頁，福島・前掲注(37)125頁，鈴木・前掲注(29)162頁，山脇・前掲注(31)92頁。

る財産流出行為であり，このような行為につき免除が認められるならば，会社責任財産の減少を招き，会社債権者等の利害関係人を害する結果になりかねないから，免除は許されない（会社法462条3項参照）。」と主張していた。本裁判例は，このX1会社の主張の内容自体について直接に言及し検討していないことから，この主張を採用したものとはいえない[56]。

ところで，昭和61年5月15日法務省民事局参事官室「資料　商法・有限会社法改正試案」において，「株主・社員による取締役の責任免除（商法266条5項，有限会社法30条ノ2第3項）は，会社債権者（第三者）を害するときはすることができない。」[57]という試案が公表された。この試案の解説によれば，責任免除制度については，会社が無資力の状況にあって，取締役に対する損害賠償責任を行使していたならば，会社の債権者に対する債務の全部または一部を履行することができたというような場合には，株主・社員の総意に基づくからといって，取締役の会社に対する損害賠償義務の免除を認めることは疑問であること，事業経営につき有限責任を享受する株主・社員は，本来は自らが代償を支払うことなく，会社債権者を害するような行為を行うことはできないはずであるとの批判がされていること，このような問題意識から，株主による取締役の責任免除は会社債権者（第三者）を害することができない旨を明定するとの問題提起をしたとの解説がなされている[58]。しかし，この試案が提案していた，取締役の責任免除は会社債権者を害することができない旨の一般的な規定は，今日まで，商法・会社法の改正において実現されてはいない。

もっとも，会社法は，剰余金の配当等に関する責任について，財源規制に違反して分配行為が行われた場合に業務執行者，株主総会議案提案取締役，取締役会議案提案取締役の義務を会社が免除することができないけれども（会社462条3項），総株主により，分配可能額を限度として支払義務を免除することが認められている（会社462条3項但書）。このような責任免除の上限の制限が設けられたのは，債権者の利益を保護するための規定であるので，債権者を無

---

(56)　後藤・前掲注(30)93頁（本判決はX1会社が当時債務超過状態等にあったことを詳しく認定していないとする）。

(57)　商事1076号15頁（1986）。

(58)　大谷禎男「商法・有限会社法改正試案の解説（4）」商事1080号19頁（1986）（概して賛成が多かったとする）。法務省民事局参事官室編『商法・有限会社法改正試案各界意見の分析』別冊商事93号41頁（1987）は，株主・社員による取締役の責任免除は会社債権者を害するときは許さないものとすることについては，反対はほとんどなかったとする。

視して，総株主の同意により免除することは適当ではないという理由から，分配可能額を超える部分の免責を認めないこととして，任務懈怠責任の場合（会社424条）に比べて，業務執行者等の免責要件を厳格にする規定が設けられたと説明されている[59]。

他方，株式会社が株式買取請求に応じて株式を取得した場合に業務執行取締役等が分配可能額を超えて支払った額（超過額）を支払う義務を負うが（会社464条1項），超過額支払義務は，総株主の同意があれば免除することができる（会社464条2項）。立案担当者によれば，この責任は一種の任務懈怠責任であり，過失責任（会社464条1項但書）であること，また，会社法465条の欠損塡補責任と同種の責任であるから，総株主の同意により免除することができると説明されている[60]。これに対し，会社法464条の目的を債権者保護ととらえる立場から，超過額の支払義務の免除を認めることの説明は難しく，会社法462条3項の定めとのバランスを失しているとの指摘や[61]，分配可能額がないときに取締役と株主が共謀して分配規制の潜脱を許すことになり，会社法462条3項は立法政策としては疑問が示されている[62]。

さらに，剰余金の配当や自己株式の有償取得によって事後的に当該事業年度の計算書類の承認時（確定時）に，分配可能額がマイナスになった場合に，業務執行者（取締役・執行役）に，分配可能額のマイナス（欠損の額）と会社から払い出された財産の額のいずれか少ない額を会社に対して支払う義務を負うが（会社465条1項），その支払義務は総株主の同意によって免除することができる（会社465条2項）。会社法465条を株主保護のための規定と解する見解からは，

---

(59)　相澤＝岩崎・前掲注(16)40頁（この責任は，債権者と株主との間の会社財産の調整機能を果たす分配可能額の規定に違反したことに対する責任であるから，会社に損害が生じた場合とは異なるとする），相澤編著・前掲注(16)一問一答157頁，森本滋＝弥永真生編『会社法コンメンタール（11）』207頁〔黒沼悦郎〕（商事法務，2010）（なお，分配可能額を超える分配であることを株主が知った上で，分配を決定する株主総会が全員一致でなされた場合には，免責の効果は分配可能額の範囲に限定されるので，責任免除の決議があったと認めてよいとする）。なお，中村・前掲注(5)947頁は，会社法462条3項の規律が，前記昭和61年の商法・有限会社法改正試案を部分的に，また一部変形して会社債権者保護の実現・進展をしたものと評価する。

(60)　相澤哲＝葉玉匡美＝郡谷大輔『論点解説　新・会社法』99頁（商事法務，2006），郡谷大輔＝和久友子編著『会社法の計算詳解〔第2版〕』362頁・371頁（中央経済社，2008）。

(61)　稲葉威雄『会社法の基本を問う』139頁（中央経済社，2006）。

(62)　森本＝弥永編・前掲注(59)224頁〔黒沼悦郎〕。

総株主の同意によって責任免除することは差し支えないことになる[63]。これに対し，本条を債権者保護のための規定とする立場からは，会社債権者の同意なくして本条の責任を免除できることが疑問視されることや[64]，立法政策として妥当かどうか，再検討に値するとの指摘もある[65]。

債権者と株主との間の会社財産の調整機能を果たす会社法462条の規定の趣旨から，会社法464条2項および同465条2項の場合[66]も含めて，会社債権者の利益を害するような総株主による責任免除は認められないと解されるべきである[67]。とりわけ，会社が欠損または債務超過の状況，あるいは責任免除によって欠損または債務超過の状況に陥るおそれがある場合には，総株主の同意による責任免除は許されないと解されるべきである[68]。そのほうが，任務懈怠行為の抑止機能を図ることができて，結果的には，会社ひいては全ての株主にも利益となるものと考えられる。

(6)　不当な利得等をした一人株主による責任免除

一人会社の単独株主が事実上支配している当該一人会社（前掲東京高判平成15年9月30日の裁判例の事案），または，一人会社の単独株主が代表取締役として支配している当該一人会社（前掲東京地判平成20年7月18日の裁判例の事案）において，単独株主がこれらの一人会社から，不当な利得をしたり，当該一人会社の財産を不法に流出させた場合，総株主である単独株主が当該一人会社の

---

(63)　森本＝弥永・前掲注(59)235頁〔黒沼悦郎〕。

(64)　稲葉・前掲注(61)140頁。

(65)　神田秀樹『会社法〔第21版〕』313頁注(6)（弘文堂，2019）。

(66)　吉本健一『会社法〔第2版〕』263頁注(71)（中央経済社，2015）は，資本維持責任の免除を認める464条2項・465条2項の妥当性は疑問であるとする。

(67)　大隅健一郎「親子会社と取締役の責任」商事1145号43頁（1988），酒巻俊之『一人会社と会社設立の法規制』47頁・120頁（成文堂，2005）（昭和61年の商法・有限会社法改正試案と同様に解すべきとする），山下典孝「一人会社の株主総会に関する若干の考察（二）」法学新報101巻1・2号131頁（1994），山下・前掲注(29)26頁−27頁（たとえ議事録に免除の記載があっても，会社債権者を害するような場合は，単独株主が代表取締役として会社を支配していた事実を根拠に責任追及できる余地を残すべきとし，さらに立法化を検討すべきとする），中村・前掲注(5)960頁。

(68)　江頭憲治郎『株式会社・有限会社法〔第4版〕』406頁−407頁注(11)（取締役に対する当該債権を貸借対照表の資産の部に計上しない状態で会社に資本欠損がある場合またはもっと悪い財務状況下でなされた総株主の免除の同意は，会社債権者との関係では無効と解すべきであるとする）（有斐閣，2005），野田・前掲注(46)102頁−103頁，山下・前掲注(29)25頁。

取締役の責任を免除することは認められるであろうか。このような問題は，完全親会社が完全子会社から不当な利得等をした場合にも，同様である。

　前掲東京地判平成20年7月18日の裁判例は，一人会社の単独株主が当該会社の代表取締役であった事案で，「会社に対する既発生の具体的損害賠償債務については，旧商法266条5項により，総株主の同意があれば免除の意思表示をすることに妨げはないのであり，一人会社の場合に，免除の意思表示を客観的に明らかにする契機が生じにくいことは，事実上の問題にすぎないのであるから，そのために，当然に免除されるべきであると解さなければならないことにはならない。」と判示し，免除の意思表示が行われなかったことから，代表取締役が当該会社の一人株主であった時期の行為について責任が発生しないとか，消滅したと認めることはできないとする。本判旨は，一人会社の代表取締役である一人株主が自己の取締役としての会社に対する責任を免除することができる趣旨であると考えられる[69]。

　学説において，子会社の取締役が親会社の指示に従って業務を執行し当該子会社に損害が生じたときは，支配株主としての親会社もまた子会社の取締役と連帯して責任を負うことになるので，たとえ子会社が全株保有の一人会社であったとしても，親会社は子会社の取締役について責任免除の同意を与えることはできないと解する見解がある[70]。また，自ら会社財産を搾取した一人株主に旧商法266条5項の免除権者としての資格を与えることは許されるべきではなく，自ら手を汚した者に，自ら行った違法行為の責任を他人に転嫁させ，それを免除する権限を付与することまで，法が予定しているとは考えられないとする見解がある[71]。さらに，会社の損害不填補に伴う不利益を当該会社の他の利害関係者に転嫁されることがないように，会社の損害をもたらす原因行為に関与した一人株主が自らの有責取締役等としての対会社責任を免除するこ

---

(69)　中村・前掲注(5)962頁。

(70)　酒巻・前掲注(5)45頁（子会社の債権者は，会社の有する取締役・親会社に対する損害賠償請求権につき，債権者代位権の行使，局外株主による代表訴訟の提起が認められるとする）。

(71)　野田・前掲注(46)103頁（また，会社の資産状況を反映した対価で全株式を譲り受けた第三者が，当該会社の取締役に対する責任追及を行うことは，二重の利得を許す結果となり，信義則上認められないとする）。西川・前掲注(46)68頁も，職務免除の合意をした一人株主にはその合意の無効を主張する利益はなく，また，名目取締役への責任の転嫁による二重利得の危険があり，それを許すべきではないとする。

と，また，当該株主の指揮命令を受けて業務執行を行った取締役等の会社に対する任務懈怠責任と当該株主の事実上の主宰者としての責任を免除することも，認められないとする見解[72]がある。

会社の全株式を一人の株主が保有する一人会社において，一人株主が代表取締役に就任している場合であっても，当該一人株主と会社とは別個の法人格であるから，単に一人会社であることを理由に，当該一人株主による当該会社の取締役の責任の免除が認められないと考えられるべきではない。しかし，単独株主が一人会社から，不当な利得をしたり，当該一人会社の財産を不法に流出させた場合，総株主である単独株主が当該一人会社の取締役の責任を免除することは，企業経営の健全性の確保の観点から認められるべきではなく，このような場合には責任免除は許されないと解されるべきである。

(7) 一部の取締役等の会社に対する責任の免除と他の取締役等からの求償

役員等が株式会社または第三者に生じた損害を賠償する責任を負う場合において，他の役員等も当該損害を賠償する責任（債務）を負うときは，これらの者は連帯債務者とすると規定されている（会社430条）。会社に対して連帯責任を負う複数の取締役（連帯債務者）の中の一部の者にのみ責任の免除がされた場合，責任の免除の対象とされなかった他の取締役（他の連帯債務者）に免除の効力が生じ，責任免除された取締役の負担部分については，他の取締役も会社に対する責任を免除される（免除の絶対的効力事由）のか，他の取締役は会社に対する責任の全額を賠償しなければならない（免除の相対的効力事由）のかといったことが，従来，問題とされていたが，会社法には明文の規定がなされていない。

ところで，平成29年民法改正前は，連帯債務者の一人に対してした債務の免除は，その連帯債務者の負担部分についてのみ，他の連帯債務者の利益のためにも，その効力を生ずる（免除の絶対的効力）と規定されていた（改正前民437条）。これに対し，役員等の連帯債務は内部的に負担部分のある「不真正連帯債務」であり，連帯債務者の一人に生じた事由は他の債務者に影響を及ぼさな

---

(72) 中村・前掲注(5)964頁（疑義を避けるため，明文で規定することが会社業務の適性確保のためにも有益であるとする）。

い（免除の相対的効力）と一般に解されていた[73]。しかし，連帯債務者の一人に対する債務の免除は相対的効力しか有しないとされるならば，会社は他の連帯債務者に対して当該免除を受けた連帯債務者の負担部分をも請求することができ，それを弁済した他の連帯債務者は当該免除を受けた連帯債務者に対して求償権を有することになる。これは，免除を受けた連帯債務者の期待を著しく害する結果となる。そこで，学説において，会社が，連帯責任を負う取締役の中の一部の者に対してのみ責任を免除した場合には，残りの取締役は，責任の免除を受けた取締役の負担部分につき責任を免れる（絶対的効力）とする説が有力に提唱されていた[74]。

　その後，平成29年改正民法441条は，連帯債務者の一人との間の更改（民438条），連帯債務者の一人による相殺等（民439条），連帯債務者の一人との間の混同（民440条）の場合を除き，連帯債務者の一人について生じた事由は，他の連帯債務者に対してその効力を生じない（相対的効力）と規定している（民441条）[75]。改正前民法437条（連帯債務者の一人に対する免除）が削除され，免除は絶対的効力事由から相対的効力事由へと改まり，また，連帯債務者の一人に対して免除がされた場合に，求償に関する解釈上の議論に決着をつけるため，その連帯債務者に対して，債権者に弁済した他の連帯債務者が求償することができることを明記している[76]。したがって，会社に対して連帯責任を負う複数の取締役（連帯債務者）の中の一部の者にのみ責任の免除がされた場合，改正民法441条により，原則として，他の取締役に対してその効力が生じなくて，他の取締役は会社に対する責任の全額を賠償しなければならないと考えられることになる。

　これに対し，平成29年民法改正後，前記の有力説の立場からは，取締役の責

---

(73)　上柳＝鴻＝竹内編集代表・前掲注(8)340頁・581頁〔龍田節〕，岩原編・前掲注(20)
　　420頁〔黒沼悦郎〕，酒巻＝龍田編集代表・前掲注(20)434頁〔青竹正一〕，江頭＝中村編
　　著・前掲注(20)406頁〔中村信男〕，北村・前掲注(14)577頁等。

(74)　江頭憲治郎「役員等の連帯債務と免除の絶対的効力」『会社法の基本問題』348頁・
　　357頁以下（有斐閣，2011），同『株式会社法〔第6版〕』472頁−473頁注(13)（有斐閣，
　　2015）（取締役の会社に対する責任の制度は損害塡補機能を主目的とするものではないと
　　する）。

(75)　潮見佳男『民法（債権関係）改正法の概要』112頁（金融財政事情研究会，2017）は，
　　改正後の民法は連帯債務の絶対的効力事由を極限まで限定し，かつ，求償のルールを不
　　真正連帯債務にも適用するものとして，改正前民法下における真正の連帯債務と不真正
　　連帯債務の区別を無用のものとする立場を基礎に据えているとする。

任免除制度の目的を台無しにしないように，とりわけ責任限定契約（会社427条1項）を締結した場合に，当該契約を締結した者が将来求償を受けることがないよう講ずべき措置として，責任限定契約の締結者の負担部分が請求されないような，3つの措置が提案されている[77]。

この点については，責任限定契約の制度が設けられた趣旨から，責任限定契約を締結した者の債務が限定責任額を超過しないように，定款において，他の連帯債務者は責任限定契約を締結した者に対して，当該限定契約を締結した者の負担部分が限定責任額を超過する部分について求償することができない旨を定めることができるものと解するのが妥当であると思われる[78]。なお，民法441条但書は，相対的効力に対する例外として，例えば，債権者Aと連帯債務者Bにおいて，連帯債務者Cにその事由が生ずればBにもその効力が生ずるなどという別段の意思を表示したときは，Cに生じた事由のBに対する効力は，その意思に従うと規定されている[79]。そのような意思が表示されているときは，その意思に従って効力を認めても，AやBにとって不意打ちとなることはないからである[80]。

---

(76)　筒井健夫＝村松秀樹編著『一問一答　民法（債権関係）改正』122頁（商事法務，2018）（債務の免除をした債権者において，他の連帯債務者との関係でも債務を免除する意思を有しているとは限らないことを理由とする），潮見・前掲注(75)115頁・121頁。なお，潮見・前掲注(75)115頁－116頁では，改正後の民法は，連帯債務者の一人に対して免除された場合に，その連帯債務者に対して他の連帯債務者が求償をしたときに，求償に応じた連帯債務者が債権者に対して償還請求することができないことを当然の前提としているとする（債権者は債務の免除を受けた連帯債務者の損失で利得した関係にはないこと，債権者に対する返還請求を認めることは他の連帯債務者から全額の履行を得ようとする債権者の通常の意思に反することを理由とする）。

(77)　江頭・前掲注(21)479頁－480頁（注13）（①他の連帯債務者の当該責任の免除が可能となる定款の定め（会社426条1項），②業務執行取締役等との間で会社が責任限定契約の締結者に対する求償権放棄の契約（民537条1項）を締結すること，③責任限定契約の締結者が求償に応じた額を事後に会社が補償することを挙げる）。

(78)　平成29年民法改正前において，岩原編・前掲注(20)422頁〔黒沼悦郎〕は，会社が役員Aとの間で責任限定契約を締結すれば，他の役員Bは自己にしわ寄せがくることを覚悟すべきであって，会社の意思により役員等相互間の本来の権利関係（負担部分の関係）を処分してよいと解する結果，BはAに対して，Aの負担部分が限定責任額を超過する部分について求償することができないこととなり，Aの債務は限定責任額を超過しないから，責任限定契約制度の趣旨を没却することにもならないと解する。

(79)　筒井＝村松編著・前掲(76)123頁，潮見・前掲注(75)114頁－115頁。

(80)　筒井＝村松編著・前掲(76)123頁。

第6章　完全子会社の役員等の責任の免除　◆　209

4　結　び

一人会社において総株主の同意による役員等の会社に対する責任の免除規定については，従来，一人株主が自然人である事案の裁判例で，同意の形式，責任免除の意思表示の要否，事前の包括的免除，役員等の一般的義務の免除などの点で問題とされた。これらの論点は，一人会社の一類型と考えられる完全子会社でも同様に問題となるものと考えられる。

まず一人株主が自然人である場合とは異なり，法人株主である親会社の場合には，役員等の責任免除の意思の決定をするための内部手続が必要となる。通常は，一人株主である親会社の取締役会に委ねられ，責任免除の意思の決定をするものと考えられる。免責要件である総株主の同意については，一人株主である親会社の個別的同意，株主総会決議あるいは書面決議のいずれの方法であっても，免除の意思の決定を明確にするために，株主総会または書面決議の方法による場合は議事録や同意の書面の作成が求められ（会社318条・319条2項・371条），親会社の代表者による個別的同意の方法による場合も，責任免除について総株主（一人株主）の同意書の作成が求められるべきである。

次に役員等に対する損害賠償請求権の免除の効力が生ずるためには，総株主の同意とともに，役員等（債務者）に対して債務免除の意思表示を行うことも必要であると解されるが（民519条），一人株主が代表取締役でもある裁判例の事案では，責任の発生およびその損害額を認識した上で，会社としての債務免除の意思表示をするのであれば，その一人株主の意思決定が同時に免除の意思表示でもあったと考えられるであろう。また，黙示の免除の意思表示が認められるためには，取締役の責任の発生および損害額を認識していることが必要であり，そのような認識がなければ黙示の免除の意思表示があったとはいえないであろう。

また責任免除の規定の趣旨から，将来発生する取締役の会社に対する責任の総株主同意による事前の包括的免除は認められるべきではなく，責任免除の規定は，従来の通説的見解に従って，免除の対象となる責任の発生およびその損害額を認識したうえで，総株主の同意により責任消滅の効果を生じさせるものと解されるべきである。さらに，役員等の善管注意義務（忠実義務）の規定は役員等の専横等の防止や株主・債権者等の保護のための規定であって，これと

異なる定めを会社が恣意的な判断で行うことは許されない強行規定であり，このような役員等の一般的義務を総株主の同意により免除することは認められないと解されるべきである。

　最後に，会社債権者の利益を害するような総株主による責任免除は認められないと解されるべきであり，とりわけ，会社が欠損または債務超過の状況，あるいは責任免除によって欠損または債務超過の状況に陥る恐れがある場合には，総株主の同意による責任免除は許されないと解されるべきである。そのほうが，任務懈怠行為の抑止機能を図ることができて，結果的には，会社ひいては全ての株主にも利益となるものと考えられる。

第 7 章

企業グループにおける
多重代表訴訟の概括的検討

1　はじめに

(1)　多重代表訴訟の意義

アメリカでは，親会社または持株会社の株主が子会社のために提起する株主代表訴訟は二重代表訴訟（double derivative action）といわれることが多いが，親会社の株主が子会社の子会社（いわゆる孫会社）のために提起する株主代表訴訟は三重代表訴訟（triple derivative action）といわれる。さらに，親会社・子会社間における株式保有の関係が幾重にもつながるならば，限りなく多重なものとなることから，二重代表訴訟・三重代表訴訟をも含めて多重代表訴訟（multiple derivative action）とも称されている[1]。わが国において，多重代表訴訟という語は，法務省の「会社法の見直しに関する中間試案」[2]において用いられたことなどから，一般的に利用されるようになった。

平成26年改正の会社法では，改正前までの会社法の見直しに関する中間試案・要綱案などの段階で多重代表訴訟といわれていたものの名称を改めて，「特定責任追及の訴え」という用語が使われている（会社847条の３第１項本文括弧書）。特定責任追及の訴え[3]は，「最終完全親会社」という概念を用いて，直

---

(1)　拙著「純粋持株会社と株主代表訴訟」『コーポレート・ガバナンスにおける取締役の責任制度』233頁（法律文化社，2002）参照。

(2)　平成23年12月法務省民事局参事官室「会社法制の見直しに関する中間試案」10頁，http://www.moj.go.jp/content/000082647.pdf（2011），岩原紳作「『会社法制の見直しに関する要綱案』の解説〔Ⅲ〕」商事1977号４頁（2012）。

接の親子会社関係がある場合に親会社の株主が子会社の取締役等の責任を追及する二重代表訴訟と，直接の親子会社関係にない親会社の株主が孫会社以下の会社の取締役等の責任を追及する多重代表訴訟の両者を含めたものということができる[4]。もっとも，特定責任追及の訴えが創設されても，子会社の株主は，「最終完全親会社」の株主と並んで，引き続き，当該子会社の取締役等に対する株主代表訴訟における原告適格を有することに変わりはない。

(2) 特定責任追及の訴えの制度の導入理由と反対意見

特定責任追及の訴えの制度の導入については，賛成と反対の見解が対立していた。特定責任追及の訴えの制度の導入理由と反対意見については，次のように概括することができる。

従来の株主代表訴訟制度（改正前会社847条）が認められる理由として，取締役等の間の親密な関係・同僚意識による提訴懈怠の可能性が挙げられているが，企業グループにおける親会社の取締役等と子会社の取締役等との間にも，親会社の取締役等と子会社の取締役等との間の人的関係により，子会社の株主である親会社が子会社の取締役等の責任追及を懈怠するおそれが類型的・構造的に存在する。したがって，子会社の取締役等が子会社に対して責任を負っている場合であっても，子会社のみならず，親会社も子会社の取締役等の責任を追及しないために，子会社の損害が填補されず，その結果，親会社の損害も填補されず，また，子会社の取締役等の任務懈怠を十分に抑止することができない可能性もある[5]。さらに，このような株主代表訴訟の損害回復機能および任務懈怠抑止機能の観点のみならず，子会社に対する親会社の影響があまり効かないことにより生じた企業不祥事や経営不振が親会社を含む企業グループ全体に大きな悪影響を与える場合も少なくないことから，親会社株主の保護のため，特定責任追及の訴えの制度の創設が考えられたとされる[6]。

---

(3)　なお，本稿では，引用する文献などに基づいて記述する文章において用いられる多重代表訴訟という語は，とくに言及しない限り，「特定責任追及の訴え」（狭義の多重代表訴訟）を意味するものとする。

(4)　新谷勝「多重代表訴訟と銀行持株会社」銀行法務21No.758（2013年5月号）22頁。

(5)　平成23年12月法務省民事局参事官室「会社法制の見直しに関する中間試案の補足説明」（以下「中間試案補足説明」と略す）28頁（http://www.moj.go.jp/content/000082648.pdf），坂本三郎編『一問一答　平成26年改正会社法〔第2版〕』176頁（商事法務，2015）。

(6)　岩原・前掲注(2)5頁。

第7章　企業グループにおける多重代表訴訟の概括的検討　◆　213

　これに対し，この特定責任追及の訴えの制度の創設に反対する立場から，子会社の取締役等が子会社に対して責任を負う場合には，親会社株主は，子会社の管理・監視を怠ったことについての親会社の取締役等の責任を追及することにより，親会社の損害の塡補を図ることができるとの指摘がされていた[7]。しかし，これに対しては，親会社株主が，子会社の管理・監視に関する親会社の取締役等の責任の内容を明らかにし，損害および因果関係と併せて立証することは，子会社の取締役等の責任を追及する場合よりも困難であり，親会社株主による親会社の取締役等の責任追及は必ずしも実効性のあるものとはいえないとの反論がされていた[8]。さらに，特定責任追及の訴えの導入により，そのような困難な問題が部分的に解決され，企業グループのガバナンスとの関係で，企業グループ全体を対象とした内部統制システムを補完する制度として位置づけるとの指摘もされていた[9]。

　また，特定責任追及の訴えの制度に反対する立場から，そのような制度の創設は企業の組織選択に影響を及ぼし，企業集団における効率的経営に支障を来すおそれがあること[10]，諸外国であまり例のない制度で濫用的な訴訟提起が懸念されることが指摘されていた[11]。さらに，子会社取締役は，実質的に親会社の部長等に相当する者にすぎず，使用人の責任を代表訴訟の対象としていない現行会社法の下では認められるべきではないとの指摘がある[12]。これに対し，親会社の事業を全部外の子会社に出してしまった場合，特定責任追及の

---

(7)　法務省民事局参事官室・前掲注(5)中間試案補足説明28頁。
(8)　法務省民事局参事官室・前掲注(5)中間試案補足説明28頁。
(9)　加藤貴仁「企業グループのコーポレート・ガバナンスにおける多重代表訴訟に意義（上）（下）」商事1926号8頁・1927号37頁以下参照（2011）。
(10)　法務省民事局参事官室・前掲注(5)中間試案補足説明28頁。
(11)　法務省法制審議会会社法制部会（以下，会社法制部会）第17回会議（平成24年2月22日開催）議事録（PDF版）30頁〔杉村豊誠委員・伊藤雅人委員発言〕(http://www.moj.go.jp/content/000079367.pdf)，会社法制部会第20回会議議事録（PDF版）32頁〔杉村豊誠委員・伊藤雅人委員発言〕(http://www.moj.go.jp/content/000099708.pdf)。
(12)　会社法制部会第11回会議（平成23年7月27日開催）議事録（PDF版）5頁〔杉村豊誠委員発言〕(http://www.moj.go.jp/content/000079164.pdf)，舩津浩司『「グループ経営」の義務と責任』420頁以下（商事法務，2010），北村浩『「会社法制見直しに関する意見」の概要』商事1928号43頁（2011），松井秀征「結合企業法制・企業集団法制の方向性」ビジネス法務10巻6号30頁（2010），江頭憲治郎＝門口正人編集代表『会社法大系（4）』438頁〔松山昇平＝門口正人〕（青林書院，2008），第162回国会衆議院法務委員会議事録第14号〔江頭憲治郎参考人発言〕。http://www.shugiin.go.jp/internet/itdb_kaigiroku.nsf/html/kaigiroku/000416220050420014.htm)。

訴えが認められなければ，親会社株主が直接訴えられるような形で責任をとる者がまったく存在しないような事業形態を作り出すことになるという反論がなされる[13]。

以上のように，特定責任追及の訴え制度の創設に反対する立場からいろいろな指摘がなされていたが[14]，改正法が創設した特定責任追及の訴えの適用範囲は，そのような指摘にも配慮した形で，非常に限定的なものとなっているということができる[15]。

(3) 広義の多重代表訴訟

会社法では，上記の特定責任追及の訴えのほかに，株式交換等により親会社の株主となった者が子会社の取締役等の責任追及等の訴え提起することができる，「旧株主による責任追及等の訴え」（会社847条の2）および「株主でなくなった者の訴訟追行」（会社851条）も規定されている。これらの訴えも，広義では多重代表訴訟といってよいと考えられる。

本章は，企業グループにおける企業の健全性の確保・維持のために多重代表訴訟が必要であるという認識のもとで，平成26年改正会社法改正により創設された狭義の多重代表訴訟である特定責任追及の訴えのほかに，広義の多重代表訴訟に含まれる旧株主による責任追及等の訴え，株主でなくなった者の訴訟追行について，立案担当者の解説を踏まえた上で概括的な検討を行い，その解釈上の問題点について言及したい。

---

(13)　会社法制部会第11回会議議事録・前掲注(12)14頁〔藤田友敬幹事発言〕，前田雅弘「親会社株主の保護」ジュリ1439号38頁参照（2012）。

(14)　坂本三郎ほか「『会社法制の見直しに関する中間試案』に対する各界意見の分析〔中〕」商事1964号23頁以下（2012）参照。

(15)　なお，特定責任追及の訴えの制度が創設されたことにより，親会社株主にとって完全子会社取締役に対する責任追及手段が認められることになったが，その子会社取締役の善管注意義務違反が問題とされる場合に，親会社取締役会の策定したグループ経営方針や指揮・具体的指示，さらに企業集団内部統制システム（会社362条4項6号）の適切性が争点となりうる。したがって，実務上，資料収集等の面からも，子会社取締役に対して特定責任追及の訴えを提起しようとする親会社株主は，同時に，親会社取締役に対しても株主代表訴訟を提起することが多くなるであろうといわれている。山本憲光「多重代表訴訟に関する実務上の留意点」商事1980号33頁－37頁（2012）。この場合，共同訴訟（民訴38条前段）として，両訴訟のいずれかの請求について管轄権を有する裁判所に併合提起することが認められる（民訴7条）。平田和夫「多重代表訴訟に関する訴訟手続上の諸論点（下）」ビジネス法務13巻2号115頁（2013）。

2　最終完全親会社等の株主による特定責任追及の訴え

(1)　特定責任追及の訴えの対象

(ア)　特定責任の意味　　特定責任とは，完全子会社（会社則218条の3第1項括弧書）である株式会社の取締役等[16]の責任の原因となった事実が生じた日において，最終完全親会社等[17]およびその完全子会社等（会社847条の3第2項2号括弧書）における当該株式会社の株式の帳簿価額が当該最終完全親会社等の総資産額として法務省令（会社則218条の6）で定める方法により算定される額の5分の1（これを下回る割合を定款で定めた場合にあっては，その割合）を超える場合における当該取締役等の責任をいう（会社847条の3第4項）。

(イ)　特定責任追及の訴えの対象　　特定責任追及の訴えの対象は，通常の株主代表訴訟（株主による責任追及等の訴え〔会社847条1項〕）の場合とは異なり，取締役等の責任を追及する訴えに限定されている[18]。すなわち，通常の株主代表訴訟の場合には，①取締役等の責任を追及する訴えだけでなく，②払込みを仮装した設立時募集株式の引受人の責任（会社102条の2第1項）の規定による支払を求める訴え，③不公正な払込金額で株式もしくは新株予約権を引き受けた者等の責任（会社212条1項・285条1項）の規定による支払を求める訴え，④株主等の権利の行使に関して利益供与を受けた者の利益の返還責任（会社120条3項）の規定による利益の返還を求める訴え，⑤出資の履行を仮装した募集株式の引受人の責任（会社213条の2第1項）の規定，または新株予約権に係る払込み等を仮装した新株予約権者等の責任（会社286条の2第1項）の規定による支払もしくは給付を求める訴えも対象となる。

　通常の株主代表訴訟において，上記①の取締役等の責任を追及する訴え以外

---

(16)　特定責任追及の訴えの対象者の範囲について，会社法847条の3第4項は，「発起人等」，すなわち発起人，設立時取締役，設立時監査役，役員等（会社423条1項）もしくは清算人をいうと規定しているが（会社847条1項括弧書），本章は，便宜的に，以下において「取締役等」と簡略する。

(17)　会社法847条の2第1項括弧書・847条の3第1項括弧書2項，会社則218条の3。

(18)　会社法847条の3第1項・4項（特定責任を「発起人等の責任」と規定する）。坂本編著・前掲注(5)185頁，江頭憲治郎『株式会社法〔第7版〕』510頁（有斐閣，2017），江頭憲治郎＝中村直人編著『論点体系会社法（補巻）』565頁〔澤口実〕（第一法規，2015）。

の上記②から⑤までも，株主による提訴請求の対象とされているのは，これら
の責任を問われる者と当該会社の取締役との間の人的関係により，提訴懈怠の
おそれが類型的かつ構造的にあるからである。これに対して，これらの者と最
終完全親会社等やその中間子会社の取締役との間には直接の人的関係がないの
で，当該最終完全親会社等やその中間子会社の取締役がこれらの訴えに係る代
表訴訟の提起を懈怠するおそれが類型的かつ構造的にあるとまではいえないと
いう理由で，上記②から⑤の訴えについては，特定責任追及の訴えの制度の対
象とはしないこととしたといわれている[19]。

　しかし，企業グループ傘下で，会社ぐるみで上記②から⑤についての責任を
問われるような不祥事がないとはいえず，この場合に提訴懈怠のおそれが類型
的・構造的にまったくないとはいえないであろう[20]。何らかの立法的取組み
の検討がなされないとするならば，企業グループ全体のコーポレート・ガバナ
ンスの観点から，企業グループ内の不健全経営について親会社取締役の責任の
問題として，現行法の解釈論で対応する場合もありうるものと考えられる。

(2)　最終完全親会社等

（ア）最終完全親会社等の株主に限定した理由　　特定責任追及の訴えの提起
の請求および当該訴えの提起をすることができる者は，当該株式会社の「最終
完全親会社等」の株主に限って認められる（会社847条の3第1項）。「最終完全
親会社等」とは，株式会社の完全親会社等（会社847条の3第2項）であって，
その完全親会社等がないものをいう（会社847条の3第1項）。

　「完全親会社等」であることを必要としたのは，当該株式会社（子会社）の
株主に少数株主が存在する場合には，当該少数株主が当該株式会社の取締役等
の責任を追及することを期待することができるのに対し，完全親子会社関係が
ある場合には，完全親会社以外に当該株式会社の株主がいないので，株主代表
訴訟によって当該株式会社の取締役等の責任を追及することを懈怠するおそれ
があるからである。

　また，「最終完全親会社等」であることを必要としたのは，完全親子会社関

---

(19)　坂本編著・前掲注(5)185頁。
(20)　山田泰弘「多重代表訴訟の導入－最終完全親会社等の株主による法定責任追及の訴え」
　　　法学教室402号15頁（2014）は，完全子会社の株主権に関する利益供与を受けた者に対す
　　　る会社法120条3項の追及を代表訴訟の対象としないことには議論が必要とする。

係が多層的に存在する場合，その中間完全子会社（例えば，当該株式会社の完全親会社の株主であるが，最終完全親会社等ではない株式会社）は，グループ企業の最上位にある最終完全親会社等にその経営を支配されているため，当該中間完全子会社が特定責任追及の訴えの提起をする権利を行使することは期待し難いと考えられたためである[21]。

（イ）完全親会社等の意味　「完全親会社等」とは，次の①・②のいずれかに該当する株式会社をいう（会社847条の3第2項）。

　①　**完全親会社**　　ⓐ完全親会社とは，特定の株式会社の発行済株式の全部を有する株式会社をいう（会社847条の2第1項但書括弧書・847条の3第2項1号）。また，その他これと同等のものとして法務省令で定める株式会社として，ⓑある株式会社および当該ある株式会社の完全子会社（当該ある株式会社が発行済株式の全部を有する株式会社をいう），または，ⓒ当該ある株式会社の完全子会社が，会社法847条の2第1項の特定の株式会社の発行済株式の全部を有する場合における当該ある株式会社を，完全親会社と同等のものとする（会社則218条の3第1項）。この場合の規定の適用については，ある株式会社および当該ある株式会社の完全子会社，または，当該ある株式会社の完全子会社が，他の株式会社の発行済株式の全部を有する場合における当該他の株式会社は，完全子会社とみなされる（会社則218条の3第2項）。

　②　**株式会社の発行済株式の全部を他の株式会社およびその完全子会社等（株式会社がその株式または持分の全部を有する法人をいう）または他の株式会社の完全子会社等が有する場合における当該他の株式会社（完全親会社を除く）**　　この場合における他の株式会社を，完全親会社等とする（会社847条の3第2項）。この場合において，他の株式会社およびその完全子会社等，または他の株式会社の完全子会社等が，他の法人の株式または持分の全部を有する場合に，当該他の法人は当該他の株式会社の完全子会社等とみなされる（会社847条の3第3項）。これにより，完全親子会社関係が多層的に形成される場合であっても，当該他の株式会社は「完全親会社等」に該当することになる。

　上記の①と②との違いは，ある株式会社が，その中間子法人による保有分（当該株式会社の間接保有分）と合わせて，他の株式会社の発行済株式の全部を有する場合において，当該中間子法人が，上記①の場合は株式会社に限られる

---

(21)　坂本編著・前掲注(5)177頁。

こと（この場合に，当該ある株式会社は，上記①により他の株式会社の「完全親会社等」に該当する），他方，上記②の場合には株式会社以外の法人（例えば合同会社）が含まれること（この場合に，当該ある株式会社は，上記②により他の株式会社の「完全親会社等」に該当する）の点にある[22]。

なお，「最終完全親会社等」は，わが国の会社法に準拠して設立された株式会社に限られることから，株式会社以外の会社や外国の法令に準拠して設立された法人は含まれない[23]。

（ウ）最終完全親会社等の具体例　最終完全親会社等の具体例（図1参照）として，P社（株式会社）がS社の株式の100パーセントを直接保有している場合（〔例1〕），P社（株式会社）の完全子会社のA社（持分会社）がS社の株式の100パーセントを保有している場合（〔例2〕），P社（株式会社）がS社の株式の60パーセントを保有し，P社の完全子会社のA社（持分会社）がS社の株式の40パーセントを保有している場合（〔例3〕），P社（株式会社）の完全子会社であるA社とB社のうちA社（持分会社）がS社の株式の60パーセントを保有し，B社（株式会社）がS社の株式の40パーセントを保有している場合（〔例4〕），P社の傘下で多層的に形成された完全親子関係にある完全子会社等（D社とE社）がS社の株式の100パーセントを保有する場合（〔例5〕），いずれの場合においても，P社はS社の最終完全親会社等に当たることになる[24]。したがって，P社の株主は，S社の取締役等の責任原因事実について特定責任追及の訴えの提起を請求することができる。

なお，上記の〔例1〕から〔例5〕の例において，グループ企業の最上位に位置する株式会社の発行済株式の全部を有する他の法人（例えば一般社団法人や持分会社）が存在するとしても（図1〔例6〕参照），当該法人が「最終完全親会社等」に該当するわけではなく，あくまでも，P社が「最終完全親会社等」に該当することになる[25]。これに対し，特定責任追及の訴えの提訴請求

---

(22)　坂本編著・前掲注(5)179頁。
(23)　坂本編著・前掲注(5)189頁。
(24)　具体例の図表について，野村修也＝奥山健志編著『平成26年改正会社法－改正の経緯とポイント〔規則対応補訂版〕』69頁（有斐閣，2015），山本憲光「多重代表訴訟および親子会社に関する規律の整備」太田洋＝髙木弘明編著『平成26年　会社法改正と実務対応〔改訂版〕』184頁（商事法務，2015），桃尾・松尾・難波法律事務所編『コーポレート・ガバナンスからみる会社法〔第2版〕』76頁以下（商事法務，2015）等参照。
(25)　坂本編著・前掲注(5)178頁（注）。

の対象となる子会社がグループ企業の多層構造の最下位に位置する株式会社（会社847条の3第1項）である必要はなく，その多層構造の中間に位置する株式会社の取締役等についても（図1〔例7〕参照），最終完全親会社等の株主からの特定責任追及の訴えの提訴請求の対象となりうる(26)。その中間の完全子会社が株式会社でない場合には，最終完全親会社等の当該中間の完全子会社に対する支配あるいは当該中間の完全子会社の直近の上位に位置する最終完全親会社等の完全子会社を通じて，その取締役等の責任を追及するしかないことになるであろう。

(エ) 外国の親会社または子会社の場合　「最終完全親会社等」は，わが国の会社法に準拠して設立された株式会社に限られることから（会社2条1号2号・

〔図1　最終完全親会社等〕

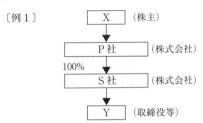

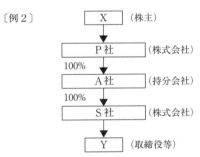

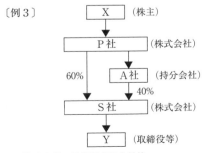

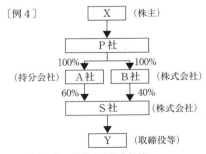

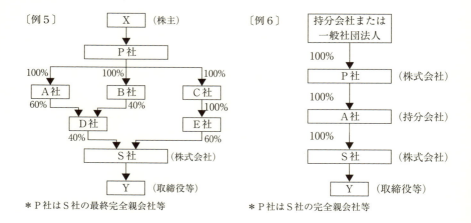

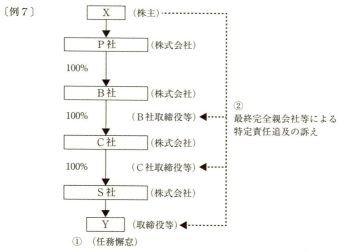

847条の3第1項・2項1号2号)、例えば、外国の法令に準拠して設立された法人(外国会社)がわが国の会社法に準拠して設立された株式会社を完全子会社としている場合には、当該外国会社は「最終完全親会社等」に該当しないため、

---

(26) 山本・前掲注(24)185頁。

第7章 企業グループにおける多重代表訴訟の概括的検討 ◆ 221

当該外国会社の株主は、わが国の会社法の規定に基づき、当該株式会社の取締役等の特定責任を追及する訴えを提起することはできない。また、特定責任を追及する訴えの対象となるのはわが国の会社法に準拠して設立された完全子会社の取締役等に限られるので、外国の法令に準拠して設立された法人（外国完全子会社）の役員は、その対象とならないと考えられている[27]。

　もっとも、特定責任追及の訴えの制度の創設により、外国子会社の取締役の責任を追及する訴訟に巻き込まれるリスクが増大するという懸念が示されている[28]。しかし、条文上、親会社および子会社が「株式会社」である場合に限られ、外国子会社を含めないことが明確にされていることから、上記のようなリスクの増大を重視すべきほどのことはないと考えられる[29]。

(3) 重要な完全子会社

(ア) 重要な完全子会社の取締役等の責任に限定する理由　　特定責任追及の訴えの対象となる完全子会社は、一定の重要性を有する完全子会社であることが要求されている。すなわち、特定責任追及の訴えの対象となる完全子会社は、最終完全親会社等およびその完全子会社等における当該株式会社の株式の帳簿価額が当該最終完全親会社等の総資産額として法務省令（会社則218条の6）で定める方法により算定される額の5分の1（これを下回る割合を定款で定めた場合にあっては、その割合）を超えていなければならない（会社847条の3第4項）。

　上記のような重要な子会社の取締役等の責任に限るのは、実質的には最終完全親会社等の事業部門の長である従業員にとどまる場合にまで最終完全親会社等の株主による責任の追及の対象とすることは、役員間の提訴懈怠の可能性に着目した従来の株主代表訴訟の制度に整合しないとの指摘を踏まえて、企業グループの中で重要な地位を占める完全子会社（重要な完全子会社）の取締役等については、最終完全親会社等の取締役等と実質的に同程度にその責任の追及が懈怠される可能性が類型的かつ構造的に高いと考えられたためである[30]。

(イ) 重要性の基準　　重要性の基準として、最終完全親会社等の総資産額の

---

(27)　坂本編著・前掲注(5)189頁。

(28)　北川浩「多重代表訴訟制度導入に対する問題意識」商事1947号29頁（2011）、山本・前掲注(24)186頁。

(29)　岩原・前掲注(2)13頁注(6)、前田・前掲注(13)40頁注(14)、野村＝奥山編著・前掲注(24)68頁参照。

5分の1が要件とされている。最終完全親会社等の総資産額とする方法については，算定基準日（当該株式会社の取締役等の責任の原因となった事実が生じた日）における，当該株式会社の最終完全親会社等の①資本金の額，②資本準備金の額，③利益準備金の額，④剰余金の額（会社446条），⑤最終事業年度の末日における評価・換算差額等に係る額，⑥新株予約権の帳簿価額，⑦最終事業年度の末日において負債の部に計上した額，⑧最終事業年度の末日後に吸収合併・吸収分割による他の会社の事業に係る権利義務の承継または他の会社の事業の全部を譲受けしたときは，その承継または譲受けをした負債額，以上①から⑧までに掲げる額から，⑨自己株式・自己新株予約権の帳簿価額合計額を減じて得た額とする（会社則218条の6第1項）[31]。

　上記の重要性の基準については，その基準の明確性を考慮して，事業譲渡や会社分割において，株主総会が不要とされる要件（会社468条2項〔簡易事業譲渡〕・784条2項〔簡易組織再編〕等）を参考にして，完全子会社の取締役等の責任の原因である事実が生じた日における親会社の総資産額の5分の1を要件とするとともに，当該完全子会社の株式の時価を算定するのが困難な場合もあることから，当該完全子会社の株式の時価ではなく帳簿価格を基準としたとされる[32]。これに対し，最終完全親会社等の単独の貸借対照表には完全子会社等の株式の取得価額で記載されることから（企業会計基準第10号「金融商品に関する会計基準」17項），単純に最終完全親会社等の総資産と完全子会社株式の帳簿

---

(30)　坂本編著・前掲注(5)186頁，江頭・前掲注(18)509頁。このような立案担当者などの説明に対しては，重要な子会社に限定することの正当化の根拠ないし理由は，親会社株主の受ける影響の大きさによる限定（その影響が小さい場合には親会社株主に監督是正の権利を与えるまでのことはない）と考えるべきとする見解もある。前田・前掲注(13)41頁，藤田友敬「親会社株主の保護」ジュリ1472号34頁（2014）。

(31)　この算定方法については，簡易事業譲渡（会社467条1項2号括弧書）における譲渡会社の総資産額の算定方法の規定（会社則134条）を参考にして，原則として最終完全親会社等の最終事業年度に係る貸借対照表の資産の部の計上額をもって総資産額とし，最終事業年度の末日後，算定基準日までの間になされた最終完全親会社等における剰余金の配当等または組織再編行為等による資産の変動をも反映させるため，規定上は，貸借対照表の貸方の各項目を基準として算定することとされている（坂本編著・前掲注(5)187頁注(3)）。なお，算定基準日において最終完全親会社等が清算株式会社である場合には，清算の開始原因が生じた日における最終完全親会社等の貸借対照表（会社492条1項による作成）の資産の部に計上した額をもって，株式会社の総資産額とされる（会社則218条の6第2項）。

(32)　坂本編著・前掲注(5)186頁。

価額を比較することは，両者の時価評価を十分に反映できない可能性があるとの指摘がある[33]。しかし，提訴請求の要件の１つである重要性の基準としては，形式的基準として完全子会社株式の帳簿価額をするほうが簡明であると思われる。

(ウ) 最終完全親会社等およびその完全子会社等が保有する完全子会社の株式の帳簿価額　重要性の基準としての５分の１の要件については，最終完全親会社等が単独で保有する当該完全子会社の株式の帳簿価額が５分の１である場合だけでなく，最終完全親会社等とその完全子会社等[34]が保有する当該完全子会社の株式の帳簿価額を合算して５の１となる場合も含まれる。例えば，最終完全親会社等がその子会社の株式の60パーセントしか保有しておらず，当該最終完全親会社等の他の完全子会社が当該子会社の株式の40パーセントを保有している場合，当該最終完全親会社等が保有する当該子会社の株式の当該最終完全親会社等における帳簿価額と，当該他の完全子会社が保有する当該子会社の株式の当該他の完全子会社における帳簿価額の合計額が，取締役等の責任の原因となった事実が生じた日において当該最終完全親会社等の総資産額の５分の１を超えていなければならない。

(エ) 責任原因事実の発生日　重要性の基準としての５分の１の要件については，取締役等の「責任の原因となった事実が生じた日」（責任原因事実の発生日）において充足されなければならない（会社847条の３第４項）。責任原因事実の発生日において，この要件を満たせば足り，その後，提訴請求をする時点や特定責任追及の訴えを提起する時点で，この要件を満たす必要はない[35]。

　ところで，完全子会社の取締役等の責任原因事実の発生した日において最終完全親会社等であった株式会社が，その後，他の株式会社の完全子会社等となった場合[36]において，新たに最終完全親会社等となった当該他の株式会社

---

(33)　山田・前掲注(20)12頁（連結計算書類を基礎として重要な子会社の範囲を測定する方法を模索すべきことを提案する），奥島孝康＝落合誠一＝浜田道代編『新基本法コンメンタール会社法（3）〔第２版〕』429頁〔山田泰弘〕（日本評論社，2015）。

(34)　「完全子会社等」とは，株式会社がその株式または持分の全部を有する法人をいうとされ（会社847条の３第２項２号括弧書），他の株式会社およびその完全子会社等または他の株式会社の完全子会社等が他の法人の株式または持分の全部を有する場合における当該他の法人は，当該他の株式会社の完全子会社等とみなされる（会社847条の３第３項）。したがって，完全子会社等には，最終完全親会社等がその株式または持分の全部を有しておらず，間接的に保有する法人も含まれることになる。

(35)　坂本編著・前掲注(5)187頁（注２）。

の株主が，当該完全子会社の取締役等の責任を追及する訴えの提起を請求しようとしたとしても，当該提訴請求は不適法として認められないことになる。この場合に，当該他の株式会社は，当該責任原因事実の発生日において，当該完全子会社の最終完全親会社等でなかったために特定責任の要件（会社847条の3第4項）をそのままあてはめても，その要件を満たさないことになるからである。

そこで，このような場合には，特定責任の要件の充足の有無の判断においては，現在の最終完全親会社等ではなくて，責任原因事実の発生日において最終完全親会社等であった株式会社を同項の最終完全親会社等とみなして判断される（会社847条の3第5項）。これにより，当該完全子会社の取締役等の責任原因事実の発生した日において最終完全親会社等であった株式会社およびその完全子会社等における当該完全子会社の株式の帳簿価額が，最終完全親会社等であった株式会社の総資産額の5分の1を超える場合には，新たに最終完全親会社等となった当該他の株式会社の株主は，当該完全子会社の取締役等の特定責任の追及に係る提訴請求をすることができることとなる[37]。したがって，子会社の取締役等の責任原因事実の発生した日において最終完全親会社等でなかった株式会社が，例えば当該子会社の90パーセントの株式を保有していて，後に当該子会社の少数株主から残りの10パーセントの株式を取得して当該子会社の100パーセントの株式を保有するに至ったとしても，当該株式会社は当該子会社の取締役等の責任原因事実の発生した日において最終完全親会社等ではなかったので，当該株式会社は当該子会社の取締役等に対して，特定責任の追及の訴えを提起することができないと考えられる[38]。

なお，取締役等の責任原因事実の発生日は，任務懈怠行為が行われた日を指

---

(36)　例えば，最終完全親会社等であった株式会社の発行済株式の全部を他の株式会社が取得する株式交換が行われた場合や，最終完全親会社等であった株式会社の発行済株式の全部を譲り受けた場合が考えられる。坂本編著・前掲注(5)190頁（注）。

(37)　坂本編著・前掲注(5)190頁。

(38)　桃尾・松尾・難波法律事務所編・前掲注(24)81頁。これに対し，中島弘雅「平成26年改正会社法による多重代表訴訟の規律」丸山秀平＝中島弘雅＝南保勝美＝福島洋尚『永井和之先生古稀記念論文集　企業法学の論理と体系』601頁（中央経済社，2016）は，会社法847条の3第1項4項の解釈として，かかる場合にも当該株式会社の株主は多重代表訴訟を提起できると解されるのではなかろうかとする。しかし，会社法847条の3第4項5項の規定の文言および立案担当者の解説による限り，そのような解釈には無理があると思われる。

すのか，それとも任務懈怠行為に基づき子会社に損害が発生した日を指すのか
は明確ではないという問題が指摘されうるであろうが，規定の文言上からも，
任務懈怠行為が行われた日と解すべきである[39]。

(4) 特定完全子会社に関する情報の開示

特定完全子会社とは，当該事業年度の末日において，その完全親会社等がな
い株式会社およびその完全子会社等（会社法847条の3第3項の規定により当該完
全子会社等とみなされるものを含む）における当該株式会社のある完全子会社等
（株式会社に限る）の株式の帳簿価額が当該株式会社の当該事業年度に係る貸借
対照表の資産の部に計上した額の合計額の5分の1を超える場合における当該
ある完全子会社等をいう（会社則118条4号括弧書）。当該株式会社に特定完全
子会社がある場合には，事業報告において，当該特定完全子会社に関する情報
を開示しなければならない（会社則118条4号）。これは，株主が特定責任追及
の訴えに係る提訴請求をするための手がかりとなる情報を開示させることで株
主の便宜を図るとともに，特定責任追及の訴えの要件をおよそ満たさない完全
子会社に対し，不適法な提訴請求等がなされることに伴う事業報告を作成する
会社（事業報告作成会社）・完全子会社側の事務負担の軽減を図るものとされ
る[40]。

当該株式会社は，①当該特定完全子会社の名称および住所，②当該株式会社
およびその完全子会社等における当該特定完全子会社の株式の当該事業年度の
末日における帳簿価額の合計額，③当該株式会社の当該事業年度に係る貸借対
照表の資産の部に計上した額の合計額を，事業報告に記載しなければならない
（会社則118条4号イロハ）。なお，特定完全子会社は事業年度の末日時点を基準
として決定されたものである。これに対し，特定責任追及の訴えの対象となる
特定責任は，その責任原因事実の発生した日における完全子会社の株式の帳簿
価額を問題とするものである。したがって，特定完全子会社と，実際に特定責
任追及の訴えの対象となる取締役等が存する株式会社とは常に一致するとは限
らない[41]。

---

(39)　山中修＝近澤諒「親会社株主と子会社少数株主の保護に関する規律の見直し」商事
　　1958号24頁（2012）（子会社取締役等に過大な責任を課さないために子会社取締役等の予
　　測可能性の観点を理由とする），山本・前掲注(24)195頁。

(40)　坂本編著・前掲注(5)187頁注(4)。

(5) 特定責任追及の訴えの対象子会社となることの回避

　企業グループ化が促進されて純粋持株会社が増加すれば，完全子会社の重要性の基準としての5分の1の要件を満たす場合が多くなるであろう[42]。しかし，上場事業持株会社傘下の子会社では重要性の基準を満たす場合はそれほど多くはなく，むしろ，その基準を満たすのは中小会社の事業子会社の場合が多くなるのではないかともいわれる[43]。

　ところで，特定責任追及の訴えの対象となるのは，重要な完全子会社の取締役等の責任に限定されることから，将来の紛争防止の観点から特定責任追及の訴えの対象から外すことが望ましいと考えられる場合には，最終完全親会社等の関係者や別の子会社が当該対象子会社の株式の一部を譲り受けること（脱完全子会社化），当該対象子会社の株式の帳簿価格が当該最終完全親会社等の総資産額の5分の1を超えないようにすること（対象子会社の株式の簿価の切り下げ，当該最終完全親会社等の総資産額の増加），あるいは対象子会社を合同会社化することなどの方策をとることにより，事前に多重代表訴訟の対象子会社となることを回避することは可能となるのである[44]。

　しかし，訴追を免れるために，意図的に株式の一部の譲渡や新株発行などを行うような場合には，少数株主による提訴が期待できず，特定責任追及の訴えの趣旨である提訴懈怠防止の必要性が高くなる。このように訴追を免れるために意図的に株式の一部を譲渡して，最終完全親子会社関係を解消させるような事情がある場合には，提訴した株主の原告適格は認められると解されるべきである[45]。

---

(41)　坂本編著・前掲注(5)188頁。

(42)　山本・前掲注(24)196頁は，重要子会社の実例として，三菱UFJファイナンシャル・グループの子会社である三菱東京UFJ銀行などの大手都市銀行の子会社，東京海上ホールディングスの子会社である東京海上日動火災保険，三越伊勢丹ホールディングスの子会社である三越伊勢丹，ヤマトホールディングスの子会社であるヤマト運輸などを挙げる。

(43)　新谷・前掲注(4)24頁・25頁，桃尾・松尾・難波法律事務所編・前掲注(24)89頁。山本・前掲注(24)196頁は，同族企業の資産管理会社傘下の事業子会社等も特定責任追及の訴えの適用対象となる場合があるとする。

(44)　葉玉匡美「多重代表訴訟制度における実務への影響」企業会計64巻11号44頁（2012），新谷・前掲注(4)24頁。

(45)　酒巻俊雄＝龍田節編集代表『逐条解説会社法（9）』275頁〔橡川泰史〕（中央経済社，2016）（もっぱら訴訟回避だけの目的で株式・持分の譲渡や新株発行などにより最終完全

(6) 原告適格

特定責任追及の訴えの提起の請求および当該訴えの提起をすることができる者は，6ヶ月前から引き続き当該株式会社の最終完全親会社等（公開会社）の総株主の議決権の100分の1以上の議決権または当該最終完全親会社等の発行済株式の100分の1以上の数の株式を有する株主に限られる（会社847条の3第1項6項7項）。

（ア）最終完全親会社等の総株主　最終完全親会社等の株主に限って特定責任追及の訴えの原告適格を認めることを明確にしている。したがって，例えば，一般社団法人がグループ企業の最上位に位置する株式会社の発行済株式の全部を有する場合は，当該一般社団法人が最終完全親会社等に該当してその社員が特定責任追及の訴えの原告適格を有することになるのではなく，当該株式会社が最終完全親会社等に該当し，当該一般社団法人が当該最終完全親会社の株主として特定責任追及の訴えの原告適格を有することとなる[46]。

また，特定責任追及の訴えの原告適格として最終完全親会社等の株主であることを要するということは，原告適格の構成要素として，当該株主の会社とその子会社との関係は最終完全親会社等と完全子会社との関係であることが求められる。このような最終完全親子関係は取締役等の責任原因の事実の発生日に存在している必要があることから（会社847条の3第4項），提訴請求する株主が，取締役等の責任原因の事実の発生日においても，最終完全親会社等の株主でなければならないことを意味するものではない。特定責任追及の訴えは，従来の株主代表訴訟と同様に，提訴請求する株主が，取締役の責任原因の事実の発生日においても，最終完全親会社等の株主でなければならないことを要求されないものと解される[47]。

親子会社関係を解消させる場合に，原告適格喪失の主張は権利濫用・信義則違反として却けられるであろうとする），奥島＝落合＝浜田編・前掲注(33)426頁〔山田泰弘〕，弥永真生＝坂本三郎＝中村直人＝高橋均「会社法制の見直しに関する中間試案をめぐって〔下〕」商事1955号8頁〔坂本三郎発言〕(2012)（潜脱的なものであれば，完全親子会社関係に限らず，もう少し解釈で多重代表訴訟の対象を膨らませる可能性はありうるとする）。なお，高橋陽一『多重代表訴訟制度のあり方』268頁（商事法務，2015）は，立法論として，多重代表訴訟において各会社の間に実質的支配関係が存在するか否かで線を引くべきであると考える。

(46)　坂本編著・前掲注(5)177頁−178頁。
(47)　山本・前掲注(24)190頁。

ところで，そのような最終完全親子関係は提訴請求の時点から口頭弁論終結時まで継続して具備することが必要であることから，例えば，提訴請求日後，口頭弁論終結前に当該完全子会社の株式の一部を最終完全親会やその完全子会社以外の第三者が取得した場合，あるいは，最終完全親会社等とそのグループ企業の最下位に位置する完全子会社との間に当該子会社の株式の100パーセントを有する中間完全子会社があり，当該最終完全親会社等はその有する当該中間完全子会社の40パーセントを他の株式会社に譲渡したような場合には，最終完全親子会社関係がなくなることから，提訴請求した当該株主の原告適格は失われ，訴えは却下されると考えられている[48]。しかし，潜脱的に，株式の一部の譲渡や新株発行などを意図的に行うことがある場合には，提訴した株主の原告適格は認められると解されうる[49]。

　なお，最終完全親会社等が株式交換または株式移転により，新たに上位の完全親会社が生じた場合には，その新たな完全親会社が最終完全親会社等となる。この場合には，すでに提訴請求をしていた株主は，依然として最終完全親会社等の株主であり続けるから（会社847条の3第5項はこのことを前提としていると解される），原告適格は失わないと解されている[50]。

（イ）継続保有要件　特定責任追及の訴えの提起の請求および当該訴えの提起をすることができる株主は，公開会社の場合に，6ヶ月前から引き続き当該株式会社の最終完全親会社等の株式を有することを要する（会社847条の3第1項6項7項）。この継続保有要件は，通常の株主代表訴訟の場合（会社847条1項2項）と同様に，権利濫用の防止の趣旨から規定されている[51]。これは，後述の保有株式（議決権）の数の要件とともに，提訴請求の要件であると同時に，原告適格の構成要素であり，提訴請求時から口頭弁論終結時まで継続して具備

---

(48)　江頭＝中村編著・前掲注(18)566頁〔澤口実〕，江頭・前掲注(18)510頁，澤口実「多重代表訴訟の特徴と金融機関への影響」金法1955号15頁（2012），山中＝近澤・前掲注(39)21頁（少数株主による任務懈怠の阻止が期待できるとする），山本・前掲注(15)37頁－38頁（少数株主による提訴が可能となるため，多重代表訴訟の趣旨である提訴懈怠防止の必要性が低下するとする），山本・前掲注(24)190頁－191頁，平田和夫「多重代表訴訟に関する訴訟手続上の諸論点（上）」ビジネス法務13巻1号120頁（2013）（少数株主に子会社の取締役の責任の追及を委ねることが妥当とする）。

(49)　本章・前掲注(45)および該当する本文参照。

(50)　江頭＝中村編著・前掲注(18)566頁〔澤口実〕，山本・前掲注(15)37頁，山本・前掲注(24)190頁。

(51)　坂本編著・前掲注(5)180頁。

することが必要であると考えられる[52]。

　なお，この６ヶ月継続保有要件は，提訴請求株主が保有する最終完全親会社等の株式についてのみ満たせばよく，当該最終完全親会社等と被告とされる者に対する請求権を有する株式会社との間の株式保有関係についてまでこの６ヶ月保有要件を充足することは要求されていない。これは，被告とされる者に対する請求権を有する株式会社は，最終完全親会社等に支配される完全子会社であり，そもそも公開会社を念頭に置いた６ヶ月保有要件を課す必要がないと考えられたからである[53]。

　ところで，継続保有期間の計算について，最終完全親会社等が株式交換または株式移転により，新たに上位の完全親会社が生じて，その新たな完全親会社が最終完全親会社等となる場合に，従前の最終完全親会社等の株主であった期間と，新たな最終完全親会社等の株主である期間とを通算することができるかという問題がある。これについて，従前の最終完全親会社等の株主であった期間と，株式交換・株式移転後，引き続き新たな最終完全親会社等の株主である期間とを通算して６ヶ月以上経過していれば，，継続保有要件を充足すると認められるものと解される[54]。

（ウ）少数株主権　　特定責任追及の訴えの提起権は，少数株主権とされ，総株主の議決権の100分の１以上または発行済株式の100分の１以上[55]を有することが要求される（会社847条の３第１項）。特定責任追及の訴え制度の創設の

----

(52)　江頭＝中村編著・前掲注(18)566頁〔澤口実〕。

(53)　奥島＝落合＝浜田編・前掲注(33)428頁〔山田泰弘〕。

(54)　山本・前掲注(15)38頁および同・前掲注(24)192頁（理由として，６ヶ月を通じて最終完全親会社等の株主であった事実に変わりがないこと，制度趣旨である提訴懈怠の防止の必要性は同様に認められること，会社法847条の３第５項はこのことも前提としていると解されることを挙げる），酒巻＝龍田・前掲注(45)275頁〔橡川泰史〕。

(55)　提訴請求の要件である100分の１以上の数は，定款の定めによって引き下げることができる（６ヶ月の継続保有要件および特定責任の要件である５分の１の数も同様である。会社847条の３第１項括弧書・４項括弧書）。この場合に，会社法はいずれの会社の定款を指すかを明示していない。提訴請求をする株主は最終完全親会社等の株主の資格で提訴請求することから，最終完全親会社等の定款を意味すると解するほうが，企業グループの頂点に位置する最終完全親会社等の定款によって提訴請求の要件を変更できる点で妥当である（加藤貴仁「多重代表訴訟等の手続に関する諸問題－持株要件・損害要件・補助参加」神田秀樹編『論点詳解平成26年会社法』90頁注(4)（商事法務，2015))。これに対し，理論的には最終完全親会社等と完全子会社の定款で定めるべきであり，最終完全親会社等の取締役に完全子会社の定款変更を義務づけるべきであるとする見解がある（奥島＝落合＝浜田編・前掲注(33)427頁〔山田泰弘〕）。

前までは，一般に株主代表訴訟の制度は単独株主権で，一株でも有していれば株主代表訴訟を提起することが可能とされてきたこととの整合性などの問題とされうる。

　しかし，特定責任追及の訴えは，通常の株主代表訴訟と異なり，最終完全親会社等の株主と，責任を追及される完全子会社の取締役等との間の関係が，最終完全親会社等や中間子会社を含めその完全子会社を通じた間接的なものであること，そのため，最終完全親会社等の株主について，利害関係をより強く有する場合に特定責任追及の訴えの提訴権を認めるのが適切であると考えられたため，一定割合以上の議決権または株式を有していることを要すること（少数株主権）としたとされている[56]。特定責任追及の訴えの提訴権の少数株主権化は，会社法制の見直しに関する審議の最終段階でなされた妥協の性格が強いといわれている[57]。

　このような特定責任追及の訴えについて少数株主権とすることに対して，疑問を呈する見解が多い。すなわち，最終完全親会社等の株主と完全子会社との関係が間接的なものであることを理由とすることについて，支配の間接性と少数株主権との間の理論的結びつきはよくわからず，説得力に乏しいとの指摘がなされている[58]。また，100分の1以上の議決権または株式という上記の要件は，複数の株主の議決権等の数を合算することができるにしても，大規模な公開会社である親会社の株式を100分の1以上保有することはかなりハードルが高いといえる[59]。そこで，立法論的に，特定責任追及の訴えの提訴権を少数

---

(56)　坂本編著・前掲注(5)181頁，江頭・前掲注(18)509頁。また，親会社株主の保護という多重代表訴訟制度を導入する趣旨に照らして，当該持株要件は，ことさらに過重なものとせずに，会社法上，従来，少数株主権に要求される持株割合として最も小さい，総株主数の議決権または発行済株式の100分の1（会社303条・305条・306条参照）に倣ったものであり，さらに，単独で上記割合の保有をしなくても，他の株主の保有数と併せて要件を満たすのであれば，当該他の株主と共同して，訴えの提起を請求することができるとされている。坂本編著・前掲注(5)181頁。

(57)　藤田・前掲注(30)34頁，高橋・前掲注(45)4頁注(8)。

(58)　藤田・前掲注(30)34頁注(11)，高橋・前掲注(45)272頁，川島いづみ「多重代表訴訟の導入」金判1461号56頁（2015），中島・前掲注(38)602頁（多重代表訴訟制度導入の趣旨や，濫用防止条項〔会社847条の3第1項但書〕も規定されていることから，少数株主権としたのは行きすぎであるとする）。

(59)　実際上，この要件を満たすことができるのは，創業者一族，機関投資家，法人株主などに限られ，経営支配権争奪の手段として用いられる可能性がある（新谷・前掲注(4)24頁，葉玉・前掲注(44)44頁，奥島＝落合＝浜田編・前掲注(33)427頁〔山田泰弘〕（上場

株主権とする合理的な理由はなく，通常の代表訴訟の提訴権と同様に，単独株主権とすべきであると主張する見解もある[60]。

　もっとも，現行法のもとでも，単独株主権としての通常の株主代表訴訟が提起されうる単一の会社が，多層的に完全子会社を形成させることによって，親会社となった場合に，当該子会社がまったく形骸化していて実質的に当該親会社と一体であると考えられるような場合には，当該子会社の法人格を否認して，当該親会社の株主が当該子会社の取締役等に対して単独株主権としての通常の株主代表訴訟を提起することができると解する余地はありうるであろうと考える。近い将来，企業グループにおけるコーポレート・ガバナンスの観点から，特定責任追及の訴えの提訴権の単独株主権化が実現されることが望ましいと思われる。

（エ）振替株式の場合における個別通知　　振替株式の発行会社においては，振替株式の株主が少数株主権等（振替147条4項括弧書）を行使する場合には，個別株主通知が必要とされる（振替154条）。少数株主権等とは，株主の地位に基づく発行会社に対する権利をいうものであり，通常の株主代表訴訟における提訴請求は少数株主権等に該当し，当該提訴請求をする場合には個別株主通知が必要であると解されている[61]。この場合に，提訴請求を行うには，個別株主通知がされた後，4週間が経過する日までの間に行使しなければならない（振替154条2項，社債株式振替令40条）。この個別株主通知を受けることによって，発行会社が当該株主が提訴請求の要件を満たしているか否かを確認できる。これに対し，最終完全親会社等の振替株式を有する株主は，特定責任追及の訴えの提起を請求する際に，振替株式についての少数株主権等の行使をする場合に求められる個別株主通知が必要となるかが問題となる。

　この点については，特定責任追及の訴えの提起請求は，最終完全親会社等の株主がその完全子会社である「株式会社」に対してするものであり（会社847条の3第1項），株主の地位に基づく発行会社に対するものではなく，最終完全親会社等の株主としての地位に基づく完全子会社に対する者であるという理由

　　会社では，機関投資家のほかに，市民団体がインターネット等により持株要件を超える
　　賛同株主を募る場合が考えられるとする）。
(60)　高橋・前掲注(45)275頁−276頁（特定責任追及の訴えの制度による不正の抑止を「信
　　頼できない脅し」に陥らせ，その制度の濫用以前に活用すらされない状態に陥るのでは
　　ないかという危惧を指摘する）。
(61)　坂本編・前掲注(5)182頁。

で，特定責任追及の訴えの提起の請求は「少数株主権等」に該当せず，個別株主通知を行う必要はないものと考えられている[62]。

しかし，最終完全親会社等の株主は，その提訴請求の時点における持株要件の充足について立証責任を負うことから，提訴請求された子会社から持株要件の充足の証明を求められた場合，振替株式の口座の記載により加入者の権利推定がなされるので（振替143条），加入者の氏名・振替株式数・その増減等・記載日等が記載された口座の記載事項（振替129条）の証明書の交付等（振替277条）を受けて，提出することになる。当該株主から提出された証明書によって，子会社は持株要件の充足の有無を確認することができる[63]。

これに対し，提訴請求された子会社が自ら持株要件の充足の有無を調査したいと考えるとき，実際上，その親会社に依頼をして，親会社が口座管理機関に提訴請求をする株主の口座の記載事項に関する証明書の提出を請求することなどが考えられる[64]。この場合に，個人情報の保護に関する法律に留意して，提訴請求した株主の個人情報の保護の観点から，その者の事前の同意を得ることなどが必要とされる[65]。なお，立法論として，提訴請求の相手方は最終完全親会社等とし，提訴請求を個別株主通知の対象としたほうが望ましいとする見解が主張されている[66]。

しかし，最終完全親会社等とその子会社とは法人格が別個であり，子会社に利害関係を有する債権者等のためにも取締役等の責任を追及する権利を有する子会社自体に権利行使を判断する機会を与えるべきであること，特定責任追及

---

(62)　坂本編・前掲注(5)182頁，江頭＝中村編著・前掲注(18)569頁－570頁〔澤口実〕，酒巻＝龍田編集代表・前掲注(45)278頁〔橡川泰史〕。これに対し，下山祐樹「多重代表訴訟の原告適格」資料版商事362号 3 頁（2014）は，提訴請求および多重代表訴訟の提起も，個別株主通知の対象となる少数株主権等に含まれるとする。

(63)　なお，加藤・前掲注(55)97頁は，提訴請求と同時に持株要件の充足を示す資料を提出しなくても，提訴請求が不適法となるわけではないが，提訴請求の後，子会社から持株要件の充足の証明を求められた場合，最終完全親会社等の株主は，株主名簿記載事項の記載された書面や口座記載の内容を証明する書面等を提出する義務を負い，提訴請求の時点での持株要件充足について立証責任を負うと解され，このような書面等が提出されない限り提訴請求は適法性を欠き，多重代表訴訟の提起は却下されるべきであると主張する。

(64)　北村雅史「親会社株主の保護」法律時報87巻 3 号39頁（2015），岩原紳作ほか「座談会　改正会社法の意義と今後の課題〔下〕」商事2042号12頁〔齋藤誠発言〕（2014），加藤・前掲注(55)97頁－98頁。

(65)　平田・前掲注(48)118頁。

の訴え制度の趣旨は最終完全親会社等の取締役等がその子会社の取締役等の責任追及を懈怠する場合に対処するためのものであるという観点からは，提訴請求の相手方を最終完全親会社等とすべきではないと考える。当該子会社が，提訴請求する株主の持株要件の充足の有無を調査・判断する法的手段を有しないということであれば，そのような法的手段の規整を検討すべきであろう[67]。

(7)　提訴請求の制限

会社法は，多重代表訴訟の提起を請求することができない場合として，①「特定責任追及の訴えが当該株主若しくは第三者の不正な利益を図り又は当該株式会社若しくは当該最終完全親会社等に損害を加えることを目的とする場合」（会社847条の３第１項１号）と，②「当該特定責任の原因となった事実によって当該最終完全親会社等に損害が生じていない場合」（同条１項２号）のいずれかに該当する場合には提訴請求ができない，と規定する。上記①および②の要件は，原告株主が主張・立証する必要はなく，これらの要件に該当することを基礎づける資料等は，被告側が提出する必要がある[68]。

上記①は，通常の株主代表訴訟の場合（会社847条１項但書）と同様の規定で，これに「当該最終完全親会社等に損害を加えること」という文言を追加したものであり，例えば，最終完全親会社等の信用を害することを目的とする場合が考えられている[69]。

上記②は，例えば，株式会社（子会社）の最終完全親会社等が当該子会社から利益を得た場合や，当該子会社からその最終完全親会社等の他の完全子会社

---

(66)　加藤・前掲注(55)99頁，服部育生「多重代表訴訟」愛知学院大学論叢法学研究58巻１・２号203頁（2017）。

(67)　なお，最終完全親会社等が非株券発行会社であって振替株式制度を利用していない場合は，提訴請求する株主は株主名簿の名義書換後に株主名簿記載事項を記載した書面等の交付を受けて（会社122条１項），これを子会社に提出することになる。他方，最終完全親会社等が株券発行会社である場合も，株券の提示（会社131条１項〔権利の推定〕参照）だけでは株式の取得時期が明らかにならないので，株主名簿記載事項を記載した書面等の交付を受けて，これを子会社に提出することになる。加藤・前掲注(55)94頁，服部・前掲注(66)203頁。

(68)　坂本編・前掲注(5)184頁。

(69)　坂本編・前掲注(5)183頁。また，会社法制部会第17回会議議事録・前掲注(11)30頁〔杉村豊誠委員発言〕は，親会社あるいは親会社を中心としたグループ全体のレピュテーションの低下を狙ったような訴権の濫用や，親会社あるいはグループに関する経営情報や営業秘密の取得を主眼とする訴訟が想定されるとする。

に利益が移転した場合が考えられており，この場合には，当該最終完全親会社
等の株主が有する，当該最終完全親会社等の株式の価値に変動は生じていない
ことになる。そこで，当該最終完全親会社等の株主は，当該子会社に生じた損
害に係る当該子会社の取締役等の責任追及について利害関係を有していないた
め，最終完全親会社等の株主は特定責任追及の訴えの提起を請求することがで
きないこととされている[70]。

　上記②の要件の「当該最終完全親会社等に損害が生じていない場合」につい
ては，第8章で検討する。

(8)　特定責任追及の訴えの手続等

(ア)　提訴請求等

　① **提訴請求**　特定責任追及の訴えの提訴請求の相手方については，通常
の株主代表訴訟（会社847条1項）と同様に，株式会社，すなわち，完全子会社
としている（会社847条の3第1項）。これは，提訴請求の趣旨が取締役等に対
する損害賠償請求権の権利主体である株式会社に訴訟を提起するか否かの判断
の機会を与えることにあるところ，特定責任追及の訴えの場合においても，当
該権利主体は，あくまでも完全子会社であると考えられることによる[71]。

　これに対し，完全親会社等の事実上の支配下にある完全子会社に，提訴請求
を通じて，当該完全子会社の取締役等の責任を追及するか否かを改めて判断さ
せる機会を与えることに，実質的な意味があるのかは疑問であるという指摘も
ある[72]。しかしながら，企業グループに属する個々の会社の企業経営の健全
性の確保・維持を促進させるためには，取締役等の責任を追及する権利を有す
る子会社自体に権利行使を判断する機会を与えるべきであり，これにより子会
社の債権者等の利害関係者の保護にもつながるものと考える。

　提訴請求の相手方となる完全子会社には，最終完全親会社等が発行済株式の

---

(70)　坂本編・前掲注(5)184頁。

(71)　法務省民事局参事官室・前掲注(5)中間試案補足説明31頁。高橋・前掲注(45)284頁も，
　会社法がわが国の多重代表訴訟において子会社に対して提訴請求する仕組みを取ること
　を支持し，アメリカの伝統的な理論が多重代表訴訟の過剰な手続を要求して提訴請求を
　親会社に対してまでも行わせることに，反対する。

(72)　中島・前掲注(38)603頁。また，加藤・前掲注(55)99頁も，振替株式の場合における
　個別通知の場合に関連して，立法論として，提訴請求の相手方は最終完全親会社等とす
　るほうが望ましいと主張する。

全部を直接有している完全子会社だけでなく，間接的に有する完全子会社，すなわち，最終完全親会社等が多層構造により間接的に支配している完全子会社も含まれ，また，最終完全親会社等が多層構造により間接的に支配している場合における，中間に存在する別の完全子会社は，株式会社に限らないものとしている（会社847条の3第2項3項参照）。

提訴請求が有効でない場合に，従来，株式会社が株主代表訴訟に参加するとき，提訴請求の宛先である株式会社が有効な提訴請求を受ける権利を放棄するものと考えられることから，その瑕疵が治癒されると解されている[73]。特定責任追及の訴えの場合も，同様に，提訴請求の宛先である子会社が特定責任追及の訴えに参加するときは，当該瑕疵は治癒されるものと解されるが，特定責任追及の訴えの提訴ができない親会社が訴訟参加（会社849条2項）したとしても当該瑕疵は治癒されるものではないと解される[74]。

②　**不提訴理由の通知**　　最終完全親会社等の株主による提訴請求の日から60日以内に提訴請求の対象子会社が特定責任追及の訴えを提起しない場合において，当該請求をした最終完全親会社等の株主または当該請求に係る特定責任追及の訴えの被告となることとなる取締役等から請求を受けたときは，当該請求をした者に対し，遅滞なく，特定責任追及の訴えを提起しない理由を書面その他の法務省令で定める方法により通知しなければならない（会社847条の3第8項，会社則218条の7）。通常の株主代表訴訟（会社847条4項）と同様の規整をする。

この場合に，提訴請求の対象子会社の調査により，当該子会社の取締役等に責任があると認められる場合に，当該子会社が最終完全親会社等の企業グループに属することにより享受する利益を考慮したり，企業グループの評判等のダメージを避けるためなどの理由で不提訴の判断[75]をして，その旨の通知をしたとしても，現行法上は，会社法847条の3第1項但書に該当する事由がない限り，提訴請求をした株主は，当該子会社のために，特定責任追及の訴えを提起することができることになるであろう。しかし，会社の取締役等に対する損

---

(73)　大阪地判平成12年6月21日判時1742号141頁（提訴請求の宛先の代表者を誤った事案）参照。

(74)　平田・前掲注(48)117頁。

(75)　提訴請求の宛先である，監査役（会社386条2項1号），監査等委員（会社399条の7第5項1号），監査委員（会社408条5項1号）などがその判断をすることになる。

害賠償請求訴訟の損害塡補責任機能と違法行為抑止機能との比較衡量によって
会社ひいては全株主にとって最善の利益となるような判断を認めるべきである
とする立場からは，会社の不提訴の判断を尊重して当該訴えの棄却による訴訟
の早期の終了が認められると解される場合もありうるのではないかと考え
る[76]

③ **訴えの提起** 提訴請求の日から60日以内に特定責任追及の訴えを提起
しないときは，当該請求をした最終完全親会社等の株主は，提訴請求の対象子
会社のために，特定責任追及の訴えを提起することができる（会社847条の3第
7項）。なお，60日の期間の経過により提訴請求の対象子会社に回復すること
ができない損害が生ずるおそれがある場合には，会社法847条の3第1項但書
に該当する事由がない限り，提訴請求をした株主は，当該子会社のために，直
ちに特定責任追及の訴えを提起することができる（会社847条の3第9項）。こ
の規定についても，通常の株主代表訴訟（会社847条5項）と同様の規整をする。

(イ) 子会社の取締役等の責任の免除および和解

① **総株主の同意による免除** 子会社たる株式会社に最終完全親会社等があ
る場合において，その免除について当該株式会社の総株主の同意を要すること
とされている取締役等の責任であって特定責任追及の訴えの対象となりうるも
の，すなわち，「特定責任」に該当するものを免除するときは，当該株式会社
の総株主の同意に加えて，当該株式会社の最終完全親会社等の総株主の同意を
も要することとされている（会社847条の3第10項）。これは，特定責任追及の
訴えの制度を導入した場合に，改正前の会社法の規律（平成26年改正前会社424
条等）のまま，子会社たる株主総会の総株主の同意によって，その取締役等の
責任を免除することができることとすれば，特定責任追及の訴えの制度を導入
する意義が失われてしまうためである[77]。

---

(76) 拙著「株主代表訴訟の終了と裁判所の関与」『コーポレート・ガバナンスにおける取
締役の責任制度』209頁以下（法律文化社，2002）参照。

(77) 坂本編・前掲注(5)193頁。当該同意が要求される責任は，発起人・取締役等の義務・
責任の免除に総株主の同意を要求する，①出資財産等の価額の不足（会社52条1項・55
条），出資の履行の仮装（会社52条の2第1項2号・55条），任務懈怠による発起人・設
立時取締役・設立時監査役の責任（会社53条1項・55条），②払込みの仮装の関与に関す
る発起人・設立時取締役の義務（会社103条2項3項），③財産上の利益供与に関する取
締役の義務（会社120条4項5項），④任務懈怠に関する役員等および清算人の責任（会
社423条1項・424条・486条1項4項），⑤剰余金の配当等に関する業務執行者等の義務
（会社462条1項3項但書），⑥買取請求に応じた株式取得に関する業務執行者等の義務

② **株主総会決議による一部免除**　　取締役等の責任の一部免除に関する規律についても，上記①の総株主の同意による免除の場合と同様の趣旨に基づき，最終完全親会社等がある株式会社（子会社）の役員等の損害賠償責任が特定責任であるときは，当該特定責任の一部免除について，当該株式会社の株主総会の決議に加えて，当該最終完全親会社等の株主総会の特別決議をも要することとされている（会社425条1項・309条2項8号）[78]。

この場合における責任の原因となった事実および賠償の責任を負う額等の開示については，当該株式会社の取締役が当該株式会社の株主総会において行うだけでなく，当該最終完全親会社等の取締役も，当該最終完全親会社等の株主総会において行わなければならない（会社425条2項）。また，当該最終完全親会社等が監査役設置会社，監査等委員会設置会社または指名委員会等設置会社である場合には，当該最終完全親会社等の取締役は，責任の一部免除（取締役〔監査等委員・監査委員を除く〕および執行役の責任の免除に限る）に関する議案を株主総会に提出するには，当該最終完全親会社等の各監査役，各監査等委員または各監査委員の同意を得なければならない（会社425条3項）。

③ **取締役会決議等による責任の一部免除**　　監査役設置会社，監査等委員会設置会社または指名委員会等設置会社は，一定の要件を満たす場合には，取締役会の決議（取締役会を設置しない場合には取締役の過半数の同意）によって，役員等の任務懈怠による損害賠償責任の一部を免除することができる旨の定款を定めることができる（会社426条1項）。そして，取締役会の決議（または取締役の同意）によって，役員等の責任が株主の予期しないところで安易に免除されることがないようにするため，株主は，責任の一部免除について異議を述べることができることとされている（会社426条3項4項7項）。同様の趣旨から，特定責任追及の訴えの制度を創設する以上は，株式会社の最終完全親会社等がある場合においても，当該株式会社がその取締役会決議等によって当該株式会社の役員等の責任の一部を免除するときは，最終完全親会社等の株主にも，異議を述べることができることとするのが適切と考えられる[79]。

　（会社464条1項2項），⑦欠損が生じた場合に関する業務執行者等の義務（会社465条1項2項）が挙げられる。坂本編著・前掲注(5)193頁－194頁。
(78)　最低責任限度額の基準となる報酬等の額の算定方法については，最終完全親会社等の株主総会の決議の日を含む事業年度ではなく，当該株式会社の株主総会の決議の日を含む事業年度を基準とする旨の規定をしている（会社則113条1号イ）。坂本編・前掲注(5)195頁－196頁。

そこで，株式会社に最終完全親会社等がある場合において，当該株式会社の株主に対し，特定責任の一部免除に係る通知がされたときは，当該最終完全親会社等の株主に当該特定責任の一部免除に関する事項を知らせるため，当該最終完全親会社等の取締役は，遅滞なく当該事項を公告し，または当該最終完全親会社等の株主に通知しなければならないとされる（会社426条5項）。そして，当該株式会社の総株主の議決権の100分の3以上を有する株主が異議を述べた場合だけでなく，当該最終完全親会社等の総株主の議決権の100分の3以上を有する株主が異議を述べた場合にも，当該株式会社は，当該定款の定めに基づく特定責任の一部免除をすることができない（会社426条7項）。

なお，当該株式会社が取締役会決議等による責任の一部免除に関する定款の定めを設けるために，当該株式会社の最終完全親会社等の株主総会の決議をも要するとはしていない（会社426条2項後段による同425条3項の準用の際の所要の読替え参照）。これは，当該株式会社が当該定款の定めを設ける時点では，取締役等の責任を免除するかどうか，また，実際に，その責任が特定責任の要件を満たすか否かは定まっていないことから，この時点において当該株式会社の株主総会の決議に加えて，当該最終完全親会社等の株主総会の決議をも要することとする必要はないものと考えられるためである[80]。

④ **責任限定契約**　株式会社は，非業務執行取締役等が職務を行うにつき善意でかつ重大な過失がないときは，定款で定めた範囲内であらかじめ株式会社が定めた額と最低責任限度額とのいずれか高い額を限度とする旨の契約を非業務執行取締役等と締結することができる旨を定款で定めることができる（会社427条1項）。この責任限定契約を締結した株式会社が当該契約の相手方である非業務執行取締役等の任務懈怠による損害を受けたときは，その後最初に招集される株主総会において，責任の原因となった事実等の一定の事由を開示しなければならないとされている（会社427条4項）。

上記のような責任の原因となった事実等の一定の事項の開示は，特定責任追及の訴えの制度の創設に伴い，当該最終完全親会社等の株主総会においても行うのが適切と考えられるため，当該事項の開示は当該株式会社および当該最終完全親会社等のそれぞれの株主総会において行わなければならないこととしている（会社427条4項）[81]。

---

(79)　坂本編・前掲注(5)197頁。
(80)　坂本編・前掲注(5)198頁（注）。

第7章　企業グループにおける多重代表訴訟の概括的検討　◆　239

　なお，当該株式会社が責任限定契約についての定款の定めを設けるために，当該株式会社の最終完全親会社等の株主総会の決議をも要するとはしていない（会社427条3項後段による同425条3項の準用の際の所要の読替え参照）。これは，当該株式会社が責任限定契約についての定款の定めを設ける場合に，上記③の場合と同様の理由で，当該定款の定めを設ける時点において，当該株式会社の株主総会の決議に加えて，当該最終完全親会社等の株主総会の決議をも要することとする必要はないものと考えられるためである[82]。

　⑤　**訴訟上の和解**　最終完全親会社等の子会社である株式会社において特定責任追及の訴えについて訴訟上の和解がなされる場合に，当該和解の当事者でない当該株式会社の承認があるときは，当該株式会社に確定判決と同一の効力が及ぶことになる（会社850条1項但書，民訴267条）。

　そして，裁判所は，「株式会社等」（当該株式会社または株式交換等完全子会社〔会社847条の2第1項括弧書・848条〕）のみに対し，和解の内容を通知し，かつ異議を述べるべき旨の催告をすることを要するが（会社850条2項），最終完全親会社等には上記通知・催告は行われない。また，当該株式会社も，裁判所から和解内容の通知を受け，異議を述べるように催告を受けたとき，最終完全親会社等に通知・催告することも強制されない。

　したがって，当該株式会社を代表して通知・催告を受けた監査役（会社386条2項2号）・監査等委員（会社399条の7第5項2号）または監査委員（会社408条5項2号）が当該和解に異議を述べない判断をしたときは，裁判所からの前記通知の内容で株主等（株主，適格旧株主または最終完全親会社等の株主〔会社847条の4第2項括弧書〕）が和解をすることを承認されたものとみなされることになる（会社850条3項）。このように当該株式会社の監査役等の判断により，最終完全親会社等の総株主の同意があったと擬制される結果となることは行き過ぎであると主張する見解がある[83]。しかし，現行規定では裁判所は最終完全親会社等に通知催告することは要しないけれども，実際上は，最終完全親会社等にも和解内容に関する情報は伝達されているであろうし，そのような情報

――――――――――

(81)　坂本編・前掲注(5)199頁。
(82)　坂本編・前掲注(5)199頁（注）。
(83)　山田・前掲注(20)14頁-15頁注(24)は，当該株式会社の監査役等の判断に問題があれば，最終完全親会社等の株主は当該株式会社の監査役等の任務懈怠を追及する特定責任追及の訴えを提起することが可能となるとする。

の把握を怠るような場合には最終完全親会社等の取締役等の管理責任が問われうるような場合もあるであろう。もっとも，立法論的には，完全親子会社関係において，なんらかの規定の整備をするほうが望ましいと思われる。

（ウ）訴訟参加・訴訟告知

①　**訴訟参加**　　通常の株主代表訴訟の場合と同様に，馴れ合い訴訟の防止のため，最終完全親会社等の株主に参加の機会を与える必要があることから[84]，当該株式会社の最終完全親会社等の株主も，共同訴訟人として，または当事者の一方を補助するため，特定責任追及の訴えに係る訴訟に参加することができるものとしている（会社849条1項）[85]。

ところで，株式会社の最終完全親会社等は，当該株式会社の株式を有していれば，その株主としての地位に基づいて，当該株式会社の取締役等に対して提起する責任追及等の訴えに訴訟参加することができることになる（会社849条1項）。しかし，最終完全親会社等が当該株式会社の株主でない場合には，当該最終完全親会社等の株主が特定責任追及の訴えを提起したとしても，当該最終完全親会社等は当然にその訴訟に参加することが認められるわけではない。

そこで，会社法は，最終完全親会社等が当該株式会社の株主でない場合であっても，最終完全親会社等の株主が特定責任追及の訴えを提起したときには，当該係る訴訟に補助参加（民訴42条）することができる旨の規定をしている（会社849条2項）。その理由としては，立案担当者の説明によれば，最終完全親会社等は，企業グループの最上位に位置する会社として，グループ経営の一環という観点から，当該株式会社の取締役等の責任の有無および責任の追及の在り方に関わる点などにおいて，最終完全親会社等の株主の提起する特定責任追及の訴えについて利害関係を有していること，また，最終完全親会社等の株主による特定責任追及の訴えの提起請求の場合に，当該訴えの却下事由（会社847条の3第1項但書）の有無についての審理の充実という観点から，最終完全

---

(84)　坂本編・前掲注(5)221頁。

(85)　訴訟参加を規定する会社法849条は，株主等または株式会社等は訴訟参加することができる旨の規定をしているが，この場合に，株主等とは株主・適格旧株主（会社847条の2第9項）または最終完全親会社等の株主をいうこと（会社847条の4第2項），株式会社等とは株式会社または株式交換等完全子会社（会社847条の2第9項）をいうこと（会社848条）と定義されている。なお，子会社たる株式会社またはその株主も，会社法849条1項により，当該株式会社の最終完全親会社等の株主が提起した特定責任追及の訴えに参加（共同訴訟参加または補助参加）することができる。

親会社等が当該訴えに関与することができるようにするのが適切と考えられたためである[86]。

　もっとも，上記でいわれる，企業グループに属する子会社の取締役等の責任の有無および責任の追及の在り方や，審理の充実に関する利益は，一般的には民事訴訟上必要とされる補助参加の利益とはいえないことから，立案担当者は，最終完全親会社等の株主が提起した特定責任追及の訴えにおける補助参加の利益の有無とは関係なく，最終完全親会社等が被告の子会社取締役等の側に補助参加できるとの立場に立っているものと考えられる[87]。

　なお，特定責任追及の訴えにおいて最終完全親会社等は原則として子会社取締役側に補助参加することは原則としてできないという意見がある[88]。しかし，最終完全親会社等が完全子会社の取締役を補助するために参加する場合には，最終完全親会社等の判断の適正を確保するため最終完全親会社等の監査役等の同意が要求されていること（会社849条3項）も考えるならば，特段の事情がない限り，最終完全親会社等は，完全子会社の取締役等を補助するため訴訟に参加できると解されるべきである。

　②　**監査役等の同意**　　通常の株主代表訴訟制度において，同僚の取締役等をかばう意図で補助参加の判断をするような弊害を防止するために，当該会社

---

(86)　坂本編・前掲注(5)222頁。なお，平成17年制定の会社法の立案担当者によれば，株主代表訴訟について，その訴訟物が会社の損害賠償請求権であり，その基礎となる事実は会社の営業・運営に密接にかかわるものである以上，会社がその訴訟の結果について利害関係を有しないことはほとんど考えられないこと，それにもかかわらず，会社が取締役側に補助参加するたびに，その可否の争いが生ずるとすれば，裁判の迅速性や訴訟経済の点から望ましくないことの理由から，平成26年改正前の会社法849条1項本文は民事訴訟法42条に規定する「利害関係」を有するかどうかを顧慮することなく，責任追及等の訴えにおいて補助参加することができることを明らかにして，補助参加の利益をめぐる争いが生じないようにしていると説明されている。相澤哲編著『一問一答　新・会社法〔改訂版〕』251頁－252頁（商事法務，2009）。同一の見解として，江頭・前掲注(18)501頁，大隅健一郎＝今井宏＝小林量『新会社法概説〔第2版〕』247頁（有斐閣，2010），江頭憲治郎＝中村直人編著『論点体系会社法（6）』216頁〔澤口実〕（2012，第一法規）等。これに対し，補助参加の利益の存在を要求する見解が主張されている。山本弘ほか「シンポジウム　会社法の制定と民事手続法上の問題点」民事訴訟法雑誌55号147頁－148頁〔笠井正俊〕（2009），酒巻俊雄＝龍田節編集代表『逐条解説会社法（9）』298頁〔三浦治〕（中央経済社，2016），奥島＝落合＝浜田編・前掲注(33)441頁〔山田泰弘〕，中島・前掲注(38)610頁等。

(87)　加藤・前掲注(55)115頁－116頁（会社は，会社および株主全体の利益に資すると合理的に判断できる場合に限り，補助参加するべきであるとする）。

の判断の適正を確保するために監査役等の同意を要求していた（平成26年改正前会社849条2項〔改正会社849条3項〕）。この規定と同様の趣旨で，従来の株主代表訴訟の規律との整合性を図り，監査役設置会社・監査等委員会設置会社または指名委員会等設置会社である最終完全親会社等が，当該最終完全親会社等の完全子会社等である株式会社の取締役（監査等委員および監査委員を除く），執行役・清算人ならびにこれらの者であった者を補助するため，責任追及等の訴えに係る訴訟に参加するには，最終完全親会社等の各監査役・各監査等委員または各監査委員の同意を得なければならないと規定する（平成26年改正会社849条3項）[89]。

　この点について，子会社が当事者となっているので，子会社の監査役等の同意も必要ではないかとの指摘が考えられる。しかし，特定責任追及の訴えの場合に，子会社が当然に訴訟の当事者として出てくるわけではなく，親会社が子会社の取締役側に補助参加しようとするときに，別法人の子会社の監査役等の同意がないと補助参加ができないということになると，最終完全親会社等にとってはかなり使いづらいものになってしまうこと，また，監査役等の同意を必要とする会社法849条3項の趣旨に鑑みて，子会社の監査役等の同意を必要とすることの説明は困難であると思われることから，子会社の監査役等の同意まで必要ではなく，最終完全親会社等の監査役等の同意があれば足りると考えられている[90]。

　③　**訴訟告知**　最終完全親会社等の株主による特定責任追及の訴えの提起について，最終完全親会社等およびその株主が当該特定責任追及の訴えに係る訴訟に参加する機会を保障する必要があるため[91]，株式会社が提起した責任追及等の訴え，または株式会社の株主もしくは当該株式会社の最終完全親会社等の株主が当該株式会社に対して訴訟告知をし（会社849条4項），その責任追及等の訴えまたは訴訟告知が特定責任に係るものであるときは，当該株式会社

---

(88)　神田秀樹ほか「平成26年会社法改正の検証」ソフトロー研究24号132頁－133頁〔藤田友敬発言〕（2014）は，親会社取締役会と子会社取締役会とが一体として意思決定したような特殊な場合以外は参加の利益は認められず，実際にはほとんどないとする。

(89)　坂本編・前掲注(5)224頁。

(90)　会社法制部会第20回会議（平成24年5月16日開催）議事録（PDF版）32頁－33頁〔塚本英臣関係官発言〕（http://www.moj.go.jp/content/000099708.pdf），山田・前掲注(20)14頁。

(91)　坂本編・前掲注(5)225頁。

は，その旨を公告しまたはその株主に通知しなければならない（会社849条5項）。また，当該株式会社は，その公告・通知に加えて，最終完全親会社等に対し，当該責任追及等の訴えを提起し，または当該訴訟告知を受けた旨を通知しなければならない（会社849条7項9項）。その上で，当該通知を受けた最終完全親会社等は，遅滞なく，その旨を公告し，または当該最終完全親会社等の株主に通知しなければならない（会社849条10項11項）。なお，最終完全親会社等が当該株式会社の発行済株式の全部を直接有する場合には，会社法849条7項の規定による通知により，最終完全親会社等の参加が確保されることから，同条5項の公告または通知は不要となる（会社849条8項）。

（エ）その他の訴訟手続等

① **再審の訴え**　責任追及等の訴えが提起された場合に，原告および被告が共謀して最終完全親会社等の子会社である株式会社の権利を害する目的で判決させたときは，最終完全親会社等の株主は，特定責任追及に係る確定判決に対し，再審の訴えを行うことができる（会社853条）。これは，馴れ合いによる訴訟の終了による損失を填補するものである。

② **訴えの管轄**　最終完全親会社等の株主による特定責任追及の訴えの場合も，子会社である株式会社の取締役等に対する責任追及等の訴えであるから，その取締役等に対する請求権を有する当該株式会社の本店所在地を管轄する地方裁判所の管轄に専属する（会社848条）。

③ **その他**　最終完全親会社等の株主による特定責任追及の訴えに関する，訴訟費用（会社847条の4第1項），担保提供（会社847条の4第2項3項），費用等の請求（会社法852条）等について規定の整備がなされている。

3　旧株主による責任追及等の訴え

（1）　制度趣旨

　株式会社の株主が，株式交換等（株式交換・株式移転または吸収合併）により当該株式会社の株主でなくなった場合であっても，当該株式交換等によって，当該株式会社等の完全親会社の株式を取得し，引き続き当該株式を有するときは，当該株主（旧株主）は，元々株式を保有していた当該株式会社の取締役等に対し，当該株式交換等の効力が生じた時までにその原因となった事実が生じ

た責任または義務に係る責任追及等の訴えを提起することができる旨の規定が
なされている（会社847条の2）。この訴えは，旧株主による責任追及等の訴え
といわれる。

　通常の株主代表訴訟を提起した株主は，その訴訟継続中，株式を保有しなく
なった場合には，原告適格を失い，その株主代表訴訟は不適法なものとして却
下されるのが原則である。もっとも，平成26年会社法改正前では，株主代表訴
訟係属中に被告取締役等の株式会社が株式交換等により他の株式会社の完全子
会社となって，当該株式会社の株主資格を失った場合であっても，完全親会社
等の株式を取得したときは，当該代表訴訟を係属して追行することができる旨
の規定はなされていた（平成26年改正前会社851条）。これに対し，株主が株主代
表訴訟を提起する前に株式交換等が行われて株式を失った場合には，当該株式
を失った株主は，原則として，株主代表訴訟を提起することができないと解さ
れていた。

　しかし，株主代表訴訟の提起前に株式交換等が行われた場合であっても，当
該株主は自らの意思で株主たる地位を失うわけではなく，また，当該株式交換
等の後であっても，完全親会社の株主として当該株式交換等の前にその原因で
ある事実が生じた取締役等の責任等の追及につき利害関係を有しているといえ
ることから，当該株式交換等の後に株主代表訴訟を提起することができないも
のとして，株主代表訴訟による責任追及の可否を区別するのは相当ではないと
考えられる[92]。旧株主による責任追及等の訴えの制度は，従来の株主に認め
られていた株主代表訴訟の提訴資格を拡張したものといえる[93]。

(2)　原告適格

(ア) 旧株主　　株式会社の株式交換等の効力が生じた日の6ヶ月前（公開会
社の場合）から当該日まで引き続き当該株式会社の株主であった者（以下「旧
株主」という）は，当該株式会社の株主でなくなった場合であっても，①当該
株式交換または株式移転により当該株式会社の完全親会社の株式を取得し，引
き続き当該株式を有するとき，②当該株式会社が吸収合併により消滅する会社

---

(92)　坂本編・前掲注(5)201頁。なお，藤田・前掲注(30)36頁は，旧株主による責任追及等
　　の訴えは株主代表訴訟の提起可能の状態にあったこと自体を一種の既得権とみなし，株
　　式交換等が行われた後もこれを奪われないものと説明する。
(93)　岩原・前掲注(2) 9頁−10頁。

〔図2　旧株主による責任追及の訴え〕

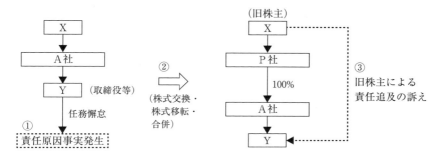

となる吸収合併により，吸収合併後存続する株式会社の完全親会社の株式を取得し（いわゆる三角合併），引き続き当該株式を有するときは，当該株式会社に対し，責任追及等の訴えの提起を請求することができる（会社847条の2第1項）。

(イ)　株式継続保有要件　公開会社における提訴株主の株式継続保有要件は，要件の簡明さの観点から，株式交換等の効力が生じた日の6ヶ月前から当該日まで株式会社の株式を有する者に限定されている。これは，株式交換等の効力が発生した時点で，株主代表訴訟を提起することが可能であった者に，提訴資格の範囲を限定するためである[94]。6ヶ月の継続保有期間を引き下げる定め（会社847条の2第1項括弧書）が規定される定款は，提訴請求をする旧株主は完全親会社の株主の資格で提訴請求することから，最終完全親会社等の定款を意味すると解される[95]。

(ウ)　三角合併の場合　上記（ア）における提訴資格要件の②は，吸収合併により吸収合併後存続する会社の完全親会社の株式を取得した場合（いわゆる三角合併）にのみを規定し[96]，合併による新設会社または存続会社の株式を取

---

(94)　会社法制部会第20回会議議事録・前掲注(90)35頁－36頁〔塚本英臣関係官発言〕，酒巻＝龍田編集代表・前掲注(45)259頁〔橡川泰史〕（当該株式会社のために代表訴訟を提起できるという法的地位を組織再編後に親会社株主として引き継ぐ趣旨と解する）。

(95)　本章・前掲注(55)参照。これに対し，完全親会社と株式交換等完全子会社の定款に規定すべきとする見解がある（奥島＝落合＝浜田編・前掲注(33)422頁〔山田泰弘〕）。

(96)　新設合併の場合には，新設合併消滅会社の株主に新設合併設立株式会社の完全親会社の株式が対価として交付されることはないために（会社753条1項6号～9号参照），会社法847条の2第1項2号では，「当該新設合併により新設合併設立株式会社の完全親会社の株式を取得した場合」を掲げていない。坂本編・前掲注(5)206頁注(2)。

得した場合については規定していない[97]。そこで，上記の資格要件②は，合併による新設会社または存続会社の株式を取得した場合について，提訴資格を失わせることを意味するのかが問題となる。この点について，新設会社や存続会社は合併という包括承継によって消滅会社の当該取締役等に対する請求権も承継しているのであり，新設会社・存続会社の株主となった旧株主は，消滅会社の株主と同等に扱われ，原告適格を失わないという理論[98]に基づき，新設会社や存続会社の株主になった旧株主は，消滅会社の取締役だった者に対し，通常の株主代表訴訟（会社847条1項）の提起を請求することができることを前提にして，そのような包括承継の理論が働かない三角合併にのみ規定したものであると理解されている[99]。

（エ）個別株主通知の要否　完全親会社が振替株式発行会社の場合に，旧株主による責任追及等の訴えの提起の請求をするために，個別株主通知（振替154条2項）が必要であるかという問題がある。旧株主による責任追及等の訴えは，株式交換等完全親会社の株主がその完全子会社である株式会社に対してするものであって，振替株式の発行会社たる完全親会社の株主の地位に基づき当該親会社自体に何らの請求を行うものではないから，社債株式振替法に定める「少数株主権等」には該当せず，完全親会社に対する個別株主通知は必要でないと解される[100]。

（オ）株式交換等が繰り返し行われた場合　旧株主は，株式交換等によって

---

(97)　これに対し，株主でなくなった者の訴訟追行の規定（会社851条1項2号）では，株主代表訴訟の係属中に株主でなくなった場合に，その者が存続会社の完全親会社の株式を取得したときだけでなく，合併による新設会社または存続会社の株式を取得したときについても，株主代表訴訟の訴訟を追行することができることを規定する。

(98)　関俊彦「株主代表訴訟の原告適格と株式移転」ジュリ1233号110頁（2002），吉本健一「判例批評」判例評論516号39頁（判時1767号185頁）（2002）。

(99)　坂本編・前掲注(5)205頁，岩原・前掲注(2)10頁，酒巻＝龍田編集代表・前掲注(45)258頁〔橡川泰史〕，奥島＝落合＝浜田編・前掲注(33)421頁〔山田泰弘〕。また，会社法851条1項2号と同様の場合を定めることは，本文記載の理由から実益がないだけでなく，かえって，これらを定めることにより，旧株主が提訴請求することができるのは，吸収合併または新設合併の効力が生じた日の6ヶ月前から当該日まで引き続き株式会社の株主であったものに限られる（会社847条1項の適用が排除される）という解釈を導くことになり得ることから相当でないと考えられている。坂本編著・前掲注(5)205頁－206頁。

(100)　坂本三郎ほか「平成26年改正会社法の解説〔V〕」商事2045号37頁（2014），酒巻＝龍田編集代表・前掲注(45)262頁－263頁〔橡川泰史〕，江頭＝中村編著・前掲注(18)561頁〔澤口実〕，奥島＝落合＝浜田編・前掲注(33)423頁〔山田泰弘〕。

第7章　企業グループにおける多重代表訴訟の概括的検討　◆　247

完全親会社の株式を取得した後，さらに当該完全親会社が株式交換等[101]を行ったことによって，当該完全親会社の株主でなくなった場合であっても，当該株式交換等により当該完全親会社の完全親会社の株式を取得し，引き続き当該株式を有するときは，株式交換等完全子会社に対し，責任追及等の訴えの提起を請求することができる（会社847条の2第3項～5項）。提訴請求の相手方は株式交換等完全子会社（会社847条の2第1項）であって，完全親会社ではない。ただし，責任追及等の訴えが当該旧株主もしくは第三者の不正な利益を図り，または当該株式交換等完全子会社もしくは株式交換等により株式を発行している株式会社に損害を加えることを目的とする場合には，提訴請求をすることができない（会社847条の2第3項但書〔同条1項但書に準ずる〕）。

(3)　対象となる責任または義務

旧株主による責任追及等の訴えの対象となるのは，株式交換等の効力が生じた時までにその原因となった事実が生じた責任または義務に係るものに限定される（会社847条の2第1項）。株式交換等の効力が生じた時点で旧株主が当該株式会社に対してその提起を請求することができたものとするのが相当と考えられるからである[102]。ここにいう「原因となった事実が生じた」の意味は，原因という用語などから，損害発生の有無にかかわらず，任務懈怠行為がなされた時点をもって「原因となった事実が生じた」と考えるのが妥当である[103]。

(4)　旧株主による責任追及等の訴えの手続

(ア) 提訴請求　旧株主が責任追及等の訴えを提起するためには，通常の株主代表訴訟（会社847条1項）と同様に，まず，株式交換等完全子会社に対し，責任追及等の訴えの提起を請求する必要がある（会社847条の2第1項，会社則

---

(101)　1段階目の株式交換等（会社847条の2第1項1号2号）とは異なり，2段階目以降の株式交換等については，①会社法847条の2第1項の完全親会社が行う株式交換・株式移転により当該完全親会社の完全親会社となる株式会社の株式を取得した場合，②同項の完全親会社が消滅会社となる吸収合併後に存続する株式会社の完全親会社（三角合併の場合）の株式を取得した場合だけでなく，③同項の完全親会社が消滅会社となる吸収合併後に存続する株式会社の株式を取得した場合，④同項の完全親会社が消滅会社となる新設合併後に設立する株式会社の株式を取得した場合も含まれる（会社847条の2第3項1号2号4項5項）。坂本編著・前掲注(5)209頁 。

(102)　坂本編・前掲注(5)204頁。

(103)　江頭＝中村編著・前掲注(18)562頁〔澤口実〕。

218条の2）。当該株式交換等完全子会社が当該提訴請求の日から60日以内に責任追及等の訴えを提起しないときは，当該提訴請求をした旧株主は，当該株式交換等完全子会社のために，責任追及等の訴えを提起することができる（会社847条の2第6項）。

　もっとも，60日の期間の経過により株式交換等完全子会社に回復することができない損害が生ずるおそれがある場合には，通常の株主代表訴訟（会社847条3項5項）と同様に，提訴請求をすることができる旧株主は，株式交換等完全子会社のために，直ちに責任追及等の訴えを提起することができる（会社847条の2第8項）。

（イ）提訴請求の制限　　責任追及等の訴えが当該旧株主もしくは第三者の不正な利益を図り，または当該株式交換等完全子会社もしくは完全親会社に損害を加えることを目的とする場合には，旧株主は責任追及等の訴えの提起を請求することができない（会社847条の2第1項但書）。通常の株主代表訴訟では，「当該株式会社に損害を加えることを目的とする場合」は，責任追及等の訴えの提起を請求することができないとされている（会社847条1項但書）。これは訴権の濫用の一類型として明文で定めたものであるが，旧株主による責任追及等の訴えでは，提訴請求の相手方となる株式交換等完全子会社に損害を加えることを目的とする場合のみならず，当該完全親会社に損害を加えることを目的とする場合にも，訴権の濫用の一類型として想定されることから，当該完全親会社に損害を加えることを目的とする場合も追加して規定しいる[104]。

（ウ）不提訴理由通知　　株式交換等完全子会社は，提訴請求の日から60日以内に責任追及等の訴えを提起しない場合において，通常の株主代表訴訟（会社847条4項）と同様に，当該提訴請求をした旧株主または当該提訴請求に係る責任追及等の訴えの被告となることとなる取締役等から請求を受けたときは，当該請求をした者に対し，遅滞なく，責任追及等の訴えを提起しない理由を書面その他の法務省令で定める方法により通知しなければならない（会社847条の2第7項，会社則218条の4）。

---

(104)　坂本編著・前掲注(5)207頁。

(5) 旧株主による責任追及等の訴えの対象となる責任または義務の免除

　株式交換等完全子会社に係る適格旧株主（会社847条の2第1項本文・3項本文の規定によれば提訴請求をすることができることとなる旧株主〔会社847条の2第9項括弧書〕）がある場合において，その免除につき当該株式交換等完全子会社の総株主の同意を要することとされている責任または義務であって，旧株主による提訴請求の対象となるもの（すなわち，株式交換等の効力が生じた時までにその原因となった事実が生じた責任または義務）を免除するときは[105]，当該株式交換等完全子会社の総株主の同意に加えて，適格旧株主の全員の同意をも要することとしている（会社847条の2第9項）。

　この規定の趣旨は，旧株主による責任追及等の訴えの制度の創設により，株式交換等完全子会社の旧株主が，当該株式交換等完全子会社の取締役等について，責任追及等の訴えを提起することができるにもかかわらず，当該株式交換等完全子会社の総株主（すなわち，当該株式交換等完全子会社の完全親会社またはその完全子会社）の同意（会社424条等）のみによって当該責任または義務を免除することができることとすると，旧株主による責任追及等の訴えの制度を創設する意義が失われてしまうからである[106]。

　もっとも，特定責任追及の訴えの制度と異なり，旧株主による責任追及等の訴えの制度に関しては，役員等の責任の一部免除（会社425条～427条）に関する手続の特則は設けていない。その理由として，①適格旧株主を完全親会社に

---

(105)　当該同意が必要とされる責任として，会社法847条の2第9項において，①出資財産等の価額の不足（会社52条1項・55条），出資の履行の仮装（会社52条の2第1項2項・55条），任務懈怠による発起人・設立時取締役・設立時監査役の責任（会社53条1項・55条），②払込みの仮装をした設立時募集株式の引受人の責任（会社102条の2第1項2項），③払込みの仮装の関与に関する発起人・設立時取締役の義務（会社103条2項3項），④財産上の利益供与に関する取締役の義務（会社120条4項5項），⑤出資の履行を仮装した募集株式の引受人の責任（会社213条の2第2項），⑥新株予約権に係る払込み等を仮装した新株予約権者等の責任（会社286条の2第2項），⑦任務懈怠に関する役員等および清算人の責任（会社423条1項・424条・486条1項4項），⑧剰余金の配当等に関する業務執行者等の義務（会社462条1項3項但書），⑨買取請求に応じた株式取得に関する業務執行者等の義務（会社464条1項2項），および⑩欠損が生じた場合に関する業務執行者等の義務（会社465条1項2項）が，規定されている。

(106)　坂本編著・前掲注(5)212頁。

おいて特定する作業は必ずしも容易ではないこと，②株主総会の決議による役員等の責任の一部の場合に，適格旧株主を構成員とする，株主総会に相当する会議体の決議に関する規律がきわめて複雑になること，③役員等の責任の一部が免除された場合でも，適格旧株主は免除されていない部分について，なお責任追及等の訴えを提起できることから，手続の特則を設けなかったとされている[107]。

(6) その他の訴訟手続等

最終完全親会社等の株主による特定責任追求の訴えの場合と同様に，旧株主による責任追及等の訴えの場合にも，訴訟費用（平成26年改正会社847条の4条1項），担保提供（会社847条の4条2項3項），訴えの管轄（会社848条），訴訟参加・訴訟告知（会社849条），和解（会社850条），費用等の請求（会社852条），再審の訴え（会社853条）等の訴訟手続等について規定の整備がなされている。

4 株主でなくなった者の訴訟追行

(1) 訴訟追行を認める規定の趣旨

平成17年改正前商法のもとで，株主代表訴訟の係属中に株式交換・株式移転または合併により当該会社の株主の地位を失った者が訴訟を追行することができるか否かについて，下級審裁判例は，一貫して，原告適格が失われるとして訴えを却下する判示をしていた[108]。当時の学説のなかにも，原告適格を失うという見解もあったが[109]，学説のほとんどは，訴訟係属中の株式交換等によって，原告適格を喪失することはないと解していた[110]。

---

(107) 坂本編著・前掲注(5)213頁−214頁（注）。

(108) 東京地判平成13年3月29日判時1748号171頁，名古屋高判平成14年8月8日判時1800号150頁，東京地判平成15年2月6日判タ1138号250頁，東京高判平成15年7月24日判時1858号154頁。

(109) 江頭憲治郎ほか「特別座談会 株式交換・株式移転−制度の活用について」ジュリ1168号115頁〔法務省・原田晃治官房参事官発言〕(1999)，大山浩世「判批」法学研究75巻10号112頁(2002)。

(110) 江頭憲治郎『株式会社・有限会社法〔第4版〕』739頁(2005)，株主代表訴訟制度研究会「株式交換・株式移転と株主代表訴訟制度(1)」商事1680号4頁(2003)など多数。なお，当時の学説の詳細は，株主代表訴訟制度研究会・前掲6頁および荒谷裕子「判批」

そこで，原告株主は完全親会社の株主として代表訴訟の結果について間接的とはいえ引き続き影響を受けるにもかかわらず，それまでの訴訟活動が水泡に帰してしまうのは妥当ではないという批判がされていたことから，会社法851条において，株式交換や三角合併により，原告株主が完全親会社の株主になった場合でも，原告適格を失わないことを定めたものであるとされている[111]。なお，会社法851条の規定は，当然の事理を定めたものであり，株主であることが原告適格の要件である，会社の組織に関する行為の無効の訴え（会社828条2項）や，株主総会等の決議の取消しの訴え（会社831条1項）などにも類推適用されるべきであると解される[112]。

〔図3　株主でなくなった者の訴訟追行〕

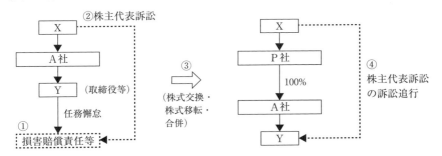

(2) 追行が認められる場合

　責任追及等の訴えを提起した株主または共同訴訟人として当該責任追及等の訴えに係る訴訟に参加（会社849条1項）した株主が，当該訴訟の係属中に株主でなくなった場合であっても，①その者が当該株式会社の株式交換または株式移転により当該株式会社の完全親会社の株式を取得したとき（会社851条1項1号），また，②その者が当該株式会社が合併により消滅する会社となる合併により，合併により設立する株式会社または合併後存続する株式会社もしくはその完全親会社の株式を取得したとき（会社851条1項2号），その者は訴訟を追

　　判例評論555号48頁（判時1885号218頁）（2005）の引用文献参照。
(111)　相澤編著・前掲注(86)248頁，江頭＝中村編著・前掲注(86)222頁-223頁〔澤口実〕，酒巻＝龍田編集代表・前掲注(45)311頁以下〔三浦治〕。
(112)　江頭・前掲注(18)500頁，酒巻＝龍田編集代表・前掲注(45)314頁〔三浦治〕。

行することができることとする。

会社851条にいう「完全親会社」は，特定の株式会社の発行済株式の全部を有する株式会社その他これと同等のものとして法務省令で定める株式会社をいう（会社847条の2第1項柱書，会社則218条の3）。合併や株式交換の対価として，完全親会社の完全親会社の株式の交付を受ける場合（三角合併・三角株式交換）にも，原告適格は失われない[113]。

なお，会社法において，消滅株式会社等に組織再編の対価として交付する財産は株式に限定されず，金銭を対価とすることも可能である。原告株主が組織再編により金銭を取得した場合には，その後，原告は，当該株主代表訴訟の結果により株式の評価が左右されうる場合とは異なり，当該代表訴訟の結果によって自己の財産の評価が左右されることはなくなるため，株主代表訴訟の真摯な遂行を期待することができない。そこで，そのような場合には，原告適格は失われると解される[114]。

(3) 株式交換等が繰り返し行われた場合

原告が株式交換や合併により完全親会社や存続会社の株主となった後は，原告が，完全親会社の株式を売却するなどして株主でなくならない限り，完全親会社がさらに株式交換や合併をしても，原告が当初の株式会社の完全親会社ま

---

(113)　相澤編著・前掲注(86)248頁。

(114)　相澤編著・前掲注(86)249頁（代表訴訟に対する判決は，会社や他の株主全員にも影響を与えるので，真摯にその訴訟の遂行を期待できる資格を有する者に限って，その原告適格を認めるべきであるとする），江頭・前掲注(18)499頁（完全親会社の株主として完全子会社に関する利害を調整するという関係も喪失した者に訴訟を追行させることに問題があるからであるとする）。また，東京地判平成16年5月13日判時1861号126頁は，株主代表訴訟の継続中，民事再生手続に伴う100パーセント減資により，原告が株主としての地位を失った場合につき，原告は当該訴訟の口頭弁論終結時まで株主の地位を保有していることが必要であり，原告が口頭弁論終結前に株主たる地位を失った場合には，その原因の如何を問わず，原則として，原告適格を失うものと解すべきであると判示する。

　　これに対し，周剣龍「株主代表訴訟」岩原紳作＝小松岳志編『会社法施行5年　理論と実務の現状と課題』（ジュリ増刊）32頁（有斐閣，2011）は，株主代表訴訟を不適法にする濫用目的で，金銭を対価とする場合は，原告株主が原告適格を有することを例外措置で認めるべきであるとする。また，奥島＝落合＝浜田編・前掲注(33)449頁－450頁〔山田泰弘〕は，会社の企業再編行為およびそれ以外の行為により実質的な投資関係を喪失する場合に，より適切で真摯に訴訟追行し得る主体が現れるまでは，提訴株主は原告適格を維持し得ると解する余地がないわけではないからとして，会社法851条の類推適用を認めるべきであると解する。

たは存続会社の株主であり続ける限り，原告適格を失わない（会社851条2項3項）。合併→株式交換→合併というように，合併や株式交換がランダムに繰り返されても，原告が当初の株式会社の完全親会社または存続会社である限り，原告適格を失わない[(115)]。

(4) 訴訟追行の妨害

株主代表訴訟の係属中に株式交換等が行われて，原告株主が当該訴訟を追行することが認められた後，原告が株式を保有する完全親会社が，被告の取締役等の帰属する完全子会社の株式の一部を第三者に譲渡した場合に，完全親子会社関係が解消されることから，完全親会社を要件とする会社法851条の規定の文言からは，原告株主の原告適格は失われるものと解されることになる[(116)]。しかし，訴追を免れるために意図的に株式の一部を譲渡するような場合には，後に完全親会社でなくなったときでも，実質上支配関係があれば，原告適格の継続が認められるものと解されるべきである[(117)]。

5 結 び

持株会社グループによる経営が進展するなかで，親会社の株主について，いわゆる株主権の縮減が問題とされるようになり，わが国において特定責任追及の訴えの制度が導入された。この制度の導入については，，その濫用のおそれなどから異論も出ていたが，親会社株主の保護のみならず，企業グループの健全性の確保・維持の観点から高く評価されるべきものと考えられる。

しかしながら，特定責任追及の訴えの制度は，通常の株主代表訴訟と比べて，

---

(115) 相澤編著・前掲注(86)248頁。

(116) 神田秀樹『会社法〔第21版〕』273頁（弘文堂，2019），江頭＝中村編著・前掲注(86)223頁〔澤口実〕。

(117) 酒巻＝龍田編集代表・前掲注(45)313頁〔三浦治〕は，代表訴訟等を妨害する目的（原告適格を失わせる目的）で株式交換等が行われた場合，検査役選任請求の少数株主要件（100分の3以上）に関する最高裁決定（最決平成18年9月28日民集60巻7号2634頁〔検査役選任の申請を妨害する目的で新株を発行した［その結果，総株主の議決権の100分の3未満となった］などの特段の事情のない限り，上記申請は申請人の適格を欠くものとして不適法で却下を免れないとする〕）の考え方に平仄を合わせて，原告株主が妨害目的を立証しない限り，原告適格を失わないと解する。これに対し，周・前掲注(114)31頁は，濫用的な場合でなくても，原告株主は原告適格を失わないと解する。

一定の制約が課されている。とくに，特定責任追及の訴えは，少数株主権とされていることである。通常の株主代表訴訟が単独株主権であるのに対して，特定責任追及の訴えの提訴権を少数株主権とする合理的かつ必然的な理由はないように思われる。単独株主権としての株主代表訴訟を前提とする，旧株主による責任追及等の訴え，および株主でなくなった者の訴訟追行の場合との整合性も考慮するならば，近い将来，企業グループにおけるコーポレート・ガバナンスの観点から，特定責任追及の訴えの提訴権の単独株主権化が実現されることが望ましいと思われる。

また，通常の株主代表訴訟では，取締役等の責任を追及する訴え以外の場合も株主による提訴請求の対象とされているのに対して，特定責任追及の訴えの場合は取締役等の責任を追及する訴えに限定されている。しかし，企業グループ傘下で，会社ぐるみで取締役等の責任追及の訴え以外の場合についての責任を問われるような不祥事がないとはいえず，この場合に提訴懈怠のおそれが類型的・構造的にまったくないとはいえないであろう。何らかの立法的取組みの検討がなされないとしても，企業グループ全体のコーポレート・ガバナンスの観点から，企業グループ内の不健全経営に関する親会社取締役の責任の問題として，現行法の解釈論で対応する場合もありうるものと考えられる。

さらに，完全親子関係や最終完全親会社等の総資産額の5分の1を超える特定責任などの形式的要件から，特定責任追及の訴え規定の適用範囲は非常に限定的なものとなっている。そこで，特定責任追及の訴えの対象子会社となることの回避の問題も考えられる。企業グループとして将来の紛争防止の観点から特定責任追及の訴えの対象から除外されることが望ましいと考えられる場合には，最終完全親会社等の関係者や別の子会社が当該対象子会社の株式の一部を譲り受けること，当該対象子会社の株式の帳簿価格が当該最終完全親会社等の総資産額の5分の1を超えないようにすることなどにより，事前に特定責任追及の訴えの対象子会社となることを回避することは可能となるであろう。このように訴追を免れるため意図的に株式の一部を譲渡して，最終完全親子会社関係を解消させるような事情がある場合には，提訴した株主の原告適格が認められると解されるべきである。

同様に，旧株主による責任追及等の訴え，および株主でなくなった者の訴訟追行の場合にも，訴追を免れるため意図的に，被告の取締役等の所属する完全子会社の株式の一部を第三者に譲渡して，完全親子会社関係が解消される場合

でも，実質上支配関係があれば，原告適格ないしその継続が認められるものと解されるべきである。

　最後に，現行の会社法が規定する，特定責任追及の訴え，旧株主による責任追及等の訴え，および株主でなくなった者の訴訟追行を含めた多重代表訴訟は，完全親子会社関係を前提とする制度である。しかしながら，事案によっては，解釈論として，完全親子会社関係が存在しなくても，実質的支配関係があれば，多重代表訴訟の提起を認めることによって具体的妥当性のある解決が図られる場合がありうるものと考えられる。さらには，将来の立法的課題として，企業グループにおける企業の健全性の確保・維持のため，企業グループの各会社間に完全親子会社関係がなくても実質的支配関係が存在する場合には，多重代表訴訟が認められるようにすべきであると考えられる。

第8章

多重代表訴訟における
最終完全親会社等の損害要件

1　はじめに

　近時の企業社会においては，持株会社形態による完全親子会社関係を中心とした企業グループが形成され，そのグループ（または企業集団）による経営が普及してきている。このような状況の下で，わが国において，親会社となる会社の株主は，持株化される前まで当然に株主代表訴訟の対象となりえた事業がその株主の手を離れてしまい，当該株主の監督是正権が十分に及ばない事態（いわゆる株主権の縮減）が生じる問題について盛んに議論されるようになった。その議論を経て，平成26年改正会社法は，最終完全親会社等の株主による特定責任追及の訴えの制度を創設している（会社847条の3）。

　上記の制度は，会社法では，「特定責任追及の訴え」と呼ばれているが（会社847条の3第1項本文括弧書），「会社法の見直しに関する中間試案」[1]および「会社法の見直しに関する要綱」[2]の段階では，「多重代表訴訟」と呼ばれていたものである。会社法では，上記の特定責任追及の訴えのほかに，株式交換等により親会社の株主となった者が子会社の取締役等の責任追及等の訴え提起することができる，「旧株主による責任追及等の訴え」（会社847条の2）および

---

[1]　平成23年12月法務省民事局参事官室「会社法制の見直しに関する中間試案」10頁，http://www.moj.go.jp/content/000084699.pdf。

[2]　法務省法制審議会会社法制部会（以下，会社法制部会）第24回会議（平成24年8月1日開催）部会資料27「会社法制の見直しに関する要綱案」11頁，http://www.moj.go.jp/content/000100819.pdf。なお，坂本三郎編著『一問一答　平成26年改正会社法〔第2版〕』399頁以下（商事法務，2015）に添付されている「資料　会社法制の見直しに関する要綱」11頁参照（要綱案と要綱は同一内容である）。

「株主でなくなった者の訴訟追行」（会社851条）が規定されている。これらの訴えも，広義では多重代表訴訟といってよいと考えられる。しかし，本章では，引用する文献などに基づいて記述する文章において用いられる多重代表訴訟という語は，とくに言及しない限り，「特定責任追及の訴え」（狭義の多重代表訴訟）を意味するものとする。

　ところで，平成26年の改正により創設された特定責任追及の訴えの要件は，従来の通常の株主代表訴訟（会社847条）の場合と異なるものが多い。すなわち，特定責任追及の訴えの提訴請求資格を有する株主は最終完全親会社等[3]の株主であり，また，当該訴えの提訴請求権は1株の保有でも提訴できる単独株主権ではなくて少数株主権[4]とされ，さらに，特定責任追及の訴えの適用の対象となる責任は最終完全親会社等の重要な完全子会社の取締役等の責任（「特定責任」と称される）[5]であることなどである。

　また，特定責任追及の訴えの提訴請求が認められない場合として，通常の株主代表訴訟の場合（会社847条第1項但書）と同様の規定に，さらに「当該最終完全親会社等に損害を加えること」という文言を追加したもの（会社847条の3第1項1号）のほかに，新たに，「当該特定責任の原因となった事実によって当該最終完全親会社等に損害が生じていない場合」（会社847条の3第1項2号）という損害要件を追加している。しかし，会社847条の3第1項2号に規定されている最終完全親会社等の損害の意義ないし損害の範囲については，必ずし

---

(3)　「最終完全親会社等」とは，株式会社の完全親会社等（会社847条の3第2項）であって，その完全親会社等がないものをいう（会社847条の3第1項）。「完全親会社等」とは，①完全親会社（特定の株式会社の発行済株式の全部を有する株式会社〔会社847条の2第1項但書括弧書〕），②完全親会社およびその完全子会社，または，その完全子会社が，特定の株式会社の発行済株式の全部を有する場合における当該完全親会社をいう（会社847条の3第2項3項，会社則218条の3）。

(4)　特定責任追及の訴えの提訴権は，総株主の議決権の100分の1以上または発行済株式の100分の1以上を有することが要求される（会社847条の3第1項）。

(5)　「特定責任」とは，特定責任追及の訴えの対象となる株式会社（完全子会社）の発起人等の責任の原因となった事実が生じた日において，最終完全親会社等およびその完全子会社等における当該株式会社の株式の帳簿価額が，当該最終完全親会社等の総資産額の5分の1を超える場合における当該発起人等の責任をいうとされる（会社847条の3第4項，会社則218条の6）。

　　なお，特定責任追及の訴えの対象者の範囲について，会社法847条の3第4項は，「発起人等」，すなわち発起人，設立時取締役，設立時監査役，役員等（会社423条1項）もしくは清算人をいうと規定しているが（会社847条1項括弧書），本章は，便宜的に，以下において「取締役等」と簡略化する。

も明確であるということができない。

　そこで，本章は，平成26年の改正で新たに追加された上記の最終完全親会社等の損害要件について，最終完全親会社等の損害を提訴要件とする理由および最終完全親会社等の損害の範囲を検討した後，どのような場合に最終完全親会社等に損害が生じていないということができるかについて類型別に検討することを試みるものである。

2　最終完全親会社等の損害を提訴要件とする理由

　会社法は，「当該特定責任の原因となった事実によって当該最終完全親会社等に損害が生じていない場合」には，特定責任追及の訴えの提起を請求することができないと規定する（会社847条の3第1項2号・9項但書）。この場合に，原告株主が最終完全親会社等に損害が生じたことを主張・立証する必要はなく，当該最終完全親会社等に損害が生じていない場合に該当することを基礎付ける資料等は，被告取締役等が提出する必要がある[6]。

　最終完全親会社等の損害を提訴要件とする理由として，例えば，株式会社の最終完全親会社等が当該株式会社から利益を得た場合や，株式会社からその最終完全親会社等の他の完全子会社間に利益が移転した場合には，当該株式会社に損害が生じた場合であっても，その最終完全親会社等に損害が生じていないときには，当該最終完全親会社等の株主が有する，当該最終完全親会社等の株式の価値に変動は生じていないこと，したがって，この場合には，当該最終完全親会社等の株主は，当該株式会社に生じた損害に係る当該株式会社の取締役等の特定責任の追及について利害関係を有しないことになることから，当該株式会社の損害につき，最終完全親会社等の株主は特定責任追及の訴え（多重代表訴訟）を提起することができないこととしていることが挙げられている[7]。また，これらのように最終完全親会社等には何も損害が生じていない場合に，多重代表訴訟の提起が認められ賠償させられてしまうと，最終完全親会社等の

---

[6]　坂本編著・前掲注(2)184頁，会社法制部会第17回会議（平成24年2月22日開催）議事録（PDF版）32頁〔塚本英臣関係官発言〕(http://www.moj.go.jp/content/000079367.pdf)，岩原紳作「『会社法制の見直しに関する要綱案』の解説〔Ⅲ〕」商事1977号7頁(2012)，江頭憲治郎＝中村直人編著『論点体系　会社法（補巻）』567頁〔澤口実〕（第一法規，2015)。

[7]　坂本編著・前掲注(2)184頁，岩原・前掲注(6)6頁－7頁。

株主が不当に利益を得ることになってしまうことから，そのようなことを防止するためであると説明されている[8]。

　ところで，改正法における多重代表訴訟制度の導入の議論において，親会社の損害を訴訟要件とすることについて，異論が呈されていた。まず，親会社に損害が生じている場合に限定することは，多重代表訴訟制度の焦点が子会社の株主の利益にあるのか，親会社の利益にあるのかがちょっとずれてしまっており，子会社の損害を填補すること，子会社の利益を守ることというのであれば，親会社の損害という要件はここでは必ずしも当然には出てこないとの指摘がある[9]。また，一般的に株主代表訴訟の制度というのは，原告株主は自分自身が損害を受けていることは必要とされておらず，不祥事が起きてから株式を安く買った者でも訴えを提起できるという制度であり，それで監督是正ができるなら何も差し支えないという考え方に立っているのであって，多重代表訴訟との関係では，子会社取締役が子会社に対して責任を負うべき関係が生じているのであれば，親会社の損害は考えなくてよいのではないかとの指摘もなされている[10]。

　他方，親子会社間取引や兄弟会社間取引を行わせた親会社の側にいる者が，子会社取締役の責任を追及することは不当に感じられ，また，問題の取引により損害を受けていない（利益を受けている可能性もある）親会社株主が訴訟追行を行うことの不当性，さらに，当該子会社取締役の責任の追及は子会社取締役からの求償等を招くことによって，究極的には親会社の不利益につながる可能性があることから，親会社株主は一種の利益相反的な地位に立つことになるので，会社法が親会社の損害を訴訟要件とすることは十分に合理的であるとする指摘もある[11]。

---

[8]　藤田友敬「親会社株主の保護」ジュリ1472号35頁（2014），加藤貴仁「多重代表訴訟等の手続に関する諸問題−持株要件・損害要件・補助参加」神田秀樹編『論点詳解　平成26年改正会社法』102頁（商事法務，2015）。

[9]　大証金融商品取引法研究会「会社法制の見直しに関する中間試案について−親子会社関係」17頁−18頁〔近藤光男発言〕（2012）（http://www.jpx.co.jp/corporate/research-study/research-group/detail/tvdivq0000008xb5-att/21860_01.pdf）。

[10]　会社法制部会第11回会議（平成23年7月27日開催）議事録（PDF版）21頁−22頁〔前田雅弘委員発言〕（http://www.moj.go.jp/content/000079164.pdf），前田雅弘「親会社株主の保護」ジュリ1439号40頁−41頁（2012）（なお，会社法は完全親子会社が存在することを前提とすることから，完全親子会社間の取引によっては，そもそも子会社取締役の損害賠償責任は成立しないのではないかとする）。

第8章　多重代表訴訟における最終完全親会社等の損害要件 ◆ 261

　親会社の損害を訴訟要件とすることについての議論は，理論的に，多重代表訴訟の構造をどのように考えるかによって見解が異なってくるものと考えられる[12]。すなわち，多重代表訴訟の構造として，子会社がその取締役等に対して有する損害賠償請求権について，親会社が有する子会社の取締役等に対する代表訴訟提起権を，親会社株主が親会社に代わって行使するものであるという立場をとるのであれば，多重代表訴訟制度において親会社の損害が生じていることが必要条件とはならないものと考えられる。

　また，会社法における多重代表訴訟の提訴請求の相手方について完全子会社（会社847条の3第1項）とする趣旨も，取締役等に対する損害賠償請求権の権利主体である株式会社に，訴訟を提起するか否かの判断の機会を与えることにあるところ，多重代表訴訟の場合においても，当該権利主体は，あくまでも完全子会社であると考えられたためであるとされている[13]。この考えからも，多重代表訴訟の理論的構造から，親会社の損害を提訴要件とすることを導くことはできないものと思われる。

　さらに，近時，会社法の規定する多重代表訴訟は，親会社株主が，子会社に帰属する請求権を直接的に代位行使して提起する訴訟であると理解して，多重代表訴訟は，通常の代表訴訟の原告適格を親会社株主に拡張したものであるとする見解もある[14]。この見解でも，子会社の請求権を代位行使して提起する訴訟と理解する点からは，必然的に親会社の損害を提訴要件としなければなら

---

(11)　高橋陽一『多重代表訴訟制度のあり方－必要性と制度設計』279頁－281頁（商事法務，2015）。

(12)　高橋・前掲注(11)281頁－285頁は，多重代表訴訟の構造として，①アメリカの伝統的な二重代表訴訟として，親会社株主が親会社の有する代表訴訟提起権を親会社に代わって行使することによって提起される訴訟（二重の手続要件が課される），②デラウェア州の新たな理論として，二重代表訴訟は，親会社株主が親会社の子会社に対する支配権を親会社に代わって行使することによって提起される訴訟（手続要件の緩和により親会社に対する提訴請求でよい），③親会社株主が，子会社に帰属する請求権を直接的に代位行使して提起する訴訟，という3つの構成に分類する。

(13)　平成23年12月法務省民事局参事官室「会社法制の見直しに関する中間試案の補足説明」（以下「中間試案補足説明」と略す）31頁（http://www.moj.go.jp/content/000084700.pdf）。

(14)　高橋・前掲注(11)283頁－285頁，山田泰弘「多重代表訴訟の導入－最終完全親会社等の株主による特定責任追及の訴え」法学教室402号13頁注(19)（2014）。高橋・前掲注(11)280頁－281頁は，多重代表訴訟を，親会社株主が子会社に帰属する請求権を直接的に代位行使して提起する訴訟であると理解する立場から，親会社の損害を訴訟要件とすることは十分に合理的であるとして，支持することができるとする。

ないことが導かれるということにはならないであろう。

　したがって，親会社の損害が提訴要件とされることは，多重代表訴訟の理論的構造からではなくて，多重代表訴訟の適用範囲を狭めるための政策的理由から設けられたものということができる。親会社の損害を提訴要件とすることについては，通常の株主代表訴訟（会社847条１項）との整合性，多重代表訴訟の構造の理論的な考え方から問題がないとはいえないであろう。

3　最終完全親会社等の損害の範囲

(1)　最終完全親会社等の損害要件の意味

　会社法847条の３第１項２号における最終完全親会社等の損害の範囲については，前記の親会社の損害を提訴要件とする理由とも関連するが，その損害要件の意味についての理解の仕方によって，損害の範囲に若干の違いが生じるように思われる。

　まず，①100パーセント子会社に限定すれば，原則として，子会社に損害があれば当然に親会社に損害があるけれども，子会社間の利益移転，あるいは子会社から親会社への利益移転のような場合は，当該親会社の株主は利害関係がないはずなので入口ではねるという形にして整理すると理解する立場が示されている[15]。また，②完全親子会社の存在を前提にすると，親子会社間または子会社相互間で利益が移転した場合等には，そもそも子会社取締役の損害賠償責任が発生しないように思われるが，これらの場合に子会社取締役に損害賠償責任を負担させるべきでないとする見解[16]がある。これらの２つの見解は，親子会社間または子会社相互間で利益が移転した場合について，最終完全親会社等に損害が発生していない場合として多重代表訴訟の提起を認めないという点で一致している。

　他方，③最終完全親会社等に損害が発生していない場合に提訴制限するのは，不正な利益を図り，または損害を加えることを目的とする場合（会社847条の３第１項１号）との並びで，濫用的な目的が明らかな場合とみなしているものと

---

(15)　会社法制部会第11回会議議事録・前掲注(10)23頁－24頁〔藤田友敬幹事発言〕。
(16)　前田・前掲注(10)40頁－41頁（多重代表訴訟の入口段階で絞りをかけることに合理性が認められるとする）。

考える見解がある[17]。この見解によれば，損害の塡補が厳密に要求され，被告側が最終完全親会社等に損害が発生していない場合の証明に成功するのは例外的な場合に限られるとの指摘がなされている[18]。しかし，上記③の見解をとることが，必然的に，損害の不発生の証明が例外的な場合にしか認められないという帰結になるとは思われない。

会社法は，特定責任追及の訴えの提訴制限として，不正な利益を図り，または損害を加えることを目的とする場合（会社847条の３第１項１号）の次に，最終完全親会社等に損害が発生していない場合（会社847条の３第１項２号）を規定している。立案担当者の解説によれば，前者の提訴制限は，通常の株主代表訴訟の場合（会社847条１項但書）と同様に，訴権の濫用の一類型として想定されたものであり，他方，後者の提訴制限は，最終完全親会社等に損害が発生していないとき，最終完全親会社等の株式の価値に変動は生じていないので，最終完全親会社等の株主は当該特定責任の追及について利害関係を有しないことを理由とする[19]。当該特定責任の追及について利害関係を有しない最終完全親会社等の株主が特定責任の追及の訴えの提訴請求をすることは，むしろ一種の濫用的な目的があると想定されるものと考えられるであろう。したがって，最終完全親会社等に損害が発生していない場合の提訴制限は，特定責任追及の訴えの構造の特殊性に着目して類型化をしたうえ，前者の提訴制限に加えて，新たな訴権濫用の一類型として明示的に規定したものと理解するほうが妥当であると考える。

なお，上記①・②の見解をさらに展開して，損害要件の意義は，取引当事者すなわち取引から生じる損益の帰属主体が企業グループ内で完結する場合を多重代表訴訟の対象範囲から除く点にあり，その妥当性は子会社の取締役の責任ではなく，グループの頂点に位置する会社の取締役の責任を通じて問われるべきであると理解する立場[20]が主張されている。この見解によれば，親子会社間で利益が移転したことにより親会社の評判が著しく低下した場合，および親会社の指示で一方の子会社の事業計画を他方の子会社に行わせる場合について

---

(17) 神田秀樹ほか「座談会　平成26年会社法改正の検討」ソフトロー研究24号122頁・127頁〔神作裕之発言〕(2014)。

(18) 加藤・前掲注(8)108頁。

(19) 坂本編著・前掲注(2)183頁－184頁。

(20) 加藤・前掲注(8)108頁・109頁。

も，最終完全親会社等に損害が発生していない場合と解されている[21]。

しかし，親子会社間または子会社相互間で利益が移転した場合のみならず，上記のように親会社の評判が著しく低下した場合および他方の子会社に事業計画を行わせる場合についても，子会社の取締役の任務懈怠による損害賠償責任を一切問うことなく，最終完全親会社等に損害が発生していない場合として，多重代表訴訟の提訴請求を認めないというのは，企業グループ全体のコーポレート・ガバナンスの観点からは，問題があると考える。

(2)　最終完全親会社等の損害の範囲

特定責任追及の訴えに関する会社法847条の3第1項2号は，「最終完全親会社等に損害が生じていない場合」と規定されているにすぎない。この損害が生じていない場合について，前述した立案担当者の解説で，「株式会社の最終完全親会社等が当該株式会社から利益を得た場合」と，「株式会社からその最終完全親会社等の他の完全子会社に利益が移転した場合」が例として挙げられている[22]。

この場合の損害の意義について解釈が分かれる。すなわち，最終完全親会社等の有する完全子会社の株式の価値下落により生じる損害（間接損害）に限定すべきであるとする見解[23]と，完全子会社の取締役等の行為により直接に完全親会社に生じるの損害（例えば企業グループの評判等のダメージによる損害〔直接損害〕）について当該親会社株主の提訴資格を否定する理由はないとする見解[24]に分けることができる。また，完全子会社の株式の価値下落により生じる損害に限られるとする立場をとったとしても，どのような場合に子会社株式の価値下落が填補されたと考えられるのかということが問題となる。

損害の範囲については，企業グループ全体のコーポレート・ガバナンスの観点から，完全子会社の株式の価値下落により生じる間接損害に限定すべきではなく，完全子会社の取締役等の任務懈怠行為と因果関係がある限り，当該完全子会社の取締役等の行為により生じる完全親会社の直接損害も含まれると解す

---

(21)　加藤・前掲注(8)101頁・109頁。

(22)　坂本編著・前掲注(2)184頁。

(23)　藤田・前掲注(8)35頁，同「親会社株主の保護」岩原紳作＝神田秀樹＝野村修也編『平成26年会社法改正－会社実務における影響と判例の読み方』63頁（有斐閣，2015），江頭＝中村編著・前掲注(6)568頁〔澤口実〕。

(24)　山本憲光「多重代表訴訟に関する実務上の留意点」商事1980号39頁－40頁（2012）。

べきである。

それでは、どのような場合に、最終完全親会社等に損害が生じていないといえるのかについて、親子会社間または子会社相互間の取引の場合およびこれらの取引に関連する場合について、以下において、類型別に分類して検討する[25]。

4 最終完全親会社等に損害が生じていない場合の類型別検討

(1) 親会社・子会社間または子会社相互間の取引の場合

(ア) 完全親子会社関係がある場合 親会社（P社）・完全子会社（A社）間の取引により、子会社（A社）に一定額の損失が発生し、同額の利益を親会社（P社）が得たとき（〔例1〕）と、同一の親会社（P社）の傘下における完全子会社（A社・B社）間の取引により、一方の子会社（A社）に一定額の損失が発生し、同額の利益を他方の子会社（B社）が得たとき（〔例2〕）がある（図1参照）。

〔図1　最終完全親会社等（P社）と完全子会社（A社・B社）間の取引〕

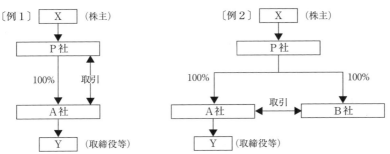

これらの場合に、立案担当者によれば、最終完全親会社等の株主（X）が有する、当該最終完全親会社等の株式の価値に変動が生じていないことから、当

---

(25) 各場合の設例について検討するものとして、加藤・前掲注(8)100頁以下、服部育生「多重代表訴訟」愛知学院大学論叢法学研究58巻1・2号205頁以下（2017）参照。

該最終完全親会社等の株主は，当該子会社の損害について当該子会社の取締役等の特定責任の追及について利害関係を有しないことになると考えられている[26]。換言すれば，子会社の取締役等の任務懈怠によって最終完全親会社等が当該子会社の株式の価値下落という損失を被ったとしても，当該損失は，直接的（上記〔例1〕の場合）または間接的（上記〔例2〕の場合，他方の子会社〔B社〕の株式を通じて）に当該最終完全親会社等に生じている利益によって塡補されることになること，したがって，当該最終完全親会社等の株主による多重代表訴訟の提起が認められると，当該最終完全親会社等の株主が不当に利益を得ることになるからである[27]。

　しかしながら，最終完全親会社等に損害が生じていない典型的な例として，上記の立案担当者の解説において挙げられている前記〔例1〕・〔例2〕の場合に，子会社の取締役が当該子会社に一定額の損失を発生させる取引は，一般的に，当該子会社の取締役は任務懈怠行為をしたといえるのであろうか。すなわち，親会社が子会社から利益を得た場合や，子会社間において利益が移転した場合には，子会社の取締役は通常その任務懈怠はなく子会社に対して損害賠償責任を負わないと考えられるのではなかろうか。

　企業グループに属する会社，とくに完全親子会社では，親会社の管理・指示等により一般的に集団的に事業活動を行い，親子会社間ないし子会社間において通例的でない条件で取引（例えば廉価取引）することもありうる。このような場合に，わが国における伝統的な考え方により，親子会社関係において，子会社は親会社とは別個独立の会社であり，子会社の取締役は会社の機関としてその子会社の利益のためにその職務を遂行しなければならないという立場[28]をとるならば，完全子会社の取締役は，当該子会社に対して任務懈怠による損害賠償責任を負うことになるものと解されうる。

---

(26)　坂本編著・前掲注(2)184頁。

(27)　高橋・前掲注(11)279頁−280頁（当該取引を行わせた親会社側にいる親会社株主が，子会社取締役の責任を追及することは不当に感じられるとする），加藤・前掲注(8)102頁，藤田・前掲注(8)35頁，服部・前掲注(23)206頁（子会社に不利益な取引を親会社が誘引しておきながら，親会社の株主が当該子会社の取締役の責任を追及することも違和感があるとする）。

(28)　大隅健一郎「親子会社と取締役の責任」商事1145号43頁（1988），山下友信「持株会社システムにおける取締役の民事責任」金融法務研究会『金融持株会社グループにおけるコーポレート・ガバナンス』金融法務研究会報告書（13）32頁（2006），舩津浩司『「グループ経営」の義務と責任』45頁（商事法務，2010）など。

しかし，完全親会社の適法な具体的指示により通例的でない条件で取引が行われたとするならば，総株主（完全親会社）があらかじめ同意している場合（会社424条）として，取締役の当該子会社に対する責任は免除されるという考え方[29]も成り立ちうるであろう。また，完全親会社の具体的な指示がない場合でも，子会社の取締役の任務懈怠による責任が存在するとしても，親会社に利益が生じており，損害を被っていない以上，親会社株主は，多重代表訴訟による当該取締役の責任を追及することについて正当な利害関係を有しないと考えることができるかもしれない。伝統的な考え方によれば，理論的には，このように構成されることになるであろう。

しかしながら，前記〔例１〕・〔例２〕の場合については，子会社が属する企業グループの親会社全体の長期的な利益の確保・向上のために子会社経営者が裁量の範囲内で経営判断することについては，著しく不当とはいえない限り，任務懈怠はなく損害賠償責任も負わされない場合があると解されるべきである[30]。したがって，上記のような典型例では，通常は，子会社取締役は当該子会社に対して任務懈怠による責任を負うことはなく，一般的には，多重代表訴訟の対象となる「特定責任の原因となった事実」に該当しないと解することができる。

これに対し，前記〔例１〕・〔例２〕の取引の場合であっても，子会社取締役の判断が，著しく不当であると考えられる場合には，例えば，当該子会社の経

---

(29)　江頭憲治郎『株式会社法〔第７版〕』435頁・447頁（有斐閣，2017）。

(30)　実務では，親会社は子会社に対して強制的な拘束力のある指揮権を有しているものと考えられているが（前田重行「持株会社による子会社の支配と管理−契約による指揮権の確保−」金融法務研究会『金融持株会社グループにおけるコーポレート・ガバナンス』金融法務研究会報告書（13）45頁〔2006〕），子会社または子会社取締役に対する親会社の指揮権は，特段の契約がない限り，取締役の選解任権を背景とした，事実上のものにすぎず，子会社取締役は親会社の指揮に従う法的義務を負っているわけではない（加藤貴仁「企業グループのコーポレート・ガバナンスにおける多重代表訴訟の意義」落合誠一＝太田洋＝柴田寛子編著『会社法制見直しの視点』83頁〔商事法務，2012〕）。もっとも，近時では，一般的に，完全子会社は企業グループの構成員であることを前提として，その取締役の義務・責任を論じる見解が多い。大杉謙一「多重代表訴訟について〜グループ会社経営と子会社取締役が負う義務の内容〜」民事研修658号８頁（2012），柳伸之介「多重代表訴訟における子会社役員の責任に関する実質的考察」阪大法学62巻３・４号599頁以下（2012），落合誠一「多重代表訴訟における完全子会社の取締役責任」小出篤＝小塚荘一郎＝後藤元＝潘阿憲編『前田重行先生古稀記念　企業法・金融法の新潮流』123頁以下（商事法務，2013），山本・前掲注(24)35頁−36頁，加藤・前掲注(8)110頁など。

営が困難な状況や，債務超過の状態に陥るようなとき，当該子会社の債権者その他の利害関係者を保護するためにも，その任務懈怠による損害賠償責任を負うことになると解すべきである。したがって，このような場合には，たとえ最終完全親会社等に損害が生じていないとき，あるいは最終完全親会社等に利益が生じているときであっても，特定責任追及の訴えの対象となりうるものと解されるべきである。このように考えることによって，企業グループに属する個々の会社の企業経営の健全性の確保・維持をすることができ，また会社債権者等の利害関係者の保護にもつながるものと考える。

(イ) 完全親子会社関係がない場合　③同一の親会社（P社）の傘下にある完全子会社（A社）と，親会社（P社）が55パーセントの株式を保有する他の子会社（C社）との間の取引により，完全子会社（A社）に一定額の損失が発生し，同額の利益を他の子会社（C社）が得た場合（〔例3〕）がある（図2参照）。

〔図2　同一親会社（P社）傘下の完全子会社（A社）と他の子会社（C社）間の取引〕

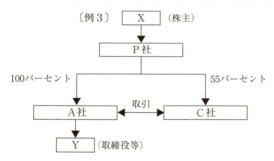

この場合に，完全子会社（A社）の株式の価値下落による親会社（P社）の損失は，親会社（P社）の持株比率が55パーセントである他の子会社（C社）の株式の保有を通じて部分的に補填されるが，当該損失の45パーセントの部分は補填されないことになる。すなわち，完全子会社（A社）の株式の価値の下落部分は，他の子会社（C社）の株式の上昇分によって完全に相殺されないことになる。したがって，親会社（P社）には上記のような損害があると考えられ，親会社（P社）の株主（X）は完全子会社（A社）の取締役（Y）が当該子会社に対して任務懈怠による損害賠償責任を負うか否かについて正当な利害関係を有していることから，子会社（A社）の取締役（Y）の責任を追及するた

第8章　多重代表訴訟における最終完全親会社等の損害要件　◆　269

めに特定責任追及の訴えを提起することは可能であろう[31]。

　しかし，上記〔例3〕の場合における子会社間の取引について，親会社の明確な指示があった場合に，完全子会社（A社）の取締役（Y）は，任務懈怠による責任を負わされるのであろうか。この点については，前記〔例1〕・〔例2〕の場合について述べたように，企業グループに属する会社において，親会社の管理・指示等により一般的に集団的な事業活動が行われている場合に，わが国における伝統的考え方に従って，親子会社関係において，子会社は親会社とは別個独立の会社であり，子会社の取締役は会社の機関としてその子会社の利益のためにその職務を遂行しなければならないという立場をとるならば，親会社の適法な具体的指示により通例的でない条件で取引が行われたとき，総株主（完全親会社）があらかじめ同意している場合（会社424条）として，取締役の当該子会社に対する任務懈怠による損害賠償責任は免除されるという理論構成が考えられるのであろう[32]。

　これに対し，一般的に，完全子会社は企業グループの構成員であることを前提として，その取締役の義務・責任を論じる立場によれば，子会社が属する企業グループの親会社全体の長期的な利益の確保・向上のために子会社経営者が裁量の範囲内で経営判断することについては，著しく不当とはいえない限り，任務懈怠はなく損害賠償責任も負わされないものと解されるべきである[33]。他方，完全親会社の具体的な指示がない場合は，子会社の取締役はその子会社に対する任務懈怠による責任を負うと解される余地がある[34]。しかしながら，この場合でも，企業グループ内における子会社の取締役の経営者が裁量の範囲

---

(31)　藤田・前掲注(23)63頁（会社法847条の3第1項2号が防止しようとしている問題が部分的に生じてしまうとする），神田ほか・前掲注(17)24号124頁〔藤田友敬発言〕，加藤・前掲注(8)110頁，服部・前掲注(25)206頁。

(32)　本章・前掲注(28)・(29)および該当する本文参照。

(33)　加藤・前掲注(8)110頁－111頁（企業グループの場合には，親会社の明確な指示の内容が法令・定款違反行為を命ずる場合や子会社の財務状況が悪化しているような場合でない限り，子会社取締役は当該子会社に対する任務懈怠とはならないとする），服部・前掲注(25)207頁（指図命令が法令・定款に違反したり，子会社の債権者を害するような違法な指図でない限り，子会社に対する善管注意義務違反による責任を負わないとする），高橋・前掲注(11)248頁－249頁，山本・前掲注(24)35頁－36頁。また，本章・前掲注(30)および該当する本文参照。

(34)　加藤・前掲注(8)111頁（明白な指示の不存在や指示に違反した場合に任務懈怠責任を負うことになるとする），服部・前掲注(25)207頁（指図に基づかない場合は任務懈怠となるとする）。

内で経営判断することについては不当な制約とならないように，任務懈怠と評価されない余地が認められるべきであろう。

ところで，上記〔例3〕の場合に，完全子会社の取締役が当該子会社に対する任務懈怠責任を負うとき，当該子会社の被った損害について，多重代表訴訟により，その取締役に対して，全額の損害賠償請求をすることができるのかが問題となる[35]。上記〔例3〕の場合に，完全子会社の取締役に当該完全子会社の損失の全額の責任がその取締役に認められるとするならば，当該親会社（および親会社株主）は自己の被った損害（当該完全子会社の株式の価値下落による当該親会社の損失の45パーセントの部分）を回復するだけでなく，当該子会社間の取引により当該親会社の保有する当該他の子会社の株式価値の増加分（55パーセント）に相当する利益を不当に得ることになる[36]。

これに対し，当該親会社の被った損害額（当該損失の45パーセントの部分）を多重代表訴訟によって賠償請求できる損害額の上限とすれば，当該親会社は，不当な利益を得ることはないが，当該完全子会社にとっては賠償されない損害額（当該損失の55パーセントの部分）が残ることになる[37]。

他方，完全子会社の損害が完全子会社の株式価値の減少と等しくなるとは限らず（前者のほうが大きい），完全親会社の損害額を多重代表訴訟によって賠償請求できる損害額の上限とすると，賠償額は過小となり適切でないことから，完全親会社株主の不当な利得を完全に防止することはできないと割り切って，完全子会社が被った損失全額について当該完全子会社の取締役に賠償請求できると主張する見解が有力である[38]。

---

(35)　会社法847条の3第1項2号の要求する完全親会社の損害は，あくまで提訴要件であり，本案において最終的に認められる損害賠償とは無関係である。藤田・前掲注(23)63頁。

(36)　藤田・前掲注(23)63頁，神田ほか・前掲注(17)124頁〔藤田友敬発言〕，加藤・前掲注(8)110頁，服部・前掲注(25)206頁。

(37)　服部・前掲注(25)211頁。

(38)　藤田・前掲注(23)63頁-64頁，加藤・前掲注(8)111頁。なお，藤田・前掲注(23)61頁注(17)・64頁注(25)は，親子会社関係間で株主代表訴訟制度が用いられると，例えば，親子会社間あるいは同一親会社傘下の子会社間で不公正な条件で取引が行われ，子会社の少数株主によって子会社役員の責任が追及され賠償が認められるとき，親会社株主が不当に利得する事態が生じるなどの現象が，一定の範囲内で生じる可能性は避けられないとする。また，加藤・前掲注(8)111頁は，完全子会社が被った損失全額について当該完全子会社の取締役の責任が認められる余地がありうるとし，個々の具体的な事案において当該子会社の取締役の任務懈怠と因果関係のあるものに限られることから，損失全額について賠償責任が認められるとは限らないとする。

このような不当な利得の問題については，多重代表訴訟の抑止機能の観点[39]からも，完全子会社が被った損失全額について賠償請求することを認めるのが妥当であろうと考える。

（ウ）企業グループないし親会社の評判が傷ついた場合　親子会社（P社・A社）間の取引により，子会社（A社）が損失を被り，親会社（P社）が利益を得たが，企業グループ内の取引による子会社から親会社に対して多額の利益移転が行われたことが発覚したことから，このことによって親会社の評価が著しく低下した場合（〔例4〕）がある（図3参照）。

〔図3　最終完全親会社等（P社）の評判低下による損害〕

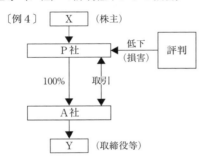

このように子会社に大きな損失が発生してしまったことによる企業グループないし親会社の評判が傷ついたことによる損害，すなわち最終完全親会社等の直接損害について特定責任追及の訴えの提訴請求が認められるかということが問題となる。

最終完全親会社等の有する完全子会社の株式の価値下落により生じる間接損害のみに限定すべきであるとする立場によれば，完全子会社の役員等の行った行為と因果関係がある限り，完全子会社の損害と無関係に生じる完全親会社の損害（直接責任）を考慮してよいとすると，完全親会社の株主が不当に利益を得る可能性があるだけでなく，完全親子会社間あるいは完全子会社間の利益移転のような会社法847条の3第1項2号が典型的に想定しているケースですら限定が働くなる危険があると主張される[40]。

---

(39)　神田ほか・前掲注(17)126頁〔田中亘発言〕。
(40)　藤田・前掲注(23)62頁（この場合に，損害賠償を認めると，完全親会社の株主が不当に利益を受ける可能性があるとする）。

また，完全子会社に取締役等の任務懈怠による損害が発生して，当該子会社の株式価値が下落するが，その下落分はその子会社との取引を通じて最終完全親会社等が得た利益によって塡補されている場合に，企業グループの評判の低下により最終完全親会社等の被った損害は多重代表訴訟によって塡補が求められている損害とは無関係で，最終完全親会社等の株主はその完全子会社の取締役等の責任を追及することに正当な利害関係を有しないという主張がある[41]。

　これに対し，最終完全親会社等の直接損害についても多重代表訴訟の提訴請求を認める立場によれば，最終完全親会社の損害を要求した趣旨が，親会社株主による子会社の取締役の責任追及についての利害関係を必要としたものであるならば，このような利害関係の内容を，最終完全親会社の保有する子会社株式の価値の下落に限定する必要はなく，子会社役員の任務懈怠行為と相当因果関係が認められる限り，損害の内容がレピュテーション・リスクによるものであっても，親会社による損失の補塡や子会社債権者に対する代位弁済によるものであっても，親会社株主に「利害関係」の存在，すなわち，当該株主の提訴資格を否定する理由はないと主張される[42]。

　親会社の直接損害も含める見解が，当該子会社の取締役等の任務懈怠行為が認められない場合にも，親会社の間接損害について，多重代表訴訟の提訴を認める趣旨であるとするならば，本来の多重代表訴訟の趣旨に反し，妥当とはいえない。他方，親会社の間接損害に限定する見解についても，上記の企業グループの評判の低下により被った最終完全親会社等の損害は，完全子会社の取締役等の任務懈怠行為とはまったく無関係ではなく，その損害発生に起因しているものと考えるべきであるから，そのように限定する必要もないと思われる[43]。

　多重代表訴訟制度自体の趣旨，企業グループの属する個々の会社の企業経営の健全性の確保，子会社の損害について親会社の損害賠償責任を問うことが困難な場合があること，完全子会社の債権者等の保護などの観点からは，最終完全親会社等の有する完全子会社の株式の価値下落により生じる損害に限定する

---

(41)　加藤・前掲注(8)106頁－107頁。また，服部・前掲注(25)209頁も，親会社の評判が傷ついたことによる損害は子会社取締役がその子会社に賠償すべき損害とは無関係であり，親会社の損害要件は充足されないとする。

(42)　山本・前掲注(24)39頁－40頁。

(43)　神田ほか・前掲注(17)122頁〔神作裕之発言〕（直接損害を含めても構わないとする）。

必要はなく，子会社の取締役等の当該会社に対する任務懈怠行為に起因するものであるならば，その取締役等の任務懈怠と相当因果関係がある限り，最終完全親会社等の直接損害についても提訴は認めてよいものと解されるべきである。

(2) 親子会社間または子会社相互間の取引以外の場合

(ア) 債務超過の子会社の取締役による任務懈怠行為の場合

子会社（A社）の取締役（Y）の任務懈怠により子会社（A社）は損失を被ったが，その任務懈怠行為の当時，子会社（A社）はすでに債務超過の状態に陥っていた場合（〔例5〕）がある（図4参照）。

〔図4　債務超過状態の完全子会社における取締役等の任務懈怠行為による損害〕

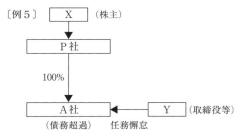

この場合に，その完全子会社にその取締役等（Y）の任務懈怠により損害が生じたとき，完全親会社（P社）が保有する完全子会社（A社）株式の価値はすでにゼロであったから，当該取締役等の任務懈怠によって完全親会社が損害を被ることはありえず，多重代表訴訟を提起できないのではないかという見解がある[44]。

しかし，債務超過会社の株式の価値は，企業活動が継続する限り，プラスになることがありうるし，ゼロに近づくことはあっても完全にゼロになることはないと考えられる。すなわち，完全子会社の取締役等の任務懈怠により被った当該子会社の損害賠償額は，親会社の被った損害額に限定されないのであって，債務超過の完全子会社に損害を与えれば，当該子会社株式の価値はわずかであれ低下し，このわずかな子会社株式の下落分が完全親会社の被った損害になる

---

[44]　北村雅史＝加藤貴仁＝北川浩＝三苫裕「親子会社の運営と会社法〔上〕」商事1920号22頁〔三苫裕発言〕（2011），山本・前掲注(24)39頁。

ことから，完全親会社株主は子会社の損害額全体の賠償請求を求める多重代表訴訟を提起することができることになる。この場合に，債務超過の子会社の取締役等に子会社に生じた損害の全額を賠償させることにより，親会社の有する当該子会社の株式の価値のわずかな下落分が回復すると解されるべきである[45]。

　これに対し，債務超過の完全子会社がもはや継続企業とみられない場合，例えば，完全子会社が破産手続に入っていたり，事業の継続に著しい支障を来すことなく弁済期にある債務を弁済することができないような場合には，債務超過の完全子会社の株式の価値はゼロと評価されるので，多重代表訴訟の提起は認められないと考えられる[46]。もっとも，この場合に，完全子会社の取締役等の任務懈怠により損害を被っている当該子会社について，破産手続開始の決定がなされた後は，破産財団の管理・処分権は破産管財人に専属し（破78条1項），会社更生手続開始の決定があった場合には管財人（会更72条1項）または再生手続開始の決定があった場合には裁判所の管理命令により選任される管財人（民再64条1項・66条）に，会社財産の管理・処分権が専属することになり，子会社はその取締役等の責任を追及する訴えを提起することができなくなる[47]。したがって，これらの場合には，親会社株主は完全子会社の取締役等の責任を追及する多重代表訴訟を提起することができなくなる[48]。

（イ）親会社による子会社の損失額の補償または代位弁済の場合　　子会社（A社）の取締役（Y）の任務懈怠により当該子会社は損失を被り，子会社（A社）は事実上債務超過の状態に陥ったが，親会社（P社）が当該子会社の損失額を補償したり，当該子会社の債権者に対する同額の債務について，親会社（P社）が子会社（A社）に代わって弁済した場合（〔例6〕）がある（図5参照）。

　この場合に，子会社の取締役の任務懈怠により子会社が損失を被ったので，親会社の有する子会社の株式の価値は低下するけれども，親会社による子会社の損失額の補償や，親会社による子会社の債権者に対する代位弁済によって，親会社の有する子会社の株式の価値は回復することになり，親会社には損害が

---

(45)　藤田・前掲注(23)62頁，神田ほか・前掲注(17)123頁−124頁〔藤田友敬・田中亘・加藤貴仁発言〕，加藤・前掲注(8)102頁−103頁，服部・前掲注(25)207頁−208頁。

(46)　藤田・前掲注(23)62頁，加藤・前掲注(8)102頁−103頁。

(47)　株主代表訴訟について，江頭・前掲注(29)495頁注(3)参照。

(48)　加藤・前掲注(8)103頁，服部・前掲注(25)208頁。

〔図5 取締役等の任務懈怠行為により債務超過状態となった完全子会社への親会社の補償・代位弁済〕

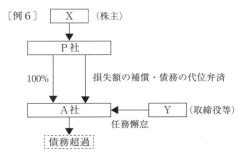

生じていないといえそうである。

　これに対し，子会社の取締役の任務懈怠行為の当時，当該子会社はすでに債務超過の状態に陥っていたときについて（前記〔例5〕の場合），子会社株式の価値という観点から最終完全親会社には損害は生じていないと考える立場から，最終完全親会社が子会社の損失を補塡したり，子会社の債権者に対して代わりに弁済した支出等を考慮するならば，最終完全親会社には損害が生じていると考える見解もある[49]。このような見解は，子会社の取締役等の任務懈怠により当該子会社が損害を被ったことにより，親会社が有する当該子会社の株式の価値が下落したという理由でなくて，それ以外の事情（子会社の損失の補塡や代位弁済による支出等）を考慮して，親会社に損害が生じることを認めるものと思われる[50]。

　しかし，この子会社株式の価値の回復は，あくまでも親会社による子会社への損失補塡または子会社債権者に対する代位弁済によるものであり，これによって親会社に損害が発生していないということができず，依然として，子会社の取締役等の任務懈怠による当該子会社の損害によって，親会社が有する当該子会社の株式の価値が下落して，親会社に損害が生じたままであるといえる[51]。

（ウ）子会社の事業活動により損失額を上回る利益を上げた場合　　子会社の取締役の任務懈怠により子会社は損失を被っているが，子会社が事業活動によ

---

(49)　山本・前掲注(24)39頁。
(50)　加藤・前掲注(8)103頁。
(51)　服部・前掲注(25)208頁。

りその損失額を上回る利益を上げた場合（〔例7〕）がある。

　この場合に，事業活動による利益からその損失額を差し引くと，差し引いた残額である利益の部分だけ子会社株式の価値が上昇している結果になり，子会社取締役の任務懈怠による子会社の損失により子会社の株式が低下するところか，子会社の株式価値は上昇していることになる。そうすると，親会社に損害が生じていないことになるのかが問題となる[52]。

　会社法の多重代表訴訟では，「当該特定責任の原因となった事実によって当該最終完全親会社等に損害が生じていない場合」には，特定責任追及の訴えの提起を請求することができないと規定している（会社847条の3第1項2号）。したがって，最終完全親会社等に損害が生じていること（損害要件の充足）は訴訟要件であって，損害要件を充足しなければ，訴えは棄却ではなくて却下される[53]。

　提訴要件における「特定責任の原因となった事実」とは，子会社の取締役の任務懈怠により子会社が損失を被ったことである。これとは無関係の原因で当該子会社が得た利益は，損害要件の充足とは無関係であり，子会社の被った損失が上記利益によって填補されたとしても，損害要件との関係では子会社株式の価値の低下がなかったとは考えられない[54]。

　これに対し，「特定責任の原因となった事実」となる子会社の取締役の任務懈怠行為自体によって，当該子会社の損失を上回る利益を得ている場合，結果的には当該子会社には損失が生じていない。したがって，子会社の株式価値は当該任務懈怠行為による損失によって下落せず，当該親会社に損害が生じていない場合として，損害要件の充足が否定されるべきであろうか。

　ここで問題とされているのは，訴訟要件である損害要件が充足しているか否かであって，子会社の取締役の損害賠償責任の範囲の問題ではない（損益相殺が全額で認められれば訴えは棄却されることになる）。子会社の取締役の任務懈怠

---

(52)　川島いづみ「多重代表訴訟の導入」金判1461号58頁・61頁（注36）(2015)（保有する子会社株式の価値が低下していない場合には，常に最終完全親会社に損害が生じていないとはいえないであろうとする），加藤・前掲注(8)104頁注(32)（最終完全親会社に損害が生じていることは肯定されるべきであるとする），服部・前掲注(23)208頁（責任の原因となった事実によって子会社株式の価値は下落しており，親会社に損害が生じているとする）。

(53)　神田ほか・前掲注(17)121頁・122頁・126頁〔神田秀樹・藤田友敬・神作裕之等発言〕

(54)　加藤・前掲注(8)104頁注(32)。

行為により当該子会社に損害が生じている場合には，当該子会社の株式価値は下落し，親会社は損害を被ったと考えられるべきである[55]。このように考えるほうが，企業グループにおける多重代表訴訟の抑制機能を重視する観点からも妥当なものということができる。

（エ）親会社の傘下にある他の完全子会社に当該事業計画を行わせた場合

完全子会社は新規の収益が見込まれる事業計画を準備していたが，親会社（P社）の指示により，その傘下にある他の完全子会社（B社）に当該事業計画を行わせた結果，当該他の会社が一定額の利益を上げた場合（〔例8〕）がある。

この場合に，前記〔例2〕の場合と同じく，同一の親会社の傘下における完全子会社間の利益移転の問題といえそうである（前記図1の〔例2〕参照）。そうであれば，事業計画を準備していた完全子会社が事業機会を失ったことにより，親会社が被った損害は，他の完全子会社が当該事業機会を利用したことにより得た利益によって塡補されているかが問われることになるであろう[56]。

しかし，前記〔例2〕の場合には，一方の子会社（A社）に一定額の損失が発生し，同額の利益を他方の子会社（B社）が得た場合であるのに対し，上記〔例8〕の場合では，一方の子会社（A社）が新規の事業計画を実施した場合に，当該子会社がどれだけの利益を得ていたであろうかは具体的には明らかではない。すなわち，他方の完全子会社（B社）が当該事業機会を利用したことにより一定額の利益が発生しているが，当該事業計画を準備していた完全子会社（A社）の方は，同額の利益を得る機会を失って同額の損失が発生しているとはならないと考えられる[57]。

上記〔例8〕の場合も，前記〔例1〕・〔例2〕の場合と同様に，企業グループに属する完全親子会社では，親会社の管理・指示等により一般的に集団的に事業活動が行われる場合に，子会社が属する企業グループの親会社全体の長期的な利益の確保・向上のために子会社経営者が裁量の範囲内で経営判断することについては，著しく不当とはいえない限り，任務懈怠はなく損害賠償責任も負わされないものと解されるべきである。したがって，通常は，子会社取締役

---

(55)　加藤・前掲注(8)104頁－105頁注(32)。

(56)　加藤・前掲注(8)108頁。

(57)　もっとも，当該事業計画を準備していた完全子会社（A社）の方が，その計画を実施した他方の完全子会社（B社）が得た利益よりも確実に2倍の利益を得ていたということが立証されうるとしたならば，その差額分の損害が親会社に生じたと考えられうる場合もあるであろう。服部・前掲注(25)209頁。

は当該子会社に対して任務懈怠による責任を負うことはなく，一般的には，特定責任追及の訴えの対象となる「特定責任の原因となった事実」に該当しないと解することができる[58]。

（オ）親会社の取引先のために便宜を図った場合　完全子会社が自己の利益を犠牲にして親会社の取引先のために何らかの便宜を図った場合（〔例9〕）がある。

　この場合に，形式的には子会社の財産の毀損によって子会社株式の価値が下落するが，それでもなお親会社に損害が生じていない事案がありうるとする見解がある[59]。親会社の取引先のために便宜を図ることにより間接的な利益移転が考えられる場合に，当該子会社の取締役等の任務懈怠により当該子会社が損害を被ったという，特定責任の原因となる事実によって，当該親会社の有する当該子会社株式の価値が下落するけれども，親会社に損害が生じていないときは，特定責任追及の訴えは認められないことになりそうである。しかし，このような場合に，一般的には，子会社の取締役等の任務懈怠が問われるべきであり，特定責任追及の訴えの対象となりうるものと考えられる。

　もっとも，企業グループに属する完全親子会社関係においては，事情によっては，子会社が属する企業グループ全体ないし親会社の長期的な利益の確保・向上のために子会社の取締役がその裁量の範囲内で経営判断することについては，著しく不当とはいえない限り，任務懈怠はなく損害賠償責任も負わされないものと解される余地があるであろう。そのような事情がある場合には，子会社取締役は当該子会社に対して任務懈怠による責任を負うことはなく，特定責任追及の訴えの対象となる「特定責任の原因となった事実」に該当しないと解されうるものと考える。

---

(58)　同旨，服部・前掲注(25)209頁。また，加藤・前掲注(8)109頁も，損害要件の意義は取引から生じる損益の帰属主体が企業グループ内で完結する場合を多重代表訴訟の対象範囲から除く点にあると理解するほうが望ましいという立場から，損害要件の充足に関して，損害の塡補を厳密に問わない代わりに，損害要件の充足を否定するという運用が制度趣旨に沿うとする。

(59)　山中修＝近澤諒「親会社株主と子会社少数株主の保護に関する規律の見直し」商事1958号21頁－22頁（2012）。

第8章　多重代表訴訟における最終完全親会社等の損害要件 ◆ 279

(3)　類型別検討により最終完全親会社等に損害が発生していないと認められる場合

（ア）損害が発生していないと認められる場合　最終完全親会社等に損害が発生していない場合の類型別検討を行ったが，立案担当者の解説において，2つの例として，(i)親会社・完全子会社間の取引により，子会社に一定額の損失が発生し，同額の利益を親会社が得た場合（前記〔例1〕）と，(ii)同一の親会社の傘下における完全子会社間の取引により，一方の子会社に一定額の損失が発生し，同額の利益を他方の子会社が得た場合（前記〔例2〕）だけが挙げられている。これらの場合のほかに，(iii)企業グループ内の取引による子会社から親会社に対する多額の利益移転が発覚したことから，親会社の評価が著しく低下した場合（前記〔例4〕），(iv)完全子会社が準備していた新規の事業計画を，親会社の指示により，その傘下にある他の完全子会社に当該事業計画を行わせた結果，当該他の会社が一定額の利益を上げた場合（前記〔例8〕）についても，最終完全親会社等に損害が発生していない場合に該当するものとして認める見解が多いということができる[60]。

　しかし，上記の〔例1〕・〔例2〕および〔例8〕の場合に，そもそも，完全子会社の任務懈怠による損害賠償責任が問われうるのかは疑問である。企業グループの完全親子会社関係では，子会社が属する企業グループ全体もしくは親会社の長期的な利益の確保・向上のために子会社経営者が裁量の範囲内で経営判断することについては，著しく不当とはいえない限り，任務懈怠はなく損害賠償責任も負わされないものと解されるべきである。上記の各場合に，通常は，子会社取締役は当該子会社に対して任務懈怠による責任を負うことはなく，一般的には，特定責任追及の訴えの対象となる「特定責任の原因となった事実」に該当しないと解することができるであろう。

　もっとも，このような解釈論によらなくても，会社法において，最終完全親会社等に損害が発生していない場合に特定責任追及の訴えの提訴請求が制限されることを明文で規定することは，解釈上の議論を避けることができる点で，会社法847条の3第1項2号はたいへん意義のあるものであると考える。

　他方，上記の〔例4〕の場合に，最終完全親会社等の損害については，完全

---

(60)　加藤・前掲注(8)109頁，服部・前掲注(25)210頁など。

子会社の株式の価値下落により生じた損害に限定する立場からは，親会社の評価が著しく低下した場合の損害は含まれないと考えられることになる。しかし，企業グループ全体のコーポレート・ガバナンスの観点からは，最終完全親会社等の有する完全子会社の株式の価値下落により生じる損害に限定する必要はなく，子会社の取締役等の当該会社に対する任務懈怠行為に起因するものであるならば，その取締役等の任務懈怠と相当因果関係がある限り，最終完全親会社等の直接損害について提訴は認めてよいものと解されるべきである。

　なお，同一の親会社の傘下にある完全子会社と，当該親会社が55パーセントの株式を保有する他の子会社との間の取引により，当該完全子会社に一定額の損失が発生し，同額の利益を当該他の子会社が得た場合（前記〔例3〕），完全子会社が自己の利益を犠牲にして親会社の取引先のために何らかの便宜を図った場合（前記〔例9〕）については，特定責任追及の訴えの提訴請求が認められることについて，ほとんど異論がないように思われる。

　しかしながら，上記〔例3〕・〔例9〕の場合については，前述したように，企業グループの完全親子会社関係では，企業グループ全体ないし親会社の長期的な利益の確保・向上のために子会社経営者が裁量の範囲内で経営判断することについては，著しく不当とはいえない限り，任務懈怠はなく損害賠償責任も負わされず，特定責任追及の訴えの提訴請求も認められないと解される場合がありうると考える。

（イ）損害が発生していないと認められる場合でも提訴請求できる場合　　上記のように最終完全親会社等に損害が発生していない場合であれば，すべて特定責任追及の訴えの提訴請求が認められないと解されることになるのであろうか。そのように解されることについては疑問がある。すなわち，前記〔例1〕・〔例2〕の取引の場合であっても，子会社取締役の判断が，著しく不当であると考えられる場合には，例えば，当該子会社の経営が困難な状況や，債務超過の状態に陥るようなとき，当該子会社の債権者その他の利害関係者を保護するために，その任務懈怠による損害賠償責任を負うことになると解すべきである。したがって，このような場合には，たとえ最終完全親会社等に損害が生じていないとき，あるいは最終完全親会社等に利益が生じているときであっても，特定責任追及の訴えの対象となりうるものと解されるべきである。このように考えることによって，企業グループに属する個々の会社の企業経営の健全性の確保・維持をすることができ，また会社債権者等の利害関係者の保護にもつなが

第8章　多重代表訴訟における最終完全親会社等の損害要件 ◆ 281

るものと考える。

5　結　び

　会社法は，特定責任追及の訴えの提訴制限として，2つの場合を規定している（会社847条の3第1項1号2号）。本章で特に検討対象とした最終完全親会社等の損害要件については，特定責任追及の訴えの理論的な構造として，子会社がその取締役等に対して有する損害賠償請求権について，親会社が有する子会社の取締役等に対する代表訴訟提起権を，親会社株主が親会社に代わって行使するものであるという立場をとるのであれば，特定責任追及の訴えの制度において親会社の損害が生じていることが必要条件とはならないものと考えられる。

　ところで，立案担当者の説明では，提訴制限としての最終完全親会社等の損害要件は，最終完全親会社等に損害が発生していないとき，最終完全親会社等の株主は当該特定責任の追及について利害関係を有しないことを理由とする。しかし，この利害関係を有しない場合の提訴請求は，むしろ一種の濫用的な目的があると考えられる。したがって，最終完全親会社等に損害が発生していない場合の提訴制限は，特定責任の追及の訴えの構造の特殊性に着目して類型化したうえ，新たな訴権濫用の一類型として明示的に規定したものと考えるべきであろう。

　また，最終完全親会社等の損害の範囲については，原則として，完全子会社株式の価値下落による損害と考えられるが，企業グループ全体のコーポレート・ガバナンスの観点からは，損害の範囲について，その損害に限定すべきではなく，完全子会社の取締役等の任務懈怠行為と因果関係がある限り，当該完全子会社の取締役等の行為により生じる完全親会社の直接損害も含まれると解するほうが妥当である。

　さらに，本章は，最終完全親会社等に損害が発生していない場合については，立案担当者の解説において，その例として挙げられている，①親会社・完全子会社間の取引により，子会社に一定額の損失が発生し，同額の利益を親会社が得た場合と，②同一の親会社の傘下における完全子会社間の取引により，一方の子会社に一定額の損失が発生し，同額の利益を他方の子会社が得た場合に限らず，これら以外に，最終完全親会社等に損害が発生していない場合として他の類型についても検討した。

とくに上記①・②の類型については，従来の解釈論としても，企業グループの完全親子会社関係において，子会社が属する企業グループ全体ないし親会社の長期的な利益の確保・向上のために子会社経営者が裁量の範囲内で経営判断することについては，著しく不当とはいえない限り，任務懈怠はなく損害賠償責任も負わされないものと解されることができるものと考えられる。このような意味において，会社法は，最終完全親会社等に損害が発生していない場合に特定責任追及の訴えの提訴請求が認められないことを明文化している点で，たいへん意義のあるものと評価することができる。

もっとも，最終完全親会社等に損害が発生していない場合であっても，子会社取締役の判断が，著しく不当であると考えられる場合には，例えば，当該子会社の経営が困難な状況や，債務超過の状態に陥るようなとき，当該子会社の債権者その他の利害関係者を保護するために，その任務懈怠による損害賠償責任を負うことになると解されるべきである。したがって，このような場合，特定責任追及の訴えの対象となりうるものと解されるべきである。これにより，企業グループに属する個々の会社の企業経営の健全性の確保・維持をすることができ，また会社債権者等の利害関係者の保護にもつながるものと考える。

事項索引

あ行

一人会社……… 175, 183, 184, 190, 192, 195, 204
一般的な善管注意義務・忠実義務の免除… 195
委任またはその類推による取得株式・配当金の
　返還請求………………………………… 132
違法行為抑止機能………………………… 236
訴えの管轄………………………………… 243
営利的・商業的性格……………………… 116
親会社……………………………………… 4
　──と子会社の取締役の兼務…………… 8
　──ないし親会社取締役の子会社債権者に
　　対する責任…………………………… 53
　──による子会社の損失額の補償または代位
　　弁済…………………………………… 274
　──の株主保護……………………… 113, 158
　──の間接損害額の算定………………… 28
　──の個別的同意……………………… 185
　──の損害……………………………… 27
　──の取引先のための便宜…………… 278
親会社・親会社取締役の責任…………… 50
親会社・親会社取締役らの不法行為責任… 66
親会社・支援会社の利益………………… 10
親会社一元管理型……………………… 90, 93
親会社株主の保護……… 2, 34, 35, 38, 212
親会社取締役の監督義務………………… 87
親会社取締役の監視・監督義務違反…… 94
親子会社関係における取締役兼任の場合… 122
親子会社間の利益相反取引……………… 66
親子会社に関する規律……… 34, 37, 47, 55, 60
親子会社の役員兼任……………………… 25

か行

外国完全子会社…………………………… 221
外国の親会社・子会社…………………… 219
会社債権者等の利害関係者の保護……… 280
会社債権者の利益の保護………………… 201
会社債権者を害することができない旨の

一般的な規定……………………………… 202
会社の事業の部類に属する取引………… 114
介入権…………………………………… 127, 133
各株主の個別的同意……………………… 182
隠れた剰余金配当………………………… 52
一元説……………………………………… 167
株式会社等………………………………… 239
株式継続保有要件………………………… 245
株式交換等………………………………… 243
株主側の立証困難……………………… 83, 98
株主権の縮減……………………………… 257
株主全員一致の株主総会の決議………… 184
株主総会決議による一部免除…………… 237
株主総会の決議…………………………… 182
株主総会の認許の免責的効果…………… 134
株主代表訴訟……………………………… 178
　──の損害回復機能…………………… 212
株主でなくなった者の訴訟追行………… 250
株主の知識・情報量の格差や証拠の偏在… 98
カルテル…………………………………… 24
関係会社…………………………………… 5
関係会社管理規則………………………… 91
監査役等の同意…………………………… 241
監視・監督義務…………………………… 78
間接損害…………………… 27, 170, 264, 271
間接取引…142, 144, 147, 149, 150, 151, 153, 154,
　155, 158, 170
完全親会社……………………………… 217, 252
完全親会社等……………………………… 216
　──の意味……………………………… 217
完全子会社………………………………… 183
　──の株式の価値……………………… 279
　──の経営への関与…………………… 21
　──の債権者等の保護………………… 272
完全子会社株式の帳簿価額…………… 221, 222
鑑定書…………………………………… 145, 171
カンパニー制……………………………… 90
管理体制…………………………………… 90

関連会社……………………………… 4
関連当事者…………………………… 161
　──との取引……………… 4, 11, 47, 77,
　　101, 137, 141, 160, 176, 216, 241, 257
企業グループ経営ポリシー………… 92
企業グループ行動規範……………… 92
企業グループないし親会社の長期的な
　利益の確保・向上………………… 280
企業グループないし親会社の評判… 271
企業グループ内の内部統制システム……… 42
企業グループの企業価値…………… 3, 88
企業グループの企業価値の維持・向上…… 77
企業グループのコーポレート・ガバナンス
　……………………………… 264, 280
企業グループの利益………………… 3, 18
企業グループにおける企業価値向上……… 10
企業グループにおける企業の健全性の
　確保・維持………………………… 214
企業グループの親会社の長期的な利益の
　確保・向上………………………… 267
企業グループの内部統制システム……… 78, 86,
　87, 88
企業グループの評判等のダメージ…… 235, 264,
　272
企業グループの評判の低下により被った最終完
　全親会社等の損害………………… 272
企業グループを構成する資本関係等………… 8
企業経営の健全性の確保………… 206, 234
企業経営の健全性の維持…………… 234
企業集団………… 4, 77, 101, 137, 257
　──の業務の適正の確保…………… 38
　──の内部統制システム…………… 89
企業倫理委員会……………………… 93
規模の利益…………………………… 69
キャッシュ・マネジメント・システム（CMS）
　……………………………………… 51, 66
旧株主………………………………… 244
旧株主による責任追及等の訴え…… 243
　──の対象となる責任または義務の免除
　……………………………………… 249
求償………………………………… 206

求償権………………………………… 207
狭義の多重代表訴訟………… 212, 214, 258
競業取引……………………………… 101
競業避止義務………………………… 101
兄弟会社（姉妹会社）………………… 47
共同訴訟参加………………………… 240
近親者…………………………… 156, 161
　──の持株……………………… 110
金融支援………………………………… 6
グループ会社の役員兼任…………… 92
グループ管理方針…………………… 91
グループ企業の業務の管理ないし監視・監督
　……………………………………… 7, 9
　──に関する責任………………… 22
グループ企業の経営への関与……… 7, 9
グループ企業の信用維持…………… 32
グループ企業理念…………………… 92
グループ企業倫理行動指針………… 92
グループ経営………………………… 1
グループ経営管理規程……………… 93
グループ子会社……………………… 118
グループコンプライアンス委員会… 92
グループに所属するメリット……… 65
グループの信用維持や利害関係…… 11
グループの統制環境………………… 93
グループのレピュテーションの低下… 233
経営関与の相当性…………………… 19
経営判断の原則……… 13, 14, 19, 22, 34, 95, 138
計算説〔実質説〕……… 105, 145, 146, 169
継続保有要件………………………… 228
欠損………………………………… 204
欠損塡補責任………………………… 203
兼職の状況…………………… 113, 160
兼任取締役………… 49, 105, 106, 120, 147
広義の多重代表訴訟…………… 214, 258
口座管理機関………………………… 232
公正な取引…………………………… 168
子会社………………………………… 4
　──に対する一定の監視・監督義務… 78
　──に対する指導監督義務……… 54
　──の監督の職務………………… 40

事項索引 ◆ 285

——の管理・監視………………	35
——の管理運営………………	183
——の管理職務………………	41
——の管理責任………………	94
——の業務の監督………………	38
——の経営困難……………… 267, 280
——の少数株主・債権者の保護……	55
——の倒産………………	27
——の取締役等の責任の免除および和解
………………	236
——の取締役の職務の執行の監督…… 2, 77
——の法人格否認………………	231
子会社株式の評価………………	29
子会社監督責任・権限………………	37
子会社債権者などの利害関係者の保護…… 113
子会社債権者の保護……………… 56, 74
子会社少数株主の保護………………	56
子会社取締役の責任………………	50
子会社等の清算・整理………………	33
子会社分権管理型……………… 90, 94
個人的利害関係………………	120
個別株主通知……………… 231, 246
コマーシャルペーパー（CP）…… 50, 66
コンプライアンス統括部………………	90

さ行

再建型……………… 14, 32
債権者代位権……………… 60, 70
債権侵害の不法行為責任……………… 51, 67
再建の可能性………………	17
最終完全親会社………………	211
最終完全親会社等……………… 216, 258
——の株主総会の決議………………	181
——の総資産額………………	221
——の損害の範囲………………	264
——の損害要件の意味………………	262
——の損害を提訴要件とする理由…… 259
最終完全親会社等の総株主……………… 227
——の同意……………… 181, 183
再審の訴え………………	243
債務超過……………… 17, 204, 268, 273, 280

債務の保証………………	152
債務免除……………… 186, 188
詐害行為取消権……………… 60, 192
三角合併……………… 245, 251
三重代表訴訟………………	211
支援会社の取締役の責任………………	17
支援の規模・内容の相当性………………	16
支援の時期の相当性………………	15
支援の必要性………………	15
時価差額説………………	28
事業区域と異なる地域………………	116
事業報告……………… 160, 225
——の附属明細書………………	113
事業持株会社……………… 1, 26, 42
自己株式取得禁止規定………………	19
事後の承認………………	119
自己のために行う直接取引………………	167
自己または第三者のために… 104, 145, 146, 169
事実上の主宰者…… 105, 112, 132, 156, 206
事実上の取締役………………	52
自然人……………… 183, 191
事前の包括的免除……………… 192, 194
指導監督体制………………	81
支配株主………………	205
社内体制………………	97
社内の管理体制………………	81
重要性の基準………………	221
重要な完全子会社………………	221
重要な事実………………	117
出資返還禁止の原則………………	52
取得価額説………………	28
純粋持株会社……………… 1, 26, 42
証拠の偏在………………	83
少数株主権……………… 229, 230, 258
少数株主権等………………	231
商法・有限会社法改正試案…… 176, 202
情報開示の充実………………	63
職務免除合意〔特約〕………………	198
書面決議………………	184
人事面，融資面，取引面………………	10
——などの関係………………	8

親族関係·································· 156
信頼の原則（信頼の抗弁）·············· 95
推定規定·································· 165
清算型······························ 14, 32
誠実義務··································· 52
責任解除·································· 177
責任解除規定の削除···················· 179
責任原因事実の発生日·················· 223
責任限定契約·········· 175, 182, 208, 238
責任の任務懈怠抑止機能················ 193
責任の一部免除························ 180
責任免除······················· 175, 180
——の意思表示······················ 185
——の規定と責任解除の規定の相違··· 178
——の上限の制限················ 180, 202
絶対的効力······························ 207
セル・アウト制度······················· 60
全社的リスクマネジメント（ERM）······· 80
総株主の同意··········· 175, 178, 182, 187
——による免除······················ 236
総合的考慮基準·························· 70
相対的無効······························ 159
相対的無効説·························· 142
訴権の濫用···················· 233, 248, 263
訴訟告知·································· 242
訴訟参加····························· 235, 240
訴訟指揮··································· 97
訴訟上の和解······················· 180, 239
訴訟追行の妨害·························· 253
訴訟における和解······················ 180
訴訟の早期の終了······················ 236
損益相殺···························· 30, 276
損害額の推定·························· 130
損害額の推定規定············ 128, 135, 136
損害算定の基準························ 145
損害塡補責任機能······················ 236
損害の範囲···························· 145
損失額を上回る利益···················· 276
損失負担等······························ 32

た行

対象となる責任または義務·············· 247
代表取締役兼任の場合·················· 121
第三者効································· 195
第三者のための利害関係················ 121
多重代表訴訟··········· 2, 34, 181, 211, 257
——の構造·························· 261
——の対象子会社となることを回避······ 226
——の抑止機能·················· 271, 277
対第三者責任························ 55, 71
単独株主権························· 182, 230
単なる取締役兼任の場合················ 122
知識量や情報量の格差および証拠の偏在··· 97
中間完全子会社···················· 219, 228
中間試案··········· 2, 34, 48, 56, 77, 211, 257
中間子会社······························ 230
直接損害··················· 27, 264, 271, 280
直接取引··· 141, 144, 147, 148, 150, 151, 153, 154, 158
通例的でない条件での取引·········· 53, 69, 267
定款所定の目的························ 114
提訴懈怠防止···························· 226
提訴請求································ 247
——の制限······················ 233, 248
提訴請求等···························· 234
適格旧株主···························· 249
デメリット··················· 11, 16, 18, 92
デューディリジェンス·················· 200
同業親子会社間における取締役兼任の場合
··································· 109
統合リスク管理規程···················· 91
倒産······························· 17, 32
特定完全子会社に関する情報の開示········ 225
特定責任································ 258
——の意味························· 215
——の原因となった事実········ 276, 278, 279
——の一部免除······················ 181
——の免除························ 181
特定責任追及の訴え··················· 211, 257
——の原告適格······················ 227

事項索引 ◆ 287

——の制度の創設に反対する立場········· 213
——の制度の導入理由············· 212
——の対象············· 215
——の対象子会社となることの回避····· 226
——の手続等············· 234
特別清算手続············· 33
特別利害関係············· 119
——を有しない取締役による取締役会決議の
効力············· 123
特別利害関係取締役············· 119
独立当事者間取引············· 68
独立当事者間取引基準············· 53, 69, 73, 57
取締役会決議等による責任の一部免除····· 237
取締役会の監督職務············· 36
取締役会の承認には免責的効果············· 135
取締役会の承認を得た競業取引············· 134
取締役会の承認を得ない競業取引············· 126
取締役会への報告義務············· 125
取締役の兼任············· 112, 158
取締役の責任············· 129
——の軽減············· 180
——の発生および損害額の認識····· 190, 191
取締役の責任免除の特別決議············· 177
取締役の善管注意義務・忠実義務の強行法規性
············· 194
取締役の第三者に対する責任············· 71, 192
取引（流通）段階············· 116
取引が公正妥当············· 165
取引コストの削減············· 69
トレッドウエイ委員会支援組織委員会（COSO）
············· 80

な行

内部統制委員会············· 93
内部統制システム············· 26, 39, 81
——の整備についての義務違反の立証責任
············· 97
——を統括する部門············· 93
内部統制組織············· 79
内部統制のフレームワーク············· 80
内部統制部門············· 90

なかりせば基準············· 67
二元説············· 167, 168
二元論············· 167
二重代表訴訟············· 211
任意整理············· 33
任務懈怠責任············· 129
任務懈怠の推定············· 164
任務懈怠抑止機能············· 204, 212

は行

売却差額説············· 28
破産手続············· 33, 274
パブリック・コメント········· 35, 37, 48, 60, 63
非営利的取引············· 117
被支援会社の倒産等············· 12
一人株主········· 175, 188, 190, 192, 197, 204, 206
費用対効果············· 92, 89
不公正············· 53, 69
不公正な取引の基準············· 53
不真正連帯債務············· 206
不正行為・違法行為の発生············· 95
不正な利益············· 233, 247, 248, 262
附属明細書············· 160
不提訴理由通知············· 248
不提訴理由の通知············· 235
不当な利益············· 270
不当な利得············· 204, 206, 271
不当な廉価販売············· 170
不法行為法の枠組み············· 70
不利益············· 55, 56, 58, 68
不利益取引············· 61
不利益または不公正の判断基準············· 67
振替株式の場合における個別通知············· 231
包括的承認············· 117
——の事実上の免責的効果············· 138
報告の省略············· 125
法人格の否認············· 20, 21
法人格否認の法理············· 11
法人株主············· 183, 184
法令遵守············· 78, 91
法令遵守体制············· 83, 97

補助参加‥‥‥‥‥‥‥‥‥‥‥‥‥‥ 240

ま行

マトリックス管理型‥‥‥‥‥‥‥‥‥ 90
無過失責任‥‥‥‥‥‥‥‥‥ 59, 167
無限責任社員・取締役の兼任‥‥‥‥ 101, 102
名義説〔形式説〕‥‥‥‥ 104, 146, 169
名目的代表取締役‥‥‥‥‥‥‥‥ 198
メリット‥‥‥‥‥‥‥ 11, 16, 18, 92
免除の意思表示‥‥‥‥‥‥‥ 187, 205
免除の絶対的効力事由‥‥‥‥‥‥ 206
免除の相対的効力‥‥‥‥‥‥‥‥ 207
免除の相対的効力事由‥‥‥‥‥‥ 206
メンバー企業‥‥‥‥‥‥‥‥‥‥ 11
黙示の免除の意思表示‥‥‥‥‥ 188, 190
目的事業に付帯する事業‥‥‥‥‥ 115

や行

役員間の提訴懈怠の可能性‥‥‥‥‥ 221
役員等‥‥‥‥‥‥‥‥‥‥‥‥‥ 175
――の一般的義務の免除‥‥‥‥ 194, 195
役員の兼任関係‥‥‥‥‥‥‥‥‥ 8
要綱案‥‥‥‥‥‥‥‥‥ 37, 39, 62

ら行

利益供与‥‥‥‥‥‥‥‥‥‥‥‥ 52
利益供与禁止規定‥‥‥‥‥‥‥‥ 51
利益相反取引
‥‥‥ 57, 58, 61, 102, 141, 142, 147, 157, 163
利益の額の意味‥‥‥‥‥‥‥‥‥ 130
リコール隠し‥‥‥‥‥‥‥‥‥‥ 12
リスク‥‥‥‥‥‥‥‥‥‥‥ 95, 96
リスクアプローチ‥‥‥‥‥‥‥‥ 96
リスク管理‥‥‥‥‥‥‥‥‥ 91, 96
リスク管理体制‥‥‥‥‥‥‥‥‥ 81
リスク統括部‥‥‥‥‥‥‥‥‥‥ 90
リスクマネジメント委員会‥‥‥‥‥ 92
レピュテーション・リスク‥‥‥‥‥ 272
廉価取引‥‥‥‥‥‥‥‥‥‥‥‥ 266
連結子会社‥‥‥‥‥‥‥‥‥‥‥ 12
連帯債務‥‥‥‥‥‥‥‥‥‥‥‥ 206
連帯責任‥‥‥‥‥‥‥‥‥‥‥‥ 206

わ行

和解‥‥‥‥‥‥‥‥‥‥‥‥‥‥ 183

判例索引

大審院・最高裁判所

大判大正 9 年 2 月20日民録26輯184頁 ··143

大判昭和 5 年 2 月22日法律新報213号14頁 ·······································143

大判昭和13年 9 月28日民集17巻1895頁································143

最判昭和24年 6 月 4 日民集 3 巻 7 号235頁 ·································· 115, 128

最判昭和38年12月 6 日民集17巻12号1664頁 ····································143

最判昭和41年 8 月26日民集20巻 6 号1289頁································124

最大判昭和43年12月25日民集22巻13号3511頁································142

最判昭和44年 3 月28日民集23巻 3 号645頁 ·······································120

最判昭和45年 4 月23日民集24巻 4 号364頁 ·································· 148, 149

最判昭和45年 8 月20日民集24巻 9 号1305頁·······································200

最判昭和46年 6 月24日民集25巻 4 号596頁································184

最大判昭和46年10月13日民集25巻 7 号900頁································142

最判昭和60年12月20日民集39巻 8 号1869頁································184

最判平成 5 年 9 月 9 日民集47巻 7 号4814頁（三井鉱山株主代表訴訟事件）·········7

最判平成12年10月20日民集54巻 8 号2619頁（ネオ・ダイキョー自動車学院株主代表訴訟事件）··· 143, 147

最決平成18年 9 月28日民集60巻 7 号2634頁································253

最判平成22年 4 月22日（公刊物未登載）···187

最判平成22年 7 月15日判時2091号90頁（アパマンショップHD株主代表訴訟事件） ·················· 14

控訴院・高等裁判所

名古屋高金沢支判昭和48年 4 月11日高民集26巻 2 号190頁 ·······················199

福岡高判昭和55年10月 8 日高民集33巻 4 号341頁（福岡魚市場損害賠償請求事件）····················6

東京高判平成元年 7 月 3 日民集47巻 7 号4925頁·································· 19, 30

大阪高判平成 2 年 7 月18日判時1378号113頁（坂井化学工業損害賠償請求控訴事件）··· 112, 143, 157, 162

東京高判平成 3 年11月28日判時1409号62頁（日本ケミファ損害賠償請求事件）······· 79

東京高判平成 6 年 8 月29日金判954号14頁（片倉工業株主代表訴訟事件控訴審）·········7

東京高判平成 8 年12月11日金判1105号23頁（東京都観光汽船株主代表訴訟事件） ·························6

大阪高判平成10年 1 月20日判タ981号238頁（ネオ・ダイキョー自動車学院株主代表訴訟事件）······165

名古屋高判平成14年 8 月 8 日判時1800号150頁································250

東京高判平成15年 7 月24日判時1858号154頁 ···250

東京高判平成15年 9 月30日判時1843号150頁 ··················· 175, 190, 193, 195, 201

東京高判平成17年 1 月18日金判1209号10頁（雪印食品損害賠償請求事件）··········· 81

名古屋高判平成20年 4 月17日金判1325頁47頁（高木製綿事件）·····················131

東京高判平成20年 5 月21日判タ1281号274頁（ヤクルト本社株主代表訴訟事件）·········· 89

東京高判平成21年 9 月29日（公刊物未登載）···187

福岡高判平成24年 4 月13日金判1399号24頁（福岡魚市場株主代表訴訟事件）········· 6, 81, 86

東京高判平成25年3月14日資料版商事法務349号32頁（ビューティー花壇元取締役らに対する損害賠償等請求事件）··7

地方裁判所

大阪地判昭和42年4月20日判時498号64頁（三栄鋲螺損害賠償請求事件）·····························144

東京地判昭和49年3月14日判時773号127頁（日幸機工株主代表訴訟事件）·····························144

東京地判昭和51年12月22日判タ354号290頁···130

大阪地判昭和53年11月1日判時929号115頁（日本交通大阪・日交整備株主代表訴訟事件）·············144

東京地判昭和56年3月26日判時1015号27頁（山崎製パン事件）·················112, 116, 132

東京地判昭和57年2月24日判タ474号138頁···143

大阪地判昭和57年12月24日判時1091号136頁···121

名古屋地判昭和58年2月18日判時1079号99頁（東海圧延鋼業株主代表訴訟事件）·············143, 153

大阪地判昭和58年5月11日判タ502号189頁···113, 158

東京地判昭和61年5月29日民集47巻7号4893頁···19

東京地判昭和61年10月30日判タ654号231頁（太陽投資顧問株主代表訴訟事件）·····························6

東京地判平成元年2月7日判時1314号74頁（日本ケミファ損害賠償請求事件）·····························79

東京地判平成3年2月25日判時1399号69頁···130

東京地判平成3年4月18日判時1395号144頁（片倉工業事件第1審）·····························7

東京地判平成7年9月20日判時1572号131頁···121

長野地佐久支決平成7年9月20日資料版商事法務139号196頁（ミネベア株主代表訴訟担保提供命令申立事件）·····························6

名古屋地決平成7年9月22日金法1437号47頁（東海銀行株主代表訴訟担保提供命令申立事件）·········6

東京地判平成7年10月26日判時1549号125頁（東京都観光汽船株主代表訴訟事件）·····························6

神戸地尼崎支判平成7年11月17日判時1563号140頁（ネオ・ダイキョー自動車学院株主代表訴訟事件）···165

東京地判平成8年2月8日資料版商事法務144号111頁（セメダイン・セメダイン通商株主代表訴訟事件）·····························6

東京地判平成11年3月4日判タ1017号215頁（東京電力株主代表訴訟事件）·····························79

大阪地判平成12年6月21日判時1742号141頁···235

大阪地判平成12年9月20日判時1721号3頁（大和銀行ニューヨーク支店損失事件株主代表訴訟第1審判決）·················81, 89, 179

東京地判平成13年1月25日判時1760号144頁（野村證券株主代表訴訟事件）·····························7, 81

東京地判平成13年3月29日判時1748号171頁···250

東京地判平成13年9月27日判時1780号141頁（京浜急行株主代表訴訟事件）·····························6

大阪地判平成14年1月30日判タ1108号248頁（ロイヤルホテル株主代表訴訟事件）·············6, 144

大阪地判平成14年2月20日判タ1109号226頁（コスモ証券株主代表訴訟事件）·····························6

東京地決平成14年6月21日判時1790号156頁···83

東京地判平成15年2月6日判タ1138号250頁···250

大阪地判平成15年9月24日判時1848号134頁（りそなホールディングス株主代表訴訟事件）·············7

東京地判平成16年3月25日判時1851号21頁（長銀ノンバンク支援事件第1審）·····························6

東京地判平成16年5月13日判時1861号126頁···252

東京地判平成16年5月20日判時1871号125頁（三菱商事株主代表訴訟事件）·····························7, 81

東京地決平成16年6月23日金判1213号61頁（三菱重工業新株引受差止請求事件）……………………7
東京地判平成16年9月28日判時1886号111頁（そごう旧取締役損害賠償査定異議事件）……………13
大阪地判平成16年12月22日判時1892号108頁（ダスキン株主代表訴訟）………………………………89
東京地判平成17年2月10日判時1887号135頁（雪印食品株主代表訴訟事件）…………………… 84, 97
東京地判平成17年3月3日判時1934号121頁（日本信販株主代表訴訟事件）……………………………7
東京地判平成20年7月18日判タ1290号200頁 …………………………………… 175, 186, 199, 201
さいたま地判平成22年3月26日金判1344号47頁（日本精密損害賠償等請求事件）…………… 6, 144
福岡地判平成23年1月26日金判1367号41頁（福岡魚市場株主代表訴訟事件）……………………………6
東京地判平成23年11月24日判時2153号109頁（ユーシン損害賠償請求事件）…………………………7

［著者紹介］

畠田　公明（はただ　こうめい）

1953年　福岡県生まれ
1976年　福岡大学法学部法律学科卒業
1982年　福岡大学大学院法学研究科民刑事法専攻博士課程後期単位取得満期退学
1998年　福岡大学法学部教授
2004年　福岡大学大学院法曹実務科法務専攻（専門職学位課程）教授
現在　　福岡大学法学部教授，博士（法学）
　　　　米国カリフォルニア大学バークレー校ロー・スクール客員研究員（1991〜92年），
　　　　米国コロンビア大学ロー・スクール客員研究員（2001〜02年）

〈主要著書〉

『コーポレート・ガバナンスにおける取締役の責任制度』（法律文化社，2002年）
『会社法講義・Ⅰ，Ⅱ』（中央経済社，2009年，2010年）
『商取引法講義』（中央経済社，2011年）
『会社の目的と取締役の義務・責任−CSRをめぐる法的考察』（中央経済社，2014年）
『株式会社のガバナンスと会社法』（中央経済社，2015年）
『会社法のファイナンスとM&A』（法律文化社，2017年）
『商法総論・会社法総則』（中央経済社，2018年）

企業グループの経営と取締役の法的責任

2019年6月20日　第1版第1刷発行

著　者　畠　田　公　明
発行者　山　本　　　継
発行所　㈱中　央　経　済　社
発売元　㈱中央経済グループ
　　　　　パブリッシング

〒101-0051　東京都千代田区神田神保町1-31-2
電話　03（3293）3371（編集代表）
　　　03（3293）3381（営業代表）
http://www.chuokeizai.co.jp/
印刷／三 英 印 刷 ㈱
製本／誠 製 本 ㈱

© 2019
Printed in Japan

＊頁の「欠落」や「順序違い」などがありましたらお取り替えいた
しますので発売元までご送付ください。（送料小社負担）
ISBN978-4-502-30841-3　C3032

JCOPY〈出版者著作権管理機構委託出版物〉本書を無断で複写複製（コピー）することは，
著作権法上の例外を除き，禁じられています。本書をコピーされる場合は事前に出版者著
作権管理機構（JCOPY）の許諾を受けてください。
　JCOPY〈http://www.jcopy.or.jp　eメール：info@jcopy.or.jp〉